江蘇省地方志編纂委員會辦公室組織整

主編 程章

執行主編 張乃

江南通志

第六册

學校志
武備志
職官志（一）

鳳凰出版社

第六册目録

江南通志卷八十七

學校志

學校之設，肇於唐虞，至成周而大備。記曰：家有塾，黨有庠，州有序，國有學。其校之有比年、中年、三年、九年之期，其升之有造士、俊士、選士、進士之等。蓋化民成俗，恒必由之。而興賢舉能，以備四方之任使，亦於是乎在。兩漢而後，郡縣之學，漸次修舉。江南自言游氏興於東吳，爲聖門文學稱首，所謂南方之學，得其精華者。千百年來積而日盛，挾策綴文之士，常倍於他省。

我國家治平百餘年，德化之所涵濡，聲教之所漸被，薄海内外，幾於家弦誦而户《詩》《書》。列聖相承，加意作人之化，於江南尤渥。所以廣厲學宫，教育之使成材者，委曲周詳，爲從古所未有。士之隸名庠序者，宜何如砥礪束修，以明稱德意，紀載者重之。

爲類三，爲卷五。作《學校志》第四。

學宫 一

漢

武帝時，始令天下郡國皆立學校。

平帝元始三年，立學官，郡國曰學，邑、侯國曰校，置經師一人。

後 漢

光武時，李忠爲丹陽太守，以俗不好學，乃爲起學校。

晋

太元九年，尚書謝石請頒下州郡普修學校，帝從之。

後 魏

天安初，立郡縣學。

隋

仁壽元年，詔廢州縣學。

唐

武德七年，詔諸州縣並令置學。

宋

慶(歷)〔曆〕四年，以范仲淹請，詔州縣興學校。

五年，詔州縣學毋輒容非本土人。

熙寧四年，州給田十頃，爲學糧。

元豐元年，詔諸路、州、府學官，揚州、亳州各一員，蘇州一員，江寧府一員。

崇寧中，詔縣學生三歲不赴升試者，除其籍①。諸路賓興、會試、辟雝，獨常州中選者多，知州、教授特遷一官。

① 《宋史·選舉制》三作「縣學生三不赴歲升試及三赴歲升試而不能升州學者，皆除其籍」。

元

至元二十三年，設江南各道儒學提舉司。詔江南學校，舊有學田復給之以養士。

二十五年，尚書省臣奏：令江南郡縣學田所入，羡餘貯集賢院，以給多材藝者。從之。

二十八年，令江南諸路學及各縣學内設立小學，選老成之士教之。

二十九年，詔江南州縣學田，其歲入聽其自掌，春、秋釋奠外，以廩給師生及士之無告者。

明

洪武二年，詔府、州、縣皆立學。府學四十人，州學三十人，縣學二十人。日給廩膳，仍免其家差徭二丁。

十五年，頒《釋奠》《先師孔子儀注》於天下府、州、縣學。其祭各以正官行禮，有布政司則以布政司；其分獻則以本學儒職及老成儒士充之。每歲以春、秋二仲月上丁日，每朔、望，郡縣長以下詣學行香。

二十六年，頒大成樂器於天下。

永樂四年三月，帝親謁廟。

附 成祖視學記

朕聞帝王之興，必首舉學校之政，以崇道德，弘教化，正人心，成天下之才，致天下之治。唐虞、三代之盛，率由於兹也。我皇考聖神文武，欽明啓運，峻德成功。渡江首建學校，親視孔子，日引儒臣講論經義，求古聖人之道，身體力行。及統有萬方，即詔府、州、縣皆立學，天下士子，雲集京師。復新作廟學於雞鳴山之陽，親製教條，頒布中外。又命天下增廣生復其家，府、州、縣皆用春、秋祀孔子，賜以樂舞，德教廣被。海外諸國，並遣入學。教化之隆，視古爲盛。

朕纘承大統，仰遵成憲。乃永樂四年三月朔日，躬詣廟庭，謁先師孔子。前期三日雨，將祀之夕，卿雲澄霽，星緯昭明。暨旦，天宇穆清，朗旭鮮麗，釋菜於廟。退即彝倫堂，文武郡臣，咸侍左右，師儒在席，諸生序列堂下。命祭酒胡儼等，以次講經。成禮，乃還。

夫學，以明道也。道之體廣大光明，配乎天地日月，而其實不離乎日用之間。孔子明之，上以承堯、舜、禹、湯、文、武之治，下以爲後世植綱常，開太平於無窮。而世之極其尊崇之禮者，非於孔子有所增益，特以著明其道之至大，天下不可一日而無也。爰因視學，謹序述所以致隆之本，勒碑於廟。

正統元年，始設提督學校官。南直隸以御史爲之。

嘉靖三年，令增應天府學廩膳、增廣生員各二十名。

二十一年，題准直隸金山衛學設廪膳二十名。

萬（歷）〔曆〕六年，令南直隸廬、鳳、淮、揚四府，滁、徐、和三州提學，以江北巡按兼之。

十二年，令南直隸提學御史仍兼管江北。

國　朝

順治九年，命禮部頒《卧碑》於天下學宫。碑曰：

朝廷建立學校，選取生員，免其丁糧，厚以廪膳，設學院學官以教之，各衙門官以禮相待，全要養成賢才，以供朝廷之用。諸生皆當上報國恩，下立人品。所有教條，開列於後：

一、生員之家，父母賢智者，子當受教；父母愚魯，或有非爲者，子既讀書明理，當再三懇告，使父母不陷於危亡。

一、生員立志，當學爲忠臣清官。書史所載忠清事蹟，務須互相講究。凡利國（害）〔愛〕①民之事，更宜留心。

一、生員居心忠厚正直，讀書方有實用，出仕必作良吏。若心術邪刻，讀書必無成就，爲官必取禍患。行害人之事者，往往自殺其身，常宜思省。

---

① 據《欽定國子監志》卷二《聖諭二》改。

一、生員不可干求官長，結交勢要，希圖進身。若果心善德全，上天知之，必加以福。

一、生員當愛身忍性。凡有司官衙門，不可輕入。即有切己之事，止許家人代告，不許干與他人詞訟。他人亦不許牽連生員作証。

一、爲學當尊敬先生。若講説，皆須誠心聽受。如有未明，從容再問，毋妄行辯難。爲師長者，亦當盡心教訓，勿致怠惰。

一、軍民一切利病，不許生員上書陳言。如有一言建白，以違制論，黜革治罪。

一、生員不許糾黨多人立盟、結社，把持官府，武斷鄉曲。所作文字，不許妄行刊刻。違者聽提調官治罪。

康熙二十三年，御題《萬世師表》匾額，頒懸大成殿。又頒御製《學校論》。曰：

治天下者，莫亟於正人心，厚風俗，其道在尚教化以先之。學校者，教化所從出，將以納民於軌物者也。是以古者家有塾，黨有庠，術有序，國有學。人生八歲，自王以下至於庶人之子弟，皆入小學。及其十有五年，則自元子、衆子，以至公卿、大夫、元士之適子，與凡民之俊秀，皆入大學。蓋自家至於國，莫不有學，自天子至於庶人莫不學，自幼至於長莫不皆學。

凡學有《詩》《書》《禮》《樂》以爲之本，干戈羽籥以爲之文，父子、君臣、長幼之道於是焉觀之，六德、六行之教於是焉取之。所以淑其耳目手足之舉措，而養其心以復其性，以爲修己治人之大者，可謂備至矣。是以當時之君子，履信思順以事其上。小人亦皆樂循禮而耻犯法，俟撻不事而至治以興。

後世學校寖廣，博士之途寖繁，所以立教之方，失先王之遺意，士之遊其中者，直以爲利禄之階。欲期道德之士，詎不難哉？且夫今之所謂教者，誦讀焉而已爾。而又弗實致其力，以防其放僻邪侈之心，使氣之充而識之明，以漸求復其性，其何以爲修己治人之道哉？

故曰：教隆於上，化成於下。教不明於上，而欲化成於下，猶却行而求前也。教化者，爲治之本。學校者，教化之原。欲敦隆教化而興起學校者，其道安在？在務其本而不求其末，尚其實而不務其華；以内行爲先，不汲汲於聲譽；以經術爲要，不屑屑於文辭。如是，則於聖人化民成俗之道，庶乎其有當也夫。

四十一年，頒御製《訓飭士子文》。曰：

國家建立學校，原以興行教化，作育人材，典至渥也。朕臨御以來，隆重師儒，加意庠序。近復慎簡學使，釐剔弊端，務令風教修明，賢才蔚起，庶幾棫樸作人之意。乃比年士習未端，儒效罕著。雖因内外臣工奉行未能盡善，亦由爾諸生積錮已久，猝難改易之故也。兹特親製訓言，再加警飭，爾諸生其敬聽之！

從來學者，先立品行，次及文學。學術、事功，原委有叙。爾諸生幼聞庭訓，長列宫牆，朝夕誦讀，寧無講究？必也躬修實踐，砥礪廉隅，敦孝順以事親，秉忠貞以立志。窮經考業，勿雜荒誕之談。取友親師，悉化憍盈之氣。文章歸於醇雅，毋事浮華；軌度式於規繩，最防蕩佚。子衿佻達，自昔所譏。苟行止有虧，雖讀書何益？

若夫宅心弗淑，行己多愆：或蜚語流言，脅制官長；或隱糧包訟，出入公門；或唆撥姦猾，欺孤凌弱；或招呼朋類，結社邀盟。乃如之人，名教不容，鄉黨弗齒。縱倖脱褫扑，濫竊章縫，返之於衷，寧無媿乎？況乎鄉、會科名，乃掄才大典，關係尤鉅。士子果有真才實學，何患困不逢年？顧乃標榜虚名，暗通聲氣，夤緣詭遇，罔顧身家。又或改竄鄉貫，希圖進取，囂凌騰沸，網利營私。種種弊端，深可痛恨。

且夫士子出身之始，尤貴以正。若兹厥初拜獻，便已作姦犯科，則異時敗檢逾閑，何所不至！又安望其秉公持正，爲國家宣猷樹績，膺後先疏附之選哉？朕用嘉惠爾等，故不禁反復惓惓。兹訓言頒到，爾等務共體朕心，恪遵明訓，一切痛加改省，争自濯磨，積行勤學，以圖上進。

國家三年登造，束帛弓旌，不特爾身有榮，即爾祖、父，亦增光寵矣。逢時得志，寧俟他求哉？若仍視爲具文，玩愒弗儆，毁方躍冶，暴棄自甘，則是爾等冥頑無知，終不能率教也。既負栽培，復干咎戾。王章具在，朕亦不能爲爾等寬矣。自兹以往，内而國學，外而直省鄉校，凡學臣師長，皆有司鐸之責者，並宜傳集諸生，多方董勸，以副朕懷。否則，職業弗修，咎亦難逭，勿謂朕言之不預也。爾多士，尚敬聽之哉！

四十三年，御製《平定朔漠告成太學碑》。恭建碑亭。在學。

五十一年，奉旨升祔先儒朱熹於殿内十哲之次，改題其主曰「先賢」。

五十三年，以宋儒范仲淹從祀，稱「先儒」。

雍正元年，諭内閣、禮部：加封先師五世王爵：肇聖王木金父，裕聖王祈父，貽聖王防叔，昌聖王伯夏，啓聖王叔梁紇。改啓聖祠爲崇聖祠，兩廡增宋儒張迪從祀。

三年，御書「生民未有」匾額，頒立文廟。詔郡、縣二祭，增用太牢。

又詔：增先賢蘧瑗、林放、秦冉、顔何、牧皮、縣亶、公都子、樂克、公孫丑、萬章，先儒鄭康成、諸葛亮、范甯、尹焞、黄榦、陳淳、何基、魏了翁、趙復、許謙、金履祥、陳澔、羅欽順、蔡清、陸隴其從祀。升周敦頤、張載、程顥、程頤、邵雍爲先賢。兩廡：東廡首蘧瑗，西廡首林放。列叙先賢、先儒，共一百二十三人位次。

欽頒存學書目：

《上諭十六條》康熙二十四年頒。《周易折衷》《朱子全書》康熙四十九年頒。《御製萬言廣訓》雍正三年頒。《朋黨論》雍正三年頒。《瑞穀圖》雍正五年頒。《上諭》雍正八年頒。

聖祖御纂《詩經傳説彙纂》《書經傳説彙纂》《春秋傳説彙纂》《性理精義》，共四部，雍正九年布政使司刊刻，大板存貯各省會府學，聽人刷印。

《御製平定青海碑》雍正三年頒，恭建碑亭。在學。

各府州縣入學額例

國朝順治五年，定額：府學六十名，大學四十名，中學二十五名，小學十二名。順治十五年，定額：府學二十名，大學十五名，中學十二名，小學八名。康熙二十八年，定額：府學二十五名，大學二十名，中學十六名，小學十二名。雍正元年，定額：人文最盛之地，大學照府學，中學照大學，小學照中學。

武童歲科並試，額取府學二十名，大學十五名，中學十二名，小學八名。

雍正四年，蘇、松、常、淮、揚、太六府州分縣，文武入學額數與原縣兩分。十一年，陞徐州爲府，以州治爲銅山縣，府、縣入學名數與各府同。十二年，壽州分置鳳臺縣，入學額數縣與州分。十三年，陞潁州爲府，以州治爲阜陽縣，府、縣入學名數與各府同。

江寧府

江寧府儒學

在府治北。宋置學於鍾山之麓，天聖中移建府西北，景祐間徙於府治之東南。元因之。明洪武初改爲國學。十四年，別建國子監於雞鳴山下，遂復爲應天府學。正德間重修。

附 王守仁記

應天爲京兆，其學蓋東南教本也。在國初以爲太學，至洪武辛酉而始改創，再修於宣德之己酉。自是而後，浸以敝圮。正德壬申，府尹張公宗厚始議新之，未幾而遷中丞以去。今中丞白公輔之相繼爲尹，乃克易朽興頹，大完其所未備。而又自以其俸餘，增置石欄若干楹於櫺星門之外。於時府丞趙公時憲，亦協心贊畫。故數十年之廢，一旦修舉，焕然改觀。師模士氣，亦皆鼓動興起，與廟學一新。教授張雲龍，訓導戴章、陳義、黄森、何奎、邢越，與合學之士二百有若干人，撰叙二公之績，徵予文爲記。予既不獲辭，則謂之曰：

多師多士，若知二公修學之爲功矣，亦知自修其學，以成二公之功者乎？夫立之師儒，區其齋廟，昭其儀物，具其廩庖，是有國者之立學也。緝其敝壞，新其朽①墁，給其匱乏，警其墮弛，是有司者之修學也，而非士之修學也。士之學也，以學爲聖賢。聖賢之學，心學也。道德以爲之地，忠信以爲之基，仁以爲宅，義以爲路，禮以爲門，廉恥以爲垣，六經以爲户牖，四子以爲階梯。求之於心，而無假於雕飾也，其功不亦簡乎？措之於行，而無不該也，其用不亦大乎？三代之學，皆此矣。我國家雖以科目取士，而立學之意，亦寧與三代異？

學之弗立，有國者之咎也。弗修焉，有司者之責也。立矣，修矣，而居於其地弗立弗修，是師之咎，士之耻也。二公之修學，既盡有司之職矣，多師多士毋亦相與自修其學，以遠於咎耻者乎？無亦擴乃地，厚乃基，安乃宅，闢乃門户，固乃垣牆。學成而用，大之則以庇天下，次之則以庇一省、一郡，下之亦以庇其鄉間、家族。庶亦無負於國家立學之意，有司修學之心哉。若乃曠安宅，舍正路，圮基頽垣，倚聖賢之門户以爲奸，是學校之爲萃藪也。則是朝廷立之，而爲士者傾之；有司修之，而爲士者毁之：亦獨何心哉？

應天爲首善之地，豪傑俊偉，後先相望。其文采之炳蔚，才藝甲科之盛多，乃其所素餘，有不屑於言者。故吾因新學之舉，嘉多師多士欣然有維新之志，而將進之以聖賢之學也，於是

① 「朽」，《王陽明集》卷二十三作「圬」。

乎書。

又於嘉靖十年，制增啓聖祠、敬一亭，貯《六箴碑》。各縣如之。萬（歷）〔曆〕中重修。

附 焦竑記

應天府學在治之東南，腋山襟淮，據都會之勝。宋景祐中置也。國朝高皇帝定鼎金陵，嘗就其處爲國學。迨國學建，詔爲府學如故。自此名卿材大夫踵相接於朝，彬彬稱極盛矣。頃萬（歷）〔曆〕丁亥，濟南周公繼以巡撫至，恐學漸墮弛，士人佻達，舉廟學而一新之。他有樓，有亭，有橋，又公所創爲。去今十餘載耳，而圮壞居半。

歲己亥，諸生朱萬選、童廷觀言於大京兆熊公、張公、徐公。疑者以物大務叢，未暇皇庠序事也。亡何，京兆公謁聖於學，謂此有弗飭，無以稱明天子勸學興禮、建首善自京師之意。乃按行隱度，鳩工庀材，命典史喻榮、王汝寵董其役。而耆民徐文模又捐貲力，偕兩生者贊成之。費稟於官，役不病民，閱九月而訖功。木甓黝堊，嚴而不華，重門繚垣，殿堂庖廩。若經書、祭器之藏，若師生之舍，皆爽塏壯雅，冠於一時。縉紳學士，奔走踴躍，薦獻如禮，弦誦大興。京兆公喟然歎士之可與學也，謂余爲郡人，使爲之記。

夫聖人之道，性自有之。然必馴擾磨揉，從容遲久，至於禮讓興行，風俗醇美，而後爲學之成。明興，豈弟作人者垂二百餘年，尊尊親親，四海嚮風，雖田夫野老，猶知自奮於隴畝之中。而況遊儒學之館，被菁莪之化者乎？又況身際平日月，首耀於光明如留都者乎？古無暇論，即近出斯學者，如楊刑侍、倪太宰以器識稱，梁端肅、周襄敏以政事顯，丁中丞、景宫允以馴行倡，顧司寇、陳翰講、劉清惠以文學著。夫夫也本瓌琦博大之材，竪光明俊偉之業，巍行尊伐，鬱乎不刊。雖權倖當朝，翠華遠指，時事非矣。張文僖、何尚寶輩不難以九死殉之，猶能令姦人泚顙回面，竦然而不敢動。人徒謂山川炳靈，忠孝世美，而孰知上之功德涵煦成就如此之深也。多士幸生於斯，範型在望，而京兆公復篤意教事，眂前人有加焉。多士尚益力於學，異日者登巖廊都卿相，庶幾爲時之偉人。有如不試，猶當砥礪名節，鼓舞震動，有以自列於後，冀無愧於鄉先哲與京兆公之意，斯於所稱都人士者爲不負也已。

夫本主上之德，與賢師帥之教，皆爲史者之任。故不敢不書，以示後之人，而又使之知事之所以始也。熊公名某，江西南昌人。張公名某，淮安海州人。徐公名某，蘇州吴縣人。時張以遷秩行，而徐公實克終之，法得備書。

國朝順治九年，總督馬國柱題以明國子監改爲江寧府學，重修聖殿，旁設兩廡，前立櫺星門、戟門。後改彝倫堂爲明倫堂，堂旁設志道、據德、依仁、游藝四齋，以官署爲啓聖祠，以國子監坊爲江寧府學坊。其後祠廡漸敝。康熙五年，總督郎廷佐、布政司金鋐、督糧道周亮工、知府陳開虞重修。十九年，知府陳龍巖重修兩廡七十二楹。二十一年，總督于成龍倡修，同知朱雯署府篆，捐俸修整四碑亭及兩廡門欄。二十二年，知府于成龍、教授謝允掄、訓導鄒延屺開濬泮池，築屏牆。四十五年織造使曹寅，五十五年布政使張聖佐相繼修葺。雍正十三年，總督趙弘恩重修。

附　趙弘恩記

江寧府學，前明國子監也。我朝定鼎之九年，以督臣馬公國柱請，即其地改建府學。嗣順治十三年，康熙二年、三十四年重修，規制恢麗，巍焕肅穆，枕湖帶溪，鍾阜、雞鳴左右拱峙。以江南爲人文淵藪，江寧尤爲重地，而學宫之形勝氣象，聿與之稱。士之瞻仰弦誦其地者，誠倍足以作其向化興行之志矣。

余奉命總督兩江，駐節江寧，恭謁夫子廟庭，見楹桓榱桷，庭宇門楯，以歲久不治，頹側剥蝕。而有司沿習具文，豆籩簠簋尊罍之不古法，舞蹈聲容之不中節，均非所以尊聖人而致誠敬也。乃檄行鹽驛道孔副使虔，往東山聘請學者，修飭祭器、樂器，遵古以製，惟度惟具。致工曲阜，選士肄樂。越五旬，儀物既備，乃治廟宇。庳者崇之，攲者立之，葺罅整陋，施丹布采。越三月，榮光昭焕，視昔若加。計費二千五百兩有奇，皆出自余，未敢募諸他人也。仲秋之丁，將修釋奠之禮，乃爲文以勒之麗牲之碑。

夫國家設學教士，所以毓人才以致治也。嘗考自古人才，以鄒魯齊晋、河洛之間爲盛。迨晋南渡，衣冠望族，盡遷江左，人文之盛，始萃於金陵，而散布三吴。從此風氣日開，家禮樂而户詩書。其文章道誼，功名節行之美，與夫簪組軒冕之富，常甲於天下。豈惟山川之所鍾孕者秀而永，亦濡染之所及，月異而歲不同也。然俗之陋者，蘄有以開其先；風之盛者，蘄有以振其後。

我朝文治誕敷，荒裔陬澨，咸建學置師，以致邊遠僻左之地，皆有鄒魯之風。是陋者既日以開，則盛者宜日以振，而後可致其盛於日上之勢而不慮其衰。今日士生斯土，而求所以振之之道，亦惟深體乎國家立學之意，而副之以實而已。

夫學以聖人爲師。聖人之道，精粗本末，無所不該。讀其書以求其道，則又甚易而簡。事不越於君臣、父子、夫婦、兄弟、朋友之交，功不逾於學問思辨，時不離於飲食、居室。其要不外於忠信篤敬，其説則具於《詩》《書》《易》《禮》《春秋》，其易且簡如此。然由之則上爲聖賢，次亦不失爲寡過之君子。而畔之者，則目爲禽獸。其嚴又如此。

以是立學以爲教，固足以淑天下之士，而爲治化之本。故自宋、元、明以迄我朝，因其制而加謹焉。設科取士，舉一代名器之重，惟遊於學者。是畀誠以能讀聖人之書，必能爲聖人之道也。然則士之遊其宫者，固將躬行篤踐以爲身學，深求心得默識默存以爲心學，而後無負於立學之意。苟徒事佔畢誦讀，攄文綴華，以爲邀時弋名之具，則國家亦安所賴焉？班史志吴，稱漢興王兄子於吴招致天下娱遊子弟，枚乘、鄒陽、嚴夫子之徒，興於文景之際；淮南王招賓客著書，而吴有嚴助、朱買臣貴顯。漢朝文辭並發，其失巧而少信。雖其言尚矣，抑亦吴地之大略也。

金陵自孫吴建都後，六代遞嬗，祖尚清言，王、謝風流，士有餘慕。至明祖開國於此，遂爲留都。南僚政簡務閑，率以詩文觴詠歌舞爲娱樂，冠蓋輿馬都雅相矜尚。其知名之士，樹壇坫，角門户，馳騖聲華，而尟實行。明祚之移，識者猶咎之。今百餘年來，其餘習猶有存焉者乎？是今日兹郡之士風，急宜振起者。良惟身學、心學之是務，讀夫子之書即實求夫子之道，師顔、曾以師夫子，修其易簡而凛其嚴，使其學明體達用，實足以任名器之重，而佐治化之隆，方不負聖天子勤勤訓士之至意。將人才之盛邁於曩昔，豈僅枚乘、鄒陽、嚴助之徒之足較勝乎哉！

余於斯廟之聿新而有厚望焉，用書以告之多士。

是役也，經畫量度，虔肅將事，則安徽布政使司李蘭、督糧道王恕、鹽驛道孔傳焕。而董其役者，則江寧府知府張華年、理事同知巴都善也。

社學　各府、州、縣皆同。

文廟　崇祀孔子。以四配、十哲並朱子配享，以先賢蘧瑗以下七十八人，先儒公羊高以下四十五人從祀。各縣學同。

崇聖祠　崇祀孔子五代。配祀先賢顔無繇及孟孫氏四人，從祀先儒周輔成及朱松五人。

名宦祠，鄉賢祠。各縣學同。

上元縣儒學

舊在縣治東，宋景定二年知縣龔蜚英創建。元至元中縣尹田賢重修。明洪武初省，生儒並於府學。弘治三年，府尹秦崇於河干增置石隄，障秦淮水。嘉靖二年，都御史陳鳳梧平學後高阜，建尊經閣。

國朝順治六年，以舊國子監改府學，遂以府學爲上、江兩縣學。其規模俱從府學制。康熙五十四年，布政司張聖佐重修尊經閣。五十八年，江蘇按察使李馥重修文廟，建青雲樓。雍正十二年，教諭章玉樹重修。

江寧縣儒學

舊在縣治北，宋景定四年知縣王鎧建。元因之。明初省，生儒併於府學。

國朝順治六年，與上元縣同以府學爲縣學。

句容縣儒學

在縣治南。唐開元十一年始建於縣署東。宋皇祐間，知縣方俊①再建。元豐二年，葉表以縣南驛改造，即今地。紹興二十三年，龔濤修。元至大二年，縣尹趙靖重建。明洪武十二年，知縣韓思孝修殿廡，置齋室。十五年，知縣韓宗器修明德堂。永樂十五年，知縣周庸節重建戟門。景泰間，東廡災，知縣浦洪新之。成化十四年，知縣徐廣重建大成殿。嘉靖四十五年，署縣推官張夢斗移廟廡前數十步，建明倫堂、尊經閣于後。

國朝順治十三年，知縣葛翃宸修。雍正四年，知縣施廷瓚重修，並修兩廡及各祠。

溧水縣儒學

在大西門内。唐武德間，建宣聖廟于縣治東。宋熙寧二年，知縣關起遷於崇儒坊。元陞爲州學。明復爲縣學，知縣鄧鑑、高謙甫相繼修葺。嘉靖十七年，圮於水，知縣陳光華徙于京兆館東，謝廷蒞成之。三十九年，知縣曾震復即朝元觀基爲今學，周之屏成之。萬(歷)〔曆〕二十八年，知縣徐必道加葺。

---

① 嘉慶《重刊江寧府志》卷十六作「方峻」。

國朝順治十三年，知縣閔派魯重修。

高淳縣儒學

在縣治東通賢門外，明弘治六年①建。至十二年，規制始備。正德七年災，御史徐翼、周鵷重建。萬〔歷〕〔曆〕中，知縣董良遂、丁日近重修，知縣韓維聰增建。

國朝順治十三年，知縣紀聖訓重修。康熙三十八年，知縣游禄宜重修。五十八年，教諭鮑漣修葺。雍正九年，署知縣朱鷺修建屏牆。

江浦縣儒學

在城東。明洪武十年，知縣劉進創于浦子口城内。二十五年，徙縣，遂遷今地。宣德初修，景泰中知縣勞鉞重建。嘉靖中，張峰、侯國治改建。其後王守正、李維樾相繼修葺。

國朝康熙元年，教諭汪湛斯重修。二十三年，教諭秦松華、訓導張士猷重修。雍正四年，知縣項維正、教諭朱廷策、訓導王錡重修。

① 嘉慶《重刊江寧府志》卷十六作「五年」。

六合縣儒學

在縣治西。自唐至宋，屢經遷徙。明洪武五年，知縣陸梅創立。正統間史思古、黄淵，成化後唐詔、萬廷程、董邦政相繼修理。

舊西向，國朝康熙六年知縣顧高嘉增修，改南向。三十四年，知縣吴仲光移建於小東門外，面滁河，監生汪宇等捐助成之。五十二年，知縣魏世泰修正殿、文昌閣、奎（壁）〔璧〕①樓。雍正四年，知縣萬世良陞高大殿，建兩坊於欞星門外。

蘇州府

蘇州府儒學

在府治南。宋景祐元年范仲淹奏建，以胡瑗主教事。建炎兵毁，紹興後以漸修復。元大德初，治中王都中撤而新之。明洪武初，知府魏觀即舊址建明倫堂，闢地又新之。宣德間，知府況鐘重建

① 奎、璧同爲二十八宿之一，俗誤寫作壁，據文意改。

大成殿。又建至善、毓賢堂於後①，附以四齋。兩廊學舍前有范公手植古檜，後有尊經閣。天順間，知府姚堂構道山亭。成化四年，知府賈奭創立遊息所。十年，知府(邱)〔丘〕霽改作先師廟，門廡橋池悉備。正德元年，建東、西二門，曰躍龍，曰翔鳳。嘉靖十年，制增啓聖祠，建敬一亭，貯《六箴碑》。各州縣如之。隆慶、萬(歷)〔曆〕間，先後修葺。崇(正)〔禎〕六年，颶風作，廟署、祠宇、喬木、牆垣，一時傾毁，巡按祁彪佳、巡撫張國維、推官倪長玗②累年增修。

國朝順治十二年，巡撫張中元率屬修葺。康熙二年巡撫韓世琦、布政司佟彭年，七年巡撫馬祐，十六年巡撫慕天顔，相繼修治。二十一年，巡撫余國柱、布政司丁思孔、蘇松常道祖澤深，捐貲大修聖殿，宏麗改觀。二十四年，巡撫湯斌重修。

附　湯斌記

國家興治化在正人心，正人心在崇經術。漢儒專門名家，師説相承，當詩書煨燼之餘，猶存什一於千百。其時選舉不以詞章，通經學古之士，皆得上聞。朝廷定大議，斷大疑，博士據經以

① 此句道光《蘇州府志》卷二十四作「易止善堂曰至善，又建毓賢堂於後」。
② 「玗」，道光《蘇州府志》卷二十四作「玗」。

對。故士大夫勇於自立，無苟簡之心，孝弟廉讓①之行，更盛衰②而不變，此重經術之效也。宋濂洛關閩諸大儒出，闡天人性道之源流，故天下知性不外乎仁、義、禮、智，道不外乎人倫、日用，所謂得六經之精微，繼孔孟之絶學。《宋史》道學、儒林釐爲二傳，蓋以周、程、張、朱，繼往開來，師友淵源，不可與諸儒等耳。而道學、經學自此分矣。

夫所謂道學者，六經、四書之旨，體驗於心，躬行而有得之謂也，非經書之外更有不傳之道學也。故離經書而言道，此異端之所謂道也。外身心而言經，此俗儒之所謂經也。宗洙泗而禰洛閩，人心之所以正也。學者必先明義利之辨，謹誠僞之關，則富貴貧賤之非道不處不去，必劃然也。造次顛沛，生死禍福之間，不可移易者，必確然也。毋爲枉尺直尋之事，毋作捷徑苟得之謀，寧拙毋巧，寧樸毋華，寧方毋圓。戒懼慎獨之功，無時可間。子臣弟友之職，不敢不勉。不愧於大廷，亦不愧於屋漏。如此則發爲議論，自能息邪距詖，而鄉愿、楊、墨之教，不得騁也。出爲政事，自能尊王黜霸，而管、商、申、韓之政，不能施也。其斯爲真經學，其斯爲真道學也已。否則剽竊浮華，苟爲譁世取寵之具，講論、踐履析爲二事，即誦説先儒，〔世道〕③亦何賴乎？

① 「讓」，光緒《蘇州府志・學校一》作「謹」。
② 「盛衰」，光緒《蘇州府志・選舉一》作「衰亂」。
③ 據光緒《蘇州府志・學校一》補。

雍正九年，巡撫尹繼善又重修正殿及明倫堂。

文廟　崇祀孔子。各縣學同。

附　鄂爾泰丁祭木榜

爲恭逢丁祭大典，嚴飭各屬官司，宜備物以告虔，須先期而齋宿事。竊以至聖先師，萬世之師表也。冠帶集圜橋，天子有臨雍之典。春秋届仲月上丁，修釋菜之儀。内則命夫胄子三公，外則寄於有司群牧，典綦嚴矣，誰敢懈焉？本司寄任屏藩，職司典守。前當春祀，親齋沐而宿黌宫；先令儒官，校簿書而正祭器。乃知牲或已經宰殺，既失告全致潔之心；物豈盡屬肥鮮，更乖博碩蕃滋之義。且或常供不充夫額數，任先後以那移；珍品不給於豆籩，致鹽菹之雙疊。兼聞各學，亦有同風，罔知共竭精誠，但解奉行故事。甚或尊罍未備，疇詳犧象之形；琴瑟雖陳，莫辨敔篪之狀。觀者如牆如堵，任彼咆哮；祭者似醉似癡，頹然聾瞽。一尊纔薦，滿庭之燎火無光；三獻未終，兩廡之燈輝已滅。於是甑鍘與簠簋，悉憑顛倒几筵；鹿兔共榛菱，似遇摩空鸛雀。分甘奪臇，半由承祭之家人；拍地喧天，遑問糾儀之齋長。廪、增、附學，諸生怒髮衝冠；與隸、膳夫，一片雄心染指。凡此之類，罪豈勝誅？

皆由約束之不嚴，亦以躬行之未善。不思主鬯則身膺一命，幸得窺聖人門牆；分獻則職任半氈，原以司泮宫俎豆。平時未知化導，已蒙尸位之譏；臨事不克恪恭，難免曠官之咎。

爲此飭郡守、州牧、縣令等職，亦以誡教授、學正、諭導諸員，嗣後各精乃心，以襄大典。預期三日，牲牷皆供乎餼牽；先事一朝，品物盡陳於頖壁。齋戒沐浴，來觀習樂，試歌舞於明倫堂前；料量潔清，退服寢衣，斂精神於尊經閣畔。庶幾必誠必敬，斯夙夜之惟寅；無怠無愆，知神人之咸格。是並申之條約，用以頒諸學官。如左：

一、既奉肇聖五王神位，不唯簠簋籩豆，照數增設，即牲牷亦應各增其四。有議其牲者，其說不可從。考之典禮，惟配享有可以共牲者，專主無共牲之禮。《書》云：「文王騂牛一，武王騂牛一。」其明徵也。自三代至漢唐，皆不聞有共牲之説。唐時祀五方帝，且別以五色犢，其異牲可知。惟後漢有青帝、赤帝共一犢，白帝、黑帝共一犢者祀之，共犢非古也。唐開元時，五品以上室異牲，六品以下共牲，豈有王爵而可共牲者乎？其各照數增一爲五可也。

一、祭牲、祭品，皆有定額，一品一籩，罔可缺遺。況牲取親割以告虔也，取其血毛以告全也，可既宰而入學門乎？豕曰剛鬣，注謂其豕肥則鬣剛。羊曰柔毛，注謂其羊肥則毛細而柔弱。此博碩肥腯之所由稱也，可以瘦瘠不堪之羊豕而飲之、灌之，以充牲牷乎？既宰且不可，瘦瘠且不可，況可闕其額數，而以肥吏胥之囊橐乎？《月令》曰：「犧牲無用牝。」又曰：「命宰祝循行犧牲，視全具，按芻豢，瞻肥瘠，察物色，必比類量小大，視長短皆中度，五者備當，上帝其饗。」注曰：「上帝且歆饗之，況群神乎？」嗣後各官，俱須先三日親至學，視牲牷如法，然後稽其數，使人牧之，以待先一夕親割。吏雖奸，其何所施乎？

一、各學祭器、樂器，俱照《闕里志》修理整齊，不得因陋就簡。除已完備者無論外，其未完備者，該學教官考據圖式，移送有司，設法捐備。如有司推諉，不肯捐備者，許該教官據實申詳，以憑定奪。如有司新置完整，亦許該教官詳明，以憑嘉獎，庶知其留心正務也。

一、丁祭先數日，集樂舞生演習精熟。先一日，與祭官員親同往看，不得草率從事。

一、丁祭先一夕，凡與祭官齋宿學宫，不得有一員私宿本署。

一、丁祭之日，庭燎燈燭，務須光明如晝。俟祭畢後已，除神前燈燭之外，官員不得各自張燈。

一、丁祭之日，櫺星門内不得容一閑雜人。所有事宜，止許學書幹辦，及小心謹慎門斗二人，多則四人，照應燈燭。其官員僕從人等，一概於門外伺候。萬無許僕從人持燈夾墊，相隨上殿，及上兩廡之禮。君師一體，幸勿自取罪戾，以貽失禮之愆也。

一、丁祭之日，既不許容一閑雜人，自無有搶奪祭燭及祭品之人。倘或仍有潛匿門内，乘空搶奪者，以盗賊論，即時擒獲，解司以憑，盡法重究。

一、學宫之地，聖賢靈爽所依，不唯丁祭宜修治肅清，即平時亦宜灑埽潔净。近見黌宫以内，栽瓜種菜，學圃成澆灌之場；曝被曬衣，諸生絶往來之路。甚至丹楹刻桷，徒供蝙蝠棲遲；鳥革翬飛，盡是鼪鼯巢穴。蛛塵百斛，廟貌埋埃垢之中；鼺糞千箕，腥穢聞宫牆之外。皆已安之若素，久且視爲當然。甚至先儒、先賢，兩廡之神牌倒置；鄉賢、名宦，兩祠之神位傾頽。非其子孫，有誰咨問？加之朽蠹，若罔聞知。凡爾學官，所司何職？諸門役等，多亦奚爲？嗣後教官不時巡察，務令門斗分班輪值，逐日埽除。學宫之内，總不容有一毫塵垢，庶無忝厥職也。慎哉毋忽！

崇聖祠　名宦祠各縣學同。

附　明陸粲名宦祠議

謹按：蘇郡學名宦祠所祀古今監司守倅，通若干人，而其間有不係於蘇者，蓋六人焉。王魏公旦、富韓公弼、歐陽兖公修、蘇端明軾、陸文安九淵、李文靖侗，皆賢者也，而得祀於蘇，則知禮者疑之。夫祀，國之大事也，將昭勳德，勸忠孝，示愛敬，以爲民質也，不可不謹。聞諸古曰：「鬼神不歆非類。」又曰：「非其鬼而祭之，諂也。」諸君子未嘗涖官兹土，雖聲實顯著，而惠之流於蘇也不專，其祀之也，越於禮矣。

或曰：諸君子之言行功伐，合於祭義，所謂以勞定國、法施於民者。將天下得祀，而何有於蘇？粲以爲非也。在禮，惟天子有天下，其祀無所不通。諸有國者，山川百神之祭，皆不出境。衛成公欲祀相，甯俞曰：「相之不饗於此久矣，不可以間成王、周公之命祀。」楚昭王有疾，卜曰：「河爲祟。」大夫請祭諸郊，王曰：「三代命祀，祭不越望。江、漢、睢、漳，楚之望也。河非所獲罪也。」皆不果祀。今之祀者，郡守、丞實從事焉。郡守、丞，秩不過古諸侯。諸侯之祀不敢逾國，而郡守、丞得祀他境之賢以爲禮也？亦有據乎今之制，惟孔子爲師儒宗，得天下通祀。自餘若臯陶、伊尹、伯夷、太公之倫，猶不得與孔子比，其祀皆不出於其鄉與其所封之土，禮之節也。諸君子微有孔子之聖，雖賢，亦不能當臯陶、伊尹、伯夷、太公。而祀非其地也，越於禮矣。原其始所以得祀不可知，殆邦人之好賢，以是寓其愛敬。或其門人子弟有官於蘇者，以其私附焉，而後人遂襲之與？知禮者亦改而正之可矣。

或曰：諸君子之祀列於學宫，邦人習聞之三百年矣，誠一日撤焉，將駭民聽而傷忠厚之道。夫與其過而去之也，寧過而存之乎？粲又以爲非也。夫非禮之禮，君子有弗貴者焉。孔子曰：「曾謂泰山不如林放乎？」以死者爲無知，又焉用祭？以爲有知，夫亦忸怩而莫之顧也。君子愛人以德，細人愛人以姑息。今爲非禮之禮以瀆賢者，又拂先王之經，而逾當代之制，非小過也。不亟正焉，而襲細人之姑息，以爲忠厚，亦陋矣！又蘇自漢以來，監司、守、倅，賢而不得祀者尚多，謂宜擇其人進之，而罷諸所不當祀者，於誼爲允，且使斯民知禮之嚴。若是，雖賢者不得僭冒，庶幾禁淫祠，黜匪類，以示風教之本也，由兹祠始。

鄉賢祠各縣學同。

吴縣儒學

舊在縣治東南，宋景祐時始立。紹定初，改建於府西賓興坊。元至正十九年，平江路總管周仁、縣尹張經，始琢石爲門。

附　鄭元祐儒學門銘

天下郡縣學莫盛於宋，然其始亦由於中吴。蓋范文正公以宅建學，延胡安定爲師，文教自此興焉。若吴縣學，按李宗諤《圖經》云：文宣王廟在縣廨東南，今三皇廟，故縣治也。紹定初，知縣趙善瀚始建學於郡城西南之賓興坊，去姑蘇驛不百步。其廢置遷易，概可考矣。宋以杭爲行都，中吴乃三輔地，縣學宜大於鄰邑。然負城西隅，於地勢蓋甚迫窄。更宋迄今，累加完葺。至正十九年，平江路總管周仁、縣尹張經，皆以興學爲己任。睹學外門日就廢壞，乃始琢石爲莛與楹，上象日月，堅緻聳峭。翼以垣牆，瑰麗弘敞，稱其爲子男學宫之門。攝學事盧熊及學之人士，咸謂縣之有學久矣，未有以石爲門者，非二侯致力興學，不及是也。遂爲之銘。曰：

吴邑有學，由宋始完。宋社既墟，學宫則存。維學有門，聿嚴啓閉。因陋就簡，蓋已歷世。郡守周侯，近古遺愛。張令佐侯，民所共戴。琢石莛楹，作學之門。石質如玉，孚尹潤温。木易蠹朽，石堅斯久。何莫由是，以啓其蔀。勒銘於兹，豈特識言。來遊來歌，永矢弗諼。

明洪武五年，知府魏觀重修。宣德九年，巡撫周忱、知府況鐘徙建縣治東南，爲屋一百三十餘楹。成化八年，知縣雍泰重建櫺星門。弘治十年，知縣鄺璠加闢焉。嘉靖二年，知縣楊叔器作講堂、西齋、號舍、經閣，跨街建會、解兩坊，工未竟。五年，知縣蘇祐成之。崇（正）〔禎〕間，知縣陳文瑞、牛若麟先後重葺。

國朝順治十一年，詔天下修學。督學石申、教諭夏鼎倡修。十七年，諸生施學先等捐修敬一亭，葺興賢、仰聖兩坊。康熙六年，布政佟彭年捐資修葺。二十四年，巡撫湯斌建尊經閣。四十年，巡撫宋犖飭攝縣事李宏重修。雍正九年，巡撫尹繼善捐俸修理，飭縣令吴棟、按察司經歷陸廷樞董其事，殿廡牆垣，焕然一新。

長洲縣儒學

宋景定間始立，在府城東北。後毁。元至正中，縣長元童與郡人陸德源①創建之。明洪武七年，知縣宋敏文、張翔修葺。成化九年，知府（邱）〔丘〕霽乃擴地東南改建焉。正德中，提學張鰲盡以廣化寺地歸學。嘉靖十八年，巡按舒汀以教諭蕭文佐議學地湫隘，謀遷之，遂改城東福寧寺以爲學宫，創立悉如制。萬（歷）〔曆〕十七年，巡按李堯民重修，規模畢備。二十五年，知縣江盈科建文

① 「源」，道光《蘇州府志》卷二十五作「原」。

星閣。

國朝順治十一年，督學石申修葺，未竣。康熙間，訓導王玢、教諭姚文焱先後竟其工。

附　丁思孔記

古先王敷教以治天下，自黨、庠、術、序，無非學校。而其教之之人，即一鄉之賢士大夫，習知其土俗性情，因以簡其帥與不帥者，而興之屏之。則人之淑慝咸相見，而無所容其欺僞矯飾之情，所以事勸而業成。凡屬智能勇功之士，克爲國家建大猷、肩大任者，亦無不出於其中。故自禪讓以還，何代不以武功定天下。及統緒甫集，未有不汲汲於敷飭文教，以爲永安長治之基者。誠以其效雖緩，而功可久也。迨行之寖遠，儒學與吏治既分兩途，一切理民經國，皆以爲不必出於鄉三物之中，而唯智能勇功之是騖。舉凡古初厲世磨鈍之具，率視爲迂闊無當之虛文，相與掉臂而去之。設有司其職者，緦緦焉惟德教是憂，反衆起而嗤訕之。其人苟非篤信而强力者，亦且靡然置之，而不敢復道。於以求人心之敦茂，而道德之凝承也，不綦難乎？於此有人焉，不顧時俗之浮言，毅然立教以爲己任，舉廢起衰以行之，斯亦人之所難能矣。

夫善教者，猶醫也。攻疾在瞑眩之際，則主在標；養疾於平緩之日，則探其本。若是者，良醫也。不問緩急，惟其疾之所至，旋轉以相逐，則亦庸醫而已矣。今謀治而必審其端於教，是蓋能探其本者也，吾所謂效雖緩而功可久也。

且古今治法，固有相沿未變者矣。古者鄉治其鄉，國治其國，無所嫌於私暱也。後世防檢益嚴，土著者不得仕於其鄉。甚且立爲三互之法，而惟銓補學官許不避其本籍，是猶教之鄉而用其習知土俗性情之遺意也。然因其土俗，導其性情，又有不可同日而論者。今自大江以南，若姑蘇，固吴越之一大都會也。承要離、伍胥之流風，而文以延陵季子辭讓之節，其於慷慨憤烈之事，或至滅頂剥膚而不暇惜，豈非明於憂患而獨立不懼者哉？然而敝化奢麗之虞，抑已久矣。司是教者，就所長以正之，因其敝而革之，要厥觀摩必自學校始矣。

嘗考志乘，在郡之儒學三，長洲學宫建置獨後。創於宋之景定，再立於元至正間，而改設於明之嘉靖。歷年滋多，傾圮是患。訓導王君受事典學，喟焉歎興，捐貲以謀完葺，度材庀工。未幾，而棟宇克新，垣墉盡繕，其所謂毅然已任者歟！或猶謂：立教之本，在於人心。學宫之建，猶外飾也。抑知社稷崇廟之中，不施敬於民而民敬，良以瞻仰游息爲觀感之所由興。苟使儀容器物必淪委於狖鼯榛莽之域，又何從端立教之本乎？思孔不敏，司會是邦，慄慄焉惟教養無術之是懼。

王君修學成，而鄉先生暨學之諸弟子員，咸造余而請爲之記。且曰：礱石以須久矣。余嘉王君之志，與余之見固有合也。今幸逢聖天子緝熙遜敏，嚮意揆文，凡中外明揚之典，必察其有無，興行教化，以爲考課之殿最。斯東吴人士，將由兹學之振興，知所以導民成俗，其本必在乎是。於以絜隆夫比閭黨族之化，其亦將有合矣夫。

王君名玢，安慶之桐城人。

康熙四十三年，郡紳顧汧等修理萬代宗師坊，彭定求捐造三樂堂於明倫堂後。雍正四年，長洲縣分置元和縣，以教諭專理長洲學事。五年，知縣江之煒修正殿。九年，巡撫尹繼善捐貲重修。

元和縣儒學

與長洲共學，以長洲訓導理元和學事。

昆山縣儒學

初在縣治東，宋元祐間，知縣杜采遷於西南，即今地。明洪武初改修。宣德元年，知縣羅永年、教諭曹昇加葺。景泰間，知縣吴昭改建大成殿。弘治五年，知縣楊子器復新之。國朝順治十五年，提學張能鱗①捐俸倡修。康熙九年，知縣董正位、教諭吴謐復加修葺，至十一年工成。雍正四年，昆山縣分置新陽縣，以教諭專理昆山學事。雍正十年，邑紳士募修正殿、戟門。十三年，新邑顧登捐修尊經閣。

① 「鱗」，《四庫》本作「麟」。

新陽縣儒學

與昆山共學，以昆學訓導理新陽學事。

常熟縣儒學

在縣治東南，前臨運河。宋淳熙十年曾棨始建，端平中邑令王爚改建。

附　**魏了翁重建大成殿記**

常熟縣學之始，圖乘放失，僅有〔屋〕①梁書至和紀年，餘無所考。慶元三年，縣令孫應時以言游里人也，始祠於學，新安朱子既爲證其事。寶慶元年，祠遷於學之左，而孔堂闕壞，莆不加治。今令會稽王爚始至，大懼無以崇化善俗，約縮浮蠹，逾年更而正之，屬邑士胡洽、胡淳庀其役。以孔廟居左，廟之南爲大門，北爲言游之祠。又東北爲本朝周子、張子、二程子、朱文公、張宣公祠。以明倫堂居右。東、西爲齋廬四，以館士。爲塾二，東以儲書，凡祭器、祭服藏焉。西

① 據道光《蘇州府志》卷二十六、光緒《常昭合志稿》卷十四補。

以居言氏之裔。通爲屋一百有二十楹，而爲垣以周之。且增田四百畝有奇，歲助公養之費。凡言氏之裔，官爲衣食，而延師以教之。別爲田五百畝，以給其費。白於郡、於部使者爲廩以貯之。經始於端平二年冬，竣事於明年之秋。迺八月丁亥，釋奠於新宫，屬郡人葉輔之叙其役，以求記於了翁。竊惟朱子嘗記子游之祠矣，如《魯論》所載二三事，皆發揮無餘。藐兹孤陋，安敢復措一詞？然嘗讀禮書，而竊有見焉，因記廟學之成，並附其説。

夫《檀弓》，不知何人所作，而一篇之中，獨於子游極其稱譽。雖於孔門諸子，率多譏評。又以言、曾並列，其是言而非曾者非一，幾若偏於抑揚。然即其書考之，大抵當典禮訛闕，無所考訂之時，人之有疑弗决者，以質諸子游。故前後典禮所闕者十有四，皆以言游一言爲可否，亦足以見其爲時人之耳目。雖「汰哉叔氏」之一語若譏之，而實尊之。然則子游以習禮列於文學，蓋三代典章之遺，賴游以有存者。嗚呼，信爲豪傑之士矣！

昔柳宗元謂《論語》所載弟子必以字，惟曾子、有子不字，遂謂是書出於曾門。蓋字與子皆得兼稱，如門人之於孔子，進而稱子不敢字，退而言仲尼不言子。其次亦有既子且字，如閔子騫等，不一二人，或子或字者又數人。然淵、弓至游、夏最號高弟，字而不能子也。有子、曾子，子而不得字也。就二者而論，則字爲尊。故《孝經》字仲尼而子曾子，《禮運》字仲尼而名言偃。至於子思字其祖，孟子字其師之祖，相傳至今，之人字仲尼者無敢以爲疑。仲尼作《春秋》，二百四十二年間，字而不名者僅十有二人。而游、夏諸子之門人，亦各字所師，相承至於漢初，猶未敢輕以字許之。即是而觀，則子游以勾吴孤遠之士，遂得字而不子，以列於高弟之目，此又豈易易然者？

今吴門密邇行都，而常熟爲壯邑。有如游之北學洙泗，遂以習禮，輩行顔、閔。寥寥千載間，豈終無其人耶？或者狃於習俗，未有以自振。我朱子既嘗表其事，以風厲之，予又何言？獨惟山川、風氣、古今，猶夫人也。誦先聖之書，服先賢之訓。嗚呼，其必有聞風興起，以毋負建學尊賢之意者。士其勉之！

元皇慶中，邑人楊伯麟修。明因之，而加闢焉。宣德九年，知縣郭南修兩廡、學門。正統二年，知府況鐘修兩齋。六年，縣丞陳澄建尊經閣。成化二年，知縣甘澤修廟學。弘治八年，巡按劉廷瓚重修。萬〔歴〕〔曆〕三十七年，知縣楊漣重修。

國朝順治十二年，提學張能鱗葺文廟。康熙六年，同知魯超重建尊經閣。

附　魯超碑銘

聖人以六經教人，而學者往往得其性之所近，要其指歸，期於相通而已。自漢以還，諸儒各守其師説，黨同伐異，觝牾萬端。其後始定爲大經兼經之法以取士。由明迄今，專用一經而已。然竊以爲取士不必其求備，而教人則欲其兼通。末世功名之士，黽勉章句，以希弋獲，視二經以外辟如侏㒧。語言之不相通，而方圓鑿枘之不相入，此講誦不事而詩書放棄之所由來矣。

常熟縣學之有尊經閣，始於明正統時教諭趙永言，而署縣事陳澄成之。其後再修於萬(歷)〔曆〕間，迨今幾六十餘年矣。棟櫨攲折，蓋瓦穿漏，編簡之僅存者，鼠嚙而蟲蠹，登覽者慨然。余以采風校士，每過其地，則思捐俸葺理之。

會右藩佟公諱彭年，大參盧公諱紘，安公諱世鼎，暨郡守吴公諱道煌、督糧吴公諱江偉、司李龔公諱在升，邑令李君璞，咸樂爲佽助。於是鳩材聚工，經始於丙午之春。董其役者，爲學博士沈君汝蘭。凡閱月而告成，從衆志也。

既成，余徘徊瞻顧而歎曰：常熟，小邑也，而得爲南國人文風氣之首者，豈非子游氏爲之先耶？子游，文學之科也，而其言學道則愛人易使。則夫聖人之教，果有外於道以爲學，而凡詩書、禮樂之文，果不足以盡道歟？今郡縣學有明倫堂，與尊經閣並建，禮也。孟子謂：「經正，則庶民興。」而推楊、墨之害，至於無父無君。然則所謂道者，豈有外於君臣、父子、夫婦、兄弟、朋友相接之間，而所謂經者，非即親、義、序、别、信之燦然者歟？我世祖皇帝有見於此，特命儒臣纂修經訓，詔天下貢院，皆得以《孝經》試士。皇上繼之，稽古右文，崇尚實學，天下嚮風。而余所見郡縣浮屠，珠宫紺宇，以藏其所謂梵書唄字者，至吾堯、舜、禹、湯、文、武、周公、孔子之書，雖學士大夫家，猶不知所以尊禮之者，何其重於彼，而輕於此也？蓋玩其文，不察其義，習其言，不體諸身。是雖日取聖人之書而尊禮之，無益也。於戲！道之不行也，自經學之不明始矣。余承乏斯土，以備防爲事，非有教化之責於躬，幸承天子仁聖，德威遐暢，海波不揚，以與二三子講道問業於此。《詩》不云乎：「至於海邦，莫不率從。」又曰：「矯矯虎臣，在泮獻馘。」夫余之此舉，亦猶行古之道也夫。碑而銘曰：

於皇聖世，懿德孔昭。六經黼黻，五典瑛瑶。猗惟周行，淑我髦髦。矧伊海隅，先哲之里。奕奕三吴，悠悠千祀。炳如蔚如，是弘是啓。縹囊緗帙，聖則寓焉。安弦舞籥，道則傳焉。庇之無所，曷永曷宣。相彼二氏，雕甍刻宇。慧藏霄承，琅函玉貯。豈伊典墳，罡儕梵侣。尊經有制，先民所營。爰即故址，以善其仍。橐鼓具舉，東壁斯明。易占棟隆，詩歌如跂。雲起虞山，風來琴水。虎變龍驤，於焉狎紀。爲麟爲鳳，爲珪爲璋。本諸孔孟，騁乃羲皇。翊我鴻祚，名德無疆。

十八年，知縣林象祖重修。雍正四年，常熟縣分置昭文縣，以教諭專理常熟學事。

昭文縣儒學

與常熟共學，以常熟訓導理昭文學事。

吴江縣儒學

在縣治東南。舊學在城西隅，宋紹興間毁於兵，知縣石轍改創於垂虹橋南。元至正十二年，達魯花赤哈迷里氏禮牙進①命樂師選習廟樂。

附　許從宣大成樂記

按周制，大胥春入學，舍菜合舞，秋頒樂合聲②。故凡釋奠，必有合也。其登歌《清廟》，下管象，舞《大武》，是也。故《月令》仲春上丁，命樂正習舞舍。蓋學校，禮樂所自出。小有舍菜，而以食爲主；大有釋奠，而以飲爲主。其於學校，習舞與聲，大合六代之樂，一也。吾夫子以聖人享南面王爵，歷代尊崇，禮頌之縟，情文之備，至於今莫之能尚也。唐貞觀間，太宗以文治。然其廟享聖人，襲用齊典禮，僅設軒架之樂、六佾之舞而已。繼後開元間，釋奠始用宫懸之樂。至於故宋，崇儒右文，可謂至矣。然春、秋上丁釋奠東序，上戊釋奠西序，雖登歌有部，至其用

① 「哈迷里氏禮牙進」，《四庫》本作「哈瑪爾氏拉爾錦」。
② 「秋頒樂合聲」，《周禮・大胥》作「秋頒學合聲」。

樂，不以軒懸，而以判架，兼不設舞位。先儒謂有歌而無樂，非古人習樂合舞之意也，遂乞釐正，以表尊崇。至考唐之儲君，其釋奠於學，鐘、磬、簨、簴，絲聲在弦，匏笙並陳，柷敔合止，賁鼓間作，壎篪和鳴，具有成式。禮將陳，協律郎俛伏舉麾，則《永和》之樂作。登歌，則《肅和》之樂奏。雍穆紓和，悦人心而娱神明者，其爲樂可謂盛矣。今天下路、府、州、縣，莫不有學。其所以尊崇聖人者，冠衣服章，殿寢階所，已純乎王者之禮矣。若夫廟樂八音，蓋猶有取乎虞廷之《韶箾》。豈不曰後世雖有作者，虞舜氏不可及矣。

吴江之爲州也，雖於吴爲南北津要，然州治出乎江湖之上，風濤之所掀播，魚龍之所出没。而州學迫里市之隘，在垂虹橋之南。廟享聖人，既有著令。學官與廟雖皆具，至於廟樂，則尤缺焉。至正十二年，州達魯花赤哈迷里氏禮牙進公，以奉議大夫來監是州。既建戟門，以大廟制，遄命樂師選學之彦，肄習廟樂。甫及期，而樂大備。自凝安典，禮變成章，與八音並奏，而無纖毫敢略者，廟樂於是告完。人士之美者來遊來歌，觀廟樂以矢其音。况當大比之年，其爲世用必矣。若夫琴瑟在御，笙歌間奏，且將見蛟龍鼉鼉、〔海〕①怪水獸，與仰秣之馬、出聽之魚，咸感化於廟樂之盛者，而况於人乎？况於鬼神乎？

① 據《四庫》本補。

明拓其地而新之。景泰六年，知縣賈亮重建。國朝順治九年至十三年，知縣唐增、吴就恒、雷珽，教諭洪天開，相繼修葺。康熙五年，同知魯超，推官龔在升，知縣劉定國捐修。雍正四年，吴江縣分置震澤縣，以教諭專理吴江學事。知縣徐永祐重修殿廡。

震澤縣儒學

與吴江共學，以吴江訓導理震澤學事。

江南通志卷八十八

學校志

學宮　二

松江府

松江府儒學

即舊華亭縣學址，在南門内。宋元豐七年，知縣陳謐始議興學，邑人衛公佐、公望獻縣之東南地建之。紹興中，學舍始備。元至元十四年，縣陞爲府，縣學因爲府學。至正間毁於兵，同知顧逖重修。明洪武間，知府林慶創射圃於學後。宣德間，知府黄子威作兩廡，屬於講堂，主事李賢祐建觀德堂於射圃。正統五年，推官楊政建尊經閣，提學御史彭勖立四齋。弘治中，毁於颶風，知府劉璟重修。正德間復壞，知府陳威、喻時先後修治，殿堂、廡閣、四齋，以及祠、圃、門、廨、坊、橋之屬，皆如舊焉。嘉靖十年，制增啓聖祠，建敬一亭，貯《六箴碑》，各縣如之。萬（歷）〔曆〕間知府詹思虞、崇（正）〔禎〕間知府方岳貢增修。國朝順治十一年，知府李正華重修明倫堂。十六年，教授周建鼎重修先師廟。康熙二年，知府郭廷弼重修戟門。二十二年，知府魯超重建啓聖祠。雍正十年，知府吴節民修葺正殿。

崇聖祠　名宦祠　鄉賢祠各縣學同。

華亭縣儒學

始建於宋元祐中，在今府學後玉帶河之陽，端平間遷於河南。及元改華亭府學，復建縣學於舊址，後毁於兵。明洪武三年，知縣馮榮奉詔立學，始以邑人徐進義塾地構之，在今府治西南。後知縣周朗、祝子憲相繼增飾。永樂間，壞於風雨，知縣高宫重修。正統、成化間，知縣李希容、戴冕先後修葺。嘉靖後，知縣聶豹、賈待問、項應祥、徐尚勳、鄭友元歷年增修。

國朝順治十二年，教諭王道光修文廟、明倫堂、門廡。康熙十九年，知府魯超捐俸重修，郡紳施維翰助貲三百兩，教諭路序、項亮臣董其事。雍正四年，縣分置奉賢縣，以教諭專理華亭縣學事。十年，知府王喬林復修正殿、明倫堂。

奉賢縣儒學

與華亭共學，以華亭訓導理奉賢學事。

婁縣儒學

國朝順治十三年，割華亭西界爲婁縣，因設學官，而學宮未建也。明年，提學張能鱗議建學宮，使訓導馮瑄擇基址未就，至今與華亭共學。雍正四年，婁縣分置金山縣，以教諭專理婁縣學事。

金山縣儒學

以金山衛學爲之。明正統四年，工部侍郎周忱奏立衛學於衛東北隅。御史劉福、嚴洤、劉魁、孟俊相繼增修。弘治十一年，指揮翁熊重建大成殿、兩廡、戟門，飾聖賢像。十七年，都指揮王憲製祭器。萬(歷)〔曆〕二十一年，知府柳希點、教授翁興賢重建。

國朝順治十五年，巡撫張中元同巡按李森先、學道張能鱗大修，府學訓導黃中亨董其役。金山衛學無官，舊屬府學管理。金山立縣，遂改衛學爲金山縣學，仍以府學訓導理學事。

上海縣儒學

在縣治東南，即上海鎮學也。宋咸淳中，監鎮董楷作古修堂，爲諸生講學之所。元至元中，鎮陞爲縣，即爲縣學。明洪武中，同知王文貞修復學宮。正統間，御史彭勖、蕭啓、鄭顒相繼修葺。萬（歷）〔曆〕間，知縣敖選、顔洪範、吕濬先後增修，規制大備。國朝順治十八年，知縣涂贄、教諭曹忱重修。康熙十年，知縣朱光輝濬修宫牆、泮水八十餘丈。十九年，知縣任辰旦重修啓聖祠及大成殿。二十二年，知縣史彩重鋪殿前月臺丹墀，並儀門、兩廡。五十六年，邑紳吴銓修正殿兩廡、明倫堂。雍正四年，分置南匯縣，以教諭專理上海學事。

南匯縣儒學

在東門内。雍正五年，知縣欽璉建門、牆、堂、殿，書齋、講堂畢備，立溯洙、瞻杏二坊而記之。

附　欽璉碑記

雲間之列縣者四，縣各有學，名公碩彦之由學而升者，代不乏人，才華經濟爲海内所推。聖天子御極之初，念其地之賦役繁重，視他郡倍蓰，分縣爲八，而學亦隨之。是南匯縣學之所由創也。

按南匯向爲千户所，在上海之東南隅，有城屹如，置將領以守之。兵、民雜處，罕黨塾術序之美。及陞而爲縣，百度維新，典常具備。督學者羅其士而試之，一歲之間，補博士弟子員者若而人。分儒官以任其事，祭菜、鼓篋之典，鄉飲、大社之文，當以次舉行。而黌宫闕如，禮儀莫洽，曷以蒸髦秀而樹之風聲？

璉奉簡命宰是縣，不敢以興賢育才委爲異人任。經營籌度，購民地若干畝於縣之東南境，擇其址之爽塏者培之。建大成殿五楹，旁列兩廡，前設大門，門以外爲泮池，施橋於上，橋之前則欞星門樹焉。繚以崇垣，百堵皆作。即其後爲崇聖之宫，講堂、齋舍，計日告成，丹雘炳焕，階所砥平。宫墻之旁，翦其荆榛，易之以桃、李、松、檜，嘉樹有蔭。壁沼漣漪，互相掩映，山川秀靈之氣，於是乎萃。

工既竣，邑多士之繫籍於學者，請璉誌其事，以垂不朽。璉惟敬敷五教之命，昉自虞廷；論秀書升之法，載在《周禮》。君國子民，教學爲先，歷漢、唐、宋、元、明以來莫或廢，至昭代而文教倍隆。自聖祖仁皇帝涵熙樂育，積六十年之久，文思光被，雲漢爲章。暨皇上嗣登寶位，臨雍講藝，圜橋門而觀聽者幾萬人。文物聲名之盛丕，冒乎海隅日出之鄉。遐陬僻壤，里巷之儒，罔不崇師考業以自淑。矧爲邑宰，有宣化承流之責，而忍委鉅典於草莽乎？

夫朝廷以經義取士，操觚角藝之流，國學生而外，名必隸於鄉校，而後循序以登春秋之榜。巍科顯仕，胥從是出，是學固多士致身之所自始也。繼自今願多士益自淬厲，朝夕奮勉，經明行修。挾其素所蓄積者，以彙征雲路，對策大廷，彬彬乎文章道德之盛，接踵代興，前輝後耀，足爲邑之光華。俾追念於創學者之有微勞，而與其榮施，則璉之所致望於多士者，豈淺哉？

學官以上海學訓導理南匯學事。

青浦縣儒學

在縣治南。始於明萬（歷）〔曆〕元年，知縣石繼芳用顧氏義塾立學，光禄寺署丞顧正心捐資千金助之，規制略備。二十四年，久雨，學宫壞，知縣卓鈿修葺。國朝順治六年，知縣王嶙重修。康熙二十年，訓導陳堂謀捐俸增修。四十一年，署縣事許鈺重修。雍正三年，教諭蘇鍾嵋重修。四年，縣分置福泉縣，以教諭專理青浦學事。

福泉縣儒學

與青浦共學，以青浦訓導理福泉學事。

常州府

常州府儒學

在府治西隅，南唐刺史李栖筠始建學。宋太平興國初，郡守石雄徙建郡治西南。景祐三年，詔許即廟立學，賜田。嘉祐間，郡守陳襄增廣之。崇寧初，郡守朱彦建狀元坊於學南。紹興間，郡守俞竢闢四館以居學者。淳熙中，郡守林祖洽建御書樓，藏高宗賜六經墨本。德祐時毁於兵，元至元間重建。

附　張伯淳記

皇帝踐祚之初，制詔天下郡學完葺，如法養士，無田者官給。凡皆尊孔子之道德，至渥也。然則學官崇飾，宜不在諸名山、大川常祀之下。

常州故有學，創於唐刺史李栖筠。迨宋陳襄爲守，移置郡治西南。地踞重河之會，占金斗之勝。毁於乙亥歲，惟禮殿、講堂，巍然如魯靈光，斯文有相如是夫。二十年間，葺未易完。且廟與學混，非所以肅觀瞻、昭禮敬。此固有志於道者，所爲歉然而未能遂也。

總管安豐吕侯師聖戾止，當詔下之歲十二月，祇若德意，獨能視爲先務。以其狀白於廉訪副史王侯，侯意同議合。既得請，於是審曲面勢，計工度材，修大成殿，黿帳鼎新，塑十哲像，繪從祀，逮階序，一改舊觀，廟與學始各得所。既又剪榛蕪，增建四齋室。先賢有祠，聽事有堂，儲糧有廩，闢兩廡而弘之。凡創屋爲間者四十有三，即其故而完葺者不與焉。如鑄祭器，置書籍，惟事事備。

先是，學有田二十有六頃，隸宜興之從善鄉，歲入米二千石有奇。久爲僧舍、豪家所奪，求直有司，十年不能决。至是，事徹中朝，尋報「可」。

侯之有功於學大矣，而猶以爲未也。一日，語教授天台吴君宗彦曰：「殿有儀門，冠帶所集，摧腐將壓，盍更諸？必崇必敞。」乃稽古式，市大木，作門五間。檐牙森聳，輪奐翬飛，學舍於是大備。

是役也，經營於侯下車之始，落成於元貞二年十月。公餘督勵必躬，凡費則撙學廩以給，工樂趨事，農不知役。郡文學不有其勞，歸之太守。太守不自有，而歸工部使者。猗歟盛哉！會伯淳謁告歸里，文掾叙修建本末，願紀其實。

於戲！井田廢而阡陌，封建廢而郡縣，肉刑廢而鞭笞，銅冶廢而楮券，猶可因時而行，所必不可廢者，學校也。學校而可廢，則倫紀於何明？修齊治平之道，於何而寄哉？國家之所崇尚，賢侯之所欽承而加之意者，豈特爲衿佩遊談之地哉？矧毘陵爲吴季子采邑，禮讓遺化，在人心者未泯也。伯淳不量荒陋，書以遺之。

明洪武初，以師生附武進學肄業。五年，知府孫用始建大成殿、戟門、兩廡及明倫堂兩序，並志道、據德、依仁、游藝四齋，旁設射圃。宣德間，知府莫愚即射圃作觀德堂。成化五年，知府卓天錫復建明倫堂，增置尊經閣於堂北。嘉靖間，制增啓聖祠，建敬一亭，貯《六箴碑》。各縣如之。萬〔歷〕〔曆〕後，知府劉廣生、教諭汪會海先後增修，改建天下文明坊。

國朝康熙元年，教授郭士璟復加修葺。二十四年，知府祖進朝重修。

崇聖祠　名宦祠　鄉賢祠各縣學同。

武進縣儒學

在縣治東南，宋咸淳初知府家鉉翁即法濟圮寺改創。宋末毁，元附於郡學，大〔歷〕〔曆〕間重建。明洪武五年，知縣董尚拓舊基，建禮殿、講堂，改築欞星門，南向。成化間，知縣熊翀建東西樓、尊經閣。嘉靖後，知縣馬汝璋、茹宗舜、晏文輝、羅華衮相繼修理。

國朝順治十四年，邑人楊廷鑑等重修。康熙八年，教諭王琰重修。二十三年，知府祖進朝重修殿廡。二十九年，教諭崔學古捐貲續修。雍正四年，武進分置陽湖縣，以教諭專理武進學事。

陽湖縣儒學

與武進共學，以武進訓導理陽湖學事。

無錫縣儒學

在縣治南西水關内，宋嘉祐間知縣張詵創建，元初教諭虞薦發重建。明洪武十八年，知縣袁大興修建堂齋。成化間，同知謝廷桂盡撤舊學而新之。國朝康熙九年，知縣吴興祚重塑聖像。二十四年，知府祖進朝重建大成殿。三十三年，知府于琨修正殿、兩廡、戟門。雍正四年，無錫分置金匱縣，以教諭專理無錫學事。

附　明徐有貞《無錫學先賢祠記》

古者學官之有事，則釋奠於其國之先師。今學校之祀先賢，蓋由斯義以起，禮也。然而其祀事有興舉與否，則繫乎其人。

錫山儒學之祠，創自宋季。中祀龜山先生文靖楊公中立，而以玉泉先生宗丞喻公子才、遂初先生文簡尤公延之、小山先生肅簡李公元德、實齋先生文忠蔣公良貴配。歷元至國初而中廢。至是，同知郡事河中謝君時芳乃復興之，使來請記其事。

夫文運之所在，即天運之所在。初，二程之學乎周子也，宋運方盛於北，吾道亦從而北。及楊氏之學乎程子也，宋運將徂於南，吾道亦從而南。此其所關係也大矣，豈偶然哉？

自龜山傳之豫章羅氏，豫章傳之延平李氏，延平傳之考亭朱子，考亭因是而集大成。則斯道之有傳於今也，實自龜山始。揆其始，雖天下之學祠焉可也，獨錫山哉？然中立寓錫山，十有八年之久，是猶錫山之人也。矧錫山之人之學道也，亦自中立始。

喻氏來自南昌，尤氏來自閩粤，而並家錫山。延之學乎子才，子才學乎中立，所謂見而知之者。李與蔣固皆錫山人也，生喻、尤之後，而學則肩焉，所謂聞而知之者。其傳雖弗如考亭之盛，而其人與學之正，蓋無異焉。

若乃中立力斥安石熙豐更張之邪説；子才力贊鼎浚炎興恢復之正論；延之力陳道學之爲是，以釋孝宗之疑；元德力辯汝愚之爲忠，以祛寧宗之蔽；良貴力抑彌遠之惡，而揚德秀、了翁之善，以啓理宗之明。是皆有功於其國，有功於吾道。當時雖不能盡用其言，然天下後世之公論不可没也。繇是而並祠于學，又豈過哉！

金匱縣儒學

與無錫共學，以無錫訓導理金匱學事。

江陰縣儒學

在縣治西南，即宋江陰軍學，熙豐以前僅以廟祀先聖，學者肄業其中。崇寧間，大闢黌宇。紹興五年，知軍王棠更新之。乾（通）〔道〕①、紹定中，知軍徐葳、顔耆仲相繼修葺。元末毁於兵。明初，江陰侯吴良即舊址立學，知縣吴志遠重修。宣德間，侍郎周忱重建大成殿及兩廡、戟門。後知縣周斌、黄傳②、劉絃、岳凌霄相繼修葺。

國朝順治間，提學石申、張能鱗修之。康熙十三年，知縣何爾彬、龔之怡，教諭宗章埈重修。二十六年，知縣陸次雲重修。

附 明陳芝英《江陰學鄉賢説》

鄉有賢則祀之，非賢不祀也。江邑祀鄉賢者，前有延陵季子，後有李忠毅、繆文貞兩公。而其賢也著矣，而其祀也確矣，故謂江邑之崇祀無訛無濫，或觀於此而得之也。先是，宋蔣待制静、明孫司業作，俱在祀典。弘治中，知縣黄傳考論黜焉。蔣以徽宗朝進《瑞烏頌》故，孫以《答性難説》微偏，故論者謂以兩先生之賢，而一眚之不容如此。則蘋蘩藴藻之馨香，洵非無德而能幾此也。今世無黄侯耳，有黄侯其存焉者寡矣。此歐陽郡公别有先賢祠之創，而以爲牛驥同

① 據道光《江陰縣志》卷十一改。
② 「傳」，下文作「傅」。

槽，祀之適以黷之也。

宜興縣儒學

在縣治西南。舊在縣治東南，宋景德四年建，皇祐初徙南興門外，紹興五年增修。

附　朱熹記

紹興五年十二月，宜興縣新修學成。明年，知縣事承議郎括蒼高君商老，以書來請記。而其學之師生迪功郎孫庭詢、貢士邵機等數十人，又疏其事以來告曰：

吾邑之學久廢不治。自今明府之來，即有意焉，而縣貧不能遽給以其費。乃稍葺其所甚敝，亟補其所甚闕。且籍閒田五千畝，以豐其廩。斥長橋僦金七十餘萬，以附益之。爲置師弟子員，課試如法。而又日往游焉，躬爲講説，開之以道德性命之旨，博之以《詩》《書》《禮》《樂》之文。使其知士之所以學，蓋有卓然科舉文字之外者。於是縣人學子，知所向慕。至於里居士大夫之賢者，亦携子弟來聽席下，無不更相告語相勉勵，而自恨其聞之之晚也，退而相與出捐金齎以佐其役。合公私之力，得錢幾七百萬。而學内外焕然一新，堂塗門廡，靡不嚴備；象設禮樂，皆應圖法。蓋高君之於是學，非獨其經理興築之緒爲可書，而其所以教者，則非今世之爲吏者所能及。邑之人才風俗，實有賴焉，幸夫子悉書以告來者於無窮，則諸生之望也。

予頃得識高君於會稽，而知其賢。今乃聞其政教之施於今者，又有成效如此，固已樂爲之書矣。而其邑之父兄子弟，能率高君之教，而有所興起，皆知從事於古人爲己之學，而不汲汲乎誇多闘靡之習，以追時好，以取世資，則又予所深歎而尤樂取以告人者也。乃爲悉記其語，使後之君子有考焉。

抑高君之於此邑，嘗新其社稷之位，而並兆風雲雷雨師於其側，以嚴祀事。穿故瀆，疏積水，以防旱澇。作社倉，儲羡粟，以備凶荒。其所以事神、治民之類，能行其所學，而皆出於至誠懇惻之意。是以言出而人信從之，蓋不止於講説之間然後以言教也。嗚呼，賢矣哉！

元至正間毁於兵。明洪武初，知縣謝德清移置今地。正統間，知縣鄒旦貿①民地以擴之。成化間，知縣沈振重修。嘉靖初，知縣何棟建尊經閣，後知縣丁謹、方逢時相繼增修。萬(歷)〔曆〕十六年，知縣陳遴瑋復建堂舍。

國朝順治十七年，教諭丁允齡募修。康熙十五年，教諭顧智募修。二十年，知縣李先榮重修。雍正四年，宜興分置荆溪縣，以教諭專理宜興學事。

① 「貿」，《四庫》本作「賈」。

荆溪縣儒學

與宜興共學，以宜興訓導專理荆溪學事。

靖江縣儒學

在縣治西南，明成化八年知縣張汝華建。正德、嘉靖間，知縣周奇健、殷雲霄、易幹增修，知縣趙應旟引泮池作九曲勢，與南市河通，泮南作崇墉，高三丈，廣倍之。崇（正）〔禎〕初，知縣唐堯俞移崇墉於市河之南。十年，知縣陳函輝重修文廟。

國朝康熙七年，知縣鄭重增修。

鎮江府

鎮江府儒學

在府治東南。宋太平興國八年，知府柳開創建於朱方門内。寶元初，范仲淹守郡，乃拓而新之。元祐、宣和間，知府林希、毛友相繼修葺。紹興九年毁於火，知府程邁復營治，劉子羽繼之，大爲興復。元至正間修葺。明初改建於定波門内。景泰中，知府張巖以學地卑隘，復改建於縣治之東。同知俞端竟其役，建明倫堂及四齋於山之西，廟廡、堂齋、橋門、號舍、厨庫、射圃悉備。天①順元年，知府林鶚建尊經閣、泮池、石梁。成化間，知府熊祐重建學門。弘治中，知府鄭傑作會講樓。嘉靖十年，制增啓聖祠，建敬一亭，貯《六箴碑》，各縣如之。四十二年，知府秦湰於學之正南因岡增土，名曰對山。隆慶、萬（歷）〔曆〕間，知府胡維新、鍾庚陽、吴撝謙、王應麟先後修理。天啓五年，文廟毁，巡按御史陸某捐貲重建。

附　吴寬《重修府學記》

鎮江府之有學，自宋歷元，在府治之南。國朝景泰間，知府張侯以其地勢卑隘，始東遷之。至今五十年矣，而頽壞已甚，未有能修之者。

今兹鄭侯傑自大理寺丞來，好文重士，始謀以修學事移於巡撫都御史四明朱公，公曰：「吾奉天子命以養民，財固所當惜。然以學校概視，是不知務者。」即報使舉行。侯又得承仕郎曹貴，委之董其事。貴勤敏而公，財不妄費。功成，規制宏美，觀者稱歎。於是教授董宗道等具修學始末，來請文刻石。

① 「天」，《四庫》本作「大」。

蓋學之設，古制也。自三代以至今日，上下數千年。其間未有能廢之者，以聖賢之道不可廢，而道明於此也。然所以明於此者，非明於學校之地，明於遊學校之人，則其人之寄亦重矣哉。孟子曰：「君子不下帶而道存焉」。故廟而祀之，洋洋乎如在其上，如在其左右者，非夫人也，聖賢也。聖賢者，道之所在也，誦其言，求其道，用於鄉，使習俗丕變於一時；用於世，使德業大行於百世，然後稱乎遊於此者。此固朝廷崇儒之美意，而有司之所奉行而不敢廢者也。彼科第云者，特假之以致吾身之階耳，果足以爲士子望哉？故因記學之成而及之。

周洪謨《禮器樂器記》

聖朝兩京國子監，及天下郡縣皆廟祀孔子。其肖像，冕十二旒，衣十二章，祭器十籩十豆，樂舞六佾。今命籩豆增爲十二，六佾增爲八佾，始用天子禮樂，以其制通行天下。歷代以來，尊崇孔子，未有盛於今日者也。

然諸郡禮器則全，而樂器則或未備，惟鎮江府學禮、樂器俱完。禮器千餘，皆範銅爲之，乃元至正十一①年總管李中、教授黄鏞所鑄。豆二百七十二，其蓋數亦如之。爵一百三十九，奠

① 「十一」，《四庫》本作「十二」。

盤如爵之數。簠一百二十，其蓋一百一十六。簋一百十九，其蓋一百十五。犧尊六，象尊六，常尊三，龍杓三，揷花之瓶大小八，爇香之爐大小十六，盥洗盆三，毛血盤二。諸器既完，惟籩皆失，舊常以豆之蓋代之。今知府熊侯祐乃鑄銅爲籩二百二十，其蓋亦如其數。

竊惟古者祭器，以竹以木以陶。但竹木者易剥，陶者易損，故代之銅，而圖其堅久也。予往歲爲南監祭酒，始謁廟釋菜，而見磁爵之缺者甚多，不勝悚懼，遂遣人赴饒州製補之。夫以太學奉帝命以行禮者，其器尚如此，況諸郡縣乎？用銅雖非古制，而李中輩所鑄，歷三百餘年之久，皆無少窳。其視抗陶之剥損者，則美惡判矣。樂器亦當時所製銅鐘二十一，石磬十六，琴十，瑟四，以及笙管柷敔之類，靡不畢備。

熊侯與其僚同知伍侯琇商搉，以爲前人所製固美，恐其久而或忘，乃寓書來求予筆諸石，以防疏虞。且約典守者必嚴出納；教授、訓導但一秩滿者，雖素不司管鑰，必白於郡，會諸師生審驗之而後去。

於戲！誦遺經以出身者，感聖恩如天地，且愧不能報稱於區區。祭器儻不能守，又何顔入禮殿乎？

雖然，此禮樂之器耳，而行斯禮必本之敬，奏斯樂必本之和。故孔子嘗曰：「禮云禮云，玉帛云乎哉？樂云樂云，鐘鼓云乎哉？」異時承祀之頃，肅肅雍雍，儀節不爽，音律克諧，仰瞻聖賢之靈如在其上，如在其左右，則必來格而歆享矣。

抑禮樂本之心、體之身者，豈但感乎神而已？雖達之以道，家國、天下而無不理焉，則凡爲治者，其可不務禮樂之本，而推之用乎？

國朝順治初，明倫堂圮，知府塗廓①捐貲買楊一清御書樓改建。康熙十一年，知府高得貴重修。二十七年，知府王燕重修。雍正七年，知府毛德琦重修。

崇聖祠　名宦祠　鄉賢祠各縣學同。

丹徒縣儒學

舊在縣治西。宋崇寧以後圮，附於郡學。紹興中，知縣趙學老復建。元延祐六年，教授朱天珍重建。明洪武初，以淮海書院併入。正統間毁，巡撫周忱重建。天順中，知府姚堂鑿泮池，設門廡，立儒林坊。成化中，巡撫牟奉建尊經閣。弘治末，知府王存忠拓廟基，建德配天地、道貫古今二坊。嘉靖初，提學御史蕭鳴鳳以廟學湫隘，遷於壽（邱）〔丘〕山南麓。

國朝順治十三年，知縣張晋倡修。康熙八年，教諭王天璧、談志相繼修葺。二十一年，知府高龍光於學後累石築牆，以護龍脉。雍正七年，知府毛德琦重修。

① 「塗廓」，宣統《江蘇通志稿・職官志》卷十二作「涂廓」。

丹陽縣儒學

在縣治東，宋慶〔歷〕〔曆〕間建。建炎中毁，紹興時知縣吴芑重建。乾道六年，知縣陳玠撤而新之。寶祐初，知縣胡夢高又新之。元因之。明洪武中，知縣鄭士源、許子英、董復昌、潘綏相繼修葺，後知縣周志義、包達、陳誼先後增修。弘治間，知縣高謙移欞星門於泮池之南。嘉靖六年，知縣張鳳翀鑿渠，導湖水繞學宫南，累土爲案山。隆慶三年，同知馬豸又開城西水竇，引湖水繞之。

國朝順治十七年，知縣賀應旌重建尊經閣。康熙十二年，教諭蔣士偉重修兩廡。五十二年，邑人潘鐸、葛任義、殷聖莊共捐貲修正殿，重建啓聖祠、兩廡、欞星門。

金壇縣儒學

在縣治東。宋紹興初，知縣李棨重建。元至元元年，知縣于淵增修。至正間毁於兵。明洪武初，知縣蔡原臣重建。建文四年，知縣孫時撤兩廡、戟門而新之。正統八年，知縣劉訓撤明倫堂爲東齋，因重建明倫堂。成化、嘉靖間，知縣劉觀、張賓、董相，縣丞鄧繼曾相繼增修，鑿泮池，爲三石梁。萬〔歷〕〔曆〕十一年，知縣許弘綱重修。三十二年，知縣邵應貞又闢地新之。

國朝順治十一年，知縣趙介重修，知縣宋蓰踵成之。康熙九年，知縣康萬寧、教諭許允成增葺。雍正四年，邑紳士募修，教諭盧翀董其事。

溧陽縣儒學

在縣治東南。宋淳化間，知縣夏侯戩建於縣西門外。皇祐四年，查宗閔徙於今地。建炎末撤屋爲營，紹興以後相繼修葺，而齋廡堂殿始備。元陞爲州學，創尊經閣，後毁於兵。明初知州林慶復創建焉，永樂十一年重修。天順中毁，明倫堂獨存。成化中，知縣員賢漸次修復。十五年，知縣陳福改明倫堂制度。嘉靖間，湯䝨、馬一龍增修。

國朝康熙五年，知縣徐一經重葺文廟。

淮安府

淮安府儒學

在府治南門内，宋景祐二年轉運使魏廉建。建炎間毁於兵，嗣後屢建屢徙。淳熙十年，知府王詷始仍故基重建。嘉定八年，知府應純之大新學制。元凡四加修治。明洪武九年，知府潘傑重修。正統七年，知府楊理增修。天順、成化間，知府(邱)〔丘〕陵、楊昶先後增拓學地。弘治六年，知府徐鏞建尊經閣，官師廨、舍俱備。十七年，巡撫張縉建興賢、毓秀二坊。嘉靖十年，制增啓聖祠，建敬一亭，貯《六箴碑》，各縣如之。萬(歷)〔曆〕後，知府陳文燭、宋祖舜相繼修治。

國朝順治九年，漕撫沈文奎重修。康熙十八年，總河靳輔捐俸修理。二十四年，淮揚道高成美捐俸增修。雍正六年，知府申程章修大成殿。十年，教授黄施鍔修明倫堂。

崇聖祠　名宦祠　鄉賢祠各縣學同。

山陽縣儒學

舊建於滿浦坊尉司地，元至元間遷於舊酒庫橋南，至正時毁於兵。明洪武初，知縣羅傳道改建於察院西。景泰初，塑四配十哲像。成化五年，巡撫滕昭、知府楊昶復拓地建廟學，制與府略同。弘治後，知縣欒護、周好山、黄日敬、田孔陽相繼修葺。天啓四年，知府宋祖舜、知縣孫肇興重修。

國朝康熙二十四年，總漕徐旭齡、知府高美修理櫺星門。雍正六年，教諭王熙載復修。九年，分置阜寧縣，教諭、訓導未分。

阜寧縣儒學

即廟灣鎮舊學，以鹽城訓導理學事。

鹽城縣儒學

在縣治南，宋紹興間知縣黄萬頃建。自宋至元，凡三毁於兵。明洪武初，知縣陳天瑞重建。永樂、景泰、成化間，相繼修治。正德初，知縣王明徹重修。嘉靖間，知縣姜潤、程熾、葉露新先後修葺。萬(歷)〔曆〕九年，知縣楊瑞雲增修。

國朝康熙十年，教諭張星軺募修。三十三年，知縣武皋修聖殿、兩廡。四十八年，知縣馬化蛟修文昌樓、儀門。五十三年，知縣盛弘邃修明倫堂。雍正二年，知縣于本宏修文昌樓、敬一亭。七年，知縣孫蔭孫修明倫堂。

清河縣儒學

宋德祐初建於舊縣之西大清河口。景定元年河決，縣遷治甘羅城，學隨之。元末毁。明洪武初，知縣孔克勳改建於縣治東南小清河口。正統五年署縣事知州李信圭、天順時知縣盧寧修。成化後，提學陳選、張縉以次修造，知縣劉慧作泮池而橋之。正德中，提學張璿建欞星門、講堂、號舍。嘉靖間，知縣吴宗吉加葺。隆慶間，知縣張惟誠重修。天啓元年河決，學宫遂圮。三年，教諭高崇穀遷於舊基西北數十步，以遠河患，漸次增造。

國朝順治六年，教諭閻補宸加修。康熙十二年，訓導朱彝復修。十七年，知縣王登龍重建啓聖祠及兩廡。十八年，增建尊經閣。二十七年，知縣管鉅培甬道以達儀門。三十年，大修。五十九年，署縣事王三謙重修尊經閣。六十年，知縣郎燦重修明倫堂。雍正九年，署縣事戴昕重修正殿。

桃源縣儒學

在縣治南，元縣尹劉整建，後毁於兵。明洪武初，知縣汪仁重建。正統、景泰間，知縣張端、趙紀增修。弘治後，知縣崔獻、李廷鵬、黄時康、王敬賓、曹夔相繼修葺。萬（歷）〔曆〕間，知縣華存禮、龔䔲重修。

國朝順治十四年，知縣鄭牧民重修。康熙七年圮。十九年，知縣萬謙、教諭史逸嗣、訓導劉蕃募貲修建。四十九年，知縣田養民重修大成殿、明倫堂、兩廡。雍正七年，知縣眭文焕率紳士重建大成殿。

安東縣儒學

在縣治東南，元至正間安東萬户張漢英始建，後毁於兵。明洪武三年，知縣東贇重建。宣德七年，典史栗整重修。景泰初，教諭葉瑾、邑人梁璧重修。天啓三年，教諭潘士謙重建正殿，高廣於舊制。崇（正）〔禎〕間，知縣王敬承、教諭史龍瑞重修。

國朝順治初，知縣劉聘加修。康熙九年大水，廟學頹廢。十一年，訓導吴正名、顧焻重修。雍正四年，運判張涵、邑人程鑾修正殿、兩廡，程俊、孫朝宗捐修崇聖祠、明倫堂。

揚州府

揚州府儒學

在府治後儒林坊，宋建。明洪武中，知府周原福因舊規重建，東有成賢坊，西有育才坊，及藏書樓、射圃、觀德亭、頤貞堂、玩易亭、祭器庫、文昌樓並官廨。正統間，知府韓宏因藏書樓改建崇文閣，即今尊經閣也。又建更衣、采芹二亭。天順、成化間，御史張鷫、知府鄭岑先後修葺。嘉靖四年毁，知府易瓚重建。八年，知府陶儼成之。十年，奉詔建啓聖祠及敬一亭，貯《六箴碑》，各縣如之。萬（歷）〔曆〕後，知府朱錦、韓文鏡增修。

國朝康熙十九年，巡鹽御史郝浴、知府崔華捐貲修理，教授秦鉅倫、朱虹，訓導丁德明先後踵成之。二十二年，巡鹽御史裘充美復修文昌樓。

崇聖祠　名宦祠　鄉賢祠各州縣學同。

江都縣儒學

在縣治北，宋紹興十二年州守許中建。明洪武七年，知縣朱啓重建。宣德間，知縣謝必賢修。正統三年，運使嚴正建崇文閣。成化間，巡按董韜，知府鄭岑、周源相繼創修，學制大備。嘉靖三十一年，知府吴桂芳重修。三十八年，商人黄焕建文奎樓於學門内。

國朝康熙九年，教諭吴伯琮捐修。十九年，巡鹽御史郝浴捐修。二十二年，教諭許維梃、訓導汪和中畢其工，黌門外繚以周垣，東西設圈門爲玉帶巷。雍正四年，知縣王元穉重建敬一亭。九年，江都分置甘泉縣，以教諭專理江都學事。

甘泉縣儒學

與江都共學，以江都訓導理甘泉學事。

儀（徵）〔真〕縣儒學

在縣治東。宋慶（歷）〔曆〕四年，始建州學於城西南隅，後毁於兵。紹興中，知府張好古復建學於城南。元泰定間，知州張震復新之。明洪武初，改州學爲縣學，知縣劉文綱、康彦民相繼修葺。萬（歷）〔曆〕十三年，知縣樊養鳳遷學宫於資福寺，仍寺前巨浸爲泮池，引淮水入泮，跨以石梁，規模畢備。

國朝順治九年，同知李淮重修文廟。康熙五年，教諭舒文燦倡修。二十八年，知縣馬章玉重修。四十六年，巡鹽御史曹寅重修明倫堂。

附　朱彝尊記

古之造士立學，士之志於道者，必於鄉校事其師。記曰：「禮聞來學，不聞往教。」當其盛時，「無小無大，從公于邁」。及其廢，則曰：「縱我不往，子寧不來？」而又繼之曰：「一日不見，如三月兮。」是故博習者必親師，論學者必取友。學者有失，教者知之，長其善而救其失，藏焉修焉，息焉遊焉，安於所居之地，夫然後師嚴道尊，民知敬學也已。

學之制非一。虞庠上下，夏序東西，殷膠左右，周保傅所記爲學有五，漢立三雍，晉興兩學。至於唐分學爲七，三品以上子孫國子學教之，五品以上子孫太學教之，曰廣文；以領國子生之業進士者曰四門，以授七品之子，及庶人之俊異子弟。律學以講律令格式，書學以考篆籀分隸真草章行，算學以明億兆京垓秭壤溝澗正載。斯成德達材，各有其選，教之亦多術矣。

自宋而後，雖於州、郡、縣學之外，兼設山長，然書數之學，輟勿講。科目之繁既省，士子分治「五經」，專習「四子」。家各有師，不必問業於鄉校。

而儀(徵)〔真〕縣治當江介之衝，舊爲江淮發運之所，邦人多鹽筴之利。其子弟注籍於學，束脩之禮，通名於校官，歲一再至而已。戟門之攲傾，泮水之泆濁，文廟之瀸漏，講堂爨舍之榛蕪，守土司教者第有坐愁行歎已焉。通政司使①巡視兩淮鹽課，監察御史曹公恤商以仁，待士以禮。每因秤掣至縣，布寬大之條，舳艫銜接，栧鼓榜歌。於是公年五十矣，商綱亭户咸思進酒於公，醵白金二十鎰稱壽，公却之再三。適公乘𢤱過市，遮馬拒輪以請。公乃召汪訓導彀詒語之曰：「縣學之不修久矣，吾無私財以鳩工也，曷若以衆所率之錢，新多士肄業之地，庶幾邑子享人爵之報乎？」於焉衆皆悦，頌公之無私，而克廣德心也。

歲之某月，誕治泮宫。工匠陶旊，各程其材，自西徂東，百廢具舉。由是諸生問業有所，來親其師，人知敬學。爾乃伐石以志重修之歲月。曹公名寅，字子清，一字荔軒，滿州人。

五十一年，教諭盛安文重修啓聖祠。五十三年，許彪重建尊經閣於舊址。五十六年，知縣陸師重修。

高郵州儒學

在州治東，宋至和二年知軍事邵必始建。開禧中，知府林伯成撤而廣之。元毁於兵。明洪武初，知州黄克明因舊址重建。十七年，同知彭蠡重修。天順四年，義民周全又大修。弘治後，知州程

① 「通政司使」，《四庫》本作「通政使司」。

憲、趙來亨、范惟恭相繼修葺。

國朝順治十四年，知州吴之俊、學正詹尹吉重修。康熙二十年，知州李培茂修正殿。四十年，學正吴諶重修。四十三年，監生陳朝佐捐田三百畝於學。四十七年，學正鄧紹焕鬻田以竣工。雍正二年，知州張德盛重修。

興化縣儒學

在縣治西南，宋天聖中知縣范仲淹建，元末毁於兵。明洪武三年，知縣徐士誠改建今地。嘉靖三十七年，知縣程鳴伊重修。

國朝康熙十一年，知縣程起鵬修。二十三年，知縣張可立修。六十一年，教諭阮無忝重修，署縣事王慎捐貲襄其成。

寶應縣儒學

在縣治南，宋嘉定間知縣賈涉建，元末毁於兵。明洪武初，知縣王驥即故址修復。嘉靖後，知縣李瓚、陳可大、韓介、耿隨龍相繼修葺，益增廓之。

國朝順治十四年，邑人朱爾遠、胡克濟等募修。

泰州儒學

在州治東南。唐置吴州，始建學。宋紹興中，州守王揚英作宣聖廟於城東隅，即廟建學。元毁於兵。明洪武初，知州張遇林即故址建。永樂後，知州劉景文、蕭旭相繼修葺。正統間，知州黄性重修。成化二十年，知州彭福拓東南故址，移建學門，植華表二：左文雅，右儒林。弘治後，知州謝傑、朱登益增修。萬(歷)〔曆〕間，撫院李三才檄江防同知攝州事李仙品修學濬河，規制大備。

國朝因之。

徐州府

徐州府儒學

在城東北隅，去府治百步。舊在東南隅，元至正時毁於兵。明洪武三年，知州文景宗重建於府東北隅。宣德、景泰間，知州楊祕、宋誠增修。天順六年，知州王叙拓而大之，重建廟廡，易欞星門以石。成化十年，知州陳廷璉建明倫堂。正德初，副使柳尚義增置齋房、號舍。嘉靖十年，制增啓聖祠，建敬一亭，貯《六箴碑》，各縣如之。十三年，知州魏頌重修，後河決，學基成沼。隆慶間，知州章世貞白於總河翁大立，以永福倉址改建。其後知州劉順之、副使馮敏功畢其工，漸復圮壞。萬(歷)

〔曆〕四十四年，副使袁應泰移建左衛舊址。天啓初，河決，水繞學宫外。崇（正）〔禎〕間，文廟災，兵道何騰蛟遷建於東察院。

國朝順治七年，兵道胡廷佐倡修，知州余志明、學正譚學準、訓導蔡尚廉踵成之。康熙二十一年，淮徐道劉元勳、知州臧興祖遷建於府治之東，州紳士張膽董成之。四十一年，知州佟國弼重修。五十六年，知州姜焯增修廟學，規制始備。雍正十一年，州陞爲府，以州學爲府儒學。

崇聖祠　名宦祠　鄉賢祠各州縣學同。

銅山縣儒學

與府共學，以府訓導理銅山學事。

蕭縣儒學

在縣治西南隅。宋舊址在西北隅，紹聖間徙置城東，後爲河水衝齧。元至正間，縣尹耶律廷瑞卜建於河西，元末毁。明洪武初，主簿劉瑜重建。正統十三年，知縣柳新改造文廟。正德十六年，巡按御史甯欽移建於華嚴寺東嶽觀之地。萬（歷）〔曆〕五年，河決廟毁，知縣伍維翰遷建於縣治之東。四十六年，知縣蕭學儼復遷於縣治之西南，即今地。

國朝順治五年，知縣祖永勳修而新之。康熙四十九年，知縣徐大生重修。

碭山縣儒學

舊在縣治西北，唐貞觀四年建。宋元祐間，邑人王惠捐貲遷東北隅。元大德十一年，縣尹楊泰移建於漢高祖廟故址。明永樂四年，知縣郝玘重建。正統五年，知縣杜釗增修。嘉靖四十一年，河决學圮。隆慶間，知縣戴偉、王廷卿相繼修建。萬（歷）〔曆〕間，知縣尚誠以其地洿下，又易西華池北。三十六年，知縣熊應祥改遷今址。

國朝順治十四年，知縣曾爲履捐修。康熙二十一年，邑人陳鼎新重修。六十一年，知縣王晋重修。

豐縣儒學

舊在縣治東，金末毁。元至正間，縣尹郭瑄重建，尋又毁於兵。明洪武六年，知縣曾本重建。宣德後，知縣闞膺、張昇、鄺頤相繼修葺，旋因水圮。正德十五年，知縣裴爵復建。嘉靖五年，又没於水。二十一年，知縣李崇信創建於新縣治之東。三十一年，知縣徐蓂復建於舊縣治之西北。三十九年，知縣胡義心又改建縣治東南。

國朝順治二年，知縣顔玿、教諭陳彝、訓導江能容大修，制度畢備。康熙三十五年，知縣李振、教諭黄師晟重修，拓東西基各數武。雍正五年，知縣魏學謐重修。

沛縣儒學

舊在河東泗亭坊，宋靖康中毁。金大定間，徙建河西。元至正間復毁。明洪武初，知縣黄忠信重建。永樂間，知縣常瓘、李舉賢增葺。嘉靖八年，河决學圮，知縣王治易龍泉寺址改建。四十四年，再圮於水。隆慶三年，知縣白經改建明倫堂、兩廡，徙啓聖祠於廟東。萬(歷)〔曆〕二年，知縣劉順之捐修。二十四年，立作聖、成材二坊。

國朝康熙二十九年，邑人募輸重建各祠。

邳州儒學

在州治東南，創自宋興隆間，元末毁，明初判官裴珏重建。成化間，判官曹卿改建。弘治間，知州李文聰修葺。嘉靖後，知州高巖、王德廣、馬京踵修之。

國朝順治十年，學正蔣曜、孫大經復加修建。康熙七年，學圮。十八年，管河同知蘇嵋、知州李纘宗，與學正胡圭、訓導許來惠，改建於南隄之東，先營廟殿，二十年落成。二十四年大水，學正孟安世、訓導許來惠隄障獲全。二十六年，知州孫居湜倡捐修造。

宿遷縣儒學

舊在縣治東南，元至正二十八年縣尹張彬創址。元貞初，縣尹蕭世榮成之。元末兵毁。明洪武二年，縣丞方鐸重建。永樂、正統間，歷有修葺。成化五年，提學御史謝選撤新之。嘉靖末圮，知縣陳嘉道重修。萬（歷）〔曆〕五年，復爲河水衝齧，知縣喻文偉改建於縣治之左。

睢寧縣儒學

在縣治東南，元至元初知縣王榮祖始建，元末毁於兵。明洪武六年，知縣葉見泰、教諭林德乾重建。宣德末知縣衛鏞，景泰初知縣張竚，正德間知縣黄守濂、劉景沂各增修。嘉靖後，知縣喬鎮、徐密相繼修葺。明季水圮。

國朝順治四年，知縣殷岳建正殿、兩廡、明倫堂。八年，知縣魏翰建欞星門、戟門。康熙元年，知縣馮□〔應〕①麒建啓聖祠，興賢、育才二坊，學制大備。四年，知縣石之玫②建青雲亭。二十五年，知縣謝乃實修。三十七年，知縣章之瑶、教諭李嶫瑞重修。

---

① 原刻本作空，《四庫》本原注「缺」，此據光緒《睢寧縣志》卷十一《職官表》補。

② 「石之玫」，《四庫》本作「石玫」。

太倉州

太倉州儒學

在州治西南。明正統間，巡撫侍郎周忱即水軍都萬户府第，始建衛學。弘治十年置州，知州李端即衛學改州學，築道山。嘉靖九年，知州陳璜建尊經閣。十年，制增啓聖祠，建敬一亭，貯《六箴碑》，各縣如之。萬(歷)〔曆〕間，知州丁永祚、陳騰鳳相繼修葺。

國朝順治十七年，知州吕時興重建尊經閣。康熙二十三年，學正李煜修正殿。三十九年，知州茹之增修兩廡及戟門。五十年，訓導曹培源重修。雍正四年，太倉州分設鎮洋縣，以學正專理太倉州學事。

崇聖祠　名宦祠　鄉賢祠各縣學同。

鎮洋縣儒學

與太倉州共學，以太倉州訓導理鎮洋學事。

崇明縣儒學

在縣治濠外東南隅。宋嘉熙間嘗立書堂，元始建州學，至正間改遷。明洪武初，改爲縣學。正統、成化間，制度漸備。嘉靖二十九年，築平沙土城，乃卜遷學。三十年，兵備道熊桴改遷於東街，營建如初。萬(歷)〔曆〕六年，知縣何懋官又改遷於東南小教場。十六年，築長沙磚城，知縣李大經又遷學於縣治東南。天啓二年，知縣唐世涵始遷今地。

國朝順治十五年，知縣陳愼修葺。康熙三年，總鎮張大治、知縣龔榜增修。雍正五年，知縣張文英重建文昌閣。

嘉定縣儒學

在縣治南，宋嘉定十二年知縣高衍孫建。元元貞二年，陞州學。明洪武二年，復爲縣學。天順四年，知縣龍晉大修殿廡，築土山於學南，名曰應奎。成化間，知縣洪冕、白思明、吴哲、劉翔相繼修治。嘉靖十六年，知縣李資坤增修。萬(歷)〔曆〕十八年，知縣熊密夷土山之十七，濬爲潭，名曰「匯龍」。

國朝順治十二年，知縣劉弘德、教諭王彬修建祠閣、堂廨。康熙六年，知縣金敏修聖殿，重建兩廡。二十二年，知縣聞在上增修。雍正四年，嘉定縣分置寶山縣，以教諭專理嘉定學事。

寶山縣儒學

與嘉定共學，以嘉定訓導理寶山學事。

海州

海州儒學

在州治西，唐貞觀四年創建。元皇慶二年，知州魏榮重建。元末毀。明洪武二年，知州陳德輔重建。弘治初，知州趙廷珪大修，後知州趙儒重修。嘉靖十年，制增啓聖祠，建敬一亭，貯《六箴碑》，各縣如之。三十一年，知州鍾岳改建，歲久漸圮。國朝康熙十四年，學正武威遠重修聖殿。十八年，訓導倪田玉重修櫺星門。二十一年，學正吴植重修兩廡。

崇聖祠　名宦祠　鄉賢祠各縣學同。

贛榆縣儒學

舊在縣治東，元毁於兵。明洪武四年，縣丞莫從敬遷於縣治東南。正統三年，知縣郭文中重修。

成化十四年，知縣王舉重修。嘉靖二十五年，揚州推官符允中、海州知州鍾岳捐貲修葺。萬（歷）〔曆〕間，知縣樊兆程、徐應元相繼增修。明季毁於兵。國朝順治八年，知縣穆爾謨、教諭劉思問重建。十三年，邑人董宗鼎重建門廡。康熙七年圮，訓導章憲捐募修建。十一年，知縣俞廷瑞、訓導章憲捐募復修兩廡。

沭陽縣儒學

在縣治南，洪武三年知縣馮益創建。正德間毁，知縣易瓚重作廟廡，橋門、庖庫、堂齋、號舍皆備。嘉靖四年，知縣蔣賜遷於縣治東。萬（歷）〔曆〕三十三年，教諭蕭鳴盛復遷城南故址。國朝順治十年，知縣王國泰增設奎星樓。康熙三年，知縣梁文焕增修。七年學圮。十二年，知縣張奇抱重加修理。

附　胡簡敬《重修儒學記》

吾沭密邇東省泗水、嶧山之間，循車轍馬跡而覽其盛者，往返祇旬日耳。去聖人之居若此之近，瞻其宫闕之巍峨、禮樂之隆備、車服俎豆之霱①煌，宜有所觀感而興起。是以吾沭學制雖經遷改，仍復故基。

考前者之經營，其規橅結構，亦差堪與鄒、魯相望也。自康熙七年地震，學宫惟聖殿僅存。其他堂廡、群祠，以及數仞之牆，皆蕩爲飛塵碎礫。致殿階之下，雜園蔬而溷芻牧，無復有籓籬之隔。多士朔望揖父母師長之側，不過露立須臾，循故事而散。春、秋奉祀，亦無所謂麗牲之石、省濯之房，寥寥籩爵數器，以一簣出納之。及行鄉飲酒禮，主賓僎介，草率拱揖於覆茆架木之下。如此者已多歷年所。

三韓張侯以癸丑春涖任，首謁先師廟。乃慨然集師儒多士謀之，謂是一邑首善地，奈何聽其荒落至此？願捐俸以爲之先，都人士其多方贊成之，於是鳩工庀材。經營伊始，即爲久遠之謀，亦似有神馬思車，周迴於泗水、嶧山之間。審其差等，而著爲心畫者。

既成功，爰集鄉之博士弟子，進而告之曰：侯之爲此，豈特爲崇廟貌、侑神饗哉？深望肄業有地，以聖人之所求乎己者，求之多士爾。侯且月給薪廩，豐酒膳，擬闈中題以校士，躬爲品題。即士子之工制業，取科名，又未嘗不於侯是賴。侯作人之功，其可忘諸？

侯三韓人，名奇抱，號藏錦，由貢士初任沭陽縣知縣。

① 「霱」，《四庫》本作「矞」。

通州

通州儒學

在州治東。宋太平興國五年，知州曾環始建於城東一里許。乾興元年，知州王隨遷學於東門内。大觀間毁於兵。紹興間，判官方雲翼復建於舊址，淳熙間又毁。咸淳中，知州馮弼重建。元至正間，將軍張弘綱建大成殿。明洪武三年，知州熊春增修。正統九年，郡人僉事陳敏、千户陳瑄重修。成化、弘治間，歷加修葺。嘉靖十年，制增啓聖祠，建敬一亭，貯《六箴碑》，各縣如之。三十二年，巡鹽御史黄國用命知州游天庭，重建尊經閣。

國朝順治二年，知州唐虞泰重修。康熙二年，知州畢際有重修泮宫、坊。九年，知州王廷機增修。雍正二年，知州白映棠重修。五年，知州李世裔捐修明倫堂。

舊有海門縣，明嘉靖二十四年，知縣江執創建儒學於縣治東。今爲海湖所齧，城圮，裁縣歸通州，改爲海門鄉，學省。

崇聖祠　名宦祠　鄉賢祠各縣學同。

泰興縣儒學

在縣治東，宋紹興間建，元季毁於兵。明洪武二年，知縣李秉直重建，後漸增修。正德間，知縣鄭浙鼎新之。嘉靖後，知縣朱篪、許希孟、朱南雍、高桂、陳繼疇相繼修葺，拓泮池，增欞星門，石柱二，曰「江漢」「秋陽」，鑿大池曰「鯤化池」，甃以石。崇（正）〔禎〕間，導河入泮前鯤化池。

國朝康熙十二年，邑人御史（李）〔季〕①振宜捐修。二十五年，教諭荆子邁濬池曰「紺寒池」，築臺山上，曰「光霽臺」。

如皋縣儒學

舊在縣治東北，南唐保大十年建。宋紹興初遷於縣治西南，元末兵毁。明洪武三年，知縣謝得珉創建。嘉靖十九年，知縣黎堯勳移建縣治東南。萬（歷）〔曆〕後圮於風潮，知縣鄭人逵修造，始築宫牆，易土以磚。後知縣陳焕、張星、李廷材、熊奮渭、李衷純相繼修葺。

國朝順治十四年，知縣崔鳳賓重修。康熙十年，知縣趙弘化重修，貢生蘇世威董其役。雍正十年，知縣彭履仁、教諭丁弘遠、訓導慶翽重修。

---

① 據光緒《泰興縣志》卷十二改。

江南通志卷八十九

學校志

學宫　三

安慶府

安慶府儒學

舊在正觀門外，元末毁於兵。明洪武初，知府趙好德即山谷書院創建，在府治之東。正統中，巡撫周忱、知府王璜重建廟廡，橋、門、堂、齋、號舍、射圃咸備。成化中，知府陳雲鶚撤學前藥局爲欞星門，知府王璠繼作泮池石梁，規制大備。後知府徐傑、陶煦、張文錦相繼修治。嘉靖十年，詔增啓聖祠及敬一亭，貯《六箴碑》，各縣如之。明末城潰，舊制僅存十之四。國朝順治八年，操撫李日芃，知府王廷賓、李自貞相繼增修。康熙十一年，巡撫靳輔捐俸倡修，知府姚琅、教授莊名弼各捐俸重建，殿廡、橋門、泮宫、昭代文明坊悉復舊規。

附　靳輔記

自四代之學興，而辟雍之典盛。尊三老五更，則圜橋而觀聽者以億萬計。增庠序學舍，則雲集而升皋比者至八千士。猗歟盛哉！然辟雍而外，厥有泮宫。其在《詩》曰：「思樂泮水，薄采其芹。」蓋儲棟梁而育英才，歷代莫與易焉。

越我大清龍興五十八年以來，擴清海内，雅意右文。今皇上御極之八載，化洽政治，遠人來庭。爰洛宗伯，以舉臨雍之典，徵衍聖於闕里，闡乾元於司成。於是負笈擔簦、觀光而戾止者，薄海内外。僉曰：「乃聖乃神，乃武乃文。將六五帝而四三王，亦何有於漢唐！」以古作人之典，誠莫有盛於斯者也。

予於辛亥秋恭承簡命，來撫兹土。下車之次，循舊典以謁先師。顧瞻廟貌，有圮其容。爰仰榱題，亦隕其奥。詢之郡守與學博，則曰：「兹學創於洪武之紀，擴大於正統之年。自兹以後，年遠寖弛。周文襄而後，蓋未能復臨觀之義云。」予曰：「人存政舉。宫牆之事，曷可緩乎？」予因首倡其義，而姚守則力肩其事。於是庀材鳩工，先以僚屬之捐俸，繼以紳士之赴義。

經營於壬子之冬，落成於癸丑之秋。凡爲殿、爲堂、爲廡、爲門、爲閣、爲廨、爲墉者，必堅必緻，莫不煥然一新。繼自今春秋養老、飲射讀法於其中者，賢有司之事也。考鐘伐鼓、横經論道於其中者，嚴師長之職也。歌詩習禮，則古昔稱先王，周旋揖讓於其中者，群弟子之業也。

夫道之在人，猶水之在地。無地而不有水，則無人而不具道。凡爾多士，既入是禮門，由是義路，當念人既具道，而身又在名教之中，即當以天地萬物爲己任，以君親師友嚴立身。大而敦倫明道，致君澤民。精而窮理盡性，格致誠正。高而立德、立言、立功，以垂不朽。曠而仰觀俯察，參贊以隆守待則。達而在上，爲龔黄，爲卓魯，爲燕許，事功亦本之道德。微而在下，或著書立説，或紹先開後，或輔經翼傳，文藻亦本之性功。

古人云：「通三才曰儒，敷五教在寬。」是所望於師儒者。惟曰：「既勤垣墉，惟其塗塈茨。既勤樸斲，惟其塗丹雘」。將學於斯，弦誦於斯，下學而上達，亦於此泮宫而始基之矣。若曰徒勤帖括，以爲羔雁之助，博一第以爲身家之謀，則攻其末而棄其本。精之漓者物必窳，諸士其當戒之哉！

姚郡守復進而請曰：「學宫成，不可以無記也。」遂援筆而記其事，以告來兹。

是役也，贊其議者，方伯徐國相、觀察使佟國貞。董其成者，郡守姚琅。協其謀者，郡丞胡靖、懷令段鼎臣。身其勞者，學博莊名弼。例得並書。至洪武初知府趙好德創建以後，及順治間知府李士楨重修以前，其爲建爲修①者，官不一其人，人不一其事，咸有功於聖賢，不可諼也。則又令掌故者，紀其人、紀其事於碑陰。

十二年，改建啓聖祠於明倫堂後。二十一年，巡撫徐國相率知府劉檑、教授郝毓嵾、訓導汪良相修治。五十八年，知府張楷重修啓聖祠、明倫堂。六十年，又重修大成殿及兩廡、戟門。雍正七年，知府徐士林、教授惲宗洵重修。十一年，巡撫徐本以舊崇聖祠在明倫堂後，規制未協，改建崇聖祠於前，移明倫堂於後。又重修大成殿，增建敬儀亭於戟門外左側，添易籩豆、銅鐘、石磬如式。

附 徐本記

天下郡邑皆有學，學必有廟，以祀先聖、先師，並追崇其所自出，禮莫大焉。我皇上中和建極，聖敬日躋，緝熙光明，昭格上下，而尤加意黌序。御極之初，親詣太學，追封先師五代，叙列配，享諸賢，以爲天下萬世矜式。士之遊於學門者，自黨庠術序而下，琴瑟鐘鼓之聲，登降揖讓之禮，耳濡目染，賢才美質，知學者足以開其心；頑鈍之民，亦習聞禮義，知倫秩所由序矣。

① 「爲建爲修」，《四庫》本作「爲修爲建」。

余於壬子秋承命撫鎮安徽諸郡縣。至之日，謁文廟。退坐明倫堂，諸生升階揖①拜，講習如禮，慨然以是爲風化之所自起。而循視廊廡，風雨薄蝕。崇聖一祠，居明倫堂之後，規制未協。夫聖人之道，莫大於定名分而别等威，故尊卑、上下有分，宫室、宗廟、衣服、車旗有制，所以立隆爲極，而古今莫之能損益也。

羅豫章曰：吾聖人之道，高明廣大，固非言語所能形容，然而精粗初無二致。爲學者必明乎此，然後謂之知學。爲政者必通乎此，然後謂之知政。一門之建，一屏之設，形氣之粗而至精之理，焉往而不在乎，又况關乎規制之大者乎？

考崇聖之建祠，自宋大中祥符間，以顔、曾、思、孟配享堂上，顔路、曾晳、伯魚從祀兩廡。以爲抑父崇子，欲别設一室祀啓聖，而以三子配。迨明洪武中，宋濂、解縉始復起其説。而後程、謝諸臣，相繼闡明之。至正統時，裴侃條奏文廟位次，謂啓聖已創殿於大成殿西，而顔、曾、思、孟父皆追封公，遷配啓聖殿。嘉靖九年，大學士張璁請於大成殿後，另立一堂。是崇聖一祠始居殿西而改立殿後。

全彝倫而妥聖靈，人道之極也。明倫堂爲師生請習之所，宜列崇聖殿後。余於癸丑春，鳩工庀材，後者前之，前者後之，丹楹刻桷，輪奐一新。凡帶楯負祀之所，視履攸宜。至夏之季，五

① 「揖」，《四庫》本作「楫」。

閲月而工始竣。爲率師生，觀其落成。高明整飭，儀矩森嚴，豈直爲觀美而已哉？《詩》曰：「藹藹王多吉人，媚于庶人①。」余願吾士民之仰觀爲式者，由是明諸心、修諸身，行於父子、兄弟、夫婦、朋友之間，而達於君臣、上下、人民、事物之際，各盡其分，贊皇猷〔而〕②襄至治，以應重熙累洽之風，於此蓋有厚望焉。乃鐫石而爲之記。

崇聖祠　名宦祠　鄉賢祠各縣學同。

懷寧縣儒學

舊在正觀门内依仁坊，元末毁於兵。明洪武初，知縣閻節徙建於忠節坊，有學無廟。正統間，教諭周子葛始建文廟。正德六年，提學御史黄如金易天寧寺地改建，即今址。萬(歷)〔曆〕間廟災，知縣劉拱辰重建，後學地爲民居所侵。天啓間，推官常自裕清還舊基，大加創建。明末毁。國朝順治三年，知縣賈壯重建。十三年，知府李士貞、知縣周霖次第修治。十八年，教諭成梁建大觀閣於東偏。康熙七年，知縣馬剛、教諭王雲龍重建文廟及明倫堂。二十年，教諭楊渭英捐建講、

① 《詩經·卷阿》原文作「藹藹王多吉士，維君子使，媚于天子。……藹藹王多吉人，媚于庶人。」
② 據《四庫》本補。

學堂，提學田雯額曰「經義堂」「問奇亭」。五十年，巡撫李成龍、知府張楷重修。雍正七年，教諭謝有煇添設兩廡，從祀先賢、先儒神位，並首創祭器。八年，復同訓導文楫、知縣詹宜倫謀辦樂器。九年，知府徐士林、知縣李元祥捐置如制，並置經書、律例，立印册存學。

桐城縣儒學

舊在桐溪橋東，宋元祐初知縣温子謙、武子春相繼建立，後毁於兵。明洪武初，知縣翟那海遷於縣治東南佑文坊後，知縣孔希善、嚴頣、陳勉相繼修葺。

國朝順治十二年，知縣石朗，教諭沙衍中、訓導解詵重修。康熙八年，儀門、櫺星門圮，知縣胡必選捐俸建造。二十二年，知縣王凝命教諭王立極、訓導（邱）〔丘〕五典重修明倫堂，建存存堂。雍正七年，知縣倪大成率邑紳士捐修正殿及堂廡。

潛山縣儒學

在縣治東，明洪武初知縣張仁創建。成化間，知縣袁慶祥修之。嘉靖後，知縣高廷紳、鄒守、王玉汝先後修葺。明季毁於兵。

國朝順治十年，知縣鄭遹元，教諭潘煜如、李思伯重修。十六年，訓導蕭汝榮建造啓聖祠。康熙九年，知縣周克友建明倫堂。十五年，重修正殿。十六年，教諭程式琦、訓導王仁灝捐修儀門、櫺星門。十九年，知縣劉芳輝建義學於明倫堂後。五十八年，知府張楷、知縣段舒捐修聖殿，濬泮池，建德侔天地、道冠古今二坊，左建奎星樓，右建文明樓。雍正八年重修。

太湖縣儒學

在縣治西，明洪武初知縣章通建。弘治後，知縣李承勛、同知林有禄、知府李遜、知縣羅汝芳相繼修治。明末毁於兵。

國朝順治六年，知縣李世洽建明倫堂，知縣王廷舉、鄒應錫相繼加修。康熙十一年，知縣王崇曾、訓導葉悝心建奎星樓。十六年，知縣方人龍改建兩廡及櫺星門。四十五年，教諭錢源肇重修。五十年，建尊經閣、講堂。雍正八年，知縣李蕡、教諭程有則重修崇聖祠。

宿松縣儒學

在縣治東南，元縣尹戴昌建。明正統間知縣謝驥重建，嗣後知縣孫衍、顏敏、施溥，推官王孫昌、知縣楊之屏相繼修葺。

國朝順治三年，知縣孟瑄重修。十一年，知縣孫繼文重修。康熙二年後，知縣王民皥、朱維高、朱卷先後加修。雍正八年，知縣劉泰重修。

望江縣儒學

在縣治北。宋季學隨縣遷江口，元至正間復故址。

附 陳天民《講堂記》

王化自北而南，修文學以風天下，崇儒雅以倡士氣，復傜役，置學官。帝王之道，光演於明時；聲教之暨，流聞於四海，由是郡邑教化之宫，與昔比隆矣。

雷川縣故有學，燼於兵火，假宫鄰江。元天開闢，諸賢綱維斯道。前尹張公魯瞻以先聖遺像，巋然獨存於烈焰之餘，深歎其異，遂載以歸。後元公榮爰即舊址起立黌舍，行釋奠禮。至元辛巳，正室成。大德丙午，始建東西廡及門。衆士經營壘葺，寖還舊觀，百爾器具，以次咸興，獨講堂則有所未暇焉。

皇慶二年春，天民承乏來兹，使圖撤舊而新之。爰咨爰度，鳩材徵工，卜日鼎構。土木之費浩繁，學租之入，用度不足盡供前序。方開宗贊議，以補其不逮，協力以助其不給，用底厥成，群儒之功爲多。

學介縣治北。大江横其南，雷江直其東。昔傳「沙塞雷江口，狀元從此有」，縣佳讖語也。至是，一夕沙洲忽生，興賢之明詔正頒，開先之符肇見，文明之運，適當爲多士賀也。

先是，田租歲入，名存實亡。於是始理疆畝，覈欺弊。邑賢大夫壓福達勢劉棨祖、簿正索羅崇風化，正公議，奸黠欺負之徒，莫逃於明鑑。工既訖，則學宮之制備，學田之疆域復。邑賢大夫俾記其事，且刻田之疆域於碑陰，庶幾來者有稽。賢宰之美，亦藉以傳。遂爲銘曰：

孔聖之道，百王所宗。國都郡邑，孰非王宮。聖道彌光，大成益封。春日桃李，化雨文風。雷江之旁，翼翼宮牆。有相之道，巋然靈光。藏修有地，講讀有堂。多士遊歌，濟濟洋洋。棟宇恢恢，遠矣成規。誰歟來者，尚其葺之。

元末毀於兵。明洪武間，知縣徐煥重建。宣德、弘治間，教諭陳遴、張夔先後增擴。嘉靖初，同知魏文象、知縣余紘更造堂齋，後知縣朱軾、孫琦、楊廷薦等復葺之。

國朝順治六年，知縣王世寅重建明倫堂，及兩廡、欞星門。十四年，知縣王澤隆、教諭姚見龍更建堂祠。康熙元年，教諭談志建觀德亭，修文昌閣。九年，訓導方至樸復加修葺。二十一年，知縣伊巘重修明倫堂。雍正四年，教諭陸煥重修正殿。

徽州府

徽州府儒學

唐及宋初皆在城東北隅。大平興國三年，知州事蘇德祥遷羅城東門内烏聊山上。嘉祐四年，遷於南門内。熙寧中，復遷烏聊山。紹聖二年，復遷於故址。紹興間，知州汪藻增建左廟右學。德祐間兵廢。元至元十五年復建，後毁。明洪武初重建，堂齋、廟廡、橋門、射圃悉備。正統八年，御史徐郁命同知徐亨增新之，知府孫遇畢其役。成化間，提學御史陳選、婁謙先後檄府修建。

附　莊昶記

徽州府學故不治，蓮塘婁先生以御史奉命提學南畿，至則歎曰：「此吾朱夫子之鄉也，而是學乃不治哉？」於是郡之守、貳，莫不鼓舞振作，庀材鳩工，以後爲戒。而奔走執役之人，亦皆晨夜展力，不以倦告。不數月，而徽學大治，且爲南畿諸學之冠。

定山莊昶諗於衆曰：「蓮塘之所以汲汲是學者，豈止於徽哉？將以汲汲於天下之學也。」夫以朱子之鄉止於徽，則天下之學所當治者，皆古聖賢之地。而必孔子之魯，孟子之鄒，濂溪之舂陵，二程之河南，以及夫是徽而已。天下無古聖賢者，其學皆不治也而可哉？蓋曰：有孔子，則堯、舜、禹、湯、文、武之道益大。有朱子，則濂溪、二程之道益明。是孔子、朱子者，天下斯文之主，古今學者之師。而曰朱子之鄉則鄉之人學，聖賢者庶幾可以不出其鄉，而不至以爲東家某矣。夫鄉之人去其國千里，見故鄉之人，則必談笑而喜。其不然者，必非故鄉之人也。居稠人廣坐之中，有談聖賢人者，其鄉之人必曰：「此豈爾所知哉？吾知其詳，吾里相近而居相接也」。至於學也，獨無然乎？此徽人所以必學朱子，吾蓮塘之意也。

雖然，朱子亦豈可以概學哉？朱子一也，有古之朱子，吾之朱子。蓮塘之所以告徽人者，古之朱子乎，抑吾之朱子乎？古之朱子，聖賢之影響，紙上之成迹。而吾之朱子無他，吾心之本體。吾之朱子也，吾心之神明。吾之朱子也，居吾敬，以立其本；窮吾理，以致其知。精以察之，一以守之，則吾之所以參天地者，此吾之所以繼往聖而立人極者，亦此所謂朱子者在我而不在古，朱子之後又一朱子矣。蓮塘不棄予，每與論學。況夫徽之豪傑，出聖賢之鄉者哉？

或曰：「學朱子而不學孔子，何也？」曰：以徽人言，故謂之朱子。朱子學孔子者，學朱子乃所以學孔子也。孔子者，自然之朱子。朱子者，勉然之孔子。學朱子者，將止於朱子哉？

弘治間，知府彭澤增創號舍。嘉靖十年，制增啓聖祠，並建敬一亭，貯《六箴碑》，各縣如之。

國朝康熙三年，知府蘭一元、教諭張霖①重修，並建尊經閣、師儒等舍。九年，知府曹鼎望修戟門。十二年，知府張登舉、徽寧道王緒祖重修聖殿。五十四年，邑人項憲捐貲重建明倫堂、兩廡及儀門，子項絅畢其役。雍正三年，學宫前東南鄒魯石坊毁於暴風，絅子道暉又捐貲重建。十年，教授儲郁文重修崇聖祠、鄉賢祠及欞星門、各處栅欄，邑人徐景京、徐璟慶重建名宦祠。十一年，項道暉又重修正殿、尊經閣、文公祠及内外牆垣、甬道。

崇聖祠　名宦祠　鄉賢祠各縣學同。

歙縣儒學

在縣治東，宋淳祐間知府謝堂始建。元初戍兵撤毁，教諭吕泰初等相繼興復。至大三年，縣尹宋節葺之。明初，知縣張齊因故址重建。正統間，知縣高年又撤新之，規制已具，而前逼民居。景泰間，教諭羅鎡復購地而廣之。成化間，知府周正復加修建。嘉靖末，知縣謝廷傑、戴東旻、葉高標踵修。

國朝順治四年，知縣宋希肅重修。康熙三年，署縣事府同知聶煒、知縣吕應瑞重建明倫堂。十一年，聖殿圮，徽寧道吕正音、知府曹鼎望、知縣孫繼佳、教諭吉天助重建。雍正十年，教諭錢澂募

① 「張霖」，道光《徽州府志》卷三作「章霖」。

修，邑人徐景京、徐璟慶捐修文廟及兩廡、明倫堂。

休寧縣儒學

在縣治南。宋初在縣東，紹興六年縣尉陳之茂遷於南門外之左，即今地。元至元、大德間增修，至正間毁。明洪武間重建廟學。成化六年，同知黄用宣擴普滿寺地起明倫堂，將大興學舍，而巡按費臻仍以地歸寺。後提學戴珊又以寺地歸學。弘治十一年，都御史彭禮命知縣李華復購寺地以擴其基。歷正、嘉間，規制大備。

國朝順治八年知縣翁人龍、康熙二年知縣傅維楧修。十七年，教諭張問達、訓導孫應嗣加葺，後知縣廖騰煃、張韶重修。雍正九年，邑人黄治安捐修正殿。

婺源縣儒學

宋慶（歷）〔曆〕間創建於縣東。

附 洪邁記

江南俗不①囂於訟，歙浪受其名。婺源人重不幸，至席鼎湯最沸之目。縣人翰林汪公藻、吏部朱公松，文章行誼，表表獨立，不忍視鄉曲蒙惡聲，顧而之他鄉，紛閔閔焉。諸生時相與言：學宫在西邊九十五年，寖入於壞，地勢黯昧，青衿不能群居。陰陽家流雜指山鄉背爲不韙，當徙而趨新。士大夫滋益多謡謗，宜革，是時乾道歲戊子。

今②彭君烜曰：「嘻！吾責也，將安所易置乎？」曰：「吉莫如城東驛。」君曰：「是在部使者，非吾實顓，盍請諸？」請之而俞，且致五十萬錢侑費。傾城大喜，儒生王允恭、李知己並捐其旁便近地，倡出錢粟。諸公喜趨之。即其冬，廟殿及藏書閣成，垂就矣。會郡守好惡異，疑縣特以計科歛民，書揭邀愬章，至换他健吏、耳目鈎訐，亡一詞，始摶頰愧悔，聽緒成之。然首議者倦矣，謝工遣徒，仆木撤瓦。丞、尉亦懲艾，噤不敢復發口。獨殿閣棲棘籬中不敢毁，望之愀然。

又三年，後令洪君邦直至，瞿然悼前故曰：「二千石惟不興學，縣令攬衆謀而自辦之，靳尼其成，安敢此？」即出郡錢六十萬，使訖役。既萎而蘇，既僂而伸，民又益喜，勇勸視曩時加倍。

① 「不」，《四庫》本作「本」。

② 「令」，疑爲「令」之誤。

有頃，百室之宫成，靚深廣盱不啻於素過者，心開目明無間處者。於是雋秀士滕生恪以降百有一人，介令爲容，遣信千八百里走贛川，合詞告鄱陽洪邁曰：「願有以記。」予鄉壤與斯邑接，令君又宗盟長，其何辭？

今之學，非古之塾也。庠序之制，既以糟粕僅存。至於主敬以直内，立義以方外，致知格物之本，窮理盡性之要，正心誠意之傳，綿綿延延，如綫不絶。曾子且死，不忍一簣之姑息，舉扶而易之；季路臨大難，正冠結纓之暇，如在洙泗。工尹商陽，手弓而殺人，掩目止御，不忘有禮。死生之變、争戰之急亦大矣，而歸趣如此。況乎從容進退，灑掃寢食之間哉？少成若天性，習慣如自然，古之人歟！其天資高明，後世雖不可跂及，向非輔之以學問，士必不能。不教民而驅使戰，是謂棄民。不素養士而望其必然，斯謂棄士。宜國家拳拳致力，立學遍海内，臨之官師，而不容釋也。

嗚呼！事難與而易敗。今夫是役，有邑子開先，部使者畀其地，縣大夫懇爲之，而職教化者顧歷四年、閲兩令，始克潰於成。故予詰曲登載，驗其至難。後之君子，朝夕遊於斯，尚思先王之所以教，古人所以行，朝廷所以留意，祭酒之所以急。刊其春華以既秋實，窮高極深，暴白成就，使遠近稱頌曰：「婺源又有人！」若是，乃答令君本意，科第，餘事爾。

熙寧中，知縣劉定遷縣西，即今地。後屢遷屢復。

附　朱子《藏書閣記》

道之在天下，其實原於天命之性，而行於君臣、父子、兄弟、夫婦、朋友之間。其文則出於聖人之手，而在於《易》《詩》《書》《禮》《樂》《春秋》、孔孟氏之籍。本末相須，人言相發，皆不可以一旦而廢焉者也。蓋天理民彝，自然之物則，其大倫大法之所在，固有不依文字而立者。然古之聖人，欲明是道於天下，而垂之萬世，則其精微曲折之理，非托於文字，亦不能以自傳也。故自伏羲、神農，列聖繼作。至於孔子①，然後所以垂世立教之具，粲然大備。天下後世之人，自非生知之聖，則必由是以窮其理，然後知有所至，而力行以終之。固未有飽食安坐，無所猷爲，而忽然知之，兀然得之者也。故傅説之告高宗曰：「學於古訓乃有獲。」而孔子之教人，亦曰「好古敏以求之」。是則君子所以爲學，致道之方，其亦可知也已。然自秦漢以來，士之所求乎書者，類以記誦剽掠爲功，而不及乎窮理修身之要。其過之者，則遂絶學捐書，相與馳騖乎荒虚浮誕之域。蓋二者之域不同，而於古人之意，則胥失之矣。嗚呼！道之所以不明不行，其不以此與？

婺源學宫，講堂之上有屋焉，榜曰「藏書」，而未有以藏。莆田林侯慮知縣事，始出其所寶太

①《四庫》本「孔子」之下尚有「之身」二字。

常神筆《石經》若干卷以填之。而又益廣市書凡千四百餘卷，列庋其上，俾肄業者得以講教而誦習焉。

熹故邑人，而客於閩，兹以事歸，而拜於其學，則林侯已去而仕於朝矣。學者猶指其書以相語，感歎久之。一旦遂相率而踵門謁熹：「盍記其事？」且曰：「比年以來，鄉人子弟願學者衆，而病未知所以學也。子誠未忘先人之國，獨不能因是而一言以曉之哉？」熹起對曰：「必欲記賢大夫之績，以詔後學、垂方來，則有邑之先生君子在，熹無所辱命。顧父兄子弟之言，又熹之所不忍辭①者，其敢不敬而諾諸？」於是竊記所聞如此，以告鄉人之願學者。使知讀書求道之不可已，而盡心焉以善其身，齊其家而及於鄉，達之天下，傳之後世，且以信林侯之德於無窮也。

是爲記云。

元末兵毁。明洪武初，知州白謙因故址重建。天順、成化間，知縣張瑄、韓儼相繼修繕。弘治間，凡再修而火，知縣喬恕、聶瑄先後建造。嘉靖初又毁，知縣曹汴拓地重建。萬(歷)〔曆〕間，知縣趙昌期建尊經閣。

國朝順治九年，知縣馬元、訓導金注修葺。十一年，知縣張弘美、教諭翟皓重修。十五年，府訓

① 「辭」，道光《徽州府志》卷三作「違」。

導吴焕然增修。康熙二十六年，知縣張廷元重修正殿。三十一年，署縣事蔣燦重修明倫堂。五十七年，知縣竇祖禹重修大成殿。

祁門縣儒學

舊在縣治南，宋端拱中知縣張式始建。元移治西南，即今地，至正時毁於兵。明洪武初，知縣鍾友諒因故址重建。永樂七年，大水圮宫垣，知縣路逵修葺。成化、弘治間，再毁再修。正德中，巡按鄺約拓地而大之。嘉靖至天啓，歷有修舉。國朝順治十五年，知縣陳法、教諭張季琪重修。康熙十二年，知縣何縉、訓導周祚光重修。十九年，教諭吴人龍加葺。

黟縣儒學

在縣治後。宋初在縣南，元因之，後毁於兵。明屢加修建，以地形洿下輒壞。正德九年，巡按御史吴鉞度縣西北高爽地，屬知府熊桂徙建之，歷年增葺。國朝康熙九年，知縣杜弘重修。十年，知縣藺佳選重修。三十年，知縣曹貞吉修正殿及明倫堂。雍正八年，教諭林熹、訓導丁煃修兩廡。

績溪縣儒學

宋在縣治東，元初廢爲軍營，乃遷於縣治西，即今地。明洪武五年，知縣蔡美增建明倫堂，兩廡、櫺星門、射圃悉備。正統十三年，知府孫遇以學基狹隘，購地增修。成化間，同知黄用宣改建明倫堂。正德間，知府熊桂、教諭敖越更新之。嘉靖三十九年，知縣林應雷重構浴沂亭。

國朝順治八年，知縣郭世維修。十五年，知縣李之韡重修。康熙十年，知縣劉滋加葺。雍正八年，教諭湯顯忠重修大成殿及明倫堂。

寧國府

寧國府儒學

在府治東南。舊在府治東，宋崇寧間知府李彦卿移於城内。建炎三年，仍復舊址。紹興十年，知府汪伯彦更徙而東，面文脊峰。淳熙、嘉定間，歷加修葺。元總管陳大中改建，後毁於兵。明洪武初，知府黄榮祖徙建今地。正統中，知府袁旭撤而新之，明倫堂東西分列四齋，廟廡、橋門諸制悉備。復造學門於廟東，御書樓於堂北。嘉靖十年，制增啓聖祠，並建敬一亭，貯《六箴碑》，各縣如之。萬(歷)〔曆〕後，知府陳俊、李國觀、蕭良譽、金勵相繼修葺。崇(正)〔禎〕時，知府黄夢松重建明倫堂，知府周光夏重建大成殿。國朝順治六年，知府管起鳳重修。康熙九年，知府莊泰弘大加修葺。十九年，知府王國柱又捐俸修理，教授徐馮、訓導姚士重董其事。

崇聖祠　名宦祠　鄉賢祠各縣學同。

宣城縣儒學

在府治西南。舊在城東南，明洪武間知縣王文質徙建泰和門内，後知縣邢知遠又改建縣治西。宣德間，知縣蕭吉重修。正統七年，知府袁旭遷建今地。嘉靖二十六年，知縣蕭綸重建。國朝順治間，知縣陳正中、王同春相繼修葺。康熙十二年，廟圮。十六年，知府莊泰弘、知縣李文敏、教諭徐化民募修正殿，其工未竟。二十一年，知縣袁朝選、教諭陸志遇、訓導錢邦達各捐俸助成之。

南陵縣儒學

在縣治東，即崇教寺舊址。初在縣治南，宋紹興間遷縣東南，元季毁。明洪武四年，知縣甘潤、教諭劉子潛重建。嘉靖四十年，改移縣東，未及修葺。四十四年，知府羅汝芳、知縣郜永春終其事。萬〔歷〕〔曆〕四年，知縣林鳴盛復加修葺，增建尊經閣及號舍。十一年，知縣沈堯中移聖廟於南四丈。

崇〔正〕〔禎〕間，知縣杜繩甲重建明倫堂。

國朝順治十年，知縣楊必達重修。康熙十八年，知縣屈升瀛、教諭顧芳菁、訓導張翥建大成坊。二十一年，知縣杜源、教諭顧芳菁、訓導徐鍾麟重修尊經閣。雍正三年，知縣宋廷佐、教諭章克長、訓導童昊重建，邑人劉沆輩董其成，規制一新。

涇縣儒學

在縣治北，即大安寺故址。初在縣南，南唐保大四年推官吴光輔創建。宋咸平中圮於水，既重建，又毁於兵。淳熙中，知縣汪行中徙建今地。元至元間圮，僧據其地，縣尹施正大、教諭賀桂孫力復之，尋毁於兵。明永樂間，知縣薛蕙重建。正統初，知府袁旭增葺之。明末毁於兵。

國朝順治六年，教諭施化遠募修。康熙十八年，知縣鄧琪菜捐修明倫堂。二十二年，知縣蔣雲翼、教諭楊言書、訓導汪瀠重建正殿。四十三年，知縣孔毓培、訓導姚光俊重建明倫堂，貢生趙濬重建啓聖祠。

寧國縣儒學

在縣西門外。初在縣東南，宋紹興間徙東門外。明洪武十五年，知縣鄭承事改建今地。正統間，知府袁旭、知縣劉清增拓之。弘治間，知縣孫珍徙明倫堂於聖殿西。嘉靖中，知縣沙奇、訓導樊玭作泮池。

國朝康熙十八年，知縣馬光建尊經閣。二十年，知縣陳王策捐俸重修。四十八年，郡同知郭威釗署縣事，捐俸增修。

旌德縣儒學

舊在縣東尉廨，宋崇寧初知縣嚴適建，宣和間毁。紹興中，知縣趙伯傑徙建東十步。元因之，至正末毁。明洪武三年，知縣朱鐸重建。嘉靖間，知縣柳應陽稍徙而北，後知縣李調元建文昌閣於學東。萬(歷)〔曆〕間，知縣秦文捷大加增建。天啓間，教諭周民改泮池於欞星門外。

國朝順治二年，廟宇盡圮，徽寧道張文衡、教諭吴邦俊倡修，建明倫堂於舊址。八年，徽寧道袁仲魁捐俸建兩廡及儀門、月臺。十年，兵備道孫登第、申偉抱，知縣周一熊相繼繕修。康熙四十一年，督學張泰交允邑紳士請，遷學宫於縣治西，重建大成殿、門堂、齋廡，規制俱備。

太平縣儒學

在縣治東南。初在縣治西，宋嘉祐中知縣孫覺徙建今地。元至正間重建。明洪武三年，知縣李簡修。正統間，提學彭勖命知縣張珪增建，後又拓而新之。正德間，知縣楊良臣復拓前基，易欞星門以石。嘉靖中圮，教諭王佳士改建明倫堂，鑿泮池。天啓間漸圮，教諭龔立本重修。國朝順治五年，教諭虞敬募造泮池石橋，修明倫堂。康熙二年，知縣陳恭、教諭袁澄、訓導董雲申加葺。二十年，知縣王璘因宫牆隘狹，市地拓垣，廣舊址十之七。雍正二年，知縣陳永宗重修。

池州府

池州府儒學

在府治西北，舊在城東南隅。

附　**唐韋表微《池州夫子廟麟臺碑銘》**

二儀即閉，三象乃垂。聖道埋鬱，人心不開。上無文武，下有定哀。吁嗟麟兮，孰爲來哉。周雖不綱，孔實嗣聖。《詩》《書》既删，《禮》《樂》大定。勸善懲惡，姦邪乃正。吁嗟麟兮，克昭符命。

聖與時合，化行位尊。苟或垂戾，身窮道存。於昭魯邑，棲依孔門。吁嗟麟兮，孰知其仁。

運極數殘，德至時否。楚國寖廣，秦封益侈①。牆仞迫阨，崎嶇闕里。吁嗟麟兮，靡有攸止。

世治則麟，世亂則麐。出非其時，麇鹿同群。孔不自聖，麟不自祥。吁嗟麟兮，天何所亡。

按：此碑載《山東通志》，而《唐詩紀事》所録，特加以「池州」二字。

宋開寶初，知府成昴移建於城西北。至和間，知府吴仲復仍移建於東南，後陳桷、周應龍、葉凱、王伯大相繼修之。元毁於兵。明洪武三年，知府孫炎重建。正統初，知府葉恩加修。成化初，知府李宏重造明倫堂、四齋、兩廡、戟門、石柱、泮池橋。弘治末，知府陳良器、祁司員、何紹正相繼修葺。嘉靖十年，制增啓聖祠，並建敬一亭，貯《六箴碑》，各縣如之。然其地卑濕，夏潦江漲，水迫學宫。隆慶元年，知府尹士龍遷於今地，後知府馮叔吉落成之。

國朝順治七年，知府梁應元修。康熙十六年，知府喻成龍重修。

---

① 「侈」，《四庫》本作「多」。

附　張英記

池北隅廟祀夫子，宫牆多士者，蓋已二百餘年。土木之工，不三十年而輒毁，以故旋圮旋葺。前賢之官於此地者，各與有勞勩，載在册書，不容（民）〔泯〕①滅。而要未有若金州喻公今日建學之盛也。何則？今之時，亦大異於昔之時矣。期會簿書，日不暇給，非若向之從容就理也。職掌雖具，然不關乎六計，無操約以程也。而且軍興旁午，長吏多以峙具茭芻，劬勞鞅掌，非若向之時乘農隙百廢具修也。無怪乎郡若邑多委謝，後來而自視蘧廬然矣。喻公獨謂：「今天子右文至意，正以學宫爲人心根本之地。余亦體上意，盡心焉已耳。」是以良晝夙具，斷不道謀，竭力捐俸錢而外，更有事於募助，今②六邑之有力者助之貲，而財可稱任③矣。鏟鑿畚插，茨絡圬墁，聚百工非有專官，不能朝視而暮扶④也，於是遴府幕及吏胥之能者，視作登記，纖悉備載，而力可稱任矣。物力有餘，故經費無逗撓，趨作無怠媮。

自丁巳冬月經始，至戊午六月，爲夫子廟如制。上可建三丈旗，下可容千餘人，蓋堂堂焉可

---

① 據乾隆《池州府志》卷十六改。
② 「今」，乾隆《池州府志》卷十六作「令」。
③ 「稱任」，《四庫》本作「胜任」。下一「稱任」同。
④ 「扶」，乾隆《池州府志》卷十六作「考」。

以憑鬼神。廡下周還奂美，兩兩如翼。若啓聖祠，若明倫堂、文昌祠，皆次第修舉，不遺餘力。戟門外窳地爲泮水，其外爲一坊，顔之曰「泮宫」，公親書之。

英曰：喻公知爲政。夫士民之秀也，規其地宜則易化，示之象儀則易從。昔文翁治蜀以教化，而蜀中諸士比於鄒魯之鄉，一時有長卿、淵雲之屬蔚起焉。宗澤官龍游，興庠序，延師儒，而擢科者相繼。彼其民皆未知學也。矧公乘昌期，視形勝，而臨訓誨之，有不追美於曩日也哉？夫㟁以科目期人才，固非教者之至意。顧士不由之，無由自見，如靖難之陳公、黄公皆是也。余聞公於兩公祠宇皆加意營造，公之所以勖池人士者深矣，僅科名云爾乎哉？或曰：學之役不自公爲郡始也。公以建德令遷監郡，即謀之於前太守周公。洎六邑之令長而身任其事，公〔也，公〕①之功懋哉！余曰：唯唯。

崇聖祠　名宦祠　鄉賢祠各縣學同。

於時學博吴門陸君德元、京口包君斌，屬余同籍章孝廉書以屬予，予乃爲之記。

---

①　據乾隆《池州府志》卷十六補。

貴池縣儒學

在府治西。明洪武三年，建學於縣治東。弘治十三年，知府祁司員遷於黄狀元觀故宅，即今址。萬〔歷〕〔曆〕間，推官李養沖、知縣蕭繼美相繼修治。國朝順治十二年，知縣李愈昌修。康熙十八年，知縣劉光美重修。二十一年，知縣羅鎔、教諭錢塽、訓導宗觀捐修。二十四年，同知周疆大修。

青陽縣儒學

在縣治東南。舊在縣西，宋隆興二年知縣楊元秉遷縣治東南。元大德間，縣尹吴廷輔遷縣治西。明洪武七年，知縣張文昱復還東南故址，即今地。成化間，知縣王政重修。弘治末，知縣錢瓚重修。萬〔歷〕〔曆〕中重修，徐鳴皋有《記》。國朝順治十三年，知縣楊夢鯉重修。康熙二十一年，知府喻成龍增修。四十七年，知縣張容重修。雍正十年，邑人增修。

銅陵縣儒學

在縣治東。舊在縣治西，宋淳熙中知縣林桷遷於縣治東，元末毁於兵。明洪武初，知縣時守道重建，復圮。宣德七年，邑人余志貴等修之。正德十年，知府何紹正復遷於縣西舊址。嘉靖十七年，知縣周納仍遷於東舊址，明末毁。

國朝順治間，知縣蔣應仔、劉曰義、裴國熙相繼修葺。康熙十八年，邑人余繼益合族捐貲重建聖廟。

石埭縣儒學

在縣西門外。舊在縣南門外，元末毁。明洪武三年，知縣陳霖始建，後知縣尹安續成之。嘉靖十六年，知縣潘大綸移建今地。萬〔歷〕〔曆〕後，屢圮屢葺。

國朝順治間，知縣高駿升、王太初相繼重修。康熙八年，知縣姚子莊、訓導周體元重修文廟，造尊經閣。

建德縣儒學

在縣治西北。舊在縣治東，宋嘉定間知縣吴淵移建於此，明因之。自宣德至正德間，知縣吴楨、蒯賢，教諭李淮皆重修。

附　汪偉記

監察御史吴公奉命巡南畿諸郡，甲戌冬又十一月六日，按節於池之建德。再閲日，謁先聖於文廟已，登明倫堂。坐諸生，執經以次講已，起觀射。諸生攝弓矢，耦進射已。乃周覽棟宇，顧瞻後前，還坐於堂，進師生而言曰：「兹學敝甚，不修何以稱育賢之典？且吾觀堂東地最勝，今所建處偏而後虚，殆首事者之不審乎？不改爲，何以發山川之奇？」教諭李淮對曰：「此淮之夙心也。非直淮也，邑之士暨凡涖於兹者咸病之，顧力弗贍耳。」君乃令會一堂兩齋及門之費，凡若干，先勸邑中好義者捐貲以助，得百金餘。繼出行臺贖刑之金，又二百餘。乃掄材鳩工，卜日興事，益市鄰堂民居隙地以廣基。議既定，乃撤其故作之。去舊堂東①十丈許，後枕象山之雄，前揖②玉峰之秀。

四閲月而堂齋暨門告成。地勝材良，頓易舊觀，民不知勞，如神之輸。諸生朝揖於堂，而退修於齋中，雍雍于于，心目爲舒，皆充然若有得也。於是教諭淮具事本末，走南雍請記。且曰：「願一言爲吾士告。」予作而歎曰：「盛哉，兹舉也，觀諸此，可以知爲學矣！」

① 《四庫》本無「東」字。
② 「揖」，《四庫》本作「挹」。

夫聖人之道，本自中正而光明。其偏邪晦蝕，非道之弊也，爲道者之過也。昧者不知，習而安焉者有矣。其知而不能改，改而不能大有所振拔，皆過也，不猶茲堂之舊乎？一旦翻然覺悟，舍其舊而新是圖，以趨於中正光明之域。回視向之所處，始惕然而懼，赧然以慚，不猶茲堂之今日乎？矧士之爲學，不費材力，方寸轉移之間，而得失相懸，奚啻千里，又有易於堂之爲者，亦何憚而久不爲此也？諸士觀茲堂之成，既有所感發矣，當益堅乃志，勵乃行，動以聖賢爲標準，以修諸身，而達諸政，俾國家收多士之效，鄉邑有多賢之稱。推原厥功，知有所歸，庶幾不負諸君子惓惓之心也。

君名鉞，字肅威，江西臨川人。承委而協力相其成者，郡守何侯紹正、節推王用、賢邑令周希默，及教諭李淮也。好義者，邑民路鎮、徐濼、童養觀也。

文廟仍其舊，前此興修自有記，茲不及云。

崇（正）〔禎〕四年，知縣楊錫璜改建於西門外。國朝康熙元年，知縣高寅復移建城内舊址，屢圮屢修。四十八年，通判署縣事胡開京重修。

東流縣儒學

在縣治東。宋初建學在縣東北，元貞元中縣尹袁裕擴之，後毁於兵。明洪武初，縣丞祝文貴移建於縣治東，即今地。成化中，知縣蕭珮改建於縣治東北，崇（正）〔禎〕間毁。國朝順治間，知縣鄧繼球、蘇弘謨復移建於縣東故址。康熙十五年，知縣侯之桓重葺。二十二年，署縣事同知周疆重修，並造學舍。六十一年，士民募捐，移建於縣左。

附　周疆記

方今海宇昇平，聖天子敦崇文教，鋭意振興，屬在庶寮，承流宣化，詎敢隕越以自外。余佐治池陽，甫至，見池之文物衣冠，彬彬郁郁，而兩庠巋麗，書院崇弘，知非有主持風教者，以作興鼓舞於其間，曷克臻此？

今年癸亥夏五月，奉檄視篆東流。恭謁文廟，授講畢，周視殿廊牆廡草創，規模缺然有待。爰與學博洪子景行，倡捐修葺之。紳衿耆舊，亦樂爲附，圖度諮謀，凡廢者舉之，剥者補之，以期周備。於是由正殿以及啓聖祠，向之鞠爲茂草者，爲之設立圍墉，潤施甃砌，偃者、蝕者悉易去，正配各主俱金碧焉。余視事未兩月，而經營區畫，工役爭趨。一望橋門，朱炳丹焕，坊表聯額各如制，煌煌然幸改舊觀矣。

夫三代以來，司樂、司成專主教事，《周禮》始並屬之黨正、州長，即今之牧民長吏也，以是爲政，即以是爲教。厥後政、教判然，士君子稱先則古，未嘗不思得位行道。及出身加民，徵賦雜其耳目，刑賞摇其心志，案牘交乘，誇飾吏治，以教民爲己任者，幾人哉？

或曰：「孔子之道，夫人而具之。讀其書以法其行，固有在此而不在彼者，徒崇廟貌，何爲乎？」雖然，入廟思敬，古誌之矣。對越儼然，羹墻如見，相與警心觸目，以培養夫忠信之原。則人心因之以正，學術由之以成，處而砥行立名，出而經邦弘化，以副朝廷雲漢天章之盛者，又豈可量也哉！

宋儒葉適曰：「儒術不進，天下無正學；師道不立，天下無善人。」相得益彰，余更於洪子不無厚望云。

太平府

太平府儒學

在府治西，宋治平中遷子城東南。

附　王安石記

太平州新學在子城東南，治平三年司農少卿建安李侯仲卿所作。侯之爲州也，寬而有制，静而有謀，故不大罰戮，而州既治。於是大姓相勸出錢，造侯之庭，願興學以稱侯意。侯爲相地遷之，爲屋若干間，爲防環之，以待水患。而爲田若干頃，以食學者。自門徂堂，閎壯麗密，而所以祭養之器備具。蓋往來之人，皆莫知其經始，而特見其成。既成矣，侯罷去。州人善侯無窮也，乃來求文以識其時。

嗟乎！學之不可以已也，久矣世之爲吏者，或不足以知此，而侯知以爲先。又能不費財傷民，而使其自勸以成之，豈不賢哉？然世之爲士者，知學矣，而或不知所以學，故予於其求文而因以告焉。

蓋繼道莫如善，守善莫如仁。仁之施，自父子始。積善充之，以至於聖而不可知①之謂神。推仁②而上之，以至於聖人之於天道，此學者之所當以爲事也。昔之造書者實告之矣。有聞於上，無聞於下。有見於初，無見於終。此道之所以散，百家之所以成，學者之所以弊也。學乎，學乎，將以一天下之學者，至於無弊而止。遊於斯，饌於斯，而余説之不知，則是美食逸居而已者也。李侯之爲是也，豈爲士大夫美食逸居而已哉！

建炎、紹興間，又兩遷而後定於今址。自乾道後歷元，相繼修葺。明洪武初，以州陞爲郡學。永

---

① 《四庫》本「知」下尚有「者」字。

② 「仁」，《四庫》本作「神」。

欒中，知府徐敬更修。正統七年，知府楊士敏、當塗知縣張嵩撤而新之。弘治、嘉靖間，知府徐節、周進隆、林鉞相繼葺治。嘉靖十年，制增啓聖祠，建敬一亭，貯《六箴碑》，各縣如之。萬（歷）〔曆〕後，知府陳璧、劉應錡、余思明、何士林、李若訥、劉正衡先後增修。

國朝順治十一年，知府王以約大修。康熙元年，知府胡季瀛修尊經閣。十一年，知府黄桂倡修，教授宋驤董其事。十九年，知府楊霖又修。五十五年，知府李敏迪重修大成殿、兩廡。雍正七年，知府李暐、教授蔡兆昌重修欞星門、戟門，重建明倫堂、文星閣、尊經閣。

崇聖祠　名宦祠　鄉賢祠各縣學同。

當塗縣儒學

在府治東南，宋紹興間郡學地。先縣未置學，元始置而未立學宫。明洪武六年，知縣王俊始建，地在西隅。

附　孫大雅記

邑有學，學有廟，禮也。僨於兵，時也。僨而復興，不書，常也。興而專美於前，書乎不書，懼復勸也。

謹按姑孰縣三，當塗故聱劇。更以事殷，不遑暇給，教弛俗窳，寖爲當然。洪武五年，永平王俊屬宰是邑。下車之日，首登進其民，問學所在，皆謝不知。問左右吏，吏相顧愕眙，謝亦如之。俊歎曰：「民不知學，焉能知方？」乃薅①蠹抉貪，示以不取，又示以不偏。期年，民恬於化。俊曰：「可矣」。

乃召父老，端笏齊服而令曰：「嘻！子來前，若知有父子乎？」曰：「有。」「知有君臣乎？」曰：「有。」「知君君、臣臣、父父、子子所從來乎？」曰：「不知也。」俊起立，以手加額曰：「此吾夫子之教也。教猶天也，天可忘乎？吾嘗愛仰敬畏，如父母、神明、日月、雷霆也。人不知有父母、神明、日月、雷霆，則狂愚聾瞽而已。今使若等去狂愚聾瞽，以服天子之命，而尊聖人之教，可乎？」衆曰：「諾，敢不唯命！」

於是卜吉日，率父老子弟，距行春門不百武，辨方正位，鳩工庀材。闢地之湫隘洿深以爲亢爽，得畝若干。禮殿、倫堂、門廡、齋庖，以次畢興。繚池②以垣，飲射以圃，像先聖之容，秩先師之位。丹漆黝堊，金碧斧藻，巍然焕然，礱密堅緻，雖數世封君之家有弗能侔。又剡致郡士爲師以主之，生徒坌集，弦誦之聲，竟日夜不輟。

歷再稔，廟興學完，集大夫士謁先聖，行釋菜禮。民環觀之，嘖未嘗有。會詔郡縣立鄉學，

① 「薅」，《四庫》本作「殲」。
② 「池」，《四庫》本作「地」。

置弟子員，髫年齔穉，左提右挈，于于而來，籍人凡五十人。不逾月，冠帶趨鏘，顒昂儼雅，莫不知教，君子謂若有相者矣。嗚呼！爲之難易在人，成之難易在天。使爲有不盡其難，則成固不獲其易。爲於人若此，成於天若彼，書是以勸來者，宜哉。

俊字用章。精敏廉勤，事無大小，談笑麾之，吏畏民服，學校其一也。是役也，會令之俸半入學。而教諭胡昭，訓導劉會、李炳則左右之。里士陶仲實、於子中實經營之。

學舊在城東門外，洪武三年始改卜於此。其地蓋宋之尉司云。

後知府楊士敏、知縣張崑拓治。成化初，知縣韓恭重建文廟。正德初，御史冼光屬知府周紞重造廟門、齋廡。嘉靖初，知府林鉞、知縣張一厚增修。萬（歷）〔曆〕二年，巡按宋儀望始遷建今地，凡明倫堂、尊經閣、聚奎樓、大成坊，以次修舉。明末毁於兵。

國朝順治四年，知縣張京修其僅存者。十三年，兵道周體觀重修，門堂、殿宇漸復舊觀。康熙十年，訓導史以徵重修正殿。十二年，知縣寇明允踵成之。十九年，知縣王斗樞修兩廡、戟門。五十八年，署知府張鼎募修集賢樓、崇聖祠。雍正四年，提學孫嘉淦以學租銀修明倫堂、兩廡。十年，提學王蘭生以學租銀修大成殿、尊經閣。

蕪湖縣儒學

在縣治東南，宋元符三年知縣蔡觀建。

附　張商英《元符建學頌》

莆陽蔡君，製邑蕪湖。才優職舉，政成令孚。作新廟學，推本真儒。走書求文，紀厥終初。乃叙而係之以頌曰：

宣水在東，大江滔滔。匯爲蕪湖，有邑其臯。江山靈氣，宜爾士類。不漁不鹽，儒業是肄。落落蔡君，粲粲其文。爰師爰長，庶事孔勤。不揭揭以鋭，不剪剪以細。我有詩書，以誨以勵。廼侈斯庠，迺崇斯堂。邑士戾止，冠圓履方。圓冠如之何？高明不息。方履如之何？博大以直。能地能天，爾性則然。譬彼泉蒙，其達成川。爾學爾問①，聖師之心，令君之訓。長湖汪洋，鱗潛羽翔。樂只君子，德音不亡。

① 此篇爲四言韻文，此處「問」與下文「訓」諧韻，「爾學爾問」前當脱一句。

歷元屢加修葺。明洪武中，知縣宋彬重建明倫堂。後縣丞周宗博，知縣陳源、崔諭相繼葺治。成化中，知縣張淮置祭器。

附　張淮《置祭器記》

禮器之制尚矣。籩篚以竹，俎豆以木，簠簋、登鉶以陶，鼎爵、尊罍之屬，或以玉，或以金，或以木，各有其義與所宜也。自遭秦滅學之後，禮經殘缺，器亦就敝，而先王之制度蕩然不復存矣。後世禮圖如簠簋、犧象、尊與爵之形制，不無可議。近世有以陶爲之者，則一於瓦。範銅爲之者，則一於銅。而古之以竹、以木、以金、以陶者，略無差別，僅存其名號而已。噫！制度之精微，雖老師宿儒，猶莫知焉，可慨也夫！

太祖皇帝誕膺天命，大興文教，製作之盛，度越千古。列聖相承，益隆聖道。肆我皇上，尤注意焉，詔加籩豆、增樂器，尊崇之典，曠古所無。於戲盛哉！

成化丁酉冬十有二月朔，淮來知蕪湖縣事。越明年戊戌春二月，將有事於上丁，先期詣學宫。遍閲所藏器，類皆以陶，而銅、錫亦間用之。苦窳闕裂，率不可用，心竊病焉。既而，謀諸丞陸瑀、教諭胡直，訓導趙贇、王綸，欲考古今之制而新之。乃走王生儆於南雍，歷訪形制，並購《博古圖》歸。每退食之頃，反覆詳考。參以《詩》《書》之圖，質以先儒之言，復得李生贊相與討論之，似有得其一二。其疑而不决者，則質諸胡公焉。

如是者久之，然後乃敢命工編竹爲籩篚，斲木爲俎豆，範金爲鼎釜，屈木爲爵斗，陶瓦爲簠簋、登鉶、尊罍。他如盛牲有匣，滌牲有桶，供薦有盤，盥洗有器，蠟炬有臺，毛血有盤。秋八月上丁，復有事焉。籩豆静嘉，牲牷肥腯，凡在祭與奔走者，莫不有孚顒若，有神人胥悦之意。於禮敬而將之，以物則以器，而其器又足以感人如此，則器亦大矣哉。胡公欲圖其形制與目於麗牲之石，以示永久。且慮敝，或觀圖爲之，則敝不敝矣，亦盛心也。復請淮記，以弁諸首。

繁昌縣儒學

在縣治西，宋慶（歷）〔曆〕間建於舊縣内。萬（歷）〔曆〕十二年，知府林一材徙建縣東察院基址。十九年，知府陳璧仍徙舊地。後知縣梁應材重修，加高廣焉。國朝順治四年，知縣賈一奇、教諭甯鳴玉重修。十七年，知縣黄裳增修。康熙三十三年知縣紀統、五十三年知縣孟光庭、雍正七年知縣朱文昭踵修。

附　王安石記

奠先師先聖於學而無廟，古也。近世之法，廟事孔子而無學。古者自京師至於鄉邑皆有學，屬其民人相與學道藝其中，而不可使不知其學之所自。於是乎有釋菜、奠幣之禮，所以著其不忘。然則祀先師先聖者，以有學也。無有學，而徒廟祀孔子，吾不知其說也。

而或者謂：孔子百世師，通天下州邑爲之廟，此其所以報且尊榮之。夫聖人與天地同其德，天地之大，萬物無可稱德。故其祀，質而已，無文也。通州邑廟祀之，而可以稱聖人之德乎？則古之事先聖，何爲而不然也？

宋因近世之法而無能改，至今天子始詔天下有州者皆得立學，奠孔子其中，如古之爲。而縣之學，士滿二百人者，亦得爲之。

繁昌，小邑，其士少，不能中律。舊有孔子廟，而庳下不完。又其門人之像，惟顏子一人而已。今夏君希道太初至則修而作之，且爲子夏、子路十人像。而治其兩廡爲生師之居，以待縣之學者。以書屬其故人臨川王安石，使記其成之始。

夫離上之法，而苟欲爲古之所爲者無法，流於今俗而思古者，不聞教之所以本，又義之所去也。太初是無變今之法，而不失古之實，其不可以無傳也。

至元毀，明初重建。天順元年，知縣王珣徙縣治，學因徙於治東。成化九年，知縣林域以地僻陋，乃遷治西。正德十二年，提學黎鳳命知縣俞應成又徙於治東。嘉靖四十五年，推官（邱）〔丘〕浙遷今地。萬（歷）〔曆〕中，知縣吴鎮重修。

附 焦竑記

繁昌學創於宋之慶(歷)〔曆〕，舊在延載鄉縣治之南，已遷東北。天順初元，徙縣治金峨鄉，而學居其東。成化、正德間，兩徙其處。嘉靖丙寅，府推官(邱)〔丘〕浙用少司徒徐公貢元之議，復還今址。

萬(歷)〔曆〕丁亥，吴侯鎮來爲令，篤意教事。念河直學宫之後，形勢弗固，采李生一恂議，浚河立廟。河干爲墩，墩爲二亭，以障其缺。己亥春，大成殿、若兩廡、若欞星門，咸大修之。神棲士藪，既閎且康，譽髦來遊，以後爲耻。仁風行而四達，義方歘而遐鶩，實侯倡之。於是一恂輩走金陵，屬余爲記。

余謂三代遠已，漢唐間立學，而不以著令。宋至仁宗，始詔天下爲廟學，而士不滿二百人者，猶靳不得立。國朝修禮樂，尊儒術，以文太平之功，其制眂近代爲備。繁昌，小邑也，學屢遷改，必適士心而後已。師帥之於是亦既勤矣，而士之居焉者僅僅操筆爲詞章，以靳中有司之程，豈國家所以造士之意哉？且學之議遷，起於士風之不振。而所稱不振者，非科目之弗盛，而古道之不興也。

三代黨庠，術序之法，鄉射養老，尊賢勸農，考藝選言，受成獻馘，靡不繇學。當其時，士大夫材行完潔，而事功雋偉，絶非後世之可幾。然其本曰明人倫而已，人倫明則良心醇固，機智不生，然後能外成敗，而自信其守。故古薦紳先生，抗志權姦，乃心王室，有廢錮摧抑而其操彌厲者。輓近世敦樸之行微，而險詖薄惡之習勝；廉耻之道喪，而妬前①賊善之意多。何者？俗流失，世敗壞，而孝弟之教衰也。夫叔季眡三代如夢，覺之變古法，茀廢非一日矣。不知古之爲教，實出於人心，法可亡而人心自若也，在有志者之自立而已。

繁昌故静僻，芬華所不至。士生其間，復多美茂之才。況得吴侯焉作新之，雖昔之蔽陷者，將革其敝風而偕之大道，又況乎學問之民。故余書侯之績，因及古今之變，與所望於士者，使歸而刻石焉。

天啓後，知縣劉孔源、馮洪孜相繼修治。

國朝順治十一年，知縣張㰖重修，學前置文峰塔。康熙七年，知縣吴升東捐募增修，後知縣李臨、王廷城、劉育德踵修。

① 「前」，《四庫》本作「賢」。

廬州府

廬州府儒學

在府治東。肇於唐會昌，盛於宋咸平，廢於紹興之兵革。乾道以後，帥守趙璠老、翟朝宗重新之。明宣德中，同知謝庸創修。正統後，知府揭稽、史濡①、孟玘②、馬金、李嵩、徐鈺相繼增繕，門廡、堂齋悉備，並建尊經閣。正德中，知府龍誥重修。

附　明王褘記

太守下車之三日，當謁文廟爲禮，升明倫堂聽講。諸生率以所稔習庸近之業，應名以進。太守無所是非，首肯曰：「勉之。」諸生各頓首，謝教而退。勤者朔望率如故事，學業之成廢，行履之淑慝，漫不加省。嗚呼！師帥之職，審如是乎哉？

① 「濡」，《四庫》本作「儒」。
② 「玘」，光緒《續修廬州府志》卷二十三《職官志》作「圯」。

今廬州太守龍公來涖郡，進師生於堂，而諗之曰：「凡我二三子之從事於庠序者，將顒顒昂昂，襲衿佩之光，以耀其鄉閭乎？抑含咀饜飫於詩書之腴，以澤其體膚乎？將洪溷汩没，竊膳廩之入，以飽其妻子乎？抑沈浸渟涵，深入聖賢之室，以無忝青陽大蜀之靈秀乎？」衆皆曰：「不敏敢不祗命！」於是口授疑義，問辨切劘，有出於科舉文字之外者。衆皆悦，緦緦然惟恐不及，人人自以爲得所師矣。

乃諗於衆曰：「明珠之光，不繫乎櫝，而美櫝者以爲珠重；良工之勤，不必於肆，而居肆者以爲工資。廬之廟學毁圮弗葺，非所以崇儒雅而飾至治也，盍舉而新之？」皆從命。於是鳩工庀材，卜日而舉，屬教授宋君希睿董其役。殿廡、門堂、齋居、號室①，各以重輕先後就緒。經始於正德辛巳秋仲，明年春季告成。

希睿乃以書幣走京師，而屬記於禕。禕嘗被命提學河南，廬與汝相密邇，公之政教稔聞之，以風勵郡邑，獨不知所以善誘於諸生者何道也。夫道學之暢明敷達於天下也久矣，而奚疑於是哉？特以近世學者，以言語文字爲煩，直趨徑造爲速。而或病乎朱子之學爲未足以發明洙泗、伊洛之旨，其爲論説，精神亦能有所感發。四方之士，負聰明偉特不群之才者，翕然起而宗之，

① 「室」，《四庫》作「舍」。

將以學問爲呫嗶①之陋，遂盡暴棄而不之講也，豈不悖哉？

禕嘗考之白鹿楣間之揭，皆取諸孔門邃論，非考亭所創也。請以是揭諸堂齋之右，俾聰明偉特不群之士，有所折衷，何如？既叙公之成績，而於末也以是訊之。

嘉靖十年，制增啓聖祠，建敬一亭，貯《六箴碑》，各縣如之。萬（歷）〔曆〕三年，知府吴道明重修，增建興文樓。明季毁於兵。

國朝順治三年，知府吴允昇重建。康熙二十一年，知府薛之佐大加修葺。二十二年，知府杜立本異其工，後知府張純、馬雲從、姚漁、陳廷綸繼修。雍正五年，知府趙向奎重修。

崇聖祠　名宦祠　鄉賢祠各州縣學同。

合肥縣儒學

在縣治東南。舊在武威門外，宋淳熙中少保郭振拓城基，遷於景賢書院，即今址。元至正時重建。明洪武初，知府張義撤而新之。永樂、正統間踵修。景泰二年災，知府史濡拓地重建。弘治間，知府馬金建尊經閣。天啓間，知府張正學、知縣陳瑄重修。明末毁於兵。

① 「呫嗶」，光緒《續修廬州府志》卷十七作「佔畢」。

國朝順治三年，訓導蘇紹軾募建，後知縣方象璜、訓導宰維翰相繼修葺。康熙二十一年，知縣范時著捐修正殿、兩廡。二十二年，知府杜立本增修，後重建明倫堂。雍正九年，知縣趙良墅重修大成殿及兩廡。

舒城縣儒學

在縣治西，元至正間毀，明洪武初知縣員議建今地。宣德末，知縣劉顯、楊縉、孫竇、雷孟冬、黄誥、徐成位、陳魁士，教諭傅敏功、雷芳相繼增葺。明末寇毀，僅存大成殿。

國朝康熙三年，知縣何朝聘捐俸倡修，後知縣王朝端重建明倫堂。三十九年，知縣沈以拭重建大成殿。五十三年，教諭徐千之捐募重修。雍正七年，知縣陳守仁建崇聖祠。

廬江縣儒學

舊在南門内，元至正元年縣尹兀顏綱修建。明洪武七年，知縣傅鉉遷於三思橋北，即今地。洪熙元年，知縣黄惠重建大成殿。天順四年，知縣王慶重建明倫堂。成化間，知縣梅江、劉紳相繼修建欞星門、泮池、橋。弘治間，知縣胡暘重修，置號舍。正德、嘉靖間，知縣劉夢熊、周良會、劉裁先後拓地增修。明季知縣張雲鶚建文昌閣於堂後，旋毀於兵。

國朝順治四年，知縣周迓祚草創廳事。康熙六年，知縣孟述乾捐貲重建聖殿及欞星門。十六年，知縣盧均天、教諭李大濩募建明倫堂。二十二年，知縣馬光、教諭王琳徵、訓導丁象臨重修，並建官舍。四十二年，知縣吴賓彦重修。五十四年，知縣何洪先重修。雍正四年①、九年，知縣鄔廷豳、陳慶門續修，慶門增置祭器、樂器。

無爲州儒學

宋皇祐間建，在錦繡溪北。崇寧初徙於漕臺東，尋復故址，元毁。明洪武五年，知州王奉訓重建，繚以周垣。宣德十三年，知州王仕錫建講堂、齋舍。天順至萬（歷）〔曆〕間，知州楊士倧、辛文淵，同知許用中，知州洪邦光、同知查志文，知州趙範、陳嘉賓相繼修葺。

國朝順治九年，知府佟國貞大修之。康熙三年，知州李祐之、訓導曹鼎臣重修。十九年，兩廡將圮，知州王國輔、學正史逸孫、訓導何嗣和捐募修建，知州張國貞修尊經閣。三十六年，知州李璋重建泮池、石橋。

巢縣儒學

在縣治西，宋紹興間知縣江瑄創建，趙登善踵成之。元季兵毁。明洪武初，知縣桂廷用重建。

① 「雍正四年」，光緒《廬江縣志》卷四作「雍正八年」。

弘治中，建尊經閣。

附　明陳楷記

巢縣學背之高(邱)〔丘〕，舊爲五顯廟所據。廟之棟宇，雄偉壯麗，俯瞰黌宮。凡邑之祈禱、佚遊者，率由講堂徑入，鉦鼓之聲，自旦達暮，大爲弦誦之病。

成化丙申，莆陽陳君瑞來典學，心欲毁而力未任。歲戊戌，適吾慈桂君璉來貳教，即毅然曰：「夫子之宫而可以妖淫淆之哉！斥之奚容緩耶？」與陳君協謀。明年，上其事於府，得請檄縣亟毁之，俾以基宇歸學。縣令李進膠於巫史禍福之説，固執不可。陳、桂二君義形於色，躬率諸生，踣其像而撤之。即顔其楣曰「尊經閣」，移御書經史於其中，而扃鑰之。李令憤且恚，構他事以加害桂。群弟子思慕不忘，徵余記之。

余惟尊經以閣，重道也。闢邪以正，衛道也。以重道之心，爲衛道之計，郡邑大夫正當鼓舞誘掖之不暇，顧乃倒戈相攻，曾不知其所遊非聖門、所讀非孔氏書乎？朱子有言：「不能攻討，而又倡爲不必攻討之説，是亂賊之徒也。」桂君所學所藴，吾徒平日所畏者，不得一有所施，而竟爲奸邪所害。惜哉！

雖然，桂君死而閣存，見閣猶見桂君也。閣以載經，經以載道。諸生登斯閣者，講焉習焉，辨焉思焉，使道之載於經，經之載於閣者，皆在我而無餘，此尊經之實也。而桂君之死猶不死，若徒以是爲觀視之美、誦説之具，尊經云乎哉？學者勖諸！

嘉靖間，改建於慈氏寺。萬（歷）〔曆〕中，巡撫吴桂芳捐俸協助，復建於故址，後知縣王寧、陳綸相繼修治。明末傾毁。

國朝順治十四年，教諭魏侯聘重修。康熙十一年，知縣于覺世重修。二十九年，知縣楊極重修。後知縣孫芝芳捐俸修兩廡、戟門、欞星門。雍正十年，知縣鄒瑆、教諭范正笏修崇聖祠、尊經閣。

鳳陽府

鳳陽府儒學

在譙樓西雲濟街。明洪武十八年置國子監，十九年改爲府學。景泰間知府仲閔修之，成化間知府章鋭重修，規制畢備。弘治十三年，知府孟俊增繕。嘉靖十年，制增啓聖祠，建敬一亭，貯《六箴碑》，各縣如之。崇（正）〔禎〕四年災，六年，知府徐四蔭重建大成殿及堂廡、齋房、尊經閣，名宦、鄉賢祠，歲久漸傾。

國朝康熙四年，知府戴斌重修。十八年，鳳廬道孫蘭、知府耿繼志、同知劉芳聲各捐俸增修，教授湯原振董其事。

崇聖祠　名宦祠　鄉賢祠各州縣學同。

鳳陽縣儒學

舊在縣治東南，明洪武初建。弘治初，知縣潘永嘉修。萬（歷）〔曆〕三十年，署縣事通判李光前開雲路、玉帶水。四十一年，知縣萬嗣達濬泮池。

國朝康熙九年，户部分司圖鼐、詹惟聖，教諭岑兆旂捐貲重修。二十一年，知縣丁耀祖、教諭項龍章、訓導張昊捐俸重建正殿、兩廡、櫺星門。二十五年，知縣李縉改建城内縣署西偏。

臨淮縣儒學

舊在縣治西，明洪武三年知縣樂瓚始建。二十七年，徙建於府學舊基。宣德間，主簿蕭本芳重修。弘治間，知府孟俊撤而新之。嘉靖二十二年水災，學宫盡圮。隆慶六年，知縣陳哲改天池宫舊址爲學宫。萬（歷）〔曆〕十五年，知縣陳民性仍遷於縣治西舊址。二十五年，知縣薛芳重修，旋毁。二十三年，知縣賈應龍修葺。

國朝順治六年，爲淮水沖没，知縣徐必進改建於曲陽門外書院舊址。十八年，署縣事同知郭顯功復遷正殿於崇儒坊，旋遭水圮。康熙九年，署縣盱眙縣丞葛翊宸、訓導尤運昌改建於聞喜門外，後知縣魏宗衡募捐繕修。二十三年，知縣陳宗建、教諭蘇應秋又改建於南門外滋德坊。四十七年，知縣王紘捐俸修葺，並設義學。

懷遠縣儒學

在縣治東南，元季毁於兵。明洪武三年，知縣唐蔚、教諭王景章即故址創建。成化十七年，淮水漲溢，學圮，移建縣治東荆山之麓。正德七年，提學御史黄如金、知縣李豫復移建今址。嘉靖後①，知縣徐玠、任俊、商承學、王存敬、莊祖誼相繼修葺，明末傾圮。國朝順治十二年，知縣傅鎮國、教諭申詒芳修之。康熙十一年，知縣于鴻漸、訓導俞潛飛又捐修。五十六年，知縣劉鑑捐俸重修，邑人楊大勳助修兩廡，濬泮池，建三橋其上。雍正元年，庠生宋暄於雲路前建奎星閣。

定遠縣儒學

舊在縣治西，宋淳熙六年改建縣治東南，後毁於兵。明洪武三年，知縣朱玉即舊址重建。正統二年，知縣沈安修。弘治間，知縣朱恭、曾大有、章澤相繼修葺。嘉靖三十三年，知府高鶴捐修。國朝順治十一年，知縣高萬仞、訓導談志重修。康熙三年，知縣徐杆捐俸加修。二十年，知縣曲

① 「後」，《四庫》本作「間」。

震重修大成殿。

虹縣儒學

在縣治東，明洪武三年知縣樂徽建。正統七年，知縣何誠遷於察院東汴河北。萬（歷）〔曆〕二十八年，知縣任愚遷於舊址之東。後知縣伍元正、張鳳翼相繼修繕，久漸圮壞。國朝康熙十二年，知府章欽文、知縣龔起翬捐俸增修。十六年，知縣彭翼宸復修。

壽州儒學

唐宋並在州治東南，元移州治西清淮坊。明洪武二年，知州夏侯顯修。正統七年，知州惠理重修。景泰間，知州王長福重修。成化間，知州陳鎰建尊經閣。弘治間，同知董豫闢學前地爲賢路，立泮宫坊。正德間，知州林僖大新之。嘉靖十年，知州粟永禄又新之，後因水圮。國朝順治十二年，知州李大升捐俸助修。康熙十八年，學正荆拯、何琴雅，知州沈顯貴相繼修繕。雍正十二年，分設鳳臺縣，以學正專理壽州學事。

鳳臺縣儒學

與壽州共學，以壽州訓導理鳳臺學事。

宿州儒學

在州治東，元至元十一年知州左髙建，元末兵廢。明洪武三年，知州吴彦中即舊址重建。正統初，御史彭勖更新之。成化間，知州張黼修廟廡、尊經閣，建號舍及會講亭。萬(歷)〔曆〕二十三年，知州崔維嶽增修。明末頽壞。

國朝康熙十年，知州吕雲英捐修，逾年竣工，久漸傾圮。五十三年，攝州事同知張炯生重修。

靈璧縣儒學

在縣治東，元至元間縣尹李良佑建，後毁於兵。明洪武二年，知縣穆政因元舊址重建。正統二年，提學御史彭勖、知縣吕琮增修。成化後，知縣孔彦麒、陳玉、陳泰交相繼修葺。國朝康熙十二年，知縣馬驌重修。雍正九年，署縣事俞珗修欞星門、泮池、照壁、左右宫牆。

潁州府

潁州府儒學

在府治南城内。宋寶元元年，蔡齊以户部侍郎出知潁州，奏請立學，許之。始建於西湖上，歷三百四十年，至明洪武十年大水，學宫圮，乃徙於今地。正統間，葺而新之。成化間，知州李溥重修，後相繼修葺。嘉靖十年，制增啓聖祠，建敬一亭，貯《六箴碑》，州縣俱如之。國朝順治七年，知州孫可成、學正朱應昇捐修。康熙六年，通判劉洪祚助修。雍正十三年，州陞爲府，以州學爲府儒學。

崇聖祠　名宦祠　鄉賢祠各州縣學同。

阜陽縣儒學

與府共學，以潁州復設訓導，改縣學訓導。

潁上縣儒學

舊在壽春門外，元元統二年縣尹劉居敬建。元季毀於兵。明洪武四年，知縣車誠創建於縣治東。十八年，縣丞孔克畊重修。成化十年，御史鄭節因學隙地拓而大之，後知縣李時儀、曹琦、魏頌、廖自顯先後修葺。隆慶元年，知縣郁言概移南數十丈。萬（歷）〔曆〕間，知縣黄蘭芳、何豸、張大業相繼修之。國朝順治十年，知縣鮑弘仁重修。雍正八年，知縣張志亨重修大成殿及兩廡、明倫堂。

霍（邱）〔丘〕縣儒學

在縣治東，明洪武五年教諭于達創建。宣德五年，知縣嚴敬修。成化間知縣蕭翀，正、嘉間邑人許誠、許珠、時暘、余翊，萬（歷）〔曆〕間知縣周珮、武之望，天啓間知縣鄧英相繼修葺。

國朝順治九年，知縣管抒素增修。康熙二年，知縣楊顯德重修。十一年，知縣姬之篡重修。

亳州儒學

舊在州治東，唐故址也。宋慶（歷）〔曆〕間，節度使夏竦重修。元至元間，監郡阿里海牙增建，後毀。明洪武三年，知州張文弼因故基創建。宣德十年，知縣陳温增修。天順六年，知縣鄧昱建大成殿。成化九年，知縣王瓘建明倫堂。弘治十四年，知州王沂以縣改州，恢拓其制。正德十六年，知州顔木因諸生議，以學宫狹隘，遷於州治西南，即今地。嘉靖二十七年，知州張珽建文明坊。

國朝康熙十九年，知州唐協修大成殿。五十八年，知州蘇灝重修。雍正九年，知州韓俊重修大成殿。

太和縣儒學

在縣治東南，明洪武五年知縣馬良因元舊址重建。崇(正)〔禎〕四年，教諭朱統鑕建尊經閣。

國朝康熙十年，知縣陳虞化、訓導汪則大重修。六十一年，知縣蔣培基重修。雍正五年，知縣孫蔭孫修崇聖祠。六年，知縣張景謙修明倫堂。九年，知縣馬光學修大成殿。

蒙城縣儒學

在縣治東，明洪武四年縣丞趙麟因元舊址重建。正統後，知縣同蠡、張本相繼修葺。弘治初，縣丞孟統修建戟門、齋廡。嘉靖十四年，知縣王誠、教諭周麟大修之。萬(歷)〔曆〕十年，知縣吴一鸞加修。天啓四年，知縣張從容建尊經閣。

國朝順治三年，知縣蔣録楚修。十年，知縣田本沛、教諭汪作霖倡募重修。康熙六年，同知高之章修正殿。八年，知縣竹緑猗重建戟門。十二年，教諭黄學勤、訓導施階捐修兩廡，移泮池於欞星門外，泮池南建照壁。四十五年，教諭梁逢吉又修。

滁州

滁州儒學

在州治東。舊在子城内，宋景祐間遷於此，元大德間重建。

附　元吴澄記

滁州學正劉默言：滁學在城東偏，滁水經其南。宋季年，安撫金之才修州城、官廨，修諸神祠，亦新孔子廟。其時滁邇邊界，日有警備。於多事之際興百役，不數月俱告成，率苟簡取具，距今才四十年餘，敗壞而不可支。

奉訓大夫徐侯守是州，潔己愛人，爲政期年，民懷其惠，士服其善。視廟屋不修，禮器不中度，同列議更之。一日謁廟畢，憮然曰：「滁爲古名郡，前守多名賢，以文教治民。治民之本，蓋自吾夫子出。天朝崇道興學，以昭化原。今廟貌如此，凡我①政人與爾學子安乎？」聞者莫不

① 「我」，《四庫》本作「吾」。

感奮，輸貲效力以先。市良材，命良工，撤其舊而改作。侯親勸帥之。經始於癸卯之夏，落成於甲辰之秋。廟四阿崇六仞有二，南北五筵，東西五筵。兩廡崇三仞有五寸，東十有七楹，其修十筵。西亦如之。門之崇如廡，深丈有四尺，廣五尋有一尺。東、中、西凡六扉，列二十有四戟。左塾之室三，右塾之室三，外三門之楹六。祭器以梓、以陶，古制也。大尊、山尊、著尊，朋參之爲壺尊，犧與壺鈞象，倍犧之數。爵二十有九，俎五十有四，籩豆以十計，簠簋以五計，皆八罍。洗各二篚。七爵有坫，籩尊有冪，罍及酌尊有勺，諸用物稱是。此默所職掌而得免於瘝曠，繄侯之賜，請記其事，俾後有考，期有嗣而修之者也。

澄觀今之涖政者，非昏墨以遂私圖，則苟且以逭公責，夫孰知治之當務？其知者，不過精謹獄訟簿書間以爲能，夫孰知治之有本哉？徐侯治政可稱，而知士學爲重，知聖道爲尊，知天朝敦教厲俗之意不可不承宣也。嗚呼，賢哉，可謂知治之本矣！

侯之民，滁之士，其知學之本乎？記誦以夸其贍，辭章以逞其艶，末也。必也處内處外，而有孝慈、恭遜、廉耻、忠信之行，明於人倫日用之顯，通於天道物理之微，審於公私善利之機，存其仁、義、禮、智之心，檢其氣血筋骸之身。其静也中，其動也和。周於家、國、天下之務，無施而不當。退則有志有守，進則有猷有爲，庶乎其可也。若夫日講聖師之書，而不真知、不實踐，於是數者無一焉，則亦剽竊訓詁、涉獵文義而已耳。與彼記誦、辭章之末何以異，而豈侯之所望於滁之士者哉？

大德八年十二月朔記。

明洪武三年增修，永樂初增建，廟廡、堂齋、橋門、射圃咸備。嘉靖十年，制增啓聖祠，建敬一亭，貯《六箴碑》，各縣如之。後歷加修葺。

國朝順治十八年，督學王同春命知州甯鳴玉建尊經閣。康熙二年，學正尹調羹重修殿、廡。十六年，知州趙清貞建大成殿。二十年，又同訓導湯調鼎各捐俸建明倫堂、魁①星閣。二十二年，知州王錫魁修建尊經閣。雍正五年，知州趙良墳又修。

崇聖祠　名宦祠　鄉賢祠各縣學同。

全椒縣儒學

舊在縣南，宋崇寧間縣令王俞卜地於縣治東。明洪武間重建，永樂後知縣馬繼祖、張碧等修之。正德七年，提學御史黄如金以學基湫隘，改卜於襄河北舊白雲庵地，命知縣潘倧遷建焉。隆慶五年，建尊經閣。

① 「魁」，《四庫》本作「奎」。

附　明王廷幹記

全椒之黌，左隅伏而〔右〕①邇者城。其縣樓櫓之，乃益崧崧起。堪輿家弗是利也，僉曰：左之墟可樓。地濱河，易於瀉，非厚厥基弗樓②。隆慶丁卯，余邑③侯翔、張學諭秉鐸議臺之，不果。

辛未冬，則嚴侯來也。詣黌謁覽，歎曰：「是不可尊經閣乎？」請之撫軍、督學使者，僉曰：「可。」侯於是首捐俸若干金，而學訓顔節、張滂，典史郁敬，暨邑中薦紳學彦居民，蔑不有腆出也。曰：「貲奚手？」則擇耆民貯焉。而諸生魯時行、金惟精、楊崇等督工，旦暮以之。計竣事凡五閲月。下臺上樓，榱桷修修，甃堞迺迺，重檐回檻，枚如翼如。南山左羅，大河外流，望者心竦，登者神遊。然而帑無銖損，農無晷稽，民歡而募，工嘻而趨。丁丁登登，不日成之，是嚴侯之績也。

或問涇川王子曰：「具形者僞，存心者真。經尊之心，奚其閣名？」王子曰：「子謂尊經於心，似也。然而古之人奚刻之銘，奚書之紳？書紳刻銘，存識焉耳矣。夫無形者心也，有象者

---

① 據民國《全椒縣志》卷七補。
② 「樓」，民國《全椒縣志》卷七作「可」。
③ 「余」，民國《全椒縣志》卷七作「佘」。又《全椒縣志》無「邑」字。

物也。無形者易忘，有象者恒識也。是故不有過闕里入太廟，而肅然凜然者乎？夫肅然凜然者心也，至闕里太廟而後動者，象觸之也。諸生之業於黌也，不有觸之象而動之心者乎？於是乎懦者過之，攘臂奮興；昧者過之，低垂繹沉，闡厥義名；不肖者過之，漸畔厥經，忝爾青衿，將面爲之赤，而行爲之逡也。若是則尊經者，固尊以心者之銘與紳哉！」

或問嚴侯。王子曰：「循吏哉，嚴乎！」「何以知之？」曰：「以尊經閣知之。」夫尊經，教之程也，教士宦之首也。文翁之所以化蜀者，用是道也。故曰循吏哉嚴乎。

王子之遊淮上過椒也，則茲閣之上梁日也，侯偕王子登焉。而椒士夫之丐王子文也，德侯也。

年久學圮。國朝順治六年，提學李嵩陽命知縣趙鼎立重修。康熙七年，兩廡圮，知縣藍學鑑重修。二十一年，知縣王作舟、教諭施鼐曾、訓導朱紱各捐俸修葺。雍正三年，知州朱爾融、知縣汪兆熊修正殿、明倫堂。十年，知縣丁銘修崇聖祠。

來安縣儒學

宋崇寧初，縣令魏淵博建於縣東南隅，建炎後毀。元前至元三十年，縣尹徐榮重建。至正七年，縣尹蔣居仁闢而新之。元末兵毀。明洪武十四年重建。永樂至正德，知縣徐仕禄、趙禮，主簿張鎧、知縣王馴相繼重修。嘉靖三十六年，知縣魏大用易櫺星門石柱。隆慶間，知縣劉正亨闢青雲路，建青雲樓。萬(歷)〔曆〕二十年，教諭史載道建尊經閣。

國朝康熙二十二年，知縣喬嵩、教諭朱端，邑紳周蔚、周濂等重建正殿及兩廡，知州王賜魁助成之。雍正八年，知縣伍斯瑸重修。

和　州

和州儒學

舊在橫江門外。宋開禧中，安撫耿與義重修。元末毀於兵。明洪武初，遷州治東南隅，參軍郭景祥、知州張純誠重建。永樂初，吏目張良興改造明倫堂。宣德中，知州黄恕，同知蘇紳、董錫相繼修葺。正德中，知州孔公才建尊經閣。嘉靖初，知州易鸞成之。嘉靖十年，制增啓聖祠，建敬一亭，貯《六箴碑》，縣如之。後判官王朝用改遷於百福寺。萬(歷)〔曆〕間，知州郭繼芳復遷故地，建文峰塔於巽方。

附　明焦竑記

和州古歷陽，東與采石畫中流爲水疆，總江淮水陸之衝，爲姑孰、金陵之蔽，蓋南北間一都會也。峰巒綿亘，雄踞西北，亭亭如玉圭然。民生其間者，率剛勁而果决，淳質而儉約，其土風之美如此。

明興，高皇帝由滁陽拔和城，跨有江東，混一寰宇，不五載而大業成焉。迄今公若侯而下，礪山帶河，載於盟府者且五百餘人，皆和之産也。高皇帝投戈講藝，輒以興學育才爲先。而和去京師不百里，乃二百年以來學宫湫隘，弗稱明天子作人至意。州大夫馮侯始謀遷之，先後經營，未有成績。歲壬辰，曾侯至，毅然以爲己任，凡百厝置，務竟厥功。於是故者飾，闕者興，士由此感奮，於學不勸而力，莫不曰「侯之有造於我也」。學正李春茂，訓導李一本、馮三元、岑東曙，因相率而請記於予。

予惟國之建學，將畜材以待用也。然而非文致太平，武龕亂略，惡得爲材？成周以三物造士。維時士於三德既已涵泳其要眇，而究極其指歸，迫於行誼之醇備，藝術之優嫻，又兼有而時出之。嘗觀其論士慮囚，一出於學師。行而受成，反而獻馘，靡不於是，則爲教之備可知也。近世士靡實用，爲文者以呻吟佔畢①自多，談兵者以躍馬挽彊爲務。其名甚美，而試之鮮效。

夫三德、六藝、六行，人心所自有，而行之又不難。顧自秦漢以下，衰微絀塞，空見於載籍之文，而莫或振起者，患無其志耳。記曰：「勇敢强有力者，天下無事則用之於禮義，天下有事則

① 「佔畢」，《四庫》本作「吐嗶」。

用之於戰勝。戰勝則無敵，禮義則順治。」順治無敵，此得士之效也。國初首建義旗，和之豪俊蒸蒸然勒竹帛而垂鼎彝，亦云盛矣。至於嚮所稱三物者，非索之外也，乃能黽勉於所難，而不能反求其所易，則土①風之剛勁果决者，無乃不善用之邪？蜀至僻遠，文翁修起學宫於成都，親自飭勵，至經明行修比於齊、魯。況和爲首善之地，得曾侯焉興作誘進之，異日者真材輩出，施澤於堂皇之上，服冕搢笏，令氓庶安而姦宄息，必自今始矣。

詩曰：「明明(曾)〔魯〕②侯，克明其德。既作泮宫，淮夷攸服。」又曰：「濟濟多士，克廣德心。桓桓於征，狄彼東南。」夫修泮宫而遽及於服淮夷、狄東南，以見文德、武功非二道也。故予述國初人材之盛，以屬望於多士如此。

曾侯名克唯，湖廣襄陽人。其善政不可殫書，而此其一云。

崇(正)〔禎〕間毁，知州左瑛復新之。

---

① 「土」，《四庫》本作「士」。
② 據《詩經·魯頌·泮水》改。

國朝順治初，知州盧汝鵾擇州同知舊署，益以廢衛之半，改建新學，後復傾頹。康熙中，知州夏瑋①倡修，學正羊世澤董其成。

崇聖祠　名宦祠　鄉賢祠〔各〕②縣學同。

含山縣儒學

舊在崇儒坊東，宋崇寧初始建。元至正初，縣尹榮克讓重修，後毁於兵。明洪武十四年，知縣王均美因舊基重建。成化間，邑民朱清捐葺之。嘉靖二十八年，知縣葉繼善以城南安國寺基可建學，遂遷焉。萬(歷)〔曆〕元年，袁伯鑰修葺。崇(正)〔禎〕間毁，知縣朱多鯤重修建之。

國朝順治十三年，知縣黄鼒捐募重修。康熙二年，知縣范貞鼎新尊經閣。四十九年，邑人募修正殿。五十一年，邑人陶飆捐修啓聖祠。雍正六年，邑人張覺斯、張同重墁正殿。七年，邑人唐紘等重修學後圍牆。

① 「瑋」，《四庫》本作「偉」。
② 依上下文記述體例擬補。

廣德州

廣德州儒學

宋天聖中，司理范仲淹建於州治北。治平中，錢公輔遷於州東南隅，即今地。後毀於兵。紹興初，知廣德軍洪興祖重葺。元時，知廣德路偰文質擴而新之。明洪武二年，同知趙有慶重建，廟廡、堂齋咸備。永樂九年，知州楊瀚廓舊址，鑿學河。成化十年，知州周瑛遷明倫堂，築萬桂山。弘治二年，知州辛禮易民田爲學河。嘉靖十年，制增啓聖祠，建敬一亭，貯《六箴碑》，縣如之。萬（歷）〔曆〕十五年，知州陸長庚增鑿河之南，繚垣曲檻，後知州段猷顯遍植桃李於上。

國朝順治七年，操撫李日芃、兵備道袁仲魁捐俸重修。至十一年，學正黃如馨、訓導淩質竣工。康熙六年，知州楊苞重修，學正荆振董其事。

崇聖祠　名宦祠　鄉賢祠〔各〕①縣學同。

① 據上下文記述體例擬補。

建平縣儒學

舊在縣東門外河堤北岸。宋初屢經兵燹，後圮於水。淳熙初，縣尉趙善興重建。元大德間毁。明洪武間，知縣宋禮重建。正統時，知縣李觀修葺。弘治時，堤决學廢。正德間，署縣判官況照重修。嘉靖末圮，知縣林應彩遷於縣東南，後知縣鍾振增葺之。萬（歷）〔曆〕二十六年，知縣朱之楫復遷堤北原所，未幾水溢垣圮。四十二年，知州張嗣誠、知縣向夢輝仍遷城内，即今地。崇（正）〔禎〕間，教諭鄧京、里人史大典增建。明末毁於兵。

國朝順治六年，諸生史象先捐修。康熙四年，知縣李景燦復建戟門、欞星門，後知縣張顧行、茅成鳳繼修。雍正六年，知縣衛廷璞①重修。

六安州

六安州儒學

在州治東北，始建於元大德初。至元間，知州王大有成之。明洪武三年，知州薛敬重建，王成繼

---

① 「璞」，《四庫》本作「樸」。

之，規制乃備。後知州陸瑜、游璧、何勝、包弘、益金山、李衮相繼增修。嘉靖初，知府徐璿更新之。嘉靖十年，制增啓聖祠，建敬一亭，貯《六箴碑》，縣如之。後知州邵德久、同知鄧向榮修明倫堂，歐陽德開泮池，唐可封建門外石坊。萬（歷）〔曆〕間，知州楊際會、李懋檜，同知劉垓先後修治。明季毁於兵。

國朝順治三年，安廬道趙振業捐俸，屬學正涂廷楹加葺文廟及明倫堂。康熙三年，學正劉炎建啓聖祠。二十一年，知州陳恭捐俸重建兩廡，學正孫謙、訓導光宏貢募建學門、官舍。三十年，學正朱廷容倡修，邑人魏世忠董其事。四十九年，重修大成殿、明倫堂。雍正八年，學正吴雲珧重修兩廡。

崇聖祠　名宦祠　鄉賢祠各縣學同。

英山縣儒學

在縣治西北，元至元間縣尹段朝立創建，後毁於兵。明洪武初，知縣朱陵重建。九年，隋斌踵成之。宣德末，知縣賀完重修。嘉靖八年，葉邦榮遷學於縣治東。三十四年，李鳳復遷於西。隆慶間，知縣葉世行、教諭漆星增葺。天啓三年，知縣楊世禄改遷於北門外，後署縣事丁立表又改建北城内。

國朝康熙十一年，知縣陳震先、李澍修葺。二十三年，知縣劉五瓏、教諭周璠、訓導甯擢建東西兩廡、欞星門。四十年，知縣林弼、教諭吴之騄改遷於北門雞鳴山，以舊學宫爲文昌祠。

霍山縣儒學

在縣治東。明弘治八年，知縣崔中始立學，吴霖相繼營建。正德時，知縣王坊重加規畫。嘉靖十三年，知縣歐紹説、州判林應麒重修。萬（歷）〔曆〕十六年，知縣陳維翰遷於河北。三十九年，知縣黄守經復遷於舊址。明季毁。

國朝順治十年，知縣欒元魁重建，廟堂、樓閣、廊廡、門坊俱備，泮水名躍龍池，濬學西城河二百餘丈以通水脉。雍正七年，知縣徐天德重修。

泗　州

泗州儒學

舊在州治西，元至治中州守李守中因舊址創建，明永樂中重修。成化十七年，知州言芳改建，知州婁鑑踵成之。正德末，知州汪應軫大增修葺。嘉靖十年，制增啓聖祠，建敬一亭，貯《六箴碑》，縣如之。萬（歷）〔曆〕二十二年，潁道李驥千捐修殿廡、齋祠、墀廊、門牆，構造一新。

國朝順治六年大水，學宫半圮。十一年，尊經閣災。康熙十一年，雷震欞星門。十八年，又水。二十二年，知州莫之翰始擇州城外堤上改建新學，泗堤前後皆培土築之。二十四年，州城湮於水，寄治盱眙縣，今學宫在縣龜山之麓。

崇聖祠　名宦祠　鄉賢祠各縣學同。

天長縣儒學

舊在縣治東，元季兵燬。明洪武四年，縣丞嚴植建於縣前。十五年，知縣劉道源遷於縣城東隅。正統後，知縣周安、王哲、鄭仁憲，教諭吾翕，知縣胡大有、邵時敏、楊子龍先後修葺。萬(歷)〔曆〕二十四年，知縣徐文光遷於南倉。三十年，教諭陳以姬善形家言，復遷於故地。崇(正)〔禎〕初漸傾圮，知縣臧太初、教諭鄺昭重建明倫堂，修大成殿及兩廡。

國朝康熙三年，知縣江映鯤、教諭張希哲、訓導吕光盛重修。五十二年，知縣潘兆遴重修。

盱眙縣儒學

宋時在縣治西，後因兵廢。元泰定間，徙縣治於山城，學徙於玻瓈門。明洪武三年，仍舊址重建。嘉靖、萬(歷)〔曆〕間修葺。

國朝康熙二年，知縣李時茂修之。十六年，教諭馬士芳重修。二十四年，知縣胡應麟建尊經閣，移築泮池。四十八年，署縣事胡隆、署學事方世宏重修大成殿。六十一年，教諭韓履曾、訓導吴鳳翔重修崇聖祠及兩廡。

五河縣儒學

舊在縣治東，元至大間徙縣治西北。明洪武三年修建，嘉靖間河溢傾圮。十五年，知縣蕭文明遷於澮河北。天啓七年，知縣陳善學又遷於澮濱。崇(正)〔禎〕十六年，知縣王師保又遷於城西鳴鳳岡，建文峰塔。

國朝康熙十一年，知縣李雲景重修，建明倫堂、尊經閣。

江南通志卷九十

學校志

書院

江寧府

江寧府書院　在上元縣治北。舊爲錢廠地，國朝雍正二年總督查弼納建，顔曰「鍾山書院」，檄選通省士子肄業其中，延師教訓，月給廩餼，世宗憲皇帝御書「敦崇實學」扁額賜之。十年，奉旨省會建立書院，賜帑金一千兩，復加葺治。凡門二層，堂二進，樓二層，兩旁齋舍百餘間。以帑金置田，兼支存公銀兩爲士子膏火資，使朝夕講誦，以期成德達材。

明道書院　在江寧府鎮淮橋東北。宋淳熙初，留守劉珙以程子顥嘗爲上元簿，祀之學宮。嘉定間，改築新祠。淳祐間，郡守吴淵依白鹿洞創建，理宗賜「明道書院」額。元圮。明嘉靖初，御史盧焕即今址爲書院，祀程子其中，歲久復傾。國朝康熙六年，知府陳開虞同推官謝銓倡修，復舊制。

南軒書院　在府城天禧寺方丈後。本宋張栻講習之地，真德秀建祠祀焉。至元中遷於城東，大德元年重建舊地。今圮。

文昌書院　在江寧府學成賢街，原國子監文昌閣也，明萬（歷）〔曆〕間助教許令典創建。國朝順治十七年，學博朱謨同學生白夢鼎等重修建坊，申請額曰「文昌書院」，以爲讀書講學之所。

崇正書院　在府治北清凉寺東，明嘉靖間督學耿定向建，並有學田。後無考。

新泉書院　在府治長安街，明嘉靖間禮部侍郎湛若水建。置田數頃，以延四方之士。後圮。

江東書院　在府治鹽倉街，元郡人王進德創建。南臨秦淮，吴澄嘗於其中講授，從受業者甚衆。泰定元年，定額曰「江東書院」。今無存。

昭文書院　在江寧縣湖孰鎮，梁蕭統宴遊之地。有東湖讀書臺，宋咸淳中方拱辰扁曰「昭文精舍」。元至元中，定額「昭文書院」，今無存。

白馬書院　在江浦縣東門外白馬寺左，明知縣李維樾講學處。今廢，門額尚存。

新江書院　在江浦縣南門外。祀明莊昶，南京禮部尚書湛若水建，爲文會之所。

虹橋書院　在府城盧妃巷。國朝康熙二十一年督院于成龍建，檄上下江知名士肄業其中，一時稱盛。

蘇州府

蘇州府書院　在府學尊經閣後。國朝康熙五十三年巡撫張伯行建，爲士子肄業之所。崇祀朱子其中，顔曰「紫陽書院」。

附　張伯行記

文學盛於東南，自古然矣。蓋自延陵季子聘魯觀樂，辨六代升降之繇，瞭如指掌。及言氏受業於聖門，而論者以爲南方之學，得其精華。厥後文物聲名甲於海内，英才蔚興，代有其人，彬彬乎久稱極盛。

我皇上御極五十二年，中間以文章大魁天下者，三吴之士居大半。而臺衡碩望，侍從清班，贊太平而襄盛治者，繼踵而起。此固沐浴乎先王之流風餘韻，而孰非聖朝禮樂教化之所漸摩也？

不佞忝膺簡命，撫臨茲士，數載於茲，夙夜兢兢，方懼無以宣上德而達下情。竊自念弇陋不文，株守章句，無能從諸君子後，窺觀文學之藩籬。顧幸生大道昌明之會，仰見我皇上學術淵源，於二帝、三王、孔、曾、思、孟之道，靡不兼綜條貫，復加意表章濂洛、關閩數大儒。尤以朱子爲集諸儒之大成，而升之於十哲之列，聖明特見，誠前古後今之所莫及也。昔聖門四科，文學居一，當時游、夏二子，已不能無少異同。及至後世，尊德性，道問學，兩家分門，幾成聚訟。而朱子之道，迭明迭晦於五百年之間。惟我皇上躬行心得，獨深信朱子之道，欽定《紫陽全書》，以教天下萬世。朱子之道明，即二帝、三王、孔、曾、思、孟之道無不明矣。然則學者之所以爲學，教者之所以爲教，其可不以紫陽爲宗乎哉？

不佞竊以三吴文學淵藪，先賢風化，於今猶有存者。而後進傳習，雜而不貫。或務華而離其實，或求精而入於虚。所謂文學者，殆非聖門之文學也。故樂與多士恪遵聖教，講明朱子之道而身體之。此紫陽書院之建，所以不能已也。

廼經之營之，地度於學宫之旁，材取於僧廬之毁，工成於農隙之餘。中爲崇祀紫陽夫子之堂，而旁爲諸生講學藏修之舍。庖廪湢浴，靡不畢具。經始於癸巳之冬，落成於甲午之春。塈茨丹雘，翼翼嚴嚴。諸生來學於其中者，亦知所以爲學之方乎！

夫武城，蕞爾下邑耳，子游以禮樂爲教，而弦歌之聲溢於境内，至動聖師莞爾之喜，余於是知學道之爲益大哉。況今聖天子建中和之極，明禮樂以淑人心，而三吴文學之盛，又非他州所可比，諸生其可不仰追先賢，而以學道爲務耶！

夫宣揚教化，以仰佐皇上成人材、厚風俗至意者，不佞事也。因紀書院建立之由，而推明其意，以諗學者。

雍正二年，江蘇布政使鄂爾泰重爲修葺，增廓其制，徵七郡之士弦誦其中。間以政暇，聚於春風亭，親與唱和，士風一時振起。刻有《南邦黎獻集》二種。一制義，一古文、詩賦。鄂陞任後，士庶於書院旁構堂，顔爲「西林氏講學處」。十年，奉旨建立書院，即於此重加整理。書院中舊有田三百畝。欽賜帑金一千兩，置田以資膏火，爲永久計。

學道書院　初在府城東北隅，宋元舊址皆廢。明嘉靖二年，知府胡纘宗因景德寺改作書院，以祀言子。後爲講堂，堂後爲弦歌樓，兩廡各五十楹，扁曰「東南鄒魯」。後改爲督糧道署，遷書院於社學。

文正書院　在府雍熙寺後，宋咸淳間郡守潛説友立祠以祀范仲淹。元至正六年，總管吴秉彝改祠爲書院，舉其族之嫡嗣奉祀。明成化間重修。國朝兩江總督范承勳大爲修整，建「先憂後樂」石坊于門外。

鶴山書院　在府南宫坊内，宋參知政事魏了翁之賜第也，理宗親書「鶴山書院」四字題額。明嘉靖九年，知府李顯移建書院於巡撫行臺之左。國朝康熙二十四年，巡撫湯斌捐俸重修。

金鄉書院　在府西市坊内。宋贈澹臺子羽爲金鄉侯，故名。嘉靖二年，知府胡纘宗建，有正大堂，分翼左右廡，庭中有兩亭。萬（歷）〔曆〕初圮。崇（正）〔禎〕九年，巡撫張國維復建。

澹臺書院　在長洲縣尹山巔，宋尹焞讀書之所。明練壎①設義塾其中，後圮。國朝康熙中，里紳彭定求疏募重建，雍正初落成。

和靖書院　在長洲縣界。宋尹焞讀書虎(邱)〔丘〕西庵，題齋曰「三畏」。端平二年，胡淳、曹豳奏立書院以祀焞，後圮。嘉靖初，知府胡纘宗以龍興寺復改爲書院。

甫里書院　在長洲縣治東，唐陸龜蒙故宅。元元統二年，裔孫德源請以己貲建書院，設山長主教事。後圮。

玉峰書院　在昆山縣馬鞍山南麓。先儒狀元衛涇藏修於此，趙孟頫書額。

文學書院　初在常熟縣醋庫橋東。元至順間，巨室曹善誠建，以祀子游，闢講堂，設師、弟子員，而額之曰「文學書院」。至正末毁於兵。明宣德元年，知縣郭世南改建於儒學西，巡撫周忱更其名曰「學道」。尋又圮。嘉靖時，知縣王杲改建虞山麓，西北與墓近，表曰「南方精華」。

附　瞿景淳記

永嘉王公治常熟之二年乙丑，政修民和，百廢具興。學宫之左有吴公祠，公既展謁，因嘆

① 「壎」，《四庫》本作「塤」。

曰：「嗟乎！兹固先賢吴公之鄉也。國家方以文學造士，今僅有祠而書院不立，造士之制無乃缺諸？且嵩陽、嶽麓類有書院，矧兹爲吴公之鄉，而獨缺焉，固有司之事也。」乃相地於邑治之西，得廢圃一區，介兩憲院間。西枕山麓，顧瞻則吴公之墓在焉。公曰：「可矣。」乃白之按院温公，温公極是之，首發贖鍰若干助其役。

公乃度基址，計丈尺，具材用，卜日興工。其地南阻民居，乃東闢爲書院門，門内稍虚其南爲垣途。北折爲門，表曰「南方精華」，言南方學肇吴公也。門内爲池，樹以棹楔，表曰「洙泗淵源」，言吴公之道本洙泗也。又進爲學道堂，揭示遺訓，俾士民知所興也。堂北爲祠門，中建祠宇。旁翼以亭，自非瞻禮，門不輕啓，明有敬也。堂之左右稍北，則對立書樓，稍南則對立號舍，各蔽以牆。出入有門，升降有階。士之肄業其中，而升堂問難者有過廊，冀士或得霑時雨之教也。

既成，以復温公。且具圖示余，俾余記之。余淺陋，何能爲役？然余有感焉。自吴公興起斯文，俾吾濱海之民，皆獲與知夫子之道、弦誦之聲，與鄒魯並，真有大造於學者。吴公故有專祠，然僅容俎豆，而不足以聚生徒，則崇教之道未備也。今書院之立，奉祀有祠，講道有堂，藏書有樓，肄業有舍，規制宏敞，真足以報吴公之德，而慰吾人景行之思矣。

余獨念今之以文學名者，或有異於吴公也。吴公之在孔門，進退以禮，深達先王制禮之微，一時若曾子、子夏咸推之。試用於武城，弦歌之風洋洋焉，夫子至爲莞爾而笑。吴公之文學，蓋篤其實，非徒飾空言者也。若今之以文學名者，徒飾空言爲干①禄之資耳，無乃有異於吴公乎？

夫宗其道，則思祀其人者，吾人之情也。傳其學，必思篤其實者，吾人之分也。世有豪傑之士，必有不安於科舉之習，而以操履爲重者。矧至吴公之鄉，而依其門牆，可徒浮華是競，以忝吴公乎？是可以省矣！不然，吾邑固有學校，豈不足以造士？而司教化者，必勤勤於書院之立哉？

是役也，成於王公，而温公實主之。温公憲體振肅，事之害財者，雖小必革。獨善王公，此役首助成之，其表章名德、風勵人心，可想見焉。王公復濟以精敏，役興而民不知勞，事節而民不知費，使千年曠典，新於一旦，蓋均可書云。

萬(歷)〔曆〕三十四年，知縣耿橘重新之，更名虞山書院，構弦歌樓。天啓中，魏瑺毁之。崇(正)〔禎〕六年，後裔言福、言恂如請於知縣楊鼎熙重建。國朝康熙中，糧道馬逸姿修。

養賢書院　在常熟縣學明倫堂西。國朝康熙四年，督糧道參政盧紘、海防同知魯超特設講學，知縣李璞捐建。

---

①「干」，原作「千」，形近致訛，據文意改。

虞溪書院　明弘治間知縣計宗道建於常熟縣阜成門外殿橋西，以祀虞仲，顔其堂曰「讓德」。

松江府

九峰書院　初在府治西北，宋時邑人衛謙建。後趙驥以宋李綱生於華亭，因祀綱於此。明正德十一年，同知侯自明奉提學張鰲山檄，改建於谷陽門西。

西湖書院　在府治西南，元元貞元年知府張之翰建。大德間，里人邵天驥重建。元統二年，知府中秉禮重修，遷姚氏義塾其中，以便來學，一時生徒甚盛。至正中廢。後爲西湖道院，今不存。

附　明張鼐《與當事興復書院書》

自古王教之成也，崇本而易其末，導晦而復之明，爲之立學校、義塾、書院，時告之以聖賢之路，而興起其仁義之心。故夫書院之設，群薦紳父老子弟而歲日月爲之會，迎四方之高賢達士登講者之席，質疑辨難，以明其教。習雍容登進、主客揖讓之儀，以和其氣。窮性命精微，推廣天地萬物，以爲國家之用。故講習熟而型摹立，心性開而志氣振，其於民皆有赧然、油然而不忍自甘於淫放者。

松，澤國也，地洳而人柔善下，無有卓然强立肩道之重者。則書院之興起，何可少哉？今黨庠之間，群弟子而官師訓之，薦紳不入席也，里社父老不與聞也。遠方之高賢達士，未嘗臨而問也。聲偶帖括，鄙俚之言薰人之心，此人物之所以益下也，願明公設書院一路，以講習型摩之。

松之書院，如九峰、西湖皆可考。顧九峰地囂而不可復。西湖之址一名谷水，沿西郭而南，地莽蕪而污邪迴曲，群木聳植，尚存環碧泳波之遺意。此爲一郡融結之地，而閒曠無用，同於櫟社，復而創之，易爲力也。

明公以理學名世，建節南土。而吾松僻壤一隅，不獲見德化之盛，觀禮樂道德之原，是亦明公所惻隱也。夫射之於廣漠也，一人焉，樹之招則衆逐，而善射出矣，此樹招者力也。望洋而濟，見艤舟焉，而人競渡矣，操舟者益於濟也。夫王教之成，亦若此矣。

伏惟明公興復書院，廣講習，敦摹式，推廣郡縣薦紳之美意，以慰父老子弟喁喁之望。仁澤浹乎肌膚，德教翔乎海隅。明公之恩施，與聖澤俱不朽，風俗幸甚！

扶風書院　在府治東百步。國朝康熙二十一年，郡紳王廣心、許纘曾等建，知府魯超延教授陸在新開講於此。今爲節婦祠。

仰高書院　在上海縣學南。明正德時，知縣鄭洛書建仰高祠，以祀名宦、鄉賢。後别作祠於學，遂改爲書院。

孔宅書院　在青浦縣北。舊有孔子廟，宋時因其地立書院以養士。元初爲寺僧所據，至正時復還書院，置山長主之，里人章弼重修。

常州府

道南書院　在府朝京門內。宋楊時嘗監本州市易務，因講道焉。紹興初，知府黄灝始立祠祀之，尋毁於兵。明正統間，知府葉蓁即西山公館塑公像，與蘇軾合祀，名「二賢祠」。正德十四年，徙毘陵驛於朝京門外，知府陳實即驛址建道南書院，延給事毛憲講學其中，士子雲集。嘉靖間，改爲兵備道署。

延陵書院　一在府城雙桂坊季子祠西。國朝康熙十年，布政慕天顔、知府駱鍾麟就祠側地建書院。

附　魏禧記

常州爲古延陵地，吴季子所封邑，故郡縣季子遺廟最多。舊誌有延陵書院，故址不可考，蓋其廢而不興者，不知幾百年矣。歲辛亥，郡太守駱公鍾麟慨然以風教爲己任，有意興復之。而延陵裔孫、武進諸生發祥，鬻産以謀建造。於是就郡城雙桂里季子祠西偏之廢址，創復古延陵書院，太守時與郡邑大夫士講學其中。未幾，太守以憂去，而新太守紀公堯典復振興其事，講習如舊。

時常州爲古今人文之藪，倡明道學者，代有其人。書院之設，自南宋周伯忱先生，至明孫文介、張清惠凡四五建。至於今，廢墜者數十年。一旦得賢有司起而舉之，常之大夫士觀感興起，彬彬乎道德之林矣。

書院凡爲廡、爲堂、爲室若干區，地廣若干畝，作於某歲月，落成於某歲月。發祥竭力經營之，宜興邵贊協圖之。禧來客茲土，得交常之賢人君子，而不以禧爲不文，命爲記勒諸石。禧固謝不獲，於是拜手而言曰：

昔孔聖以學之不講爲吾憂，而《兑》之《大象》曰：君子以朋友講習。自宋之小人以僞學誣君子，始有講學之禁。禧嘗以爲，講學之人有不盡出於君子者，而攻講學之人則斷未有不出於小人，自宋以來可見矣。然漢、唐之黨禍，君子與小人相攻也。至雒、蜀之黨分，而君子與君子相攻矣。雒、蜀之争，是君子之講學與君子之不講學者相攻也。至朱、陸之黨分，近日程朱、陽明之説異，而君子之講學與講學者相攻矣。嗚呼，不有君子，其流弊抑又何所底也？

《易》曰：「殊途而同歸。」爲學者各有所得力之處，要歸於聖賢之道而已。是故弊有所必救，則殷周損益，雖聖人之制，可以改其未善。理有所合，則諸子百家之言，未嘗不可以發明。聖人之經，若執一自用，是此非彼，始以相長之義而成相勝之氣，以徑路之殊成門户之異，則己之偏私膠固，與小人之怙勢專利者，其間不能以寸。顧嘵嘵然曰：「吾講聖人之學也。」是何異於之楚而北其轍哉？吾知諸君子之必不出於是也。夫正其身以率物，虚心以受人，將天下之忮求自消，況一堂之上乎？

禧庸劣，於講學之堂不足以供糞除之役，今因諸君子之請，而妄述所聞於師友者，以附記事之後。是雖不能辭道聽塗説之罪，或庶幾備矇瞍之箴頌云爾。

是爲記。

一在江陰縣順化坊。舊爲公館，明成化間知縣謝廷桂建。嘉靖中，知縣李元陽重修，設季子位以祀之，聚學者肄業其中。今廢。

東林書院　在金匱縣城東，宋楊時講學處，久圮。明成化間，邑人邵寶建書院於泰伯瀆上以講學。

附　**王守仁記**

東林書院者，宋楊龜山先生講學之所也。龜山没，其地化爲僧區，而其學亦遂淪於訓詁、詞章者且四百年。

成化間，今少司徒泉齋邵先生以舉子復聚徒講學於其間。先生既仕，而址復荒，屬於邑之華氏。華氏，先生之門人也，以先生之故，仍讓其地爲書院，用昭先生之迹，而復龜山之舊。先生則自述其廢興，而以記屬之某。當是時，遼陽高君文豸方來令兹邑，聞其事，謂：「表明賢人君子之蹟，以風勵士習，此吾有司之責。而顧以勤諸生，則謂之何？」爰筆其所備，而亦遣人來請。

嗚呼！物之廢興，厥有成數矣，而亦存乎其人。夫龜山没，使有若先生者相繼講明其間，則龜山之學，邑之人將必有傳者，豈遂淪於訓詁、詞章而莫之挽？當時從龜山遊不無人矣，使有若華氏者相繼修葺之，縱其學未即大明，其間必有溯流以窮源者，亦何淪没廢置之久？又使其時有司若高君者，以風勵士習爲己任，書院必不至於頹圮，又何至化爲浮屠之室，而蕩爲草莽之墟乎？是三者，皆宜書之以訓後。

若夫龜山之學，得之程氏，上接孔、孟，而下啓羅、李、晦庵，統緒相承，斷無可疑。先生樂易謙虚，德器溶然，不見喜怒，人之悦而從之，若百谷之趨大川，論者以爲有龜山之風。非有得於其學，宜莫能之。然而世之宗先生者，或以其文翰之工，或以其學術之邃，或以其政事之良。先生之心，其殆未以是足也。從先生遊者，其以予言而求先生之心，以先生之心而求龜山之學，信乎書院之復不爲虚矣。

書院在泰伯瀆之上，東望梅村二十里而遥，周泰伯之所從逃也。方華氏之讓地爲院①，鄉之人與其同門之士，争相趨事，若耻於後，泰伯之遺風，尚有存焉，特世無若先生者以倡之耳。

① 「院」，《四庫》本作「縣」。

是亦不可以無書。

久之又圮。萬（歷）〔曆〕間，邑人顧憲成復建於今地，高攀龍繼之。天啓五年，爲魏璫所毁。國朝康熙中，巡撫湯斌復營建，巡撫宋犖成之。

附 熊賜履《重修東林書院記》

東林，宋儒楊龜山先生論學處也。明神廟時，梁溪顧涇陽、高景逸二先生倡道東南，遂因其舊址，構爲書院，偕同志講肄其中。四方之士多歸之，於是東林之名滿天下。天啓中，魏璫煽虐，大誅戮海内正人，特指東林爲黨籍，書院以毁。及璫敗，有旨修復。而多事之餘，傾圮如故，僅道南一祠，頽然凉烟衰草間而已。

今天子隆重師儒，崇奬道術。近特允言官請，令直省營建書院，爲士子觀摩地。於是景逸先生之從孫節培，集里中戚友，申請於有司。庀材鳩工，廣行購募，越期月而落成，講堂、學舍，規制悉備。諸生以時誦習，不異曩時。節培乃走書至金陵，屬余爲文，以紀其事。

夫學也者，學爲聖，學爲賢也。講也者，講明所以爲聖、爲賢之理，俾知所從事也。因其迹以考其心，豈非宇宙之常經，人生之切務，而君師天下者之所樂聞而亟許之者乎？乃或者從而嫉惡之，至設爲厲禁焉。嗚呼！此果何爲者也？

粤自削迹伐木而後，吾黨之禍一見於宋紹聖，再見於慶元、嘉泰之間。迨至前代熹宗之世，而其禍彌烈矣。雖然，撫今追昔，反而内求，吾黨亦當有分任其咎者。蓋小人之忌害君子也，非必有深怨積恨，誓不可並生於天地之間者也。惟是平居立身制行，殊途背馳，不啻薰蕕、冰炭之不相入。而所爲君子其人者，則又待之甚嚴，絶之太過，致若輩無地以自容。又不幸吾黨之聲譽日隆，交遊日衆，一時標榜附和之子，或未免名實乖違，首尾衡决，遂未足以服若輩之心，而適予以可攻可議之釁。此同文黨錮之獄，小人每悍然爲之，而略無所顧也。

然則講學一事，顧可以終廢乎？是蓋有道矣。方今泰運方亨宇内，壇席之盛，蒸蒸蔚起。嗚呼！此誠斯道昌明之一大機會也。則願吾黨有志之士，以嘿①識爲真修，以篤行爲至教。勿口舌軋擊以矜能，勿意見紛拏以長傲，尊賢容衆，嘉善矜愚。偕遊於大道爲公之世，而絶無所爲怙己淩人之弊，開當世以雌黄之端。此則國家化民移俗之至意，而亦從古聖賢開物成務之極功也。操斯術也以往，將「講學」二字，永爲千古美談，東林名勝，直與天壤並存可矣。

余生也晚，嘗從先世遺書與聞梁溪之緒論，兹幸逢是役之竣也，爲之盱衡往事，因著爲反躬刻責之言，以自勉勵，且爲吾黨勸也。吾黨亦有以許之否？

① 「嘿」，《四庫》本作「默」。

湯斌《批請續祀道南呈詞》

東林書院，龜山先生講學地，故當時從祀皆其門人。相傳即忠定、南軒、象山、慈湖之賢，猶加釐正，蓋先儒之慎如此。顧、高諸先生，皆興復東林，同堂講習，其祀於東林固宜。天、崇以後，號東林者幾遍天下。其間直節清修，力排閹豎，扶植綱常者，皆可與顧、高諸先生爭烈。然此可謂之東林黨人，而與書院無與也。若盡舉當年號東林君子者而入之，恐道南俎豆無地可容，而其間或有名實不相副者，亦無辭以拒之矣。

爲今日計，當倣前人釐正忠定諸先生遺意而爲之，亦紹述前賢之一端也。且遊此地者，要當講求龜山、端文、忠憲之學，想見當日林下寂寞，真修默證，而不必於諸先生之應入應出，紛紛聚訟，以啓門户之争可也。

仰縣抄送書院，仍具文報查。繳。

二泉書院　在無錫惠山寺右，明正德間邵寶建，有野橋、雲階、海天亭、點易臺、超然堂。國朝順治間，按察使蔡獻臣、提學張能鱗先後捐貲修造。

東坡書院　在宜興縣蜀山，明弘治間建，後圮。國朝康熙三十七年，道士蔣普葺而新之。

明道書院　在宜興縣城東隅，周孝侯墓左。明萬（歷）〔曆〕間，太僕史孟麟講學其地，知縣喻致知倡建書院，爲士紳講習之所，巡撫周孔教題曰「明道」。名賢學士雲集，與東林相輝映。後圮。

澄江書院　在江陰縣布政坊巷西南。元至正中，里人蔡以忠以別業立義塾，事聞於上，賜額曰「澄江書院」。設山長，其講會之所曰德義堂。後圮，其遺址今爲關壯繆祠。

馬洲書院　在靖江縣南門外，明知縣陳函輝建，集諸生會課於中。

鎮江府

淮海書院　初在北固山鳳凰池，宋淳熙中太常少卿龔基先創建，宋理宗御書四字賜爲額。元至元中爲甘露寺所併。元貞元年，教授黃一龍重建於儒林里。明初併入縣學。崇（正）〔禎〕十四年，知府鄭一岳創建於故址，改名香山書院。國朝順治五年，知府趙士冕增修樓舍，更其名曰「三山書院」。十一年以後，改爲駐鎮軍府。

清風書院　在丹徒縣壽（邱）〔丘〕山，宋范仲淹讀書處。明正德十五年，知縣李東即其地建書院。今圮。

杏壇書院　在丹徒縣壽（邱）〔丘〕山。國朝順治十三年，知縣張晋創建，繚垣植杏數百株，使諸生居之。後圮。

茅山書院　在金壇縣茅山。宋天聖中侯仲逸創建，教授生徒，知府事王隨奏給田三頃充書院用。後爲崇禧觀所併。端平中，再建於三角山，尋圮。淳祐中，郡守王埜復之，未幾又圮。咸淳七年，更建於顧龍山。今改爲〔圓〕〔玄〕通庵。

淮安府

仰止書院　在府城東南名臣祠内，明正德十一年提學張鰲山建。

忠孝書院　在府城東門外。舊爲尼寺，明正德十四年巡按成英毁之建書院，以祀宋徐積①、陸秀夫，設六館以肄多士。

志道書院　在府學南，明萬〔歷〕〔曆〕中推官曹于汴建。

正學書院　在鹽城縣治北，明嘉靖十七年縣丞胡鰲創建。有文會堂、燕居堂、歌鹿堂、東西號舍。後爲參將府。

崇正書院　在清河縣。明隆慶五年，知縣張性誠以如意庵改建書院，立號舍二十間，置齋長二人，領袖諸生，中有講堂。買地爲園，以資膏火。天啓間圮。

臨川書院　在清河縣漁溝鎮，距縣四十里。國朝康熙三十二年，知縣管鉅以漁溝士民輻湊，子弟多向學，思造就之，乃建書院令就學焉。

---

① 「徐積」，《四庫》本作「徐績」。考徐績爲宋宣州南陵人。徐積爲宋山陽人，陸秀夫爲宋鹽城人，山陽、鹽城明代俱屬淮安府，作徐積者是。

揚州府

甘泉書院　在府東門外天寧寺東。明嘉靖間湛若水過揚講學於此，後御史朱廷立、知府易瓚爲建書院。御史聞人銓、徐九皋，知府侯秩增修。

資政書院　在府治東隅，明成化間知府王恕建以教郡邑學弟子。弘治間知府馮忠重修。今圮。

維揚書院　在府西門内仰止坊，明嘉靖間鹽使雷應龍建。萬（歷）〔曆〕間鹽使彭端吾修，崇（正）〔禎〕間鹽使楊某重葺。今師儒講肄其中。

安定書院　一在江都縣治東南三元坊，國朝康熙元年鹽使胡文學建，以祀宋儒胡瑗。一在泰州治東，提舉陳垓創於方洲、泰山之間，以祀胡瑗，歲久廢。成化間，提學陳選塑像儒學中，婁謙遷於小西湖上。弘治五年，判①官方岳移今地，有祀堂三間，經義、治事二齋。嘉靖間，知府王臣重建。

徐州府

彭東書院　在府城東北隅，明嘉靖二十五年副使王梴建，爲諸生講讀之所。今圮。

彭西書院　在府城西南隅，即舊武學，明嘉靖六年副使趙春建，爲武生居業之所。二十五年，副

---

① 「判」，《四庫》作「泮」。

使王梴復拓之，改爲彭西書院。今圮。

養正書院　在府吕梁分司之南。明嘉靖三十五年，主事王應時因舊社倉拓之爲書院，有育德堂，左右翼書屋，後爲居學軒。徐、邳之士咸肄業於此。今圮。

龍峰書院　在碭山縣，明萬（歷）〔曆〕元年知縣王廷卿創建，爲諸生居業地。有天語亭、瑞麥亭。

淩雲書院　在宿遷縣治南，明萬（歷）〔曆〕三年知縣喻文偉建。中爲明德堂，後爲静思軒，左右日新、時習二齋，集諸生會文其中。

桂林書院　在睢寧縣治後。國朝康熙五十七年，知縣劉如晏作義學於城隍廟西，監生王訥捐今地建書院，爲課士之所，而以義學地立祠。

太倉州

明德書院　在嘉定縣學宫左，明萬（歷）〔曆〕三十二年知縣韓浚建，置田三百畝。天啓四年毁爲勸農公署，崇（正）〔禎〕初復改書院。今圮。

安慶府

安慶府書院　在府儒學内，自文廟、明倫堂以東皆其地也。國朝順治九年，操撫李日芃創建，顔曰「培原書院」。康熙十年，巡撫靳輔命知府姚琅興復書院，命教授莊名弼課士其中。

附　靳輔記

書院之設何昉乎？蓋不忘乎洙泗之意，而宗仰之不衰也。然歷稽往牒，創不一其人，建不一其地。於以一道同風，扶進學業，非不有賴，而豫章爲最著。蓋文成事業在天壤，文章本理學，而最有功於道統者，則莫如提倡「良知」二字。夫知或由於生，或由於困，或由於學，而其終則歸功於格致。乃《格物》一篇，已失其傳。而所補之章，先儒猶有徹上徹下之論。則繼夫子而言知者，誠莫如子輿氏之言良知爲最當矣。

雖然，《大學》一書言誠、言正、言明德，《中庸》一書言率性、言盡性、言擇善，非皆求知之良乎？非皆同功而一貫乎？何以子輿氏獨尊良知，而文成公獨提倡之也？《書》云：「惟天地萬物父母，惟人萬物之靈。」命之之謂性，率之之謂道。所以道原於天，知本於性。

試向庸人而語之曰：「某也若何忠，某也若何孝。」則聞者必徵於色、發於聲，而喜其爲忠臣孝子也。又語之曰：「某也若何不忠，某也若何不孝。」則聞者又必徵於色、發於聲，而怒其不忠不孝也。夫聞忠孝而喜，聞不忠不孝而怒，皆知也，皆知之最良者也。其意亦莫不誠也，其心亦莫不正也。則其德亦莫不明也，其善亦莫不至也。推此知而一貫無不貫也，推此知而家、國、天下亦莫不齊、治、平也。

古人云：不忘君，謂之大臣，不忘世、不忘道，謂之大儒，亦皆謂知之不容已也。昔劉元城①登進士，不即就選，乃受學於司馬温公，後乃得存誠之道。所謂物物各具一實理，人人各具一實心者，即此良知是也。惟實固良，惟良必實耳。

皖城東舊有書院，是操府李君培原所起也，凡講堂、齋舍、門廡、號房，規制亦宏整。乃沿習既久，曠廢不振。予自下車以來，每恐不能體朝廷興賢育才之意，爰於簿書之暇，召集生徒，月有課，日有講。告之七郡三州，亦莫不舉行，亦既駸駸乎文會輔仁矣。然衡文之際，每勵師儒以倫常之道、切實之義，而推原於誠意正心，以引發其良知。爰更著其説，以示多士，則雖謂廣其説於天下，而獨先伸其説於所及也，亦何不可？是爲記。

二十年巡撫徐國相、二十三年巡撫薛柱斗先後增修，集郡邑生講學。四十八年，巡撫葉九思重修，改曰「修永書院」。雍正七年，知府徐士林重修禮讓堂，及東首齋舍九間，復集諸生肄業。十年，奉旨建立書院，大加葺治，前建碑亭，中爲禮讓堂，左右增置號舍。賜帑金一千兩，置腴田一百一十一畝，益以歷任撫按捐置各屬學田，共計三十五頃六十畝零，額租穀麥一千七百一十五石零，額銀三

① 「城」，《四庫》本作「臣」。按作「城」者是。

百四十八兩零，悉歸書院，爲膏火資。又知府徐士林於陞任時捐銀六十兩，懷寧縣李元祥爲置民田，額租穀一十一石，地課一兩六錢，並佐書院膏火。

附 徐本記

欽惟我皇上繼天立極，文德誕敷，聲教暨訖，無遠弗屆。癸丑春，敕天下省會於學校外建立書院，爲興賢育才地，各賜帑千金。又念士子敬業樂群，膏火之資不繼，命督撫籌畫支給。睿慮周詳，湛恩汪濊海内。德造之選，聞風慕義，争自濯磨，甚盛典也。本奉命來撫上江，恭承諭旨，檄安藩發帑金如數，飭皖守、懷令購置附郭膏腴田一百一十一畝，即以懷令掌其租賦，資書院諸生膏火，垂之久遠。

皖城舊有書院，在府泮之左，面江流，枕龍嶽，實據一城之勝。於是親爲相度形勢，門廡、齋堂，深廣爽塏，因年遠傾廢，鳩工葺治，棟宇較斵，垣墉塗茨。堂左右各七楹爲號舍，東西各九楹爲六齋。又於堂東隙地，增改號舍數十間，寬敞可容百餘人。

按皖江歷任撫按嘗捐置各屬學田，共計三十五頃六十畝有奇，額租穀麥一千七百十五石有奇，額銀三百四十八兩有奇。向雖爲賑恤貧士之需，而實飽吏胥之腹。本涖任後，畢力清釐，杜其溢濫。賑恤貧士之外，餘俱飭貯郡庫，修葺書院、治辦器具，皆取給焉。歲之所入，自雍正十一年始，悉歸書院，以佐膏火之不足。奏入，報可。爰卜吉灑掃，延名師，擇各屬有志行之士充入之，相與講明實學，以上答聖天子興行禮讓、棫樸作人之雅化焉。

自昔書院之制，以石鼓、嶽麓、白鹿、睢陽四者爲盛。蓋當時庠序之教未修，士因擇地爲群居講習之所，朝廷略一崇奬之而已。今天下學校之盛，敦厲名實，禮陶樂淑，猶荷殊恩，加意於此。爲之養其德性，閑其身心，恤其口體日用。吾知風氣之隆，人才之盛，必有極乎前古之所未有者矣。敬刻石恭紀聖恩，並叙田畝院宇之制，物料工價之由，俾後之有事於斯土者，永以爲則云。

青陽書院　在懷寧縣余忠宣廟，内祀元余闕。以闕戰守之暇，即率諸生講性命之學，戰士擐甲以聽，故建。今廟猶存。

二良書院　在府治東。明嘉靖時，知府胡纘宗以漢文翁、朱邑皆有功於皖，創書院以祀之，使諸生讀書其中。今圮。

近思書院　在府治北，明知府胡纘宗建，奉周、程、張、朱五子，使有志性理之學者肄習其中。中爲聚奎堂，前爲主敬堂，旁有書舍。崇(正)〔禎〕間，巡按田惟嘉檄府重修，即今北察院。

龍山書院　在府治北，明嘉靖三十二年知府李遜即社學舊址建。有正義堂、正德修業堂、退省堂，左右號舍、學舍。今圮。

山谷書院　在懷寧縣儒學前，明知府胡纘宗撤佑聖觀之西僧庵爲之。後毁於兵。國朝順治九年，山谷後裔推官黄敬璣重建，諸生亦有誦習其中者。

桐溪書院　在桐城縣西北隅。明嘉靖間，知府胡纘宗、知縣沈教移靈泉寺於西，以其地建書院，祀周、程、張、朱五子，使諸生有志學道者知所觀法。後知縣鄺濤易太霞宫爲書院。今因錢尚書葬其處，邑人呼爲錢家書院。

皖山書院　在潛山縣舒王臺上，即天寧寺地。明嘉靖間，知府胡纘宗以程、朱二夫子皆嘗至潛，游酢、黄榦皆有治績於潛，遂撤寺建書院以祀程、朱，以游、黄配。今復爲寺。

來仙書院　在望江縣東門外，國朝康熙十九年知縣陳柹祚建。二十二年，知縣伊巘重葺，捐俸置田，以供寒士之就學者。

徽州府

紫陽書院　在府城外紫陽山麓。自宋淳祐六年，郡守韓補始建於城南門外，理宗賜額曰「紫陽書院」。元至元間，遷於南門内之江東道院，改道院爲書院。延祐二年，又遷於南門外故址之左。後毁於兵。明洪武初，邑人重建於歙縣學右。成、弘、正、嘉間，知府王勤、彭澤、熊桂，知縣林騰蛟、戴東旻先後修葺。然歷年久，僅存朱子像而已。而紫陽山麓之書院，則正德時知府張芹創建，嘉靖間知府何東序修葺，集七學之士講讀其中。

附 汪道昆記

郡中特建紫陽書院，事徽國文公。其地屢遷，遞有興廢。其一在縣儒學之右，文公裳衣在焉。建自國初，西向，成化庚子郡丞張公改而南向，面紫陽山。正德壬申，郡守熊公遷廢寺以都形勝，增置堂廡、齋舍凡若干楹，爲臺、爲池，莫不備具。乃簡七校之士，講業其中，一時人文益斌斌矣。歲久就圮，迄今垂五十年。

嘉靖丙寅，縣大夫林公由進士領縣事。始謁祠下，周視而嘆曰：「元立閩人也，閩之俎豆文公者，至盛矣。此文公父母之國，而祠事不治，謂有司何！」乃鳩工程材，葺其舊者，咸若更始。復度臺前餘地，增置講堂。堂外爲垣，樹桃李若竹箭垣之。南爲亭，奉世宗皇帝《敬一箴》。堂之東爲門，揭宋理宗賜額。其興事自十一月至於正月。其財用出公帑若干緡，工不告勞，民不知役，都人莫不欣欣焉喜也。縣文學徐君來告成事，屬道昆勒石紀之。

在令甲，有司主率①廟祀先師，博士、諸生咸在學舍。法久寖廢，學舍曠而不居。當事則又崇祀其鄉先生，爲之尸祝而誘之進。魯人之陟岱，必先東山；吴人之陟滄溟，必先震澤。其觀法也近，則其用力也專。且國之養賢，猶農之樹稼。一夫而受十畝，歲入幾何，第令程工而相土

① 「率」，《四庫》作「屬」。

之宜，其獲過當。乃今養士日廣，視疇昔且什倍之。使必程督而後行，日不暇給。及既釋業而仕，緩急將有賴焉。卒然試之，所養或非所用。何以故？失養故也。教之必因其材，居之必擇其地，善養者慎諸！

文公以經術明聖人之道，若揭日月而行。世儒斤斤，猶或求多於訓詁。要以篤行君子，較然與古爲徒，故其遺書至今誦之弗絶。當世以經術論士，舍文公奚適哉？使徒挾經術爲取士之資，直優孟之抵掌耳，尚安事養？必也躬行爲本，出入不倍所聞，是則文公之徒也。都人士後文公而興，觀法不遠，即有事於海岱，夫非東山、震澤之類與？

今天子改元，士蒸蒸嚮用，視文公尼於有宋，何論逕庭？都人士資適逢時，顧自養何如耳？語曰：「良田無晚歲，膏澤多豐年。」此縣大夫意也。道昆不佞，敬爲都人士申之。

國朝順治間，知府祖建衡重修。康熙九年，知府曹鼎望集諸生講學於此，至今稱盛。

斗山書院　在府治東斗山之巔，明湛若水曾講學於此。嘉靖十年，知府馮世雍葺爲精舍。萬（歷）〔曆〕間改爲書院，國朝順治間毁。康熙九年，知府曹鼎望重建。

師山書院　在府城西十里。元鄭玉構精舍於師山，有三樂堂、極高明軒，著《春秋闕疑》於其中。後人因之爲書院。

南山書院　在歙縣巖鎮南山之麓。明嘉靖中，烏程姚舜牧寓山中著書，學者從之，因創書院。

國朝康熙二十一年，里人於故址重建，每歲三月聚此講學。

還古書院　在休寧縣萬安山，依山疊石而成。明萬（歷）〔曆〕二十年①，知縣祝世禄始建，給事中邵庶成之。天啓間，魏璫盡毁天下書院。崇（正）〔禎〕初復故。國朝順治十年，邑人趙吉士捐貲重修，集士子講學於此。康熙中，知縣廖騰煃復興之，祀朱子其中。

瞻雲書院　在休寧縣城内。舊曰海陽書院，今爲講學所。國朝康熙二十九年，知縣廖騰煃重修。

晦庵書院　在婺源縣。元至元二十四年，知州汪元圭創書院於文廟側，額曰「晦庵」。延祐初災，後至元間再建於縣學之東北，至正兵毁。明嘉靖九年，知縣曾忭改建於縣治後山上，更名曰「紫陽書院」。後知縣鄭國賓、張櫝相繼置田，爲講學會文之費。萬（歷）〔曆〕間，知縣馮時來重修，監生程亨嘉輸助。今圮。

明經書院　在婺源縣考川，元至大間里人胡淀建。知州黄惟中聘胡炳文主教事，請於朝賜額，置山長一員，至正時毁於兵。明成化間重建，後圮。萬（歷）〔曆〕間重建。今圮。

閬山書院　在婺源縣閬山。元至正間，行樞密院判汪同建，聘趙汸爲師，以教鄉之俊秀者。

---

① 「二十年」，《四庫》本作「十年」。

東山書院　在祁門縣眉山。明正德末，知府留志淑因東嶽廟基爲書院，以祀朱子，集諸生講肄。後災。嘉靖間，知縣陳光華重建，更名曰「環谷書院」，後知縣尤烈修而廣之。

碧陽書院　在黟縣治南舊儒學基，明嘉靖四十二年知縣謝廷傑捐俸建，以地在碧山之陽，故名。崇（正）〔禎〕間重建。

寧國府

志學書院　在府治北景德寺後，明嘉靖四十三年提學耿定向、知府羅汝芳建。有會講堂，左右號舍四十楹。

書院西爲宛陵精舍，嘉靖四十三年知縣姜台建。

待學書院　在府治文昌臺右，明萬（歷）〔曆〕十七年知府廖恒吉、知縣陳公相建。二十六年，知縣尹三聘重修，改爲正學書院。崇（正）〔禎〕間，知府徐大儀倡募重修。國朝康熙十七年，訓導姚士重修葺。

鳳山書院　一名明德書院，在寧國縣學射圃前，明正德中知縣王時正建。嘉靖、萬（歷）〔曆〕間，知縣胡子亞、徐一檟重修，後圮。國朝康熙十六年，知縣馬光重建於西津橋東滸，制度軒敞，設理學先儒位，置田爲學者膏火之資。後知縣陳主策增置田助之。

文峰書院　在太平縣治南，明嘉靖中知縣（邱）〔丘〕振省開福寺建。後知縣劉元凱重修，更名天都書院，後圮。萬（歷）〔曆〕五年，知縣張廷榜重建。後改爲公館，知縣潘應化復之。明末復圮。國朝順治八年，知縣陳善政重建，後爲講堂，前爲淩雲閣。

籍山書院　在南陵縣治東北，因山爲石臺，明知縣沈堯中建。國朝康熙八年，知縣屈升瀛重修。

池州府

齊山書院　在府城南五里。元時設山長主教事，宣城貢尚書師泰嘗爲之。後圮。

繡春書院　在府齊山，宋狀元華岳讀書處。明狀元黄觀築翠微精舍。正德十年，知府何紹正即故址建書院，有聚奎堂，置田其中。後同知任柱復置田益之。萬（歷）〔曆〕初，移建陽春嶺下。三十三年，知縣羅憲凱復移建舊址。今圮。

儲材書院　在府城西北城隍廟前。明嘉靖二十年，知府曾仲魁建五經書院。隆慶間，知府尹士龍改爲實學書院。萬（歷）〔曆〕十六年，知府姚士觀易今名。後圮。

池陽書院　在府學宫西南，本常平倉址。國朝康熙二十年，知府喻成龍建，集六邑諸生肄業其中。置田七百餘畝，以爲供膳，講誦極盛。今爲憲使往來駐節之地矣。

附　喻成龍記

天下之所以弘道化、美風俗、立功名、垂風澤者，惟此人才而已矣。而儲才先於養士，養士先於勤學。載考禮官，天子辟雍，諸侯澤宫，以云學也，下及鄉遂，以三士三大夫卿主之。而書院之設，所以與辟雍、澤宫、六卿、六遂相爲贊治者也。百年以來，鮮有修舉。予爲慨然，思所以儲才養士，以開一代之隆，以豫國家之用，則書院其始地也。

歷稽往牒，自漢集諸生於白虎觀，講《五經》同異，鄭(元)〔玄〕、馬融及隋王通皆廣集生徒，共相授受。然書院之名未立也，名之立自唐始。開元初，建麗正書院，以張説爲使。代宗作蓬萊殿舍，以李泌爲使。憲宗創石鼓待四方學者，以李寬爲使。南唐昇元，則嶽麓有建也。太平興國，則鹿洞有建也。嵩陽、鶴山，奏置院長。建安、麗澤，掌以布衣。而大元之太極，天(歷)〔曆〕之横渠，隆慶、天啓之靈濟、首善，又班班可數也。於是鴻儒蔚興，大業飆起，猗云盛矣。

予綰組池陽，有興教育才之任。簿書之暇，率寮寀，進耆碩，訪八桂、翠微，遺址湫隘，曲側不足當甲觀、西山之選。嗣於學宫西南有連廠舊基，其地高廣軒豁。登而望之，遠岫平臨，清江環溯，烟雲竹樹，觸目琳瑯，陟巘降原，於兹爲勝。爰剔榛莽，畚砂礫，測景植圭，繪圖釐册，而後鳩工庀材焉。經始於辛酉七月之初，竣於壬戌春王之吉。繚垣百堵，丹雘千楹。顔於門曰「池陽書院」，誌地也。堂曰「經治」，志業也；曰「敬學」，誌學也。東西序列，匼廡周廊，庖廩膏薪，充庾盈室。

既次第就裁，區畫纖當，因採購鴻文，搜羅祕笈。聖經、國史，諸子、百家，凡數千卷，刊石紀編，貯備觀覽。徽郡學及六邑諸生，升其孝秀英敏者，讀書其中。而以郡邑學博主之，相與修業砥行，爲國羽儀。庶幾師禮官遺意，而於前賢詎不望古遥集也哉？若云文翁之倡化，茂叔之講學，以俟君子，余方遜謝，告不敏也。

是爲記。

陽明書院　在青陽縣九華山化城寺右，明嘉靖初，知縣祝增建，以祀王守仁。後改爲祠。

陵陽書院　在石埭縣治西，明畢似范講學其中。國朝康熙十年，知縣姚子莊重修。今圮。

太平府

天門書院　舊在太平府大信鎮，宋淳祐六年守臣陳塏建，爲淮士流寓者肄業之所，置田以養之。九年，吴淵奏請賜額，理宗親書「天門書院」，以近天門山，故名。後馬光祖、牟子才、江萬里相繼修葺，增濂溪、明道、伊川、横渠、晦庵、南軒、東萊七賢祠。元時漸廢，至明遺址爲鎮人所併。萬〔歷〕（曆）二十二年，知府顧汝學移建於城内青山書院之故基而拓之，有孚化堂、書舍五十六楹。明末圮。

采石書院　在府城北二十里采石鎮，元至元十四年宣慰使張弘範創建。泰定間，郡守賈焕、山長楊伋重建堂齋、門亭、庖庫。至正間，廉訪使崔敬增修，置田。明宣德三年，知府徐敬重修。天啓間置采石兵營，以書院爲江防行署，後同知梁斗輝復改爲振采書院。

翠螺書院　在府治太白樓後虞公祠側，國朝雍正六年知府李暲新建，置田以給學者。

丹陽書院　在府東南八十里黄池鎮，宋景定五年貢士劉某建。郡守朱禩孫聞於朝，賜額「丹陽書院」，從漢郡名也。元至大中，憲使盧摯、人匠提舉陳童置田六百畝，以養多士。

附　吴澄《書院養士記》

黄池鎮有書院，舊矣。自宋景定甲子貢士劉君肇建，郡守諸公以聞，朝錫①丹陽書院名額，撥僧寺没官之田二頃給其食。厥後僧復取之，書院遂無以養士。至大戊申，憲使盧公議割天門書院之有餘以補不足。令既出，會公去，不果如令。

人匠提舉陳侯分司黄池，暇日與群士遊習，知書院始末，慨然興懷。移檄儒司，儒司上之省，省下之郡，郡太守主之力，竟如憲府初議。俾天門書院歸田於丹陽，以畝計凡四百。侯猶以爲未足以贍，乃勸士之有田者數十家，暨官之好義一二人，各出力以助，或十畝，或五畝，有八畝、七畝者，有四畝、三畝、二畝者。積少而多，所得之田以畝計凡二百。噫！丹陽書院之創垂

① 「錫」，《四庫》本作「賜」。

五十年，而教養之闕餘十年，今一旦有田六百畝。盧公開其始，陳侯成其終。

盧公勉勵學校，固其職也。陳侯典治絲設色之工，而用心儒教，有出於職分之外者。尸祝越樽①俎而治庖，可乎？《唐風》之詩曰：「職思其居。」又曰：「職思其外。」夫居者其分也，外者其餘也，《唐風》思之遠者也。於職既盡其分，而兼及其餘，所思可謂遠也已，陳侯有焉。侯所勸率，隸匠籍者五之一，隸儒籍者十之八，此豈以氣勢利害動而使從哉？能得其心，悦而樂助，蓋有以也。非才之優，識之定，其孰能感人如是？

田之疆畝名數久則湮，群士請勒諸石，而陳侯之功尤不可泯。《春秋》常事不書，侯此舉非常也，宜得書。若夫士，既有以養，必知所以學，是不待余言也。

侯名童，單州人。

同仁書院　在繁昌舊縣，距今縣治四十里。明萬（歷）〔曆〕二十五年，知縣吴縝重建門廊、堂寢二十三楹。今圮。

明天順間，改爲公館。

---

① 「樽」，《四庫》本作「尊」。

廬州府

孝肅書院　在府城南濠内香花墩，明弘治間，知府宋鑑建以祀宋包拯。嘉靖中，御史楊瞻重修於南岸，建屋數楹，以居其子孫焉。

龍眠書院　在舒城縣治東舒王祠西，即宋李公麟龍眠山莊故址。元至順中，知縣爕理溥化建，集師生爲肄業之地。

附　元揭傒斯記

治民之道，使民知禮義而已。使民知禮義，先示其所尚而已。民知所尚，則知所向方哉。

廬州舒城長爕理溥化，用湖廣舉首，取泰定四年第，得兹邑，首理學政，咸用其學以教導民。民始益知人之所以爲貴，儒之所以爲重，而復知所以養生而送死。居二年，曰：「民其可教矣乎。」如是又治地邑東，得李公伯時龍眠山莊故基，於東禪寺舒王祠西嘗没於寺者，據山川之會。想昔賢之遊處，乃會其禄入，募工度功，作書院，以事先聖先師，以爲出治立教之本。

不逾時而成，凡殿堂、門廡、齋舍、庖庫及李公之祠，爲屋三十有六楹。以其面對龍眠之山，端嚴奇峻，能出雲雨，膏澤天下，榜之曰「龍眠書院」，且示不忘李公之故。而邑賢者范鳳瑞割田二百畝，以供祭養。既告成於廟，遂立之師，進諸生而教之。凡民有來觀者，必勸之以學。

是時，上既撥亂集大命，兵革未息，饑疫未復，郡縣長吏能以荒政自任且不足，遑知禮義之教也，而舒城勸分，則出粟之家惟恐後。民之强暴子弟一有弗若，則父兄長老切責詬怒，惟恐見絶於長吏。休休焉日以興學爲事，舒之民卒無一人携離轉徙者。長吏豈獨賢，民得其所以生者也？

舒著於春秋，故山有春秋之山，水有舒水，始入於隨，後併於楚。其民勇而好義，非獨舒爲然，楚之城皆然，故楚常爲强國。最後宋室南遷，賴其民蔽遮江淮幾二百年。然當時學校之教鬱而不施，仁義之政厄而不行，養生者不得盡其歡，喪死者不得究其禮。此非上之過，長吏之責也。

今吾君既畀爾以賢長吏，一以詩書禮義覺爾民，民亦知所尚乎！若曰升其堂，陳其器，設其牲，齊而行其典禮，如是而已。此事聖人之疏節也，非作書院意也，舒之人尚其勖哉！

李公諱公麟，邑人，博學好古，舉進士，歷删定及檢法官，未老致仕。蘇文忠、黄文節二公嘗過其山莊，故合祀於堂之北。

是役也，建始於天（歷）〔曆〕三年之春，而訖於改元至順。縣學之明倫堂，亦其所建也。

是歲冬十月朔記。

正學書院　在合肥縣學西。明嘉靖間，督學耿定向建敬一、廣居、大成三堂，志伊、學顔二軒。

又名廬陽書院。今圮。

青陽書院　在合肥縣東六十里巢縣之上，因山爲名，元余闕讀書處。

水濂書院　在廬江縣南門外。明嘉靖三十年，知縣何汝璋、教諭周以魯，因池構亭，繚垣築室，聚徒講習其中。今圮。

毛公書院　在廬江縣東北七十里，明嘉靖五年，知縣周良會即漢毛義讀書處故址建，以教鄉之俊秀者。今圮。

楊林書院　在廬江縣白湖之東七十里。明嘉靖三十四年，邑紳朱紱建，聚族黨讀書其中，朔望伏臘，鄉約正副等宣讀上諭，申明鄉約。

鳳陽府

西山書院　在臨淮縣曲陽門外，明嘉靖十三年，知縣謝廷舉奉巡按張惟恕①創建。三十年，知縣何立重修。今無存。

鳳臨書院　在臨淮縣西關。國朝康熙四十七年，知縣王紘建，捐俸延師課士。初名啓蒙書院，政餘即親臨提誨學者，講爲己切實功夫，諭以正衣冠、尊瞻視二語，言簡旨深，人人可以自力。聞風

① 「恕」下疑脱「檄」字。

者自遠而至，悉資之膏火，改曰「鳳臨書院」，至今弦誦不輟。

文昌書院　在懷遠縣西荆山之麓，明嘉靖十三年建，後廢。國朝康熙五十六年，邑人李佺等重建。雍正元年，知縣唐暄加修，每月朔望，率諸生講學課藝其中。

興學書院　在虹縣治東南隅，國朝康熙初知縣龔起翬建。十六年，知縣彭翼宸建文昌閣於後，其前爲星聚堂，朔望集諸生課業。

循禮書院　在壽州治東北，明署學正黄奇士建。今改爲梓潼觀。

潁州府

西湖書院　在府西湖之南。宋歐陽修守潁，樂其風土，及致仕歸潁，築室於此。明嘉靖十四年，兵備李宗樞、判官吕景蒙即遺址建，後兵備陳洙、孔天映繼成之。中爲四賢堂，祀晏、歐、吕、蘇四公。前爲露臺，後爲梧月柳風堂，最後面湖爲勝絶亭。今圮於河。

滁州

南譙書院　在全椒縣東南二里，明嘉靖中給事戚賢建，聚徒講學。今圮。

景濂書院　在來安縣南門外。明太僕周海門倡明理學，士翕然宗之。萬（歷）〔曆〕十六年，知縣周之冕因建書院，集諸生講習其中。

和州

峨嵋書院　在和州城西南隅峨嵋墩。舊爲清風樓，宋元祐中改爲連雲觀。明知州王壐改建峨嵋書院，以爲生儒講學之所。嘉靖元年，同知薛祖學改爲烈女祠。十六年，州判王朝用遷烈女祠於城南，重建書院。

環峰書院　在含山縣學宫東。國朝康熙十四年，巡撫靳輔檄各郡縣立書院爲講肄之所，知縣劉祚全始建此講堂、書舍，規模弘敞。十六年，署縣事通判黄際會於書院之右，復設義學，爲塾師教讀館。

廣德州

復初書院　在州文廟西北。舊爲〔元〕〔玄〕妙觀，明嘉靖四年判官鄒守益徙觀於東郊，即其址建書院，以訓多士。上爲尊經閣，下爲明善堂，東西翼號舍各十一楹。置田三百畝，以供學者。萬（歷）〔曆〕間，知州方沆、陸長庚、段猷顯、李得中相繼修葺。今圮。

茅茹書院　在州學明倫堂東，國朝康熙五年里人公建，置田以爲會課之費。

六安州

龍津書院　在州城武定門外一里。舊爲龍王廟，明嘉靖六年，知州歐陽德改建爲格致書院。後同知林華率諸生講習其中，建廓然臺，遠望數十里。前爲講堂，左右列號舍，扁曰「龍津書院」。國朝康熙五十三年，知州張璨訪遺址重葺。

泗　州

泗水書院　在州城内，國朝順治十年知州宋德芳建。後守備陳某借爲官廨。康熙十二年，知州李德耀别立營房而復之。後爲義塾。今湮。

崇聖書院　在盱眙縣第一山，昔孔安國爲臨淮守創立。書院有先聖燕居殿，今玻璨泉即其遺址。

始興書院　在天長縣治東，明成化五年知縣易居仁建。後爲社學，又改爲公館。

同人書院　在天長縣朱孝子祠東，明邑人王心與門人吴恕等建以講讀。後圮。國朝順治初，知縣李毓秀又於縣學西建之，樓房、廳堂、園圃畢備。今亦漸圮。

江南通志卷九十一

學校志

試院

貢院

在江寧府城縣學之東，明景泰間建。中有樓曰明遠，堂曰至公，左右爲監臨提調院，列以謄録、對讀、供給諸所。堂前爲東西文場號房。堂後有池，架橋於上，曰飛虹。橋之北有門。後有堂七間，中三間爲衡鑒堂，左右各二間，爲主考官燕室。左右掖皆有屋，爲五經同考官所居。前有寫榜、刻刷、内厨諸所。隆慶間，都御史盛汝謙購隙地，繚以土垣，四圍巡警。外設公館及群舍，以備供饌。

附　吴節《重修碑記》

貢舉有院，内外通制也。南京應天府爲天下貢院首，其制度亦爲四方所取法。自設科以來，其地凡四易。洪武初，以北城演武場爲之。永樂中，移於郡學之文壀。正統間，復徙武學之講堂後，士多地隘，非闢廡毁垣不足容。

景泰初，府尹馬諒將修述職之典於朝，乃進耆宿而咨之，咸曰：「秦淮之陽有地廓如，前武臣没入廢宅也，鞫爲氓隸之圃久矣。若葺而理之，可辦也。」公曰：「諾。」即具疏以聞。詔禮部勘覆，如其言。遂與府丞陳宜首任經費，而寮寀之良亦各捐俸爲助。鳩工市材，募力啓土，盡撤其舊而新之。

中爲至公堂，監臨侍御與知貢舉官居之。左右夾室，則封、檢、對、謄之所也。後爲内簾寢室，翰林正考主之。東西有廂，則同考、師儒、校讎之處也。堂之前地平而勢整，甲乙相向，可爲席三千有奇，所以待士也。由南而入，則重門縈紆，護之以棘，所以防搜檢而嚴吏僕也。與凡庖湢之房，餼廩之庫，亦有位次。而什①物之需，几案之用，又皆因時而爲之者也。

工畢，適歲癸酉，大比届期，合成均與畿甸之士，奉誠如式。比撤棘，而得人加多，乃相與列

① 「什」，《四庫》本作「仆」。

宴於新堂之上。時鹿鳴興歌，籩豆有踐，流觀焕彩，文物交並，京闈科貢之盛，於斯爲備矣。天順改元，恭逢聖君涖祚，首降恩詔，切於求賢。於是京府長寮，以爲文運方隆乎昔，而是院更新，宜有所記。乃具始末來徵文，將刻諸石。

竊惟進士之科，始於成周，盛於漢、唐、宋，而最盛於明。蓋士君子入仕之顯階，至公之通道也。然儀必當物，禮不虛隆。故敷納之訓，式燕之雅，具於經；而賓興之典，計偕之令，又於禮制有足徵焉。然此皆上之所以待士也。若夫功業相尚，以致君澤民爲心，掀揭天地而宣昭古今，則又在乎士耳。不然，則賢能之書，奚以表見於當世耶？

節忝斯文，嘗執筆於此，不敢以菲薄辭。謹述具造之由，以彰昭代人文之盛；美尹丞締構之功，兼以諗夫豪傑之士，各勉魁擢於後日云。

國朝雍正二年，總督查弼納捐資增設號舍。十年，署總督尹繼善又捐修堂簾，廣增號舍，規制甚備。

江寧府試院

一在府城大功坊南，明嘉靖間御史盧焕建。萬（歷）〔曆〕間圮，御史陳貞復建。國朝順治間，爲民居所侵。康熙五十二年，巡撫張伯行重建，都司章秉法董其事，規模閎整。

附　張伯行記

省會舊有學使者試士之所，在都使司廨東，順治庚子後始廢。康熙甲戌、乙亥間，有議復者，乃中止焉。越十餘年，太學生左史輩倡復之，輒又止。予以監臨癸巳科試事，諸生張元等請復於予。四月工興，明年五月竣，士皆以試於會城爲宜。乃記之曰：

事難成而易毁也。苟非其人之賢且才，能力持之不可動摇，烏能轉毁而爲成哉？當是時，制軍長白赫公韙之，則其德於十四郡之士也甚大。予因檄會稽章君秉法、太守平陽衛君淇，相與力行毋惑。其檄章君，從人望也。章君於是集其鄉先生及三庠弟子員之任事者，與夫富商大賈之由成均而來系籍者，注名有簿，捐金有條。而閩海之降將子弟，久於其地，弗能遷也，資而遣之。

闢地鳩工，材甓具而斧斤施。始則巍然而堂成，再則邃然而室成。其樓宇則翬而俯，其左右个則翼而承。主有息而賓以寧，輿儓胥書之所憩，厨井之所炊汲，厩厠無缺。堂之前則試士東場也，坐人以八百計。西亦如之。其高下之坐具，亦如其人之數。他瑣屑者，又皆與焉。繚以周垣，表以棹楔。中則冠以大扉二，加欄楯而護之，所謂鎖廳而試者也。

夫古者士習於學宫。自詩書、六藝，至於論治、論獄，出兵授捷之材，皆取於此，故人才真而弦歌弗輟。後世爲士者，又徒彫琢於文辭以自見，勢不得不廣其地，以試其材。然國家大體，必於會城爲宜者，誠有見於地之不可易，而君子亟亟儲材之意，斯爲至也。若其往試句曲，疲於舟車徒步，以漂溺寒餓爲憂，其小者也。

一在句容縣治東南舊書院址。始督學駐省城，諸生就試。明萬(歷)〔曆〕二十三年，督學陳某即其地建試院。四十年，督學熊廷弼復因舊基重建，後學使歲試每駐節焉。雍正十二年，總督趙弘恩議令歲科兩試，俱駐江寧，多士便之。

蘇州府試院

在昆山縣治東南薦嚴寺左，故范石湖書院。明宣德間，知縣羅永年建爲巡撫行臺，後爲督學校士之署。國朝順治初廢。十五年，提學僉事張能鱗重建。太倉州舊屬蘇州府，科、歲試皆赴昆山，今仍其舊。

附　張能鱗記

江南學使者，年來更易不常。自繡衣持衡，則東西院並。既而差復未幾，又以金馬代花驄。近侍史臣文雅權衡，並隆一時，宜其安且久也。乃諫臣以各省例，議歸憲司。上可其奏，選於六曹。余謬膺簡命，承乏兹役。竊念六郡爲寓内人文最，端本澄源，移風易俗，余責也。而考經訂藝，多士其環聽焉，何可無設棘地？淮、陽則署海陵，常、鎮則署澄江，蘇、松則署鹿城，由來舊矣。鹿城之址，在東南隅巽位。興文育才，文筆峰實鍾其靈。慨自兵燹而後，一望荒烟茂草。每當歲科校士，或遠調江上，或權宜郡學。十餘載來，無復知有昆之試署者。

予下車廉得其詳，力以建復爲己任。躬履其所，經畫規模，左右爲僧俗所侵者悉闢之。石坊、轅門、班房、鼓亭俱如制，大門、儀門各五楹。儀門外土地祠三間，並祀范公，示不忘本也。府縣廳三間，執簿呼名以恤勞也。大堂五楹，前後軒敞高亮。川堂聯絡後堂，亦以五楹。建東側小屋八間，爲胥吏書寫地。向後則自公門，所以别内外也。門内則公衙，明三、暗五。明者爲衡鑒堂，暗者爲息偃地也。兩側小構數椽，亦可以休從者。最後爲旭升樓九楹，正五旁四，環抱桷然。樓東尚有餘地，爲小齋五間，種植竹木，可以節勞小憩也。樓後園牆，舊有荷花亭，尚可擴充，以俟後之君子。

經畫甫畢，適徐君邦俊來視邑事，亟屬之。暨命邑廣文王君鯤化、張君希哲，乃陶乃甓，乃匠乃石，拮据綜理。自丁酉初夏經始，孟秋告成，士民來觀者曾不意其神速至此也。

嗟乎！天下事莫不難於慮始，兹幸始而終矣。校士有地，諸士可無遠涉之艱，郡宫牆亦永無蹂躪之跡。惜寒士而妥聖靈，此非不亟之經營也。徐侯輩請記於余，遂授之簡。

松江府試院

在府治東大街舊察院署。始松士歲試赴昆山，科試赴江陰，跋涉多費。國朝康熙三十八年，郡人莫之玫捐資，倡買察院後顧氏宅，拓而大之。諸生捐助，創建試院，提學張泰交始按臨校士於此。

常州府試院

在江陰縣大街虹橋東。宋、元間爲澄江驛，明初吴良鎮江陰居此。萬（歷）〔曆〕四十三年，學使按部校士，拓爲督學察院。國朝因之。其規制閎敞，爲江南學使駐劄衙門。向歲試常、鎮二府，科試蘇、松、常、鎮四府，皆在此。後各府俱建造試院，科、歲試惟本府生童。今下江學使仍駐劄於此。

鎮江府試院

在金壇縣治南。鎮江向無試院，府屬生童每科、歲俱就試江陰。國朝雍正八年，金壇、丹陽二邑諸生倡捐，建立試院於壇邑，提學張廷璐始按臨考試。

淮安府試院

在府治南府學之西，即中察院署。國朝順治中改爲試院。其考場向沿蓆棚，雍正二年，知府祖秉圭、山陽知縣羅珮、教授蔣文元等，易以瓦廠。海、邳二州向皆附考，陞直隸州後亦然。十一年，以邳州屬徐州府，科、歲試改赴徐州。

揚州府試院

在泰州治東。明時本鳳撫軍使院，萬（歷）〔曆〕間巡撫李三才拓大之。國朝康熙中改爲試院。以其地當十屬之中，故學使按揚必駐於此。四十五年，知府左必蕃重修。

附　宫夢仁記

今之試院，昔鳳撫軍使院也。撫使者移撤不常，後遂爲校士之所。每學使者按揚，必涖止①焉。蓋以地當十屬②之中，道里均而往來便也。然傳舍視之，有司不暇顧問。而典守者因緣作奸，風雨之飄飖，城社之狐鼠，日甚一日。及此不修，無論行部校士時處非適中，則文移期會，動需時日，而呼應不前。在應校之士，舟車跋

---

① 「止」，《四庫》本作「兹」。
② 「屬」，《四庫》本作「邑」。

涉，館舍飲食之所費，亦大不貲。舍逸就勞，既爲吾州之士之憂。辭近即遠，更爲吾郡九屬之士之憂。記曰：「有其舉之，不可廢也①。」

歲丙戌，會學使者檄至，紳士倉皇無所出，不得已創捐修議。請於州不得，請於府乃得之。當是時，東粵左公以清卿之貳，特旨留刺揚州，愛士憐才，於文章尤篤嗜。往時童子應府試，咸詣郡彙十屬分場，如學使者故事。於是公止泰童子勿西。九屬既試，卜日減從扁舟，野次於州之南津，屏去一切供帳。黎明，城扉啓而入，集童子於學宫試之。畢試而返，才兩日耳。諸童子以府試資斧，踴躍捐修。闔邑紳士佽助之，得若干金。汪學博、姜僉判董其事。不五旬，而既圮之試院，焕然改觀矣。

使其時公亦如州牧不問，則紳士之議寢，勢必涉江而南。後因爲例，暑雨祁寒，往返關津道路間，其荼苦伊於胡底？公蓋不特爲今日士計，且爲士之子若孫計，並爲九屬士之子若孫計，而更爲吾州億萬户計。何則？吾州疊罹水患，凋敝已久。公謂三年兩試，僦居有邸閣之資，列肆有奇贏之獲，泰之人利可百千焉。以三十年之通計，則百萬可致也。

落成之日，碑而榜之曰：「勿毁牆宇，勿肆芻牧，勿作吏局雜場。即往來憲使至止，亦必稟命於州，於學隨啓隨閉。」著爲令甲，而屬余記之。

① 此句《禮·曲禮》原文作「有其舉之，莫敢廢也」。

雍正元年，知州魏錫祚復修。

徐州府試院

在府城東門内。國朝康熙五十四年，知州卞之鈞、姜焯相繼創建，爲督學試士之所。始，徐士赴淮與試，遠者往返千餘里，又有黄河之險，至是稱便。

通州試院

在州署東。通士舊赴泰州與試。國朝雍正二年，州改直隸，建立試院，學使始按臨考試。

安慶府試院

在府治東舊察院遺址，國朝順治七年操撫李日芃檄建。東西文場，大堂捲廳，規制畢備。

附　李嵩陽記

皖城自昔稱重鎮，其山秀鬱，其水滈蕩，其人磊落英多，俗饒魚蛤菰蒲之利，習儒術，敦詩書。然以地介吴、楚，襟江流而蔽淮服，曩昔多事，輒先受兵，亦形勢然也。二紀以來，干戈未戢。

順治六年，大中丞培原李公自江上督師，兼撫治所屬，建闈是邦。歷覽四封，喟然曰：「此三分後所云上游要地也。今海内一家，治化旁達，乃獨爲匪民耶？」於是勤詢民隱，得其利病，無不爲而去之。勞來安集，流離日還，户口日息，既富且教，翕然從風。

郡故有察院，歲久陊壞。公念諸生就試無地，赴調爲艱，乃親營度，鳩工葺治，支柱邪傾，垣墉塗茨，孔曼且碩，焕然改觀。復闢餘址，爲堂爲軒。廊廡周通，房闥相次，殖殖噲噲，從前所無。創建瓦廠，傑然對峙。爽塏高朗，列凡八百，如櫛如鱗。多士以寧，因感生奮。

先是，皖爲用武之區，學使者不至，廿有餘載矣。予自滁陽實始來此，所歷淝、舒諸境，荒遠閴寂。俄見車馬絡繹，輿衛甚衆，則公所遺迓也。及就館舍，供具帷帳，部署井井。予因竊嘆公之經營四方，調燮五緯，弘鉅纖悉，畢舉不遺。類皆若是，是可師法也已。自是厥後，皖之習俗丕變，人文稱盛，當且度越疇曩。吾知百世而下，猶拜公之賜，寧特一時多士式歌且舞哉？

以庚寅孟夏告成。始居之者，爲黄池李嵩陽，因書以示來者，俾知所自。

康熙十二年，知府姚琅重建大堂。四十八年，諸生江岱等倡捐拓地，徙儀門於南十數武，增置號舍。雍正十年，東西文場爲大風所傾頹，知府徐士林捐俸，並募七學諸生，增建文場東西四十二間。又增監視廳三間于東偏。工未竣，同知李國相署府篆，委懷寧縣教諭謝有煇、監生江巒監工，於十一年告成。

徽州府試院

在府治東，元蒙古字學遺址，明時建爲察院。國朝康熙二十八年，休寧監生黄鳳翼捐資，建造棚廠爲試院，學使始按臨歲試，而科試仍在旌德。雍正三年，上下江分兩學使，科、歲試遂俱在本府試院。歲久朽敝。十二年，歙人汪濤捐資重建大堂，内署頭門、儀門，及四圍垣牆，並增造樓房爲寢息地，規制焕然。

寧國府試院

在府治西。舊爲宛陵書院。明宣德中推官尹崇高因故址建。正統間，知府增修爲巡撫行臺，後相沿爲憲使往來公館。國朝康熙二十五年，宣城知縣袁朝選捐資，修建瓦廠爲學使者校士之所。先是，生童俱赴旌德縣考棚應試，至是便之。廣德州無試院，其歲、科兩試向俱赴寧國府附考，今仍其舊。

池州府試院

在城西街，即舊西察院。明時建爲憲使往來駐節之地，學使按臨，亦校士其中。今尚如故。

太平府試院

在府城東。本東察院，明巡按御史駐節處。國朝康熙七年，督學按臨，遂爲試院。十年，當塗知縣寇明允修葺。久漸圮壞。三十四年，知縣祝元敏重修。四十四年，知縣成文運捐俸重建，移儀門前數十武，考場遂寬。雍正三年，上江學使孫嘉淦大加修葺，增建棚廠，駐劄於此，後皆因之。

廬州府試院

在合肥縣學前。

鳳陽府試院

在府治東。即舊西察院，明成化間知府南鵬建。國朝康熙五十三年，學使胡潤建東西文場瓦棚。

潁州府試院

在府城東門内，國朝雍正三年知州李月槎建。今陞州爲府，遂合潁上、霍（邱）〔丘〕、亳州、太和、蒙城五州縣士子，爲公試之所。

其亳州試院，雍正九年建於州治學宫之右，而歲、科兩試不復按臨矣。

滁州試院

在州城内，康熙五十年毁於火，五十一年知州温而遜重建。

和州試院

在州治振肅坊城隍廟西，即察院行臺舊址。國朝雍正九年，署知州曹元夢、學正唐德咸募建。

六安州試院

在州治東大街。州①宋時爲六安軍，凡軍皆立試院，故址無考。國朝雍正五年，知州李懋仁捐俸倡建，弘敞邃密。督學李鳳翥始按臨考試。

泗州試院

在盱眙縣上龜山，國朝雍正四年建。

①「州」，《四庫》本作「在」。

江南通志卷九十二

武備志

有文事，必有武備。自兵與民既分，而軍旅之事益重。大江南北上下，在昔多雄藩重鎮。歷代設險之法，蓋其詳也。我國家於水陸要害，營哨、塘汛棋布星列，尤控制得宜，烽堠無警。而士馬飽騰，蓋蒐閱訓練者精矣。奮武衛，除戎器，何待聽鼓鼙而思將帥哉？自歷代兵制迄於今，既核繫之，江海之防尤詳焉。逮於舟騎，若郵政之於陸，船政之於水，亦附及之。

爲類四，爲卷七，作《武備志》第五。

兵制一

周

揚州屬吴、楚二國，春秋時互相攻於卑梁、鍾離、潛巢之間。《史記·吴楚世家》

吴舟師有艅艎，《左傳》：魯昭公十七年，楚敗吴師，獲其乘舟艅艎。吴復敗楚師，取艅艎以歸。有戈船，《漢書》注：臣瓚曰：《伍子胥書》有戈船，以載干戈，因謂之戈船。有下瀨。《伍子胥書》有下瀨船。

秦

置郡尉，掌佐守典武職甲卒。《漢書·百官表》

漢

踵秦而置材官於郡國，《漢書·刑法志》更郡尉名都尉。《漢書·百官表》

九江都尉治歷陽，今和州。沛郡都尉治蘄，今宿州南界。臨淮都尉治盱眙，丹陽都尉治歙，汝南都尉治汝陰。今潁州。

又水泉用樓船，廬江、會稽等郡有樓船。又有戈船，有下瀨船。《南越列傳》：元鼎五年，詔江淮以南樓船十萬師往討南粵，衛尉路博德爲伏波將軍，主爵都尉楊僕爲樓船將軍，故歸義粵侯二人爲戈船、下瀨將軍。

後漢

建武六年，罷都尉，並職太守。《後漢書·百官表》每有劇賊，郡尉臨時補置。應劭注。七年，又罷車騎、材官、樓船。《光武帝紀》後以刺史領兵馬，稱爲州將。揚州刺史治九江郡歷陽。《後漢書·郡國志》

三國　魏

置都督諸州軍事，以都督揚州諸軍事治壽春，都督青徐諸軍事治下邳。魏刺史亦典兵。《杜恕傳》：恕議：古之刺史奉宣六條，以清静爲名。今可勿令領兵，以專民事。後又上疏曰：臣前以州郡典兵，則不勤民事，宜别置將守，以盡治理之務。不報。揚州刺史治合肥，《劉馥傳》：馥爲揚州刺史，單馬造合肥，空城建立州治。後治壽春。《南齊·志》：壽春，淮南一郡之會，地方千餘里，有陂田之饒，北距淮水。漢、魏揚州刺史所治。徐州刺史治彭城，而居巢新城亦命將戍守以備吴。《滿寵傳》：寵疏言：合肥城南臨江湖，北遠壽春，賊來攻圍，得據水爲勢，而官兵往救甚難。今城西北三十里，有奇險可依，宜更立城以固守。此爲引賊平地，而犄其歸路，於計爲便。詔報聽。今合肥縣西北三十里鷄鳴山北，故址猶存。

吴

都秣陵，城石頭。《通鑑》注：城石頭，吴人保江之根本。置宫下鎮、都下督、營下督，統都下兵。《吴志·孫韶傳》：韶子楷，天璽元年爲宫下鎮驃騎將軍。《滕允傳》：太元元年，以允爲都下督。《朱然傳》：然子蹟，以膽力遷營下督。而凡典兵之職，有督、有監，自歷陽《魏志》：孫權遣將屯歷陽，外以備壽春，内以衛江南。至濡須塢，《吕蒙傳》：勸權夾水口立塢，所以備豫甚精。謂之江西營，《通鑑》注：大江東北流，故自歷陽至濡須口皆謂之江西，而建業謂之江東。置濡須督。《張昭傳》：昭子承，爲濡須都督。江北廣陵之地，置監軍使者。《孫亮傳》：五鳳二年，使衛尉馮朝城廣陵，拜爲監軍使者，督徐州諸軍事。又淹北道，《孫權傳》：赤烏十三年，遣兵十萬作堂邑涂塘，以淹北道，以絶魏兵之窺建業。遏巢湖，《孫權傳》：黄龍二年，築東興堤遏湖水。城東興《諸葛恪傳》：建興元年，會衆於東興，更作大堤，左右結山俠築兩城，使全端、留略守之。後魏分兵攻兩城，城不可卒拔。以備魏。江東濱江，兵馬重地，則置京下督、《孫韶傳》：韶子楷爲京下督。蕪湖督、《妃嬪傳》：徐祚以戰功至蕪湖督。牛渚督、《孫桓傳》：桓督牛渚作横江塢。虎林督，《陸允傳》：永安元年，徵爲西陵督，後轉虎林。又置吴郡都督，鎮東方。《吴書》：權拜吴奮吴郡都督，以鎮東方。新都都尉，鎮山越。《孫權傳》：建安十三年，遣賀齊平歙，立新都郡。吴多舟師，而兵有解煩、敢死兩部。又有車下虎士、《甘寧傳》丹陽青巾、《孫皓傳》及健兒、《凌統甘寧傳》武射《駱統傳》之名。然大率强者爲兵，弱者補户。《陸遜傳》陳表賜復新安二百家，允表陳讓還官，充精鋭，料正户羸民補其處。《陳武傳》

晋

武帝封同姓大國三軍，兵五千人；次國二軍，兵三千人；小國一軍，兵千五百人。其都督徐、揚二州亦如魏。《文獻通考》

懷帝永嘉初，又分揚州置二督：都督揚州江南諸軍事，鎮建業；都督揚州江北諸軍事，鎮壽春。時以琅琊王睿督揚州之江南，周馥督揚州之江北。先是，諸州刺史亦領兵。太康元年，吴平，乃詔州郡悉去兵，大郡置武吏百人，小郡五十人。後以盗賊群起，州郡不能制，乃以都督併任刺史。《文獻通考》

晋之平吴也，舟師最盛，作大船大筏。《王濬傳》：濬作大船連舫，百二十步，受二千餘人。以木爲城，起樓櫓，開四出門，其上皆得馳馬往來。又畫鷁首怪獸於船首，以懼江神。舟楫之盛，自古未有。吴人於江磧要害處，以鐵鎖横截。又暗置鐵錐，長丈餘①。濬乃作大筏數十，令善水者以筏先行，錐著筏而去。又作大炬長十丈，大數十圍，灌以麻油，燃鎖融液斷絶。於是船無所碍，徑造三山。

東晋

南渡調兵不出三吴，大發毋過三萬，有大將軍、都督、四鎮、四征、四平之號。其諸州刺史，任重

① 此處語意未足，據《晋書·王濬傳》，此下尚有「暗置江中，以逆距船」二句。

者爲都督，輕者爲督，或帶四中郎將。凡所治之地，皆置州兵。《文獻通考》

揚州刺史治西州城，後治東府城。《通鑑》注：揚州治在建康臺城西，故謂之西州。東府在建康臺城東。又嘗出鎮姑孰，孝武初桓沖。及廣陵之步（邱）〔丘〕。孝武時謝安加大都督，鎮步（邱）〔丘〕。徐州刺史初鎮廣陵，以兖州領徐州。後徙鎮京口者四，成帝時郗鑒、蔡謨、何充，以至康帝時桓温，穆帝時褚裒、荀羡。又太和中郗愔。又寧康中桓沖，至太元初王藴。又安帝時劉裕，至恭帝時劉道鄰。廣陵二，寧康初刁彝、王坦之，又太元中謝（元）〔玄〕。淮陰、穆帝時荀羡。下邳穆帝時荀羡、郗曇，以至哀帝時庾希。各一。又分北徐州刺史鎮彭城。彭城三面阻水，獨南通軍馬，東晋以爲北境藩捍。兖州刺史初治京口，元帝僑置。後徙鎮合肥、太寧元年郗鑒。彭城泗口、太寧二年劉遐。金城、康帝時褚裒。《通鑑》注：在江乘之蒲州，琅琊僑郡。下邳、穆帝時郗曇、荀羡，哀帝時庾希。山陽、哀帝時庾希。盱眙、穆帝時褚裒，海西時郗愔。淮陰孝武時朱序。各一，廣陵三，太寧三年郗鑒。又孝武時王坦之、謝（元）〔玄〕、刁彝。又晋末鎮此。京口二。成帝時郗鑒。又穆帝時褚裒，海西時郗愔。青州刺史初末俱鎮廣陵，元帝僑置，以廣陵控接三齊，故青、兖同鎮。其中徙鎮淮陰二，元帝時劉隗，孝武時朱序。京口二。孝武時司馬恬、王恭，安帝諸葛長民、劉道憐。豫州刺史成帝僑置。初鎮譙，元帝時祖逖、祖約。後徙鎮譙二，穆帝時謝奕，哀帝時袁真。壽春四，元帝時祖約，穆帝時謝尚，哀帝時袁真，安帝時劉義慶。馬頭二，穆帝時謝尚，孝武時朱序。歷陽三，穆帝時謝尚，簡文時桓熙，孝武時桓石虔、庾準、庾楷。蕪湖二，成帝時庾亮、庾懌，穆帝時謝尚。姑孰二，孝武時桓沖，安帝時桓（元）〔玄〕、劉毅。牛渚一。穆帝時趙允。冀州刺史或治淮南，或治江北。並州刺史或居江南，或居江北，後徙鎮譙，哀帝時姚襄。又徙鎮山陽。

安帝時劉道憐。幽州刺史治三阿。苻堅攻幽州刺史於三阿。司州刺史元帝僑置。治合肥。以上分見列傳。

大抵晉之拒劉曜、石勒，以合肥、淮陰、壽陽、泗口、角城爲重鎮。其後攻苻堅，則以長淮爲衝要。扼慕容德、姚興，以彭城爲北境藩扞。鄭《通志》。

東晉之舟師，太尉劉裕破盧循於江。《文獻通考》：安帝義熙六年，循因裕北伐襲建康，方艦而下。裕還，出輕利鬭艦，躬提幡鼓，衆軍争先。軍中多萬鈞神弩，裕自中流蹙之。因風水之勢，賊艦悉泊西岸，岸上軍先備火萬具，悉焚之，賊衆大敗。

宋

刺史仍加都督領兵。

揚州刺史寄治京師。南徐治京口，以近都，特重其任。徐治彭城，王(元)〔玄〕謨表曰：彭城南届大淮，左右清、汴，表裏京甸，捍接邊境。城隍峻整，襟衛周固。又：自淮以西，襄陽以北，經塗三千，達於濟、岱。六州之人三十萬户，常得安全，實由此鎮。鍾離、東海、朐山。南兖治廣陵、盱眙。兖寄治彭城、淮陰。南豫治歷陽、姑孰、宣城。豫治睢陽、歷陽。青、冀二州治鬱州。今贛榆。明帝失淮北，僑立青、冀二州，共一刺史。

初，以彭城、歷城、東陽爲藩扞。元嘉中伐魏，發緣淮三郡兵集盱眙，緣江五郡集廣陵。而江南白丁輕進易退以致敗，故魏主經彭城、臨江屯瓜步、攻盱眙。及東陽、歷城陷，彭城降，而長淮盡爲北境矣。《通志》

齊

自泰始以來，將帥各募部曲屯建康。後從李安請，非淮北常備外餘軍悉皆輸遣。若親近宜以隨身者，限人數。惟以徐爲北徐，兖爲北兖，以冀治漣口，餘治所皆因宋。《南齊書·州郡志》自宋失彭城諸郡，齊淮北之地少，但以壽春、淮陽、角城、漣口、朐山爲重鎮。永元初，豫州刺史又以壽春入於魏。《通志》

梁

諸州兵制亦如齊。後務拓境宇，頻事經略，欲重其將帥，凡鎮戍多置爲州。《通志》揚鎮建康，而徐則分南、北、西、東，鎮京口、鍾離、渦陽、宿豫。兖分南、北，鎮廣陵、淮陰。豫分西、南，南鎮歷陽、合肥、壽陽、姑孰，西鎮晋熙。青分南、北，鎮鬱州、贛榆，又共鎮招遠。今海州。而又廣設淮、譙、武、安、睢、潼、潁、仁、義、霍、合、秦、涇十三州，分鎮淮陰、譙城、歸政、今邳州。定遠、竹邑、今宿州。取慮、今虹縣。汝陰、赤坎、虹縣西南。安豐、岳安、今六安州。合肥、尉氏、今六合。沛。而譙又鎮新昌，分南譙鎮南譙城。分見《本紀》《列傳》。

蓋屢與魏軍交戰於淮之南北，剋宿遷、合肥、翟（邱）〔丘〕、朐山、彭城、壽春等郡，南朝之境幾復。然旋得旋失。及景平後，江以北悉入於齊，其初大抵以硤石、汝陰郡下蔡。合州、鍾離、淮陰、朐山爲

重鎮。《通志》

梁韋叡以舟師破魏於淮。《韋叡傳》：魏人於邵陽洲兩岸爲兩橋，立柵數百步，跨淮通道。叡裝大艦，使太守馮道根等爲水軍。會淮水暴漲，叡即遣之。鬬艦競發臨魏壘，以小船載草，灌以膏，焚其橋。風怒火盛，水又漂疾，倏忽之間，橋柵盡壞。道根等身自搏戰，軍人奮呼，無不一當百，魏人大潰。王僧辨破侯景於江。《王僧辨傳》：景命侯子鑒爲水戰之備。僧辨至姑孰，子鑒帥步騎萬餘人，於岸挑戰。又以鵃舫千艘載戰士，僧辨令細船退縮，留大艦夾泊兩岸。子鑒之衆謂將退，争趨之。大艦斷其歸路。

陳

初已失淮，但以江爲境。大建中，伐齊，屢捷，淮南之地盡復。後敗於周，而江北之地又盡没。《通志》其刺史、都督所鎮，惟不置東西徐、淮、武、睢、潁、秦、涇，實增司、晋、江、吴四州，鎮黄城、晋熙、南陵、吴郡，以豫鎮壽陽，北譙鎮盱眙，安鎮宿預，義鎮尉氏，餘悉如梁。見《本紀》，併《通鑑》胡注。

陳之舟師，周文育敗徐嗣徽於七磯。《周文育傳》：嗣徽引齊人渡江，據蕪湖，帝詔文育還都。嗣徽等乃列艦於青墩，至於七磯，以斷其歸路。及夕，文育鼓譟而反攻之。嗣徽驍將鮑砰獨以小艦殿，文育乘軍舴艋跳入砰艦，斬砰，仍牽其艦而還，賊衆大駭。侯瑱敗王琳於蕪湖。《侯瑱傳》：琳引合肥、巢湖之衆，舳艫相次而下。瑱進獸檻洲，琳戰却。及夕，東北風吹其艦並壞，琳入浦，以鹿角繞岸，不出。時西魏將史寧躡其上流，琳率船東去蕪湖十里而泊。瑱令軍士晨炊蓐食，頓蕪湖洲尾以待之。乘東南風縱火，章昭達以大艦中江而進，大敗之。後防戍

船艦悉還都下，江中至無一隻，故隋軍渡江而平之。《通志》

後魏

於晋世起代，迨獻文天安元年，宋薛安都以彭城附，遂有淮北之地。宣武景明元年，齊裴叔業以壽陽降，又得淮南之地。至東魏孝静武定中，乘間略地，盡取江北郡縣。《通志》

初，置州都督總軍人，後以刺史爲當州都督。《北齊書·高隆之傳》蓋魏仿周典，置六軍刺史，以農隙教之，合爲百府。每府一郎將主之，分屬二十四軍，開府各領一軍。大將軍凡十二人，統二開府。一柱國，主二大將軍。復加持節都督以統焉。《文獻通考》

其刺史在江淮間者，徐治彭城，南兖治譙城，南徐治宿豫，東魏改爲東楚州。海治龍沮，東魏置。潁治汝陰，東徐治下邳，渦治渦陽，魏置渦州及渦陽，東魏改譙州。楚治鍾離，合治汝陰，霍治南陳，睢治取慮，譙治新昌，揚治壽春，淮治懷恩，仁治己吾，即赤坎。東揚鎮東城，魏以其地在壽春之東，故置東揚州。東徐鎮團城。以上見《魏書·地形志》。其鎮都大將，亦稱鎮將，在江淮間者，彭城鎮將、梁城鎮將、汝陰鎮將、絳城鎮將、梁國鎮將。又置行臺節度軍事。徐州行臺鎮彭城，亦曰東道行臺，又曰東南道行臺。魏於彭城立東南道行臺。

後齊

略梁地，南際於江，刺史仍爲都督，總當州士馬。其不同魏者，無南徐、東揚、潁、渦、譙、淮，而增置東廣、東楚、潼、秦、江、和、涇七州，鎮廣陵、宿預、夏(邱)〔丘〕、瓦梁、晉熙、歷陽、石梁，以仁鎮蘄，睢鎮睢陵，東徐鎮下邳，餘如魏。以上惟涇、霍二州見《北齊書》潘樂、魏愷二傳，餘並載《通鑑》注齊所有六十州內。三等鎮置鎮將，三等戍置戍主。《隋書·百官志》其鎮將在江淮間者，有盱眙鎮將、蘄城鎮將、海西鎮將。其行臺在淮北者，東南道行臺；在淮南者，壽陽道行臺。

後周

改都督諸州軍事爲總管，其授總管刺史則加使持節諸軍事，以督軍戎。其總管刺史在江淮間者，徐鎮彭城，南兗鎮譙，後改爲亳，譙郡舊置南兗州，後周①置總管府，後改曰亳州。泗鎮宿豫，下邳郡，後周曰泗州。揚鎮壽春，淮南郡，後周曰揚州。吴鎮廣陵。江都郡，後周曰吴州。又宋州刺史鎮晉陵，後周改齊潼州爲宋州，縣曰晉陵。邳鎮下邳，方鎮尉氏。後周改齊秦州曰方州。以上見《隋書·地理志》。

---

① 「周」，《四庫》本作「州」。

隋

州置總管者，列上、中、下三等，總管刺史加使持節。《隋書·百官志》。

楚州總管鎮淮陰，開皇元年，以賀若弼爲楚州總管。廬鎮廬江，開皇元年，以韓擒虎爲廬州總管。八年，伐陳，韓擒虎出廬江。壽鎮壽春，開皇九年，壽州置總管府。徐鎮彭城，吴鎮江都，揚州大總管亦鎮江都。開皇十二年，以楊異爲吴州總管。二十年，以宇文弼爲吴州總管。又開皇九年，以晋王廣爲揚州總管，鎮江都。時楊異出除吴州總管，詔令異每歲一與王相見。以上見《隋書·地理志》。大業三年，改州爲郡，復置太守，别置都尉、副都尉領兵，與郡不相知。《隋書·百官志》

隋伐陳，楊素造戰艦最盛。《楊素傳》：其大艦名五牙，上起樓五層，高百餘尺，左、右、前、後置六拍竿，並高五十尺。容戰士八百人。次曰黄龍，置兵百人。自餘平乘、舴艋各有等差。素親帥數千艘，銜枚而下，旌甲曜日。素坐平乘大船，容貌雄偉。陳人望之皆懼，曰：「清河公即江神也。」

唐

武德初，因西魏、周、隋之制，析關中爲十二道，置府兵，以驃騎、車騎兩將軍領之。後改曰統軍，曰别將。貞觀十年，更號統軍爲折衝都尉，别將爲果毅都尉，諸府總曰折衝府。分天下十道，置府六百二十四，皆以隸諸衛。

淮南道置府凡六，江南道置府凡二。揚州府兵曰江平，曰新林，曰方山，曰邛江。和州府兵曰新川。又唐初兵之戍邊者，大曰軍，小曰守捉，曰城，曰鎮，而總之者曰道。軍、城、鎮、守捉皆有使，而道有大將一人曰大總管。《唐書·兵志》改總管曰都督，總十州者曰大都督。《唐書·百官志》注其除都督帶使持節，謂之節度使，總軍旅，顓誅殺。又有防禦使、都團練守捉使。《唐書·百官志》

其都督之在江淮間者，揚州大都督府鎮江都，中都督府鎮壽春，徐州鎮彭城，貞觀十年，元禮。舒州鎮懷寧。武德八年，張鎮周。其軍則有丹陽、江寧、長洲、采石、崇德諸軍使，其鎮則有鵲頭、石頭、常州、蘇州諸鎮將。又有下蜀、淮安、采石諸戍主。皆統於都督府。其節度使，則有河南節度使，鎮徐州；乾元二年置。淮南西道淮寧軍節度使，鎮壽州；乾元二年置。徐、泗、濠三州武寧軍，鎮徐州；貞觀年置。徐泗感化軍，治徐州；咸通十年置。淮南節度使，治揚州。至德元年置。浙江西道鎮海軍節度使，治昇州；乾元元年置。宣國軍鎮宣州。大順元年置。其都團練使、防禦使，則有徐海沂密都團練觀察使，治徐州。建中三年置。又徐州團練防禦使，治徐州；咸通三年置。浙江西道觀察處置都團練守捉使，治蘇州；乾元二年置。宿泗等州、咸通三年置。宣歙池等州、大（歷）〔曆〕元年置。壽州建中四年置。都團練觀察使，治宿州、宣州、壽州。後藩鎮擅命，所在置將攻守，常州、光啓三年，杜稜。潤州、光啓三年①，阮結。池州、文德元年，陶雅。濠州、天祐時，劉金。舒州天祐時，劉存。團練使，鎮晉陵、丹徒、秋浦、

① 「三年」，《四庫》本作「二年」。

鍾離、懷寧；泗州防禦使鎮臨淮，乾寧時，臺濛。海州戍將駐朐山。光化時，陳漢賓。又有漣水、光化時，盧江王綰。高郵、光啓三年，張神劍。狼山、乾符時，王郢。六合鎮遏使，光啓時，徐約。蘇州常熟鎮使。乾寧時，陸郢。

五代

江淮之地歸版籍者僅四五州，多設重鎮。徐州武寧軍節度使鎮彭城，梁乾化元年，福王友璋；唐同光二年，李紹榮；晉天福二年，吴巒、漢劉贇；周廣順元年，王彦超，顯德元年，王宴。淮南節度使鎮廣陵，周顯德三年，向訓。忠正、保信二軍節度使鎮壽春，周顯德四年，楊信。合肥，周顯德五年，趙匡贊。亳、潁二州防禦使鎮譙，周顯德四年，郭廷謂。汝陰，後漢，何福。亳、潁、宿三州團練使鎮譙、梁寇彦卿，南唐李重吉。汝陰、後唐李承約。符離。周顯德四年，范再遇。

其間割據土疆者，几十有餘國。而江南之境，南唐、吴越亦皆多設節度及軍監之使。鎮海軍節度使大都督府鎮潤州，吴以鎮海節度使徐温爲管内水陸馬步諸軍都指揮使、兩浙都招討使，鎮潤州。南唐以東都留守、燕王弘冀爲宣、潤二州大都督，鎮潤州。後以齊王景達爲浙西道元帥、潤州大都督。又移鎮金陵。徐温移鎮海軍治所於昇州，改昇州大都督府爲金陵。後徐知誥爲鎮海寧國諸軍節度使，鎮金陵。靜淮、永泰、保信、清淮、定遠、寧國、康化、中吴諸軍節度使，鎮泗州、吴朱瑾。舒州、南唐元宗時孫晟、馬希崇。廬州、南唐昇元六年，周鄴。壽州、南唐昇元六年姚景，保大四年劉彦貞。濠州、南唐劉重進。宣州、吴徐知誥。池州、南唐昇元二年楊漣，三年王彥儔。蘇州。吴越傅瓌。

以上《五代史·職方考》。

又有昇州防遏使，治上元；徐知誥。歙州都團練使，治歙；吴陶雅。楚、滁、舒、壽、海、泰、潤、常、池、蘇諸州團練使，治山陽、吴武義元年盧江公濠，南唐何敬洙①。清流、南唐郭廷謂。懷寧、吴武義二年，徙公濠。壽春、吴崔太初。朐山、吴徐景。海陵、南唐荆罕儒。丹徒、吴王茂章。武進、南唐姚鳳。貴池、吴陳璋。吴。吴越沈粲。濠州觀察團練使治鍾離，南唐劉彥貞。廬州觀察使治合肥，吴劉威。宣州觀察制置使治宣城，南唐李遇。蘇州制置使治吴。吴越沈粲。

其軍監則有雄遠、舊爲當塗縣，南唐置新和州，後改雄遠軍。江陰吴以唐晉陵郡之暨州置江陰軍。二軍使，建武軍、昇元六年，改揚州天長制置使爲建武軍。漣水軍、後唐長興元年，漣水制置使將兵入海州。静海軍南唐以海陵東境置静海制置院。三制置使。又有廣德鎮遏使。吴遣宣州副指揮使花虔將兵會廣德鎮遏使温信，屯廣德。

五代之舟師，周最稱雄，敗唐於濠、泗，《文獻通考》：顯德三年攻壽州，唐大發樓船泊濠、泗，周師不利。唐將林仁肇載薪蒸，乘風縱火。將焚浮梁，周將張永德使習水者縻以鐵鎖，急引輕舟擊之。溺者甚衆，奪艦數十。於淮，《文獻通考》：四年，帝於京城汴水側開池，造數百艘，招誘南卒教習。數月，命大將軍王環將數千，自閔河沿

① 《四庫》本脱「洙」字。

潁入淮。帝騎循北岸，諸將循南岸，水軍自中流而下。唐兵戰溺及降者殆四萬人，獲戰船、糧仗十萬數，遂克壽州。於渦口，《文獻通考》：帝攻濠州，唐人屯戰船數百於城北，植大木於淮水以限周兵。帝命水軍拔其木，焚其艦七十餘艘。又聞唐有數百艘在渙水東欲來救，遂夜發兵，水陸並擊，大破之於渦口，克泗州。又唐有數百艘泊渦口，上自將親軍，自淮北進。命太祖自淮南進，水軍自中流進，且戰且行。追至楚州，大破之，所獲於燒沉之餘尚三百餘艘。唐之戰船在淮上者，於是盡矣。直達於江。《文獻通考》：五年，上欲自淮入江，阻北神堰不得渡。乃鑿楚州西北鸛水以通其道，巨艦數百艘皆達於江，唐人大驚。

宋

仍置節度使、都督防禦團練使以統軍。厥後增置不一，則有淮南及壽春等州宣撫使，掌撫綏邊境，統護將帥，督視軍旅。淳熙二年，詔揚州、廬州兩路每路委文臣一員充安撫使以治民，武臣一人充都總管以治兵。淮東總領、淮西總領，掌措置諸軍錢糧，預聞軍政。紹興時，吕頤浩、朱勝非、劉光世、李光、張浚。府、州、軍、監總管、鈐轄，司掌治軍旅、屯戍營房守禦之政令。建炎初，詔要郡文臣一員，帶本路兵馬鈐轄，武臣一員，充副鈐轄。次要郡帶本路兵馬都監，武臣充副都監。路分都監，掌本路禁旅、屯戍、遏防、訓練之政令。建炎初分置帥府，以諸路帥臣兼要郡守臣，帶兵馬鈐轄；次要郡帶兵馬都監。並以守臣爲之副，稱副總管、副鈐轄、副都監。諸軍都統制、副都統制。建炎初置都統制，後建康、鎮江府、池州及平江、許浦水軍，皆除都統制，權任在帥臣右。乾道三年，命江上諸臣各置副都統一員，兼領軍事。

以上《宋史·職官志》。

其時江淮間鎮戍者，京東西路則彭城，徐州大都督府、武寧軍節度使。京西路則汝陰，順昌府順昌軍。譙、亳州集慶軍。兩浙路則吴、平江府平江軍。丹徒，鎮江府鎮江軍。淮南東路則江都、揚州大都督府，領兵馬鈐轄。符離、宿州保静軍。山陽、楚泗承州漣水軍鎮撫使。朐山、海州團練使。海陵、通泰鎮撫使。清流。滁濠鎮撫使。淮南西路則壽春、壽春府忠正軍。合肥、廬州保信軍，領兵馬鈐轄。歷陽、和州防禦使。懷寧、安慶府德慶軍。鍾離。濠州團練使。江南東路則上元、江寧府建康軍，領兵馬鈐轄。宣城、寧國府寧國軍。貴池。池州安撫使。

其軍監，則有知常州、通州、太平州、徽州諸軍事，江陰、建安、漣水、招信、建炎三年升軍。淮安、咸淳七年置。六安、政和八年，升縣爲軍。無爲、太平興國元年，以廬州巢縣無爲鎮建爲軍。鎮巢、景定三年，升巢縣爲鎮巢軍。廣德諸軍監。太平興國四年，以宣州廣德縣爲軍。

以上《宋史·地理志》。

宋兵制有三：一曰禁軍，天子之衛兵。建炎元年，詔諸州選所部兵送闕下補闕，後多增募各營於本州。每指揮以五百人爲率。其指揮之在江淮間者，有廣捷軍，亳州、潁州各二。龍騎軍，潁州、泗州各二。武衛軍，徐州二。勇捷軍，壽州、宿州二，亳州一。忠節軍，亳州二，江寧、揚、廬、宿、壽、楚、真、泗、泰、池、歙、太平、廣德各一。歸遠軍，亳、壽、宿各二。宣毅軍。徐州、揚、亳各二，廬、宿、壽、楚、真、泗、海、舒、泰、濠、和、通、無爲、高郵、漣水、江寧、蘇、潤、常各一。熙寧以後制，廣捷軍，亳州一，永城一。宣毅軍，徐州、揚、亳二，盧、宿、壽、楚、真、泗、海、舒、泰、濠、和、通、無爲、高郵、漣水各一。熙寧三年，宿、揚、盧、壽、楚、真、泰、泗一，併隸教閲忠節各爲一。海、舒、濠、和、通、無爲、高郵、漣水各一，闕弗補。江寧撥隸威果。雄略，蘇、潤各一，皆改威果；常、秀各一，不充。威果軍，江寧、揚、盧各三。勇捷軍，壽、宿、亳各一。忠節軍，亳、永城各三，江寧、揚、盧、宿、壽、楚、真、泗、泰、滁、池、太平、宣、廣德各一。歸遠軍。亳、壽、宿各一。

其一曰廂軍，爲諸州之鎮兵。或一軍之額，分隸數州；或一州之管，兼屯數州。皇祐中，募流民爲兵，分置徐州、淮、揚等軍，征役同禁軍。熙寧中，併省諸軍名額，淮南曰寧淮，兩浙曰崇節，江南曰效勇。元豐中，治諸路教閲廂軍，於下禁軍内增八指揮名額，排連並同禁軍。其將校則有馬步軍都指揮使、副都指揮使、都虞候①。在江淮間者，爲馬軍騎射、京東路徐州。威邊、徐州，淮南路亳、盧、宿。武勝，濠、泗。揀中騎射、淮南路揚、盧、壽、宿、泗、真、濠、海、通、和、舒、滁、漣水、高郵、無爲，江南路宣、太平、池、廣德。平難，亳、濠。開遠、揚、楚、泗。六奇、楚。静海，徐、淮、揚、通。水軍、淮南路揚、盧、壽、海、和、泰、楚、舒、泗、漣水、高郵、無爲，江南路江寧、宣、歙、太平、池、廣德。壯武、淮南路揚、壽、盧、海、和、通、楚、泰、舒、滁、高郵。寧淮、潁、壽。静勝，揚。寧順，盧。旌勇，壽。備邊，泗。三捷，滁。寧化，舒。保節，淮南路舒，江南路池、太平。效勇，江寧、廣德。裹運、江寧。廣濟、壽、揚、宿、高郵、漣水、通。崇節、蘇、秀。水軍奉化、泰、泗。雜作都，壽。裝發、真、泗、楚、通。防城。泗。東南道巡海水軍，教閲澄海、捍手、常。右衙、徐。車

---

①「虞侯」，《四庫》本作「虞侯」。

軍、真、楚、泗。鹽車。泰、真。新招梢(上)〔工〕①、真、泗。拔頭水軍、泗。清務、蘇。捍海。通、泰。

建炎後，禁、厢兵爲威果、平江、常、鎮江。全捷、平江、鎮江。雄節、平江、常、鎮江、江寧。武衛、鎮江。威捷、鎮江。忠節、寧國。武雄，寧國。厢兵爲寧淮、在淮南。崇節、平江、江陰、常、鎮江。開江、平江。横江。平江。

其一曰鄉兵，由選募團練以爲所在防守。有鄉兵巡社、建炎元年，詔諸路州軍巡社，並以忠義巡社爲名，隸宣撫司。後募鄉民爲之。勇敢、紹興二年，詔池州就招土人充二千爲額。壯丁民社、乾道四年，楚州置。鎮淮。初，淮南募邊民號鎮淮軍，數至十萬。嘉定初，選汰歸農，僅存八千餘人，以充效用，餘補鎮江大軍。淮西選二萬六千餘，充御前定武軍，分爲六軍，軍設統制。又有砦兵，平江府八，吴長、平望、許浦、福山、白茅、江灣、楊林、角頭。江陰軍二。申港、石牌。又有將兵，以三千人戍揚州及江寧府，後遂團結軍士，置將分領。東南路諸軍共十三將。自淮南始，東路爲第一，西路爲第二。兩浙東路爲第四，江南東路爲第五。高宗開元帥府，諸將兵悉隸焉。後諸將兵寖盛，因時制變，屯無常所。劉光世軍或在鎮江、池州、太平，韓世忠軍或屯江陰，岳飛一軍或屯宜興蔣山。乾道之末，各州有都統領兵，建康五萬，池州一萬二千，鎮江四萬七千，楚州武鋒軍一萬一千。分屯列戍，增損靡常。

宋代水軍之制，南渡以後愈盛，沿河江淮帥府各置水兵二軍，要郡别置水兵一軍，次要郡别置中

①　據《宋史》卷一八九改。

江陰水軍，乾道四年置三百人。平江許浦水軍。乾道三年招三百人，淳熙五年招千五百人。又有鎮江置劄御前水軍，乾道七年七千人，淳熙五年增五百人。太平州采石駐劄御前水軍，嘉定中增置三千人。池州都統司水軍，淳熙元年千人，嘉定十四年五千人。建康都統司靖安水軍，原隸都統司，嘉定中隸節度。通州水軍，乾道五年置。池州清溪、雁汊控海水軍，建炎四年置，一千五百人。兩淮水軍。紹興元年置，二千人。

以上《文獻通考》。

附　錢之望《條三邊戰守事宜疏略》

揚州有三城三塘，楚有大小清河，淮東恃此，謂扼敵來處足矣。敵設乘虛，自昭信、盱眙抵淮陰，不一日薄揚州，不二日由滁、真、通、泰亦經至江上。彼兩路何獨不然？陛下可無令韓琦、范仲淹者通一路險易熟議之乎？且卒飢、財匱、兵少，今日之大患也。然而卒欲飽，則財愈乏矣。而財欲無乏，則減兵且不暇，其何以增耶？若兵自耕，民自戰，沿江諸軍各擇地分内閒田種之。而民、兵外，弩手用一法給器械，較精惰略計可十五萬。與屯田大兵相參，此三路之郛郭也。

昔韓世忠在鎮江，張浚在建康、淮東西，便爲屯分大儀、天長、昭關、柘皋，敵來則戰，豈有定所？三路助之，所向克捷。近諸郡修城築堡，遣兵更戍，犬牙占認尺寸之外，秦、越自分，如是則誰肯出力會戰於要害之地耶？

臣觀諸軍氣習，今昔頓殊。昔欲戰不欲守，今言守不言戰。馴致疲懦，十年之外，雖守不能矣。陛下幸詔諸將，復紹興屯名，使如世忠、浚輩，苦戰立勳，庶幾無令消磨，坐視相盡。

汪綱《兩淮預備疏略》

淮地自昔號財賦淵藪，西有鐵冶，東富稽稻，足以自給。淮右多山，淮左多水，足以自固。誠能合兩淮爲一家，兵財通融，聲勢合一，雖不假江、浙之力，可也。祖宗盛時，邊郡所儲足支十年。慶（歷）〔曆〕間，中山一鎮尚百八十萬石。今宜上法先朝，令商旅入粟近塞，而算請錢貨於京師。入粟拜爵，守之以信，則輸者必多，邊儲不患不豐。州郡禁兵本非供役，乃就糧外郡耳。今不爲戰斗用，乃使之供力役。緩急戍守，專倚大軍，指日待更，不諳①風土。豈若土兵，生長邊地，墳墓室家，人自爲守耶？

當精擇伉壯，廣其尺籍，悉隸御前軍額，分擘券結②，以助州郡衣糧之供。又③率如山陽武鋒軍制，則邊面不必抽江上之戍，江上不必出禁衛之師，生養休蓄，勞費俱息。

① 「諳」，《宋史》卷四〇八作「安」。
② 「結」，《宋史》卷四〇八作「給」。
③ 「又」，《宋史》卷四〇八作「大」。

金

地南際於淮，建節鎮。設防禦亳州集慶軍節度使，鎮譙；宿州保静軍節度使，鎮符離；徐州武寧軍節度使，鎮彭城；泗州防禦使，治淮平。淮平，舊盱眙縣，明昌六年，以宋有盱眙軍，故名。正隆四年，造戰船於通州。五年，遣都水監徐文等率舟師九百，浮海討東海縣民張旺。詔曰：「朕志不在一邑，將試舟師耳。」《續文獻通考》

元

兵制盡改遼、金之舊。有征伐之事，則置行樞密院，或止曰行院。淮南江北行樞密院鎮揚州，至正十一年置。後徙治建康。至元十四年置，二十四年徙。江淮等處行中書省大都督府治揚州，後移治建康。至元十五年立，十九年省，二十一年復立。淮東等處宣慰使司都元帥府治天長。至正十五年，置統帥濠泗義兵萬户府，置司於泗州天長縣。其監臨東南諸省，統制各路軍馬，曰行御史臺。至正十二年，命右丞相脱脱①總制諸路軍馬，即軍中加太師。其鎮守各路者曰萬户府，列爲上、中、下三等。所管軍上府七千之上，中府五

① 「脱脱」，《四庫》本作「托克托」。

千之上，下府三千之上，各置達魯花赤①一員、萬户一員典兵。

至元間，改江淮江西元帥招討司爲萬户府，蒙古、漢人相參，作三十七翼。在江淮間者，宿州、高郵、沿海，上萬户府；邳州、真州，中萬户府；常州、鎮江、潁州、廬州、亳州、安慶路、江陰水軍，淮安、壽春、揚州、泰州、松江、鎮江水軍，建康，下萬户府。後以揚州、建康、鎮江三城跨據大江，人民繁會，置七萬户府。至元二十八年置。又有宿州義兵萬户府，至正十四年置。添設兵馬司都指揮等於徐州。至正十年置。軍戍則有海州東海四千人，至元十二年置。廬州三千人，至元十二年，詔以伯顔阿术②所調河南新僉軍三千人，還守廬州。揚州蒙古軍千人。至元二十年留戍。

以上分見《百官》《地理志》。

至元中，以軍萬人隸江浙行省，習水戰。又以征日本，船運糧江淮及教軍水戰。又敕習泛海者，募水工至千人爲千户，百人爲百户。又擇瀕海沿江要害二十二所，分兵閱習，伺察諸盜。《續文獻通考》

① 「達魯花赤」，《四庫》本作「達魯噶齊」。
② 「伯顔阿术」，《四庫》本作「巴延阿珠」。

附　余闕《論兩淮利害狀疏》

奉聖旨：楊存中等採訪到淮南西路事宜，欲廢廬州并管下四縣，以附舒州；徙和州於東關，並改和州爲歷陽縣；而合肥、歷陽二縣并升軍額，仍各差兵將屯戍。

臣竊謂朝廷欲併省移易州縣之意，令侍從臺諫看詳，大要不過有三：一曰據形勢要害以禦寇，二曰酌道里遠近以便民，三曰減官吏浮費以足用。今據存中等所申，欲廢廬一郡四縣之地，以附益舒州，則是舍形勢而就僻陋，如備禦何？欲舉廬一郡四縣之民，而供輸帥府，則是舍近便而趨險遠，如綏撫何？今兩淮經兵火之後，城郭室廬焚毀，户口牛畜散亡，見雖招集，猶未復業。帥司欲行措置，茫若捕風，無所用力。今遽移郡置堡，創建官府，豈無騷動，謂之省費，得乎？即此三者，無一可行。

然參酌事宜，權衡輕重，緩急先後，當有次第。今所甚急，莫若以戍兵爲首，屯田次之，修堡以控要害又次之。蓋州郡無兵則不可爲守，百姓無兵則不敢安業。如廬之合肥，和之濡須，皆昔人控扼孔道。魏明帝嘗云：「先帝東置合肥，南守襄陽，西固祁山，敵來輒破於三城之下。」蓋地有所必争也。而孫權築濡須塢，魏累攻不克，守將如甘寧等，常能以寡制衆。蓋形勢之地，攻守百倍，豈有昔人得之可以成功，而今日有之反棄不問？非良策也。

伏望朝廷特於沿江量遣將校及兵一二萬人，早爲經畫，分戍二州，使壘壁相望，足爲沿淮一帶聲勢，以絶窺伺。然後廣開屯田，使兵、民雜耕。仍修築東、西關之險，以備固守。其餘就募弓箭手之屬，以次施行，無不可者。況開濡須、巢湖之水，上接店埠，下抵江口，可通漕運。則二州之戍兵，與就食沿江，初無少異。而舒卷之間，成效相遠，欲乞朝廷參酌施行。

宋文瓚《論守江戍將疏略》

江陰、通、泰爲江之門户，而鎮江、真州次之，國初設萬户府以鎮其地。今戍將非人，致賊艦往來無常。集慶花山賊凡三十六人，官軍萬數，不能進討，反爲所敗。後竟假手鹽徒，雖能成功，豈不貽笑遠近？宜亟選智勇，以圖後功。不然，則東南五省財賦，恐非我國家有矣！

明

統兵之制，大略有三。一爲都督府，一爲鎮戍將領，一爲督撫兵備。

初立大都督府，設内外衛、所，及各都指揮使司。後又分大都督府爲五府，隸外衛於都司，而都司及内衛各以其方隸五府，惟親軍不屬。

南京五軍都督府所屬衛所，則有留守左衛、鎮南衛、水軍左衛、驍騎右衛、龍虎衛、英武衛、龍虎左衛，屬左軍都督府。本府所屬衛，仍隸京師左府。虎賁右衛、留守右衛、水軍右衛、武德衛、廣武衛，屬右軍都督府。本府所屬衛，仍隸京師右府。留守中衛、神策衛、廣洋衛、應天衛、和陽衛、牧馬千户所，屬中軍都督府。本府所屬衛，仍隸京師中府。

留守前衛、龍江左衛、龍驤衛、飛熊衛、天策衛、豹韜衛，屬前軍都督府。本府所屬衛，仍隸京師前府。留守後衛、橫海衛、鷹揚衛、興武衛、江陰衛，屬後軍都督府。本府所屬衛，仍隸京師後府。

又有中都留守司，轄衛八：曰鳳陽，曰鳳陽中，曰鳳陽右，曰皇陵，曰留守左，曰留守中，曰長淮，曰懷遠。所一，曰洪塘。現在今鳳陽府。

蘇州府衛三：蘇州、太倉、鎮海；所二：吴淞千户、崇明千户。松江府衛一：金山；所三：淞江千户、青村千户、南匯嘴千户。鎮江府衛一：鎮江。揚州府衛三：揚州、儀(徵)〔真〕、高郵；所三：興化千户、泰州千户、通州千户。淮安府衛三：淮安、大河、邳州；所三：海州千户、東海千户、鹽城千户。廬州府衛二：廬州、六安。安慶府衛一：安慶。太平府衛一：建陽。寧國府衛一：宣州。徽州府衛一：新安。和州衛一：瀋陽右。滁州衛一：滁州。徐州衛二：徐州、徐州左。皆隸京師中軍都督府。

其鎮戍將領，總鎮一方者曰鎮守，守一路者曰分守，獨守一堡一城者曰守備，與主將同守一城者曰協守。其總鎮，或挂將軍印，或不挂印，皆曰總兵。次曰副總兵，又次曰參將，又次曰遊擊將軍。

南直隸狼山提督副總兵駐通州，嘉靖三十七年設。水路自瓜、儀、周家橋、掘港，直抵廟溪、雲梯關；陸路自通、泰、淮、揚、天長，直抵鳳、泗，各參將、守備、把總等官，悉聽節制。鎮守江南副總兵駐吴淞，舊係總兵官，駐劄福山港。復移駐鎮江，後復駐鎮江、儀(徵)〔真〕兩處。嘉靖八年裁革。十九年，仍設。二十九年，又革。三十三年，仍設，爲副總兵官，駐金山衛。四十三年，改駐吴淞，專管江南水陸兵馬。分守徐州參將駐徐、宿，隆慶四年自睢陳參將改，所轄徐州、武平、曹、濮、睢、陳等處地方兵。分爲三營，徐州一營，宿州一營，歸德一營。運糧行駐徐州，以保運道。冰合駐宿州以防陸路；春駐歸德，以防竊發。金山參將駐金山，舊以蘇州參將駐金山，防禦沿海柘林、青村、南匯、川沙一帶。後改遊擊。萬曆二年改設，以劉家河參將移駐。劉家河遊擊將軍駐崇明，舊係參將，駐金山。萬（歷）〔曆〕二年改設，以金山遊擊移駐崇明。儀（徵）〔真〕守備駐儀（徵）〔真〕江口，專管江北備倭捕盜事務。安慶府守備駐雷港，鹽城守備駐邳州，舊係參將，嘉靖四十三年改設。無事駐劄邳州，有事防守鹽城。泗州守備駐泗，嘉靖三十七年添設。萬（歷）〔曆〕二年，令專一防護陵寢。掘港守備駐掘港，舊設把總，嘉靖三十六年改設。揚舍守備駐揚舍，舊設，革。萬（歷）〔曆〕十三年，復設哨守海口。鳳陽軍門中軍官駐淮安。嘉靖四十年設。把總十三員，俱駐劄本處：川沙堡、嘉靖三十九年設，撥金山衛千户一員防守。柘林堡、嘉靖三十九年設，撥金山衛千户一員防守。劉家河、嘉靖三十二年設。荻港、萬（歷）〔曆〕三年設，統建陽一衛。京口、圌山、嘉靖三十年設。福山港、周家橋、東海、俱嘉靖三十三年設。大河口、嘉靖三十七年設，以鹽城把總移駐於此。狼山水兵、嘉靖三十九年設。遊兵、萬（歷）〔曆〕三年設，駐劄上新河。自狼山至圌山，與通、泰合兵巡哨。中平鎮。萬（歷）〔曆〕七年設。

提督漕運鎮守淮安總兵官，駐劄淮安。其總督、巡撫、操江兵備，以文臣監督。總督舊稱軍門，而巡撫皆贊理或提督軍務，操江專督巡江。其按察司官整飭兵備者，或副使，或僉事，或以他官兼副使。僉事沿海者稱海防道，兼分巡者稱分巡道，兼管糧者稱兵糧道。

總理糧儲提督軍務兼巡撫應天等府地方，駐江寧；徽安池兵備道駐池州，管轄徽州、安慶、池州三府，又建陽、宣州、安慶各衛所，提防江賊礦徒。寧太廣兵備道駐寧國，管轄寧國、太平二府，廣德一州，句容等六縣。蘇松兵備道駐太倉，整飭蘇州、松江二府兵備，兼理糧儲、水利、農務。常鎮兵備道駐江陰。整飭鎮江、常州二府兵備，兼理糧儲、水利、農務。總理漕運兼提督軍務巡撫鳳陽等處兼管河道，駐淮安。潁州兵備道駐潁，管理廬州、鳳陽、滁州地方衛所，兼管江防事宜。淮揚海防道駐泰州，整飭淮、揚海防江洋，仍分管揚州、儀（徵）〔真〕、高郵等衛，泰州、鹽城、通州等所京操官軍。徐州兵備道駐徐。整飭徐、宿等處兵備，兼管淮安府徐州及淮北衛所，及淮安、邳州、大河、徐州、沂州等衛，莒州、東海、西海等所京操官軍。又有中都領班都司四員。春班二員，秋班二員。

凡江南額，設官軍十一萬二千一百六十七員名，召募軍兵七千一百四十九名。

其戰船額，設沿海每衛五十隻，新江口一百三十一隻。

江南通志卷九十三

武備志

國朝兵制　二

鎮守江寧等處滿兵將軍

駐劄江寧府。

國初設駐防左翼四旗，統兵昂邦章京一員。順治十八年，添設副都統二員。康熙元年，設立將軍統轄。二十二年，添設右翼四旗。

左翼副都統一員。統轄鑲黄旗、正白旗、鑲白旗、正藍旗。

協領五員。鑲黄旗一員，正白旗一員，鑲白旗二員，正藍旗一員。
佐領二十三員。鑲黄旗六員，正白旗六員，鑲白旗五員，正藍旗六員。
防禦二十八員。鑲黄旗七員，正白旗七員，鑲白旗七員，正藍旗七員。
驍騎校二十八員。鑲黄旗七員，正白旗七員，鑲白旗七員，正藍旗七員。
筆帖式二員。鑲黄旗一員，正白旗一員。
右翼副都統一員。統轄正黄旗、正紅旗、鑲紅旗、鑲藍旗。
協領五員。正黄旗一員，正紅旗一員，鑲紅旗二員，鑲藍旗一員。
佐領二十三員。正黄旗六員，正紅旗六員，鑲紅旗五員，鑲藍旗六員。
防禦二十八員。正黄旗七員，正紅旗七員，鑲紅旗七員，鑲藍旗七員。
驍騎校二十八員。正黄旗七員，正紅旗七員，鑲紅旗七員，鑲藍旗七員。
筆帖式二員。正黄旗一員，鑲藍旗一員。
隨甲四十副，馬兵四千名，步兵八百名，炮手三十名，弓鐵匠一百六十四名，餘兵六百名。沙船二十隻，捕舵繚碇手一百名，水手匠役二百二十四名。官坐馬一千五十八匹，戰馬一萬二千匹。歲需俸薪餉乾銀十四萬五千五百八十八兩，米十三萬三千九百四十五石，豆十一萬七千五百二十七石，草七百五萬一千三百二十束。

雍正五年二月初六日，奉旨：「水師甚屬緊要。現今天津設立水師，滿洲官兵操練學習。其江寧駐防滿洲官兵，亦應照天津水師之例，設立水師操練。鎮江水師現有船隻，將此船内酌量撥給江寧將軍，令其學習操練。至如何操練，應撥給船隻若干；或船隻不敷，作何添造之處，爾部一併定議具(奉)〔奏〕①。」欽此。兵部議：

江寧地方控江連海，設立水師甚有裨益，應將江寧滿洲、蒙古官兵，照天津水師例設立水師。其江寧駐防八旗滿洲、蒙古馬兵四千名，應選年力精壯者，撥一千名設爲水師，派協領四員，佐領、防禦、驍騎校各十二員管轄，每年春、秋在大江學習操練。

查鎮江將軍標下，有唬船四隻，沙船七十六隻。每船各設磨盤炮一位，子母炮二位，百子炮四位，捕盜舵工等項水手各十六名。今江寧既設水師，應將鎮江所有沙船匀配大小二十隻，並捕盜舵工等項水手，磨盤、子母、百子等炮，一併撥給江寧將軍。仍令食原餉，銀米同滿洲兵丁，學習操練。再於鎮江水師營内，揀選熟識水性千、把四員，遇操練時令其前往江寧，分配八旗，教習操練，至操畢時回任。俟滿洲諳練之日，停其教習。

此教習操練，每船分配滿洲官一員，兵二十五名，分爲兩班。若量船之大小，宜增減官兵處，該將軍等酌量增減分配。將軍等不時巡看操練。

① 據《四庫》本改。

再，大江中停泊船隻處，最爲緊要。應行令該將軍等會同江南總督，勘定可以停泊之處，加謹停泊。

奉旨：「依議。」

九年十一月二十二日，奉上諭：

朕因各省駐防兵丁技勇多屬生疏，營伍亦覺廢弛，所養馬匹多不足額，其中漢軍爲尤甚。已於今年八月間，先行曉諭申飭。俟明年春月，各差科道等官前往查看，倘仍不悛改，嚴加議處。朕思營伍廢弛、兵丁怠惰之習，若該管官弁等果能實心整頓訓練，數月之内即可改除。惟是馬匹不敷額數，若責令一時購買足額，或至馬價昂貴，兵丁力量艱難。況於南方諸省，平時既難喂養，而一時急切買補，又較難于北方。着該將軍等酌量稍爲變通，現養幾匹，其所少者存價于官，一有調遣，即可購買應用，不致遲誤公事。此朕格外體恤之特恩，若再奉行不力，一經查出，弁兵等俱不寬貸。特諭。

欽此。

鎮守京口等處漢軍將軍

駐劄鎮江府京口，原設隨旗前、後、左、右四營。康熙二十一年，以四營官兵歸併提督管轄，本年仍歸將軍管轄。二十三年，裁前、後二營。三十六年，裁京口水師總兵，改設副將，歸將軍管轄。

左翼副都統一員。統轄鑲黄旗、正白旗、鑲白旗、正藍旗。

協領四員。鑲黄旗一員，正白旗一員，鑲白旗一員，正藍旗一員。

參領四員。鑲黄旗一員，正白旗一員，鑲白旗一員，正藍旗一員。

防禦二十員。鑲黄旗五員，正白旗五員，鑲白旗五員，正藍旗五員。

驍騎校二十員。鑲黄旗五員，正白旗五員，鑲白旗五員，正藍旗五員。

筆帖式一員。鑲黄旗。

右翼副都統一員。統轄正黄旗、正紅旗、鑲紅旗、鑲藍旗。

協領四員。正黄旗一員，正紅旗一員，鑲紅旗一員，鑲藍旗一員。

參領四員。正黄旗一員，正紅旗一員，鑲紅旗一員，鑲藍旗一員。

防禦二十員。正黄旗五員，正紅旗五員，鑲紅旗五員，鑲藍旗五員。

驍騎校二十員。正黄旗五員，正紅旗五員，鑲紅旗五員，鑲藍旗五員。

筆帖式三員。正黄旗一員，正紅旗一員，鑲紅旗一員。

馬兵二千名，步兵一千名，炮手七十二名，銅藥弓鐵匠二十名； 官坐馬五百八十六匹，戰馬六千十六匹。

歲需俸薪餉乾銀七萬五千三百七十七兩，米六萬七千九十八石，豆五萬九千四百十八石，草三百五十六萬五千八十束。

左營

原設左營副將，康熙三十八年改中軍副將兼管左營事。 舊額副將一員，守備一員，千總二員，把總四員，馬戰兵一百名，步戰兵四百名，守兵五百名； 官坐馬二十八匹，戰馬一百匹； 沙船二十七隻，唬船十八隻，捕舵繚碇手二百二十五名，水手匠役四百六十九名。 康熙二十五年，改步戰兵二百名爲守兵。 二十六年，裁馬步戰、守兵三十五名，馬三匹。 三十五年，裁步戰兵三十八名。 雍正二年，撥步戰、守兵十一名入太湖營。 五年，撥守兵九名入蘇州營。 七年，添設外委千、把總六員。 八年，撥馬步戰、守兵一百六十六名，馬十五匹入鎮江營。 沙、唬船除歷年抽撥增改外，現存船、犁、沙、唬船四十四隻。

中軍副將一員。

守備一員。

千總二員。

把總四員。

外委千總二員，把總四員。

俱駐鎮江府東門外。

馬戰兵八十二名，步戰兵一百二十九名，守兵五百三十名。官坐馬二十八匹，戰馬八十二匹。

水艍船八隻，犁罾船八隻，沙船二十八隻；捕舵繚碇手二百二十名，水手匠役四百九十二名。

歲需俸薪餉乾連閏銀二萬四千五百四兩六錢六分三釐零，米五千六百六十六石七斗。

右營

舊額游擊一員，守備一員，千總二員，把總四員，馬戰兵一百名，步戰兵四百名，守兵五百名；官坐馬二十二匹，戰馬一百匹；沙船二十七隻，唬船十八隻，捕舵繚碇手二百二十五名，水手匠役四百六十九名。康熙二十五年，改步戰兵二百名爲守兵。二十六年，裁馬步戰、守兵三十五名，馬三匹。三十五年，裁步戰兵三十八名。雍正二年，撥步戰守兵七名入太湖營。五年，撥守兵九名入蘇州營。七年，添設外委千、把總六員。八年，撥馬步戰、守兵一百六十六名，馬十五匹入鎮江營。沙、唬船除歷年抽撥增改外，現存艍、犁、沙、唬船四十四隻。

游擊一員。駐劄鎮江府東門外。

守備一員。駐劄鎮江府西門外。

千總二員。

把總四員。

外委千總二員，把總四員。

以上分駐鎮江府東、西兩門外。

馬戰兵八十二名，步戰兵一百二十八名，守兵五百三十五名；官坐馬二十二匹，戰馬八十二匹；水艍船八隻，犁罾船八隻，沙船二十八隻；捕舵繚碇手二百二十名，水手匠役四百九十四名。

歲需俸薪餉乾連閏銀二萬四千三百四十四兩二錢四分五釐零，米五千六百九十石一斗。

余國柱《京口兵米留漕疏略》

凡事有利於國者，必求無害於民；有利於民者，尤期有益於國。如京口兵米，歲需一十三萬餘石，向係截留江南漕糧。至康熙三年，疏留江漕十萬，其餘不足以京口就近漕米補支。至十九年，始有採買之議。此亦不過權宜之計，未嘗慮及其便益與否也。然而採買之不便有四，截留之便亦有四，臣請得而悉陳之。

蓋江南澤國，産米有限，每歲漕白去其大半。就近採買，部中每石定價八錢，亦不爲少。然江南米價騰貴日多，八錢其最平時也。倘遇騰貴之日，官捐則必科派，民出則必加徵，强買則抑民價，其不便者一。萬一水旱洊災，無米可購，勢必遠涉江楚，長江風濤固不能免意外之虞。即使倖保無事，而船價盤剥，使費多端，公帑無可動之項，官民無可賠之力。其不便者二。且米價高下原無定時，如價值少低，自應總買。無論司庫錢糧不能一時給發，即使設法購貯，在外原無倉廒。而江南卑濕之地，積之年久，米多朽爛。責賠則無人可問，折耗則無項可補。其不便者三。購買之米，糠稻溷雜，勢所必有。非比漕米，乾圓潔净，按月支放。復加篩颺，自不免於虧折。官給之價，原有一定，支少之額，何以取足？其不便者四。

若截留本省漕米，原屬民間應完之項，任其米價騰貴，不得顆粒短少，地方就近按月解送，可以朝呼夕應。小民樂於轉輸，兵糈不至後時，此其便者一。京口應放之米，每月僅萬餘石。漕原徵收於州縣，即可散貯於州縣，晒颺則民任其力，虧折則民足其數，而米無朽爛之患，官鮮折耗之累，此其便者二。漕米起運，旗丁有行糧、漕贈之費，共計四萬餘兩。今既截留，以本地之米養本地之兵，不必動内帑十餘萬兩之購買，又可歲省行月①、漕贈四萬餘兩，以充兵餉。此則於便之中而又有益於國者三。再查康熙三年截留江漕，原因比時②江船未足，故爲移遠就近之法。而江漕至鎮，每在三四月之後，官兵計口授食，不能等待。故止留江漕十萬，又留本地漕

① 「行月」，《四庫》本作「行糧」。
② 「比時」，《四庫》本作「此時」。

米三萬餘石以爲接濟之用，兩省截留，事反牽溷。且江漕行至中途，行月、水脚仍不能免。不如直留本地之米之爲直捷，此其至便者四。

我皇上軫念民生，無事不在睿懷之中。今採買有種種之不便，截留有種種之便，臣目睹此情，不敢不據以入告。至十九年採買，原因各省漕折及截留，各省誠恐京倉不敷，故暫行採買。頃者四海昇平，各省漕糧起運本色，天庾殷實。況自順治十六年，京口官兵駐防即留本省漕米支給，幾經部臣斟酌，今亦不過遵循舊例。而國計民生，兩有所裨，誠不可不急復也。

奉旨：「著照該撫所題，截留漕糧。」

京口協水師左營

原設鎮守京口左、右兩路水師總兵二員，各統左、右二營，並屬京口將軍管轄。康熙二十一年，改屬提督標下。二十四年，改左路總兵爲京口水師總兵，裁右路總兵，並右路左營。其右路右營，歸併左路總兵，爲中、左、右三營。三十六年，裁總兵，改設副將。裁右營，改中營爲左營，左營爲右營。仍聽京口將軍管轄。

本營原額遊擊一員，守備一員，千總二員，把總四員。馬戰兵一百名，步戰兵四百名，守兵五百名。官坐馬三十四匹，戰馬一百匹。沙船二十三隻，唬船七隻，小吧唬船四隻；捕舵繚碇手一百五十名，水手匠役三百十八名。康熙二十二年，改屬提標，其沙、唬船三十隻，仍在將軍標。二十二年，撥馬步戰、守兵三十五名，馬六匹入撫標。二十四年，收沙船十五隻歸營，撥步戰、守兵六十五名入常州營，又裁馬步戰、守兵三十二名，馬四匹。二十五年，撥沙船四隻入左營，裁馬步戰、守兵六十五名，馬三匹。二十九年，撥沙船十一隻入鎮海將軍標。三十五年，裁步戰兵三十三名。三十八年，收原裁右路馬步戰、守兵一百十五名，馬十匹，小吧唬船三隻歸營。雍正二年，撥步戰、守兵十名入太湖營。五年，撥步戰、守兵九名入蘇州營。七年，添設外委千、把總六員，又添撥將軍標左營唬船二隻，捕舵等項水手二十八名。

副將一員。駐劄江陰縣城。

遊擊一員。駐劄靖江縣城。

中軍守備一員。駐劄江陰縣城。

千總二員。一駐防靖江縣，一派防各汛。

把總四員。派防各汛。

外委千總二員，把總四員。協同經制千、把總防守。

馬戰兵九十七名，步戰兵一百八十七名，守兵六百四十七名。官坐馬三十四匹，戰馬九十七匹。

唬船二隻，小吧唬船七隻；捕舵繚碇手十名，水手十八名。

歲需俸薪餉乾連閏銀一萬七千八百二十一兩三錢，米三千七百四十石一斗。

是營防守江陰縣、武進縣、靖江縣、通州、如皋縣、泰興縣地方。江陰縣汛地墩堡三十三處，武進縣汛地墩堡十處，靖江縣汛地墩堡二十四處，通州汛地墩堡七處，如皋縣汛地墩堡十四處，泰興縣汛地墩堡二處。

京口協水師右營

原額遊擊一員，守備一員，千總二員，把總四員，馬戰兵一百名，步戰兵四百名，守兵五百名；官坐馬二十二匹，戰馬一百匹；沙船二十三隻，唬船七隻，小吧唬船六隻，捕舵繚碇手一百五十名，水手匠役三百十八名。康熙二十二年，本營改屬提標，其沙、唬三十隻仍存將軍標下，裁馬步戰守兵三十六名，馬四匹。二十三年，裁馬步戰守兵九十一名，馬二匹。二十四年，裁戰守兵一百六十四名。二十五年，收①沙船八隻歸營，改馬戰兵二十三名爲步戰兵，改步戰兵一百四十二名爲守兵。二十八年，撥馬步戰、守兵二十四名入揚州營。二十九年，撥沙船八隻入鎮海將軍標。三十六年，收原裁右營馬步戰守兵二百六十四名，馬二十八匹，小吧唬船一隻歸營。雍正二年，撥步戰守兵十名入太湖營。五年，撥步戰守兵九名入蘇州營。七年，添設外委千、把總六員，收鎮海將軍標右營唬船二隻歸營。

遊擊一員。駐剳瓜洲。

中軍守備一員。駐防丹徒縣圌山韓橋汛。

千總二員。一駐防丹徒縣朱張圩汛、一駐防江都縣三江營汛。

---

① 「收」，《四庫》本作「改」。

把總四員。一駐防丹徒縣匡家橋太平港汛，一駐防泰興縣黄家港汛，一駐防江都縣大炮臺汛，一駐防丹徒縣篺灣汛。

外委千總二員，把總四員。協同經制千、把總防守。

馬戰兵九十七名，步戰兵一百八十七名，守兵六百四十七名。官坐馬二十二匹，戰馬九十七匹。唬船二隻，小吧唬船七隻；捕舵繚碇手十名，水手十八名。

歲需俸薪餉乾連閏銀一萬七千二百七十二兩二錢四分五釐零，米三千七百四十石一斗。

是營防守丹徒縣、丹陽縣、武進縣、江都縣、泰興縣地方。丹徒縣汛地墩堡四十五處，丹陽縣汛地墩堡八處，武進縣汛地墩堡二處，江都縣汛地墩堡二十八處，泰興縣汛地墩堡十八處。

康熙二十四年，兵部題：裁汰右路總兵官，其所轄兵一千九百三十名，内裁汰老弱兵一百九十名。其水師控扼長江、徽州等營，地方廣闊，汛防衝要，將餘兵一千七百四十名，並左路旗標亦裁兵一百三十名，歸併左路鎮標兵七百十名，添設一營以爲三營。徽州營增兵二百八十名，共足一千二百名，添設一營，作爲二營。揚州營增兵二百三十六名，共足七百名。壽春營增兵三百九十七名，共足一千四百九名。六安營增兵五十六名，共足七百名。常州營增兵一百四名，共足七百名。鎮江營增兵四十名，共足五百名。泰州營增兵四十七名，共足四百名。至京口水師鎮標左營，改爲中營；其裁缺右路右營官兵，改爲鎮標左營。其左營守備，改爲徽州營右軍守備；徽州營中軍守備，改爲左軍守備。奉旨：依議。

總督江南江西軍務部院軍門

駐劄江寧府。

順治二年設經略招撫内院大學士，後改總督轄江南、河南、江西三省。六年改轄江南、江西二省。康熙元年，裁操江都御史歸併兼管。十三年，改專轄江南一省。二十一年，復轄江南、江西二省，標下中左二營兼轄安慶遊兵二營。

中　營

順治五年設。舊額副將一員，守備一員，千總二員，把總四員，馬戰兵二百九十七名，步戰兵八十八名，守兵五百八十五名；官坐馬二十八匹，戰馬二百九十七匹，渡馬淺船六隻。康熙二十四年，改馬戰兵一百十五名爲步戰兵，裁戰馬一百十五匹。二十六年，裁馬戰兵三十三名，戰馬六匹。三十五年，裁步戰守兵八十七名。三十八年，裁守兵二百五十名赴黄河。雍正二年，撥守兵十一名入太湖營。五年，撥守兵六名入蘇州營。七年，添設外委千、把總六員。八年，撥千總一員、坐馬二匹入泰州營。

副將一員。

中軍守備一員。

千總一員。

把總四員。

外委千總二員，把總四員。

俱駐劄江寧省城。

馬戰兵一百七十六名，步戰兵一百五十八名，守兵二百四十九名。官坐馬二十六匹，戰馬一百七十六匹。渡馬淺船六隻。

歲需俸薪餉乾連閏銀一萬一千五百四十七兩六錢六①分四釐零，米二千二百七十三石七斗。

左營

順治五年設。舊額遊擊一員，守備一員，千總二員，把總四員，馬戰兵二百九十八名，步戰兵八十七名，守兵五百八十五名；官坐馬二十二匹，戰馬二百九十八匹，渡馬淺船五隻。康熙二十四年，改馬戰兵一百十五名爲步戰兵，裁戰馬一百十五匹。二十六年，裁馬戰守兵三十三名，馬六匹。三十五年，裁戰守兵八十七名。三十八年，裁守兵二百五十名。雍正二年，撥戰守兵七名入太湖營。五年，撥守兵六名入蘇州營。七年，添設外委千、把總六員。八年，撥守兵四名入泰州營。

① 「六」，《四庫》本作「八」。

遊擊一員。

中軍守備一員。

千總二員。

把總四員。

外委千總二員，把總四員。

俱駐劄江寧省城。

馬戰兵一百七十七名，步戰兵一百五十六名，守兵二百五十名。官坐馬二十二匹，戰馬一百七十七匹，渡馬淺船五隻。

歲需俸薪餉乾連閏銀一萬一千四百九十四兩八錢八分三釐零，米二千二百七十三石七斗。

康熙三十四年，兵部查議：江南省馬兵四千七百九十二名，步戰兵二萬三千三百七十五名，守兵二萬七千五百三十七名，共兵五萬五千七百四名。應於此内腹裏地方，減去步兵一千八百五十六名，行令將軍、督撫、提鎮，將所轄標下及各營内老弱空缺，逐一詳查抵補。得旨允行。

雍正六年，總督范時繹疏：

兩江地方沿海營汛多係水師，所用軍器以火器爲主，演放槍炮，足以制遠。至大刀、藤牌、鈎鐮槍、鉞斧、標槍、鐵彈等件，亦利水師之用，無庸酌議。

其陸路兵丁所用軍器，有三眼銃、長槍。三眼銃雖係火器，不能致遠。長槍遇有險狹地面，不能旋轉任使。嗣後將三眼銃改爲鳥槍，長槍改爲藤牌，俾器械一式，操演相同。庶通省兵丁分之則技藝各精，合之則隊伍一體，不論山險川平，皆可相資爲用。

得旨允行。

雍正八年，總督史貽直奏：請照浙、閩酌留公糧之例，以肅營伍。下江共五十有九營，額兵三萬八千七百九十四名。除各官隨糧並餘尾不應扣者不扣外，每守餉百名留出公糧三分，通共應留公糧一千五十四名，約計每歲共銀一萬二千五十七兩零，米三千七百三十一石零。自雍正辛亥年正月爲始，陸續扣出，各存本營收貯。將甲械旗幟舊敝銹壞者，先行整頓，其餘次第修理。責令中軍守備經管估計，參將、遊擊監督稽查。其上江、江西各營，亦應留出公糧，一體修整。

得旨允行。

安慶營

順治初年設總兵，駐劄安慶府城。四年改副將，七年移駐潛山，操江駐鎮安慶。康熙元年，操江裁，歸併總督，本營改設遊擊。五年復設副將，統轄沿江遊奇、瓜洲、潛山等營。原額副將一員，守備二員，千總二員，把總四員，哨官四員，馬戰兵三十五名，步戰兵一百二名，守兵七百五十三名；官坐馬三十二匹，戰馬三十五匹。唬船二十七隻。雍正二年，撥步戰守兵十二名入太湖營。五年，撥守兵九名入青村營。七年，添設外委千、把總六員。八年，改奇兵、瓜洲二營歸江寧協鎮標管轄。十二年，左軍守備改設都司僉書。

副將一員。駐劄安慶府城。

左軍都司僉書一員。

右軍守備一員。駐防安慶府城。

千總二員。一駐防安慶府城，一駐防池州府貴池縣李陽河。

把總四員。三員駐防安慶府城，一駐防貴池縣。

外委千總二員，把總四員。協同經制千、把總防守。

哨官四員。

馬戰兵三十五名，步戰兵九十九名，守兵七百三十五名。官坐馬三十二匹，戰馬三十五匹。唬船二十七隻。

歲需俸薪餉乾連閏銀一萬四千三百十二兩三錢三分六釐零，米三千三百八十九石一斗。

是營防守懷寧縣、桐城縣、望江縣、東流縣、貴池縣、銅陵縣，江西彭澤縣地方。懷寧縣汛地墩堡十三處，桐城縣汛地墩堡九處，望江縣汛地墩堡七處，東流縣汛地墩堡十一處，貴池縣汛地墩堡十六處，銅陵縣汛地墩堡四處，彭澤縣汛地墩堡六處。

遊兵營

順治初設，屬操撫標下。康熙元年，操撫裁，本營歸併總督。舊額遊擊一員，守備一員，千總二員，把總三員，馬戰兵二十六名，步戰兵一百二十六名，守兵五百八十九名；官坐馬二十四，戰馬二十六匹，大唬船一隻，小唬船二十七隻。三十五年，裁步戰兵二十八名。雍正二年，裁步戰守兵六名。五年，裁步戰守兵七名。七年，添設外委千、把總五員。

遊擊一員。駐劄和州西梁山鎮。

中軍守備一員。駐防和州城。

千總二員。一駐防荻港河口，一駐防裕溪河口。

把總三員。一駐防采石下口，一駐防銅陵河口，一駐防裕溪河口。

外委千總二員、把總三員。協同經制千、把總防守。

哨官二員。

馬戰兵二十六名，步戰兵九十六名，守兵五百七十八名。官坐馬二十四匹，戰馬二十六匹。大唬船一隻，小唬船二十七隻。

歲需俸薪餉乾連閏銀一萬六千八百四十四兩二錢四分五釐零，米二千七百三十石。

是營防守和州、無爲州，含山縣、桐城縣、銅陵縣、繁昌縣、蕪湖縣、當塗縣、江寧縣、南陵縣、青陽縣地方。和州汛地墩堡十五處，無爲州汛地墩堡十七處，含山縣汛地墩堡四處，桐城縣汛地墩堡一處，銅陵縣汛地墩堡十一處，繁昌縣汛地墩堡十二處，蕪湖縣汛地墩堡四處，當塗縣汛地墩堡九處，江寧縣汛地墩堡二處，南陵縣汛地墩堡一處，青陽縣汛地墩堡一處。

江寧城守副將協標

左營

順治三年設，屬江寧提督管轄。十六年，提督撤歸，設總管統轄，仍屬提標。十八年，提督移駐松江，屬總鎮統轄。康熙七年，改設副將，兼轄浦口、溧陽二營。舊額遊擊一員，守備一員，千總二員，把總四員，馬戰兵二百八名，步戰兵五十八名，守兵三百七十七名；官坐馬三十四匹，戰馬二百八匹。二十四年，改馬戰兵十名爲步戰兵，七十三名爲守兵，裁馬八十三匹。二十六年，裁馬步戰守兵二十三名，馬四匹。三十五年，裁步戰兵二十四名。雍正二年，撥步戰守兵十名入太湖營。五年，撥馬戰守兵六名，戰馬一匹入蘇州營。七年，添設外委千、把總六員。八年，撥安慶營所轄奇兵、瓜洲二營歸本標兼轄。

遊擊一員。

中軍守備一員。
千總二員。
把總四員。
外委千總二員、把總四員。
俱駐劄江寧省城。
馬戰兵一百二十名，步戰兵四十名，守兵四百二十名。官坐馬三十四匹，戰馬一百二十匹。
歲需俸薪餉乾連閏銀一萬二千三百五十一兩二錢八分八釐零，本色米六百九十七石二斗，折色米銀一千四十五兩八錢。
是營防守上元縣、江寧縣地方。上元縣汛地墩堡四十六處，江寧縣汛地墩堡二十四處。

右營

順治三年設，康熙七年歸協標統轄。舊額遊擊一員，守備一員，千總二員，把總四員，馬戰兵二百八名，步戰兵五十八名，守兵三百七十七名；官坐馬二十二匹，戰馬二百八匹。二十四年，改馬戰兵十名爲步戰兵，七十三名爲守兵，裁馬八十三匹。二十六年，裁馬步戰守兵二十三名，馬四匹。三十五年，裁步戰兵二十四名。雍正二年，撥步戰守兵十名入太湖營。五年，撥馬戰守兵六名，馬一匹入蘇州營。七年，添設外委千、把總六員。十年，遊擊改設都司。

都司一員。

中軍守備一員。

千總二員。

把總四員。

外委千總二員、把總四員。

俱駐劄江寧省城。

馬戰兵一百二十名，步戰兵四十名，守兵四百二十名。官坐馬二十二匹，戰馬一百二十匹。歲需俸薪餉乾連閏銀一萬一千六百九十七兩三錢五釐零，本色米六百九十六石，折色米銀一千四十四兩。

是營防守上元縣、江寧縣地方。上元縣汛地墩堡二十七處，江寧縣汛地墩堡五十六處。

奇兵營

順治初額設，隨操撫赴皖駐防，改爲太平右營。十六年復設。康熙元年，歸併督標安慶營統轄。舊額遊擊一員，守備一員，千總二員，把總三員，哨官二員，馬戰兵二十名，步戰兵一百五十五名，守兵六百二十五名；官坐馬二十四，戰馬二十四。唬船二十三隻。二十二年，裁馬步戰守兵三十二名、馬三匹。二十六年，裁步戰守兵二十七名。三十五年，裁步戰兵二十八名。雍正二年，撥步戰守兵六名入太湖營。五年，撥步戰守兵七名入南匯營。七年，添設外委千、把總五員。八年，改歸江寧協鎮統轄。十三年，添設守備一員，馬戰兵二十名，步戰兵三十名，守兵五十名，馬二十匹。

遊擊一員。駐劄儀（徵）〔真〕縣。

守備二員。一駐劄儀（徵）〔真〕縣，一駐劄青山頭。

千總二員。一駐防江寧縣新江口，一駐防儀（徵）〔真〕縣東溝。

把總三員。一駐防新江口，一换防儀（徵）〔真〕縣舊江，一换防儀（徵）〔真〕縣黄泥灘。

外委千總二員、把總三員。協同經制千、把總防守。

哨官二員。一巡防左哨江汛，一巡防右哨江汛。

馬戰兵三十七名，步戰兵一百三十五名，守兵六百二十八名； 官坐馬二十五匹，戰馬三十七匹，唬船十三隻。

歲需俸薪餉乾連閏銀一萬三千二百七十兩一錢五分七釐零，米三千一百二十石。

是營防守上元、江寧、句容、江浦、六合、丹徒、儀（徵）〔真〕七縣地方。上元縣汛地墩堡十七處，江寧縣汛地墩堡十處，句容縣汛地墩堡五處，江浦縣汛地墩堡九處，六合縣汛地墩堡八處，丹徒縣汛地墩堡六處，儀（徵）〔真〕縣汛地墩堡四十五處。

瓜洲營

順治二年設守備，專防江北水汛，屬操撫標。康熙元年，改設參將，歸併督標。十一年，裁參將，留左軍守備，爲瓜洲城守。舊額守備一員，千總一員，把總二員，哨官二員，馬戰兵四十名，步戰兵八十名，守兵二百八十名；官坐馬十四，戰馬四十四，唬船八隻。二十三年，裁馬戰守兵十六名、戰馬二匹。二十五年，裁守兵八名。二十六年，裁馬步戰守兵五名、戰馬一匹。三十五年，裁步戰兵十四名。雍正二年，撥步戰守兵三名入太湖營。五年，撥守兵四名入蘇州營。七年，添設外委千、把總三員。八年，改歸江寧協鎮統轄。九年，撥步戰兵一名入蘇州營。

守備一員。駐防瓜洲城。

千總一員。駐防瓜洲城。

把總二員。一駐防瓜洲城外，一駐防大橋汛。

外委千總一員、把總二員。協同經制千、把總防守。

哨官二員。

馬戰兵三十七名，步戰兵五十五名，守兵二百五十七名。官坐馬十匹，戰馬三十七匹。唬船八隻。

歲需俸薪餉乾連閏銀六千二百六十六兩七錢五分五釐零，米一千三百六十一石一斗。

是營防守江都縣地方。汛地墩堡二處。

浦口營

順治二年設立總兵，三年改副將，七年改參將。康熙十六年，改守備。舊額守備一員，千總一員，把總二員，馬戰兵五十五名，步戰兵四十八名，守兵二百八十名；官坐馬十匹，戰馬五十五匹。雍正二年，撥步戰守兵三名入太湖營。五年，撥守兵四名入南匯營。七年，添設外委千、把總三員。十年，守備改設都司僉書。

都司僉書一員。駐防江浦縣浦口。

千總一員。駐防江浦、六合二縣地方。

把總二員。一駐防來安縣，一駐防全椒縣。

外委千總一員，把總二員。協同經制千、把總防守。

馬戰兵五十五名，步戰兵四十七名，守兵二百七十四名；官坐馬十匹，戰馬五十五匹。

歲需俸薪餉乾連閏銀六千一百五十一兩八錢九分三釐零，本色米四百五十一石二斗，折色米一千十五石二斗。

是營防守滁州、江浦縣、六合縣、來安縣、全椒縣地方。滁州汛地墩堡十二處，江浦縣汛地墩堡七處，六合縣汛地墩堡六處，來安縣汛地墩堡一處，全椒縣汛地墩堡二處。

溧陽營

順治三年設副將，七年改參將。康熙十三年，改守備。舊額守備一員，千總一員，把總二員，馬戰兵三十名，步戰兵七十二名，守兵二百四十三名；官坐馬十四匹，戰馬三十四匹。二十二年，裁馬步戰兵十四名、馬二匹。二十五年，裁馬步戰兵十二名、馬一匹。三十四年，裁步戰兵十二名。雍正二年，撥步戰守兵三名入太湖營。五年，撥守兵三名入南匯營。七年，添設外委千、把總三員。十年，守備改設都司僉書。

都司僉書一員。駐防溧陽縣。

千總一員。駐防高淳縣。

把總二員。一駐防溧陽縣，一駐防句容縣。

外委千總一員，把總二員。協同經制千、把總防守。

馬戰兵二十七名，步戰兵五十四名，守兵二百二十名；官坐馬十匹，戰馬二十七匹。

歲需俸薪餉乾連閏銀五千二百八十四兩一錢三分五釐零，本折米一千一百七十三石九斗。

是營防守溧陽縣、溧水縣、句容縣、高淳縣地方。溧陽縣汛地墩堡十處，溧水縣汛地墩堡四處，句容縣汛地墩堡八處，高淳縣汛地墩堡五處。

總督漕運部院軍門

駐劄淮安府，標下左、右二營，兼轄淮安城守，廟灣、鹽城、海州、東海五營。

左營

順治二年設參將，九年改遊擊，康熙九年改副將。舊額副將一員，守備一員，千總二員，把總五員，馬戰兵三百五十名，步戰兵六十一名，守兵六百四十九名；官坐馬三十匹，戰馬三百五十匹。二十二年，裁步戰兵十七名。二十三年，改馬戰兵二百二十八名爲步戰兵，裁馬戰兵三十名、馬二百五十八匹。二十四年，裁守兵二十六名，收京口標營守兵二十六名歸營。三十四年，裁馬步戰兵四十名、馬二十匹。三十七年，撥把總一員、馬步戰守兵三百二十名、馬三十二匹入淮安城守營。雍正二年，撥步戰守兵十一名入太湖營。五年，撥守兵六名入蘇州營。七年，添設外委千、把總四員。八年，撥守兵二名入泰州營。

副將一員。

中軍守備一員。

千總二員。

把總四員。

外委千總一員、把總三員。

俱駐劄淮安府山陽縣舊城。

馬戰兵四十六名，步戰兵一百六名，守兵四百二十九名；官坐馬二十八匹，戰馬四十六匹。

歲需俸薪餉乾連閏銀一萬五百二十八兩五錢九分四釐，本色米一千一百三十三石二斗，折色米一千一百三十三石二斗。

是營駐防山陽縣漕河南、北兩汛地方。

右營

順治二年設。舊額遊擊一員，守備一員，千總二員，把總五員，馬戰兵三百五十名，步戰兵六十一名，守兵六百四十九名；官坐馬二十四匹，戰馬三百五十匹。康熙二十二年，裁步戰兵十七名。二十三年，改馬戰兵二百二十五名爲步戰兵，裁馬戰兵三十名、馬二百五十八匹。二十四年，裁守兵二十六名，收京口標營兵二十六名歸營。三十四年，裁馬步戰兵四十名、馬二十匹。三十七年，撥把總一員、馬步戰守兵三百二十名、馬三十二匹入淮安城守營。雍正二年，撥步戰守兵七名入太湖營。五年，撥守兵六名入蘇州營。七年，添設外委千、把總四員。八年，撥守兵二名入泰州營。

遊擊一員。

中軍守備一員。

千總二員。

把總四員。

外委千總一員、把總三員。

俱駐劄淮安府山陽縣新城。

馬戰兵四十三名，步戰兵一百六名，守兵四百三十二名；官坐馬二十二匹，戰馬四十七匹。

歲需俸薪餉乾連閏銀一萬三百九十六兩九錢五分，本色米一千一百四十石七斗五升，折色米一千一百四十石七斗五升。

是營駐防山陽縣漕河南、北兩汛地方。

淮安城守營

康熙三十七年設。原額參將一員，守備一員，千總二員，把總三員，馬戰兵八十名，步戰兵一百二十一名，守兵五百九十九名；官坐馬二十四匹，戰馬八十匹。雍正元年，撥步戰守兵六十六名入東海營。二年，撥步戰守兵九名入太湖營。五年，撥步戰守兵七名入蘇州營。七年，添設外委千、把總五員。九年撥守兵三名入蘇州營，又撥把總一員、馬步戰守兵一百六名入河標右營。

參將一員。駐劄山陽縣。

中軍守備一員。駐防山陽縣舊城。

千總二員。

把總三員。

外委千總二員、把總三員。

俱駐防山陽縣。

馬戰兵七十六名，步戰兵一百二名，守兵四百三十一名；官坐馬二十二匹，戰馬七十六匹。

歲需俸薪餉乾連閏銀一萬一千四百二十三兩一錢一分，米二千三百七十五石一斗。

是營防守山陽縣地方。汛地墩堡七處。

廟灣營

順治初設。原額遊擊一員，守備一員，千總一員，把總二員，馬戰兵七十名，步戰兵一百三十一名，守兵五百五名；官坐馬十六匹，戰馬七十匹；沙船五隻，唬船四隻。雍正二年，撥馬步戰守兵五十名入東海營，又撥步戰守兵五名入太湖營。五年，撥步戰守兵七名入蘇州營。六年，添設窈子港守備一員，把總一員，兵二百名；佃湖集設立千總一員，兵五十名，沙船二只。七年，添設外委千、把總六員。

遊擊一員。駐劄阜寧縣廟灣城。

守備二員。一駐防廟灣城，一駐防窈子港。

千總二員。一駐防阜寧縣，一駐防安東縣。

把總三員。一駐防阜寧縣，一駐防安東縣，一駐防窈子港。

外委千總二員、把總四員。協同經制千、把總防守。

馬戰兵九十名，步戰兵一百六十九名，守兵六百三十五名；官坐馬二十四匹，戰馬九十匹；沙船七隻，唬船四隻。

歲需俸薪餉乾連閏銀一萬六千七十二兩四錢，米三千四百八十六石六斗。

是營防守阜寧縣、安東縣地方。阜寧縣汛地墩堡八十八處，安東縣汛地墩堡十九處。

雍正六年，總督范時繹疏：

山陽、鹽城二縣沿海一帶地方，近因涸出灘地數百餘里，蒙茸稠密，易於藏奸。又有通洋要口，不無匪類潛踪。雖設有漕標之廟灣、鹽城等營，但汛遠兵少，稽察難周，必須添設一汛，專責巡防，方爲嚴密。

查有窈子港乃新涸灘地，適中之處，接連射陽湖口，直通雙洋海陬，誠爲扼要。請於此處設立守備一員，把總一員，駐劄分守，併請添兵丁二百名。

再，黄、灌兩河汛地，通連大海，水路交衝。查有佃湖集爲黄、灌兩河適中之地，請於此處設立千總一員，添兵五十名，駐劄防守，仍歸廟灣營遊擊兼轄。又小關子實爲海口門户，又屬水陸通衢，最關緊要。請於小關子設立守備一員，把總一員，駐劄防守。亦添兵二百名，仍歸鹽城營遊擊兼轄。

再查廟灣營額設沙唬等船僅止九隻，往來巡哨，實屬不敷。鹽城營又並無船隻，應請添沙船八隻，於新設各營汛量其遠近，分別撥給，撑駕遊巡。所設官兵，一體歸於漕標統轄。

部議覆准。奉旨：「依議。」

鹽城營

順治三年設守備，七年改遊擊。舊額遊擊一員，守備一員，千總一員，把總三員，馬戰兵七十一名，步戰兵一百三十一名，守兵五百七名；官坐馬十六匹，戰馬七十一匹。康熙三十七年，撥把總一員入淮安城守營。雍正二年，撥馬步戰守兵五十名入東海營，又撥步戰守兵五名入太湖營。五年，撥步戰守兵七名入蘇州營。六年，添設小關子守備一員，把總一員，外委把總一員，兵二百名，官坐馬六匹，戰馬二十匹，沙船四隻。七年，添設外委千、把總六員。

遊擊一員。駐劄鹽城縣城。

守備二員。一駐防鹽城縣，一駐防草堰口。

千總一員。駐防西沙溝鎮。

把總三員。一駐防新洋港，一駐防劉莊場，一駐防北劉團浦。

外委千總二員，把總四員。協同經制千、把總防守。

馬戰兵八十六名，〔步〕①戰兵一百五十九名，守兵六百二名；官坐馬二十二匹，戰馬八十六匹；沙船四隻。

歲需俸薪餉乾連閏銀一萬四千五十八兩九錢一分八釐，折色米三千四十九石二斗。

是營防守泰州、江都縣、如臯縣、興化縣、山陽縣、阜寧縣、鹽城縣、高郵州地方。泰州汛地墩堡九處，江都縣汛地墩堡二處，如臯縣汛地墩堡三處，興化縣汛地墩堡十八處，山陽縣汛地墩堡三處，阜寧縣汛地墩堡十五處，鹽城縣汛地墩堡四十四處。

海州營

順治四年設副將，八年改遊擊。舊額遊擊一員，守備一員，千總二員，把總三員，馬戰兵六十一名，步戰兵一百十四名，守兵四百四十二名；官坐馬二十四匹，戰馬六十一匹。康熙三十七年，收併東海營把總一員、馬步戰守兵二

① 據《四庫》本補。

百二十六名，馬二十五匹，沙唬船十隻歸營。雍正二年，撥守備一員、把總一員、馬步戰守兵二百二十名、馬二十八匹、沙唬船十隻入東海營。三年，撥守兵五名入太湖營。五年，撥守兵六名入蘇州營。七年，補設中軍守備一員，添設外委千、把總四員，仍食馬戰兵糧。兼轄東海營。

遊擊一員。駐劄海州城。

中軍守備一員。駐防贛榆縣青口鎮。

千總二員。一駐防海州城，一駐防海州東路、南路汛。

把總三員。一駐防海州西北路汛，一駐防贛榆縣城，一駐防沭陽縣城。

外委千總一員，把總三員。協同經制千、把總防守。

馬戰兵五十八名，步戰兵一百十三名，守兵四百三十七名；官坐馬二十匹，戰馬六十二匹。

歲需俸薪餉乾連閏銀一萬一千一百四十一兩八錢四分六釐，米二千三百八十六石八斗。

是營防守海州、贛榆縣、沭陽縣地方。海州汛地墩堡七十一處，贛榆縣汛地墩堡四十處，沭陽縣汛地墩堡十九處。

東海營

順治初設守備，十八年裁，康熙十八年復設。原額守備一員，把總二員，馬戰兵三十九名，步戰兵七十七名，守兵二百六十九名；官坐馬八匹，戰馬三十九匹；沙船五隻，唬船五隻。三十七年復裁，歸併海州、淮安城守二營。雍正二年，復設守備一員、把總二員、馬戰兵三十二名、步戰兵七十一名、守兵二百八十三名，實在兵三百八十六名、沙唬船十隻。三年，撥步戰守兵二名入太湖營。五年，撥馬戰兵二名入蘇州營。七年，添設外委千總一員、把總二員，仍食馬戰兵糧。

守備一員。駐防海州東海城。

把總二員。一駐東海南城，一駐東海北城。

外委千總一員、把總二員。協同經制千、把總防守。

馬戰兵三十名，步戰兵七十名，守兵二百八十二名；官坐馬八匹，戰馬三十匹；沙船五隻，唬船五隻。

歲需俸薪餉乾連閏銀六千五百一十五兩三錢七分七釐零，米一千四百八十九石八斗。

是營防守海州、東海南北二城地方。海州汛地墩堡三十六處。

總督江南河道提督軍門

駐劄淮安府清江浦。標下中營、左營、右營、蕭營，兼轄山清裏河上營、下營，山清外河，山安海防，高堰、山盱，山安上河、下河，桃源安清中河，楊河上營、下營，徐河南岸、徐河北岸，邳睢、宿虹北岸、宿虹南岸、桃源南岸、桃源北岸、宿遷運河、葦蕩河營二十營。

中營

雍正十年設副將一員、都司一員、千總二員、把總四員，馬步戰守兵六百名，官坐馬二十八匹、戰馬一百二十匹。

副將一員。

中軍都司一員。

千總二員。

把總四員。

俱駐劄清江浦。

馬戰兵一百二十名，步戰兵二百四十名，守兵二百四十名；官坐馬二十八匹，戰馬一百二十匹。

歲需俸薪餉乾連閏銀一萬三千五百六十二兩七錢九分四釐，米二千三百四十石。

是營駐防清江浦並清河一帶地方。

左營

順治三年設徐州總兵，七年改副將，屬漕標。雍正七年，移屬河標，改爲中營。舊額副將一員，守備二①員，千總二員，把總四員，馬戰兵二百名，步戰兵一百二十五名，守兵五百三十七名；官坐馬三十二匹，戰馬二百匹。康熙二十二年，撥馬步戰守兵三十四名、馬四匹入撫標。二十三年，裁馬戰兵一百十三名、馬一百十三匹。二十五年，改步戰兵六十名爲守兵。二十六年，裁馬步戰守兵二十九名、馬三匹。三十五年，裁步戰守兵三十名。雍正二年，撥步戰守兵十二名入太湖營。五年，撥步戰守兵八名入蘇州營。六年，添設外委千把總六員。十年，改爲左營，改左軍守備爲都司，添設千、把總二員，外委千、把總二員，馬步戰守兵二百名，兼轄蕭營。又收右營把總一員，馬步戰守兵一百九十八名，官坐馬二匹、戰馬七十一匹歸營。

副將一員。駐劄徐州府城。

中軍都司一員。駐防徐州府城。

右軍守備一員。駐防夏鎮。

千總三員。一駐防沛縣，一駐防徐州城西北路。

---

① 「二」，《四庫》本作「一」。

把總六員。一駐防徐州城南路，一駐防徐州城東北路，一駐防豐縣，一駐防睢寧縣。

外委千總三員，把總五員。協同經制千、把總防守。

馬戰兵一百六十六名，步戰兵二百二十二名，守兵七百五十四名；官坐馬三十四匹，戰馬一百五十一匹，巡船五隻。

歲需俸薪餉乾連閏銀二萬二千八十二兩八錢五分二釐，米四千四百七十三石三斗。

是營防守徐州府、豐縣、沛縣、睢寧縣地方。徐州府汛地墩堡十一處，豐縣、沛縣耑管城池、庫獄、關廂，睢寧縣汛地墩堡六處。

右營

順治五年設遊擊，屬漕標。雍正七年，移歸河標，改爲右營。舊額遊擊一員，守備一員，千總二員，把總四員，馬戰兵七十四名，步戰兵一百十八名，守兵五百二十一名；官坐馬二十二匹，戰馬七十四匹。雍正二年，撥步戰守兵七名入太湖營。五年，撥步戰守兵七名入蘇州營。七年，添設外委千、把總六員。八年，收濟寧營馬戰兵四十七名歸營。九年，收淮安城守營把總一員，馬步戰守兵一百六名，葦蕩營馬戰守兵四十七名歸營；撥守兵十名入蘇州營。十年，添設千把總二員、外委千把總二員、馬步戰守兵二百名、官坐馬四匹、戰馬二十匹，又撥把總一員、馬步戰守兵一百九十八名、官坐馬二匹、戰馬七十一匹入左營。

遊擊一員。駐劄桃源縣白洋河地方。

中軍守備一員。駐防宿遷縣城。

千總三員。一駐防白洋河鎮，一駐防新邳州地方。

把總五員。一駐防桃源縣，一駐防隅頭集，一駐防宿遷城外，一駐防邳州泇口，一駐防清河縣。

外委千總三員，把總五員。協同經制千、把總防守。

馬戰兵九十四名，步戰兵二百六名，守兵五百九十一名；官坐馬二十六匹，戰馬九十四匹，巡船九隻。

歲需俸薪餉乾連閏銀一萬六千一百六十六兩一錢九分六釐，米三千四百八十二石七斗。

是營防守邳州、宿遷縣、桃源縣、清河縣地方。邳州汛地墩堡十處，宿遷縣汛地墩堡二十六處，桃源縣汛地墩堡十四處，清河縣汛地墩堡九處。

蕭營

順治三年，改碭營爲蕭營，屬漕標。雍正七年，改歸河標。舊額守備一員，把總一員，馬戰兵五十名，步戰兵六十七名，守兵一百八十二名；官坐馬六匹，戰馬五十匹。康熙二十二年，撥馬戰兵一名、馬一匹入撫標。二十三年，裁馬戰兵二十一名、馬二十一匹。二十五年，改步戰兵十二名爲守兵。二十六年，裁馬步戰守兵十名、馬一匹。三十五年，裁步戰兵十一名。雍正二年，撥步戰守兵二名入太湖營。五年，撥守兵三①名入蘇州營。七年，添設外委把總一員，仍食馬戰兵糧。十年，守備改設都司僉書。

都司僉書一員。駐防蕭縣城。

把總一員。駐防碭山縣。

外委把總一員。協防蕭縣。

馬戰兵二十七名，步戰兵四十一名，守兵一百八十三名；官坐馬六匹，戰馬二十七匹，巡河船四隻。

歲需俸薪餉乾連閏銀四千四百五十七兩六錢五分六釐，米九百七十八石九斗。

是營防守蕭縣、碭山縣地方。蕭縣汛地墩堡十處，碭山汛地墩堡九處。

雍正七年，署江南河道總督尹繼善奏：

河標設在濟寧，自應歸北河衙門管轄。惟是總督江南河道提督軍務不便，竟無武備。清江爲道庫錢糧重地，須設兵防守，但另立標營，則營防俸餉必多糜費。查有漕臣標下共設有左、

---

① 「三」，《四庫》本作「二」。

右、城守三營，併轄廟灣、鹽城、海州、宿遷、東海、徐州、蕭縣七營，共設兵六千二百餘名。內徐州、宿遷營汛俱屬沿河。徐州設有副將一員，兼轄蕭營，共馬步兵一千名。宿遷設有遊擊一員，帶馬步兵六百五十二名。若將徐州營改爲江南河標中軍副將，宿遷營改爲江南河標遊擊，仍駐劄徐州、宿遷，分汛防守，聽河臣就近調度，則官兵不必加增，營汛無庸動移，實爲至便。

再，自清江至清河縣三十餘里，向係漕標右營、城守營汛地。應請歸併宿遷營，則沿河自清江浦直達徐州，毫無間隔。至河臣駐劄清江浦地方，向撥濟標馬兵四十餘名，跟隨差遣。伊等家口俱久住江南，於河務又甚熟悉，應仍留江南，統聽宿遷營管轄。其餘每季更換之備弁步兵，竟行停止。仍在徐州、宿遷營內抽調千、把總二員，帶兵一百五十餘名，合之原有馬兵足二百名之數，隨標操演，並可防守道庫。

兵部覆准。奉旨：「依議。」

雍正九年，總河嵇曾筠等疏：

徐州、宿遷二營改隸河標一案，自清江至清河縣三十餘里，汛地歸宿遷營轄。臣查清江至清河縣三十餘里汛地，原防係漕標城守營，不在徐、宿二營之內。今營制既分，漕臣遂將城守營兵撤回。其一切汛防，於宿遷營分撥安設，不敷調遣。至隨標一項，復於徐州、宿遷二營弁兵通融酌撥，而徐州地方遼闊，實屬汛廣兵單。抽調往來，輪流更换，亦非經久之計。隨經漕臣將原防清河裏汛把總一員、兵丁七十二名，並清江閘上原防兵三十四名，歸於宿遷營管轄。

至於隨標操演，防守道庫，亦關緊要。查葦蕩營内馬步兵丁一千二百三十名，衹供巡防、催攢葦船，原無專汛，尚堪分撥。今酌量抽調馬兵二十名、守兵二十七名，歸併宿遷營管轄。加以漕臣咨回城守營兵丁一百六名，合之原留濟標馬兵四十七名，以足二百名之數。除派防外，可供隨標操演、防守道庫之用。

但清江地方止有漕標新歸把總一員，不足以資彈壓。應請設立守備一員，令其兼轄，駐劄清江地方，隨標操演，實爲至便。

兵部覆准。奉旨：「依議。」

山清裏河上營

康熙十七年，原設山清盱眙河營，額守備一員，千總二員，把總四員，步戰兵十四名，守兵七百五十五名；官坐馬十六匹；大浚船六十四隻，大柳船四隻。二十九年，撥兵二十一名入山清外河營。三十八年，撥千總一員、把總二員、步戰兵六名、守兵三百四十四名、官坐馬六匹、大浚船三十二隻、大柳船二隻入新設高堰河營，改盱眙河營爲山清裏河營。又題裁歲夫改募河兵一百十名。五十五年，撥守兵三十名入揚河營。雍正五年，撥守兵一名赴山東芝麻莊工所。六年，添設參將一員，統轄淮徐、淮揚新舊二十營；遊擊一員，分管淮揚新舊十一營。七年，分本營爲上、下二營，撥把總一員、步戰守兵一百七十名，官坐馬二匹，大浚、柳船十三隻入新設裏河下營，改本營爲裏河上營。

參將一員。駐劄清河縣運口。

遊擊一員。駐劄安東縣。

守備一員。駐防山陽縣清江浦。

千總一員。駐防清江浦。

把總一員。駐防運口。

步戰兵五名，守兵三百二名；官坐馬二十八匹；大浚船二十隻，大柳船一隻。

歲需俸薪餉乾米折連閏銀五千五百五十九兩零。

是營修防山陽縣、清河縣、安東縣河工。

山清裏河下營

雍正六年分裏河營設立。

守備一員。駐防山陽縣楊家廟。

把總一員。駐防楊家廟。

步戰兵三名，守兵一百六十七名；官坐馬六匹；大浚船十二隻，大柳船一隻。

歲需俸薪餉乾米折連閏銀二千八百七兩零。

是營修防山陽縣河工。

山清外河上營

康熙十七年設立外河營。原額守備一員，千總二員，把總四員，步戰兵二十一名，守兵一千九十五名；官坐馬十六匹；大浚船七十一隻，中浚船十隻，小浚船二十六隻，舠船三隻，柳船四隻。二十九年，收山清、盱眙河營兵二十一名歸營。三十八年，撥把總一員、步戰守兵九十八名、官坐馬二匹、浚柳船五隻入新設中河營，又題裁歲夫改募河兵一百六十六名。雍正七年，分本營爲上、下二營，撥把總二員、步戰守兵五百五十一名、官坐馬四匹、浚柳舠船五十四隻入新設外河下營，本營改爲外河上營。雍正九年，撥歸把總一員、步戰守兵九十名、官坐馬二匹、浚船七隻，仍留本營管轄。

守備一員。駐防山陽縣老壩口。

千總二員。一駐防清河縣玉皇閣，一駐防山陽縣大車路口。

把總二員。一駐防清河縣惠濟祠，一駐防山陽縣韓家莊。

步戰兵十三名，守兵七百三十一名； 官坐馬十二匹； 大浚船四十二隻，中浚船二隻，小浚船十二隻，柳舡船三隻。

歲需俸薪餉乾米折連閏銀一萬一千七百九十六兩一錢六分零。

是營修防山陽縣、清河縣河工。

山安海防河營

即外河下營，雍正七年分外河營設立。守備一員，把總二員，步戰兵十名，守兵五百四十一名； 官坐馬八匹； 大浚船三十二隻，中浚船七隻，小浚船十二隻，柳舡船三隻。九年，收山安下營把總一員、戰守兵一百五名、官坐馬二匹、大浚船八隻歸營。

守備一員。駐防阜寧縣童家營地方。

把總三員。一駐防山陽縣小茭陵，一駐防阜寧縣馬邏，一駐防阜寧縣大套。

步戰兵十名，守兵五百五十六名； 官坐馬十匹； 大浚船三十六隻，中浚船七隻，小浚船九隻，柳舡船三隻。

歲需俸薪餉乾米折連閏銀八千九百八十七兩七錢四分三釐零。

是營修防山陽縣、阜寧縣河工。

高堰上營

康熙三十八年，分盱眙河營設立山盱高堰河營。守備一員，千總一員，把總二員，步戰兵六名，守兵三百四十四名；官坐馬十匹；大浚船三十二隻，大柳船二隻。本年題裁歲夫改募河兵一百名。雍正七年，分本營爲上、下二營，撥把總二員、步戰守兵二百二十五名、官坐馬四匹、浚柳船十七隻入新設下營，本營改爲高堰上營。

守備一員。駐防山陽縣高家堰。

千總一員。駐防高家堰。

把總二員。駐防高良澗。

步戰兵三名，守兵二百二十二名；官坐馬八匹；浚船(船)①十六隻，柳船一隻。

歲需俸薪餉乾米折連閏銀三千七百十二兩一錢九分零。

是營修防山陽縣洪湖堤工。

① 據《四庫》本「船」爲衍文，應删。

山盱下營

即高堰下營，雍正七年分高堰河營設立。

守備一員。駐防山陽縣高良澗。

把總二員。一駐防高良澗，一駐防山陽縣周橋。

步戰兵三名，守兵二百二十二名。官坐馬六匹。浚船十六隻，柳船一隻。

歲需俸薪餉乾米折連閏銀三千六百四十兩八錢一分零。

是營修防山陽縣、盱眙縣洪湖堤工。

山安上河營

康熙十七年設立山安河營。額守備一員，千總二員，把總四員，步戰兵十九名，守兵九百九十八名；官坐馬十六匹；大浚船八隻，中浚船四十隻，大柳船五隻。三十八年，撥千總一員、官坐馬二匹、步戰守兵二百九名、浚柳船七隻入新設安清中河營，又題裁歲夫改募河兵一百五十一名。雍正五年，撥守兵二名赴山東芝麻莊工所。七年，分本營爲上、下二營，撥把總三員、步戰守兵四百一名、官坐馬十匹、浚柳船四十八隻入新設下河營，本營改爲山安上河營。

守備一員。駐防安東縣城。
千總一員。駐防安東縣城。
把總一員。駐防安東縣二塘。
步戰兵十名，守兵五百四十六名；官坐馬八匹；大浚船四十九隻，中浚船二十隻，柳船二隻。
歲需俸薪餉乾米折連閏銀八千七百八十六兩四錢一分。
是營修防山陽縣、安東縣黄河北岸堤工。

山安下河營

雍正七年分山安河營設。原額守備一員，把總三員，步戰兵七名，守兵三百九十四名；官坐馬十匹；大浚船三十四隻，中浚船十四隻，柳船二隻。九年，撥把總一員、步戰守兵一百五名、浚船八隻入山清外河營。

守備一員。駐防安東縣佃湖。
把總二員。一駐防佃湖，一駐防阜寧縣馬家港。
步戰兵五名，守兵二百九十一名；官坐馬八匹；大浚船二十六隻，中浚船十四隻，柳船二隻。
歲需俸薪餉乾米折連閏銀四千七百九十七兩六錢九分四釐。
是營修防阜寧縣、安東縣堤工。

桃源安清中河河營

康熙三十八年設立。額守備一員，千總一員，把總三員，步戰兵十二名，守兵五百九十一名；官坐馬十二匹；大浚船五隻，中浚船八隻，小浚船六隻，大柳船四隻，本年題裁歲夫改募河兵二百五十六名。五十五年，撥守兵四十名入揚河營。雍正八年，撥把總二員、步戰守兵四百二十五名、官坐馬八匹、浚柳船十一隻入新設宿桃中河上營。九年，將中河上營把總一員、步戰守兵二百名、官坐馬二匹、柳船二隻歸本營管轄。

守備一員。駐防清河縣。

千總一員。駐防安東縣。

把總二員。一駐防桃源縣，一駐防清河縣。

步戰兵十名，守兵五百八十四名；官坐馬十匹；中浚船八隻，小浚船二隻，柳船四隻。

歲需俸薪餉乾米折連閏銀九千四百二十四兩三錢二分七釐零。

是營修防桃源縣、清河縣、山陽縣、安東縣中河堤工。

揚河上營

康熙十七年設立揚屬河營。額守備一員，千總二員，把總三員，步戰兵十一名，守兵六百二名；官坐馬十四匹；浚船七十八隻，柳船四隻。三十八年，題裁歲夫改募河兵七十八名。五十五年，收裏河營守兵三十名、中河營守兵四十名歸營。雍正五年，撥守兵一名入山東芝麻莊工所。七年，分本營爲上、下二營，撥把總一員、步戰守兵一百九十一名、官坐馬二匹、浚柳船十四隻入新分下河營，本營改爲揚河上營。

守備一員。駐防高郵州。
千總二員。一駐防寶應縣汜甸橋，一駐防高郵州清水潭。
把總二員。一駐防高郵州，一駐防寶應縣。
步戰兵九名，守兵五百六十名；官坐馬十二匹；浚船六十五隻，大柳船三隻。
歲需俸薪餉乾米折連閏銀九千一百七兩零。
是營修防寶應縣、高郵州運河堤工。

揚河下營

雍正七年分揚河營設立。

守備一員。駐防瓜洲。
把總一員。駐防江都縣邵伯。

步戰兵二名，守兵一百八十九名；官坐馬六匹；浚船十三隻，柳船一隻。
歲需俸薪餉乾米折連閏銀三千一百六兩零。
是營修防高郵州、江都縣運河堤工，瓜洲江工。

徐河南岸營

原設徐屬河營，額守備一員，千總二員，把總四員，步戰兵十九名，守兵一千六十九名；官坐馬十六匹；大浚船二十三隻，大柳船七隻。康熙三十八年，題裁歲夫改募河兵三百三名，内撥守兵一百二十一名入葦蕩營。雍正六年，分本營爲南岸、北岸二營，撥千總一員、把總一員、步戰守兵四百三十二名入新分北岸營，本營改爲南岸營。

守備一員。駐防徐州。
千總一員。駐防徐州郭家嘴。
把總三員。一駐防徐州郭家嘴，一駐防蕭縣順河集，一駐防碭山縣定國寺。
步戰兵十四名，守兵八百二十四名；官坐馬十二匹；大浚船十七隻，大柳船五隻。
歲需俸薪餉乾米折連閏銀一萬三千二百三十七兩二錢二分二釐零。
是營修防靈璧縣、徐州、蕭縣、碭山縣河工。

徐河北岸營

雍正六年分徐屬河營設立。

守備一員。駐防徐州土山寺。

千總二員。駐防徐州大壩。

把總一員。駐防豐縣龍盤集。

步戰兵八名，守兵四百二十四名；官坐馬八匹；大浚船六隻，大柳船二隻。

歲需俸薪餉乾米折連閏銀六千七百八十二兩九錢五分八釐零。

是營修防徐州、豐縣河工。

邳睢河營

舊額守備一員，千總二員，把總三員，步戰兵十七名，守兵九百三十名；官坐馬十四匹；大浚船七十隻，大柳船五隻。康熙三十八年，題裁歲夫改募河兵四百四十名。雍正六年，添設遊擊一員，分管淮徐南北九營；守備一員，分管睢寧、靈璧二縣黄河南岸汛。

遊擊一員。駐劄宿遷縣地方。

北岸守備一員。駐防睢寧縣木社店。

南岸守備一員。

千總二員。一駐防董家堂，一駐防戴家樓。

把總三員。一駐防董家堂，一駐防五工頭，一駐防王家堂。

步戰兵二十二名，守兵一千三百六十五名；官坐馬二十二匹；大浚船七十隻，大柳船五隻。

歲需俸薪餉乾米折連閏銀二萬一千九百九十六兩一錢三分九釐零。

是營修防邳州、睢寧縣、靈璧縣河工。

宿虹北岸河營

原設宿虹河營，額守備一員，千總二員，把總四員，步戰兵十九名，守兵八百六十六名；官坐馬十六匹。大柳船五隻，大浚船四十三隻，小浚船二十八隻。康熙二十九年，撥兵四十七名入濟標中、左、右三營。三十八年，題裁歲夫改募河兵一百十七名。三十九年，撥把總一員、步戰守兵一百四十六名、浚船九隻入新設中河營。雍正九年，又撥把總一員、步戰守兵一百十七名、浚船九隻、柳船一隻歸宿遷運河廳管轄。六年，分本營爲南岸、北岸二營，撥千總一員、把總一員、步戰守兵三百七十名、官坐馬四匹、柳船二隻、浚船二十二隻入新分宿虹南岸河營，本營改爲宿虹北岸河營。

守備一員。駐防宿遷縣。
千總一員。駐防宿遷縣皂河。
把總一員。駐防宿遷縣五堡。
步戰兵七名，守兵四百九名；官坐馬八匹；大柳船二隻，大浚船二十一隻，小浚船十隻。
歲需俸薪餉乾米折連閏銀一萬二百六十四兩一錢八分五釐零。
是營修防邳州、宿遷縣黄河北岸堤工。

宿虹南岸河營

雍正六年分宿虹河營設立。

守備一員。駐防宿遷縣白洋河。
千總一員。駐防宿遷縣洋河汛。
把總一員。駐防宿遷縣蔡家樓汛。
步戰兵五名，守兵三百六十五名；官坐馬八匹；大柳船二隻，大浚船十二隻，小浚船十隻。
歲需俸薪餉乾米折連閏銀一萬一百九十七兩一錢五分九釐零。
是營修防邳州、宿遷縣黄河南岸堤工。

桃源南岸河營

原設桃源河營，額守備一員，千總二員，把總三員，步戰兵十五名，守兵八百五十一名；官坐馬十二匹；大柳船六隻，大浚船五隻，小浚船二十二隻。康熙三十八年，題裁歲夫改募河兵二百名。三十九年，撥步戰守兵一百五十三名、柳船二隻入中河營。雍正六年，分本營爲南岸、北岸二營，撥千總一員、把總一員、步戰兵六名、守兵四百四十三名、官坐馬四匹、浚柳船三十五隻入新分桃源北岸河營，本營改爲桃源南岸河營。

守備一員。駐防桃源縣。

千總一員。駐防桃源縣龍渦汛。

把總一員。駐防桃源縣烟墩汛。

步戰兵六名，守兵四百五十八名；官坐馬八匹；大柳船二隻，大浚船二十一隻，小浚船十三隻。

歲需俸薪餉乾米折連閏銀七千三百五十兩六分八釐零。

是營修防桃源縣黄河南岸堤工。

桃源北岸河營

雍正六年分桃源河營設立。

守備一員。駐防桃源縣。

千總一員。駐防桃源縣雀鎮汛。

把總一員。駐防桃源縣三義鎮汛。

步戰兵六名，守兵四百四十三名；官坐馬八匹；大柳船二隻，大浚船二十四隻，小浚船九隻。

歲需俸薪餉乾米折連閏銀七千一百二十二兩八錢九分八釐零。

是營修防桃源縣黄河北岸堤工。

宿遷運河營

即宿桃中河上營，雍正六年分中河下營設立。守備一員，把總二員，步戰兵六名，守兵四百十九名；官坐馬八匹，大柳船二隻，大浚船五隻，小浚船四隻。九年，撥把總一員、步戰守兵二百名、官坐馬二匹、柳船二隻入桃源安清中河下營，收宿虹運河汛把總一員、步戰守兵一百十七名、〔官〕①坐馬二匹、柳浚船十隻歸營。

守備一員。駐防宿遷縣皂河。

把總二員。一駐防宿遷縣楊家莊，一駐防皂河。

① 據《四庫》本補。

步戰兵五名，守兵三百三十七名；官坐馬八匹；大浚船十隻，小浚船八隻，大柳船一隻。

歲需俸薪餉乾米折連閏銀五千四百四十九兩七錢六釐零。

是營修防宿遷縣運河兩岸堤工。

葦蕩營

康熙三十八年設。原額遊擊一員，守備二員，千、把總六員①，步戰守兵一千二百三十名；官坐馬二十六匹。五十三年，裁遊、守三員。五十七年，官兵一併裁汰。雍正四年，復設，參將一員，守備二員，千總二員，把總四員，馬戰兵一百名，步戰兵三十名，守兵一千一百名。九年，撥馬步戰守兵四十七名、馬二十四入河標右營。

參將一員。駐劄阜寧縣仁和鎮。

左營守備一員。駐防海州大伊鎮。

右營守備一員。駐防仁和鎮。

千總二員。一駐防龍窩蕩北汛，一駐防北蕩汛。

把總四員。一駐防龍窩蕩南汛，一駐防出河港，一駐防南蕩汛，一駐防西蕩汛。

---

① 「六員」，《四庫》本作「四員」。

馬戰兵八十名，步戰兵三十名，守兵一千七十三名；官坐馬二十八匹，戰馬八十匹。

歲需俸薪餉乾米折連閏銀一萬九千六百二十一兩三錢八分。

是營專司督兵採葦。

巡撫江蘇等處地方軍門

駐劄蘇州府，順治四年設立，中軍、左、右營遊、守各一員。五年，裁左營，歸併中軍。康熙元年，停理軍務，本標官兵奉裁中軍遊擊，改爲蘇州城守營。十三年，復設本標左、右二營，兼轄蘇州城守、平望二營。

左營

順治四年設。五年裁，歸併中軍。康熙十三年復設。舊額遊擊一員，守備一員，千總二員，把總四員，馬戰兵五十名，步戰兵二百名，守兵二百五十名；官坐馬二十二匹，戰馬五十匹；巡船十隻。二十五年，改步戰兵一百名爲守兵，又裁馬步戰守兵十七名、馬一匹。三十五年，裁步戰兵八十三名。三十八年，調守兵百名赴河標。雍正二年，撥步戰守兵七名入太湖營。五年，撥守兵三名入蘇州營。七年，添設外委千、把總三員，仍食馬戰兵糧。八年，撥守兵二名入泰州營。九年，遊擊改設參將，統轄左、右兩營，撥巡船五隻入蘇州營。

中軍參將一員。

中軍守備一員。

千總二員。

把總四員。

外委千總一員、把總二員。

俱駐劄蘇州城。

馬戰兵四十九名，步戰兵十二名，守兵二百二十七名；官坐馬二十四匹，戰馬四十九匹；巡船五隻。

歲需俸薪餉乾連閏銀六千二十四兩四錢，米一千一百二十三石二斗。

右營

順治四年設，康熙元年裁，十三年復設。舊額遊擊一員，守備一員，千總二員，把總四員，馬戰兵五十名，步戰兵二百名，守兵二百五十名；官坐馬二十二匹，戰馬五十匹；巡船十隻。二十五年，改步戰兵一百名爲守兵，又裁馬步戰守兵十八名、馬二匹。三十五年，裁步戰兵八十二名。三十八年，調守兵一百名赴河標。雍正二年，撥步戰守兵七名入太湖營。五年，撥守兵三名入蘇州營。七年，添設外委千、把總三員，仍食馬戰兵糧。八年，撥把總一員、守兵二名、〔官〕①坐馬二匹入泰州營。

遊擊一員。

中軍守備一員。

千總二員。

把總三員。

外委千總一員、把總二員。

俱駐劄蘇州府城。

馬戰兵四十五名，步戰兵十三名，守兵二百二十七名；官坐馬二十匹，戰馬四十八匹；巡船十隻。

歲需俸薪餉乾連閏銀五千五百四十七兩七錢六分四釐，米一千三十六石八斗。

總督于成龍疏

江寧、安徽二撫標原添設官兵二千五百名，經部臣會議，留爲經制，將督、提、鎮、協各營内

① 據上下記述體例擬補。

老弱裁汰，以足其數。

茲准提臣楊捷咨稱：江南地方廣闊，外有江海，內有叢山，無險不備。各營額兵節經裁減，處處兵單，萬難再裁。議將徽、六二營所裁續添兵丁一千名抵補，尚不敷一千五百名，應再於通省內地各營裁汰。臣思裁補撫標兵缺，雖部議於督、提等標汰除，然未有不量其汛地之險易而概行裁汰者。

今查江南幅幀遼闊，水陸兼防，在在需兵。而沿江、沿海爲尤甚：如崇明、雲臺，俱各孤懸海中。金山、柘林、青村、南匯、川沙、吴淞、黄浦，又皆逼近海面。京口一鎮跨江設險，咽喉要津，且有漕白糧艘經由。若夫泰州一營，兼轄興、掘二汛，民、竈雜處，地極其廣，而兵僅三百四十餘名。是以各營急需多兵彈壓，均不便議裁。

此外，內地額兵共計止有三萬五千七百九十餘名，而議裁二千五百名，所裁過多。則營伍空虛，汛官鮮不廢弛。是撫標兵缺，雖取足於腹裏各營，而汛廣兵單，又不可不預爲之所。此提臣徽、六二營裁兵撥補之議爲有見也。蓋徽、六二營新裁兵一千名，原係通省閑甲。今以各營之閑甲，仍抵各營之裁汰，祗以增足五萬五千之額，原非另外添設。即朝廷多此千兵糧餉，非與國帑有虧。而各營多此千兵汛守，則與地方有益。相應仰請皇上允臣所請，將徽、六二營新裁兵丁一千名，即抵撫標之數，其餘一千五百名，容臣於內地各營通融分派，陸續裁汰可也。

部議覆准。奉旨：「依議。」

蘇州城守營

順治四年設撫標左營，五年裁併中軍，康熙元年改設城守營。原額遊擊一員，守備一員，千總二員，把總五員，馬戰兵四十名，步戰兵一百五十名，守兵七百六十八名；官坐馬二十四匹，戰馬四十匹；巡船四十八隻。二十二年，裁缺兵三十三名、馬一匹，撥馬步戰守兵一百名入海州營。二十五年，裁缺兵二十九名、馬一匹。五十四年，裁缺兵五名。雍正二年，裁缺兵七名。五年，添設右軍守備一員、馬步戰守兵二百四十六名、官坐戰馬十八匹。七年，添設外委千總二員、把總五員。九年，添設左軍守備一員、把總二員、外委把總二員、馬步戰守兵一百九十一名、巡鹽壯丁五十名、官坐戰馬二十一匹、巡船十隻。

遊擊一員。駐劄蘇州府城。

中軍守備一員。駐防蘇州府城。

左軍守備一員。駐防蘇州府城。

右軍守備一員。駐防昆山縣城。

千總二員。一駐防角直鎮，一駐防鐵陵關。

把總七員。一駐防大唯亭，一駐防滸墅關，一駐防楊孜橋，一駐防蘇州城内，一駐防木瀆鎮，一駐防社壇，一駐防黄埭。

外委千總二員，把總七員。協同經制千、把總防守。

馬戰兵六十三名，步戰兵一百五十八名，守兵九百九十五名；官坐馬三十六匹，戰馬六十三匹；巡船五十八隻。歲需俸薪餉乾連閏銀一萬九千九百兩五錢二分四釐，折米四千七百三十四石六斗。是營防守長洲縣、元和縣、吴縣、昆山縣、新陽縣地方。長洲縣汛地墩堡十二處，元和縣汛地墩堡十九處，吴縣汛地墩堡十五處，昆山縣汛地墩堡三處，新陽縣汛地墩堡五處。

雍正五年，提督魏經國奏略：

蘇州城廣四十五里，内外關廂居民櫛比。城守營經制兵七百五十四名，所管水陸村莊、河道、大小汛地六十餘處，在在需兵，實屬不敷。擬請添兵二百四十六名，合爲一千名之數，俾内巡密而外防周。至該營額設遊擊一員，守備一員，千總二員，把總五員，分防内外汛地，原無不足。惟是昆山一汛，素稱劇邑，水陸汛地九處，向派千把一員專防，難以兼顧。擬將現設之中軍守備改作左軍，照舊駐防蘇城。再添設右軍守備一員，令其駐防昆城。仍帶千把一員，專防城外汛地。則任分力專，可免疏虞。

兵部覆准。奉旨：「依議。」

李衛《酌議蘇郡地方營制分防疏略》

蘇州財賦重地，五方雜處，人烟稠密，宵小每有潛匿於闤闠編民之中，而難以究詰者。即如各路青藍布疋，俱於此處染色，必用大石脚踹砑光。習此業者，率皆單身烏合不守本分之輩。雖其中亦間有食力貧民，而桀驁不馴者頗多。

臣等悉心會查，蘇城地方叢雜者如胥、閶二門，自虎(邱)〔丘〕前後、山塘南北濠、楓橋西北一帶，爲長、吴、元三縣犬牙相錯之處，稽查彈壓文武官弁均不可少。三縣印捕佐雜事務殷繁，且駐劄城内，相距既遠，而地界交錯，更有互相推諉之弊。至於武職，止有楓鎮汛千總一員，尤慮顧此失彼。

蘇州府經歷係本府首領，可以兼轄三縣地方。擬將該員調駐社壇相近地方，耑司巡查，一應差委，概行停止。但經歷向無巡役，於公項内雇募二十名，令該員帶領巡緝。凡各坊踹匠以及盜賊、鹽梟等項不法之徒，即令就近會同營員查拏，録供解審。

其武職千、把官職卑微，不足彈壓。查撫標兩營中軍、遊擊二員，足以統轄右營。守備、遊擊似可裁省，以所裁之俸薪，改設蘇營守備一員、把總二員，所添亦屬無多。將此守備帶把總一員，駐於踹坊最多適中之社壇汛，又把總一員駐於黄埭汛。

此外如半塘南北濠、陸墓、王家角、長蕩河、冶長涇、許家灣、新塘橋等處，均屬緊要汛口。以舊有之外委千總一員，並添設外委把總二員，酌量派撥，水陸設防，與經歷一體巡查。如有盜匪重情，各照所管地方，分別汛兼轄處分。

蘇州、城守二營，除舊設右營官兵二百五十員名①，分防昆山原汛外，右營額兵七百九十七名，去公糧塘撥往來差役及各官隨丁字識跟役外，所餘兵丁，分派各汛，爲數無多。而防範巡查，實有未足。

查常州營現有中、左、右三軍，蘇州營亦應循照此例。左軍改爲中軍，舊有守備一員，千總一員，帶在城及周莊、木瀆、沙河四汛兵丁，照舊分防其所。請添設之守備一員，把總二員，並舊有千總一員，外委千總一員，帶原防楓橋汛兵，定爲左軍。將滸關汛把總一員，外委把總一員，及原防兵歸並管轄。統成三軍營制，就近令巡撫管，督(卒)〔率〕②操練，指揮緝捕。仍聽提督統屬。

閶、胥門外應添各處水陸塘汛，在在需兵。而下江地廣汛繁，均難抽調。惟京報、部文，巡撫衙門向係雇募遞送，每年工食銀一千五百兩，於通省耗羨公項内動支。提督衙門因無工食，向於各營抽撥③兵丁一百二十八名，逐塘遞送。似應照撫標例，亦於耗羨公項内，每年給銀一

① 「名」，《四庫》本作「各」，則當屬下讀。
② 據《四庫》本改。
③ 「撥」，《四庫》本作「發」。

千五百兩，以爲工食，一體雇募。將舊撥一百二十八名，同原撥蘇州巡鹽兵二十名，及撫標所裁遊擊員下隨丁十五名、字識跟役十五名，再撥馬十三匹，一併歸入蘇州左營。此外不敷水陸汛兵，將鹽政衙門尚在蘇州巡鹽壯丁五十名，亦撥入該營，充當水兵巡哨。於撫標向設小巡船二十隻内，抽出十隻應用，交與守備等管轄，並聽經歷稽查。所需餉米，於浙省鹽務節省盈餘項下發給，永爲定例。其巡鹽哨丁，聽商另爲雇募。

至蘇州重地，遊擊、守備員缺，均屬緊要。嗣後應令督撫、提督會同揀選題補。所設經歷、千把，亦須幹練之員，並於通省文武中職衔相當者揀選，咨部調補。其馬步戰守數目，水陸汛防官署營房，統俟請旨恩准之日，另爲咨題。

平望營

順治三年設遊擊，七年改守備。舊額守備一員，千總一員，把總二員，馬戰兵十九名，步戰兵五十七名，守兵二百三十名；官坐馬十四匹，戰馬十九匹；巡船二十隻。康熙五十四年，裁守兵三名。雍正二年，撥步戰守兵三名入太湖營。五年，撥守兵三名入蘇州營。七年，添設外委千、把總三員，仍食馬戰兵餉。十年，守備改設都司僉書。舊屬提標，今改歸撫標蘇州營統轄。

都司僉書一員。駐防蘇州府吴江縣。

千總一員。駐防平望鎮。

把總二員。一駐防同里鎮，一駐防震澤縣城。

外委千總一員、把總二員。協同經制千、把總防守。

馬戰兵十六名，步戰兵五十九名，守兵二百二十二名；官坐馬十一匹，戰馬十九匹；巡船二十隻。

歲需俸薪餉乾連閏銀五千九十七兩四錢六釐，米一千一百五十八石三斗。

是營防守吴江縣、震澤縣地方。吴江縣汛地墩堡七處，震澤縣汛地墩堡五處。

馬祜《請造營汛巡船疏》

爲酌議沿河水路設立巡船，以弭盜患，以安商民事。

該臣看得：臣屬蘇、松、常等府地方濱臨湖蕩，素稱澤國，爲盜賊淵藪，竊發靡常。昔年松江提標與蘇州營，各設有小快船四十隻。平望、無錫、常州、鎮江等處營汛，亦各設有快船一二十隻不等。分汛巡防，剿擒湖寇。此因地制宜，誠靖盜安民至計也。自康熙七年間，部差郎中卜書庫到蘇，查毁沿江、沿海各營可以出海之船，特此等内地小快船概議裁擱，收入陸地，朽壞無用。邇來盜賊乘船出没水鄉，河路劫掠時聞。汛防官兵苦無船隻，坐視賊逸，不能尾追，以致盜案日繁，參罰踵至，節據營弁詳請復設巡船。

臣正在檄行司道酌議，適准提督臣楊捷咨議：官塘河路十里安設一船，節節布置，撥兵巡防。俾各汛有船，則易於堵截追擒，實修復舊制要策。臣又通行各司道府，按程計里酌設去後。茲據册報：蘇、松、常、鎮四府屬各官塘河路及濱河要汛，共應設快船三百二十五隻。除上、清二縣已報修船二十隻外，止應造船三百五隻。每船核實需用工料銀二十兩二錢二分零，共該銀六千一百六十八兩六錢零。其所需錢糧，臣查蘇州府每年編徵水陸各營船械銀二千八百兩，遞年題報，收貯府庫，原以備修造營船甲械之用。相應於内動支打造，事竣報銷。日後遇有船隻損壞，若照近奉部行，三年始一小修、五年始一大修，恐致易於朽廢。應照馬快船定例：次年小修，每船給銀三兩；再次年大修，每船給銀六兩；五年疊造。必歲加整葺，庶堅固經久，而不致沉朽無用矣。

惟是此項船隻，臣等本因舊日汛防制度酌議成造。目今滇、閩逆賊告變，軍興旁午，四方商賈不通，民間生計蕭索，遊手無賴奸徒處處挺而走險。且自春徂夏，霪雨連綿，晝夜不息。臣屬蘇、松等府地方，低洼田地一望皆成巨浸，茫無畔岸。二麥既已腐爛，今值插蒔之際，田畝水深渰没，秧不能栽，農夫束手無策。臣雖見在檄飭有司勸諭，竭力護救，冀其播種，惟恐饑荒之衆流入匪類，相聚爲盜。近又據宜興縣營申報，浙省湖州府之長興縣，土寇竊發，警逼縣境。又據平望營呈報，浙省土寇被剿，竄遁飄突鄰境，亟須駕船撈擒。紛紛請發快船，刻不容緩。復准浙江撫臣田逢吉咨報：湖賊嘯聚，勢甚猖狂，請發官兵會勦，非船斷難追擊。

蘇、松、常三府皆與浙界①接壤，各有巨澤大川，素多伏莽。兼之河港錯雜，四通八達，汛防官兵見無船隻巡勦，遂致盜賊出没無忌。至若有船營汛，惟止太湖、吴淞、江陰等營，各設沙唬船數隻，止可於太湖、長江、海口之間，乘風行使。其在内港湖蕩，必須輕利小艇，始可飛棹掩襲。此等巨艦一入内地，便不能施展。

巨等從今日地方多事起見，敢不熟籌消弭防禦之策？此議復營汛快船，萬萬難緩，非敢虚糜朝廷金錢也。倘部臣惜費拘執，又恐貽誤匪細。用是激切詳陳，伏乞皇上俯念江南財賦奥區，謀在事先，乃爲無患，敕下該部，准臣動支本款船械銀兩，分發各營，勒限打造完固。俾官兵得以乘駕追勦，則盜賊知有整備，不致横肆流毒。庶地方隱憂可杜，民生得獲安枕矣。

除將應設船隻及需用料價數目，造册送部查核外，臣謹會同總督臣阿席熙、提督臣楊捷，合詞密題，伏乞睿鑒，敕部速賜議覆施行。

① 「界」，《四庫》本作「苟」。

巡撫安徽等處地方軍門

駐劄安慶府，舊制兼提督操江，康熙元年停理軍務，操江所屬十一營官兵歸併總督。十三年，復設本標左、右二營。

左營

順治初設中軍遊擊，屬操標，有太平左、右兩營。康熙元年，操標歸併總督。十三年，復設中軍，兼管左營。舊額遊擊一員，守備一員，千總二員，把總四員，馬戰兵七十五名，步戰兵二百二十五名，守兵四百五十名；官坐馬二十二匹，戰馬七十五匹。二十三年，裁馬戰兵二十五名、馬二十五匹。二十五年，改馬步戰兵一十名爲守兵。二十六年，裁馬步戰守兵二十五名、馬一匹。三十五年，裁步戰兵一百名。三十六年，裁守兵二十三名。三十八年，撥守兵一百七十七名赴河標。雍正二年，撥步戰守兵七名入太湖營。五年，撥守兵四名入蘇州營。七年，添設外委千、把總三員，仍食馬戰兵糧。八年，撥守兵二名入泰州營。九年，遊擊改設參將。

中軍參將一員。

左營守備一員。

千總二員。

把總四員。

外委千總一員、把總二員。

俱駐劄安慶府城。

馬戰兵四十九名，步戰兵五十九名，守兵二百七十九名；官坐馬二十二匹，戰馬四十九匹。

歲需俸薪餉乾連閏銀七千六百九十九兩六錢八分三釐零，米一千五百十六石五斗。

右營

順治初設，屬操標。康熙元年，歸併督標。十三年，復設。舊額遊擊一員，守備一員，千總二員，把總四員，馬戰兵七十五名，步戰兵三百名，守兵三百七十五名；官坐馬二十二匹，戰馬七十五匹。二十三年，撥馬戰兵二十五名、馬二十五匹赴湖廣。二十五年，改步戰兵一百三十三名爲守兵。二十六年，裁馬步戰守兵二十五名、馬二匹。三十五年，裁步戰守兵一百二十三名。三十八年，撥守兵一百七十七名赴河標。雍正二年，撥步戰守兵七名入太湖營。五年，撥守兵四名入蘇州營。七年，添設外委千、把總三員。八年，撥把總一員、守兵二名、官坐馬二匹入泰州營。

遊擊一員。

中軍守備一員。

千總二員。

把總三員。

外委千總一員、把總二員。

俱駐劄安慶府城。

馬戰兵四十八名，步戰兵五十九名，守兵二百八十名；官坐馬二十匹，戰馬四十八匹。

歲需俸薪餉乾連閏銀七千五百三十六兩九錢四分五釐零，米一千五百九石三斗。

江南通志卷九十四

武備志

兵制 三

江南全省提督軍門

駐劄松江府。順治二年，蘇州總鎮統兵駐守，後提督移鎮，管理蘇、松、常、鎮四府各營軍務。康熙元年，統理全省。十四年，添設提督一員，駐劄安徽，管理上江七府營務。全省提督改爲江寧提督，管理下江七府營務，仍駐松江。十七年，安徽提督奉裁，復管全省軍務，標下中、左、右、前、後五營，兼轄松江城守，金山、柘林、青村、川沙、南匯、黄浦、劉河、吴淞、福山、太湖、常州、江陰、靖江、楊舍、孟河、鎮江、瀦山、徽州、寧國、池州、蕪采、廣德二十三營。

中營

順治四年設。舊額參將一員，守備一員，千總二員，把總四員；馬戰兵二百四十六名，步戰兵八十名，守兵五百二十三名；官坐馬二十四匹，戰馬二百四十六匹；唬快船一隻，巡船二十一隻。康熙二十三年，改馬戰兵八十名爲步戰守兵，裁馬八十匹。二十五年，撥馬步戰守兵二十名、馬五匹入京口右路營。三十五年，裁步戰兵三十名。雍正二年，撥步戰守兵十名入太湖營。五年，撥馬步戰守兵十一名入蘇州營。七年，添設外委千、把總六員，仍食馬戰兵糧。八年，撥守兵三名入泰州營。九年，撥守兵十五名入蘇州營。

參將一員。駐劄松江府城。

中軍守備一員。駐劄松江府，貼防黄浦汛。

千總二員。駐防松江，存營操練。

把總四員。一輪防黄浦汛，一輪防金澤汛，一輪防鍾賈山汛，一輪防泖涇汛，俱駐松江府。

外委千總二員、把總四員。協同經制千、把總防守。

馬戰兵一百六十名，步戰兵九十七名，守兵五百三名；官坐馬二十四匹，戰馬一百六十匹；唬快船一隻，巡船二十一隻。

歲需俸薪餉乾連閏銀一萬三千一百四十三兩九錢一分二釐，米二千九百六十四石。

是營防守婁縣、上海縣、金山縣、青浦縣地方。

左營

順治四年設。舊額遊擊一員，守備一員，千總二員，把總四員，馬戰兵二百四十六名，步戰兵八十六名，守兵五百二十二名；官坐馬二十二匹，戰馬二百四十六匹；巡船十一隻。康熙二十三年，改馬戰兵八十名爲步戰守兵，裁馬八十匹。二十五年，收京口右路馬步戰守兵十九名歸營。三十五年，裁步戰兵三十二名。五十四年，撥守兵四名入川沙營。五十七年，收右營巡船五隻歸營。雍正二年，撥步戰守兵九名入太湖營。五年，撥馬步戰守兵十一名，馬二匹入蘇州營。七年，添設外委千、把總六員，仍食馬戰兵糧。八年，撥守兵二名入泰州營。九年，撥守兵十四名入蘇州營。

遊擊一員。駐劄華亭縣城。

中軍守備一員。駐防華亭縣城。

千總二員。俱駐防華亭縣。

把總四員。一駐防華亭縣，一駐防小涇汛，一駐防章練塘汛，一駐防盛澤汛。

外委千總二員、把總四員。協同經制千、把總防守。

馬戰兵一百六十名，步戰兵一百名，守兵五百三名；官坐馬二十二匹，戰馬一百六十匹；巡船十六隻。

歲需俸薪餉乾連閏銀一萬五千四百七兩一錢七分二釐，米二千九百七十五石七斗。

是營防守元和縣、吴江縣、婁縣、青浦縣、金山縣地方。元和縣汛地墩堡三處，吴江縣汛地墩堡六處，婁縣汛地墩堡七處，青浦縣汛地墩堡六處，金山縣汛地墩堡二處。

右營

順治四年設，駐劄松江府城。舊額遊擊一員，守備一員，千總二員，把總四員，馬戰兵二百五十名，步戰兵一百名，守兵五百五十名；官坐馬二十二匹，戰馬二百五十匹；巡船二十二隻。康熙二十四年，改馬戰兵六十六名爲步戰守兵，又裁去十四名、馬八十匹。二十六年，裁馬步戰守兵三十名、馬五匹。三十五年，裁步戰兵三十一名。五十四年，撥守兵四名入川沙營。五十七年，移駐上海縣。五十八年，收黄浦營巡船六隻歸營，撥巡船五隻入左營，又撥巡船七隻入後營。雍正二年，撥戰守兵七名入太湖營。五年，撥馬步戰守兵十一名、馬一匹入蘇州營。七年，添設外委千、把總六員，仍食馬戰兵糧。八年，撥守兵二名入泰州營。九年，撥守兵九名入蘇州營。

遊擊一員。駐劄上海縣城。

中軍守備一員。駐防上海縣城。

千總二員。一駐防上海縣城，一駐防閔行汛。

把總四員。一駐防北簳山，一駐防引翔港，一駐防塘橋汛，一駐防泗涇汛。

外委千總二員、把總四員。協同經制千、把總防守。

馬戰兵一百六十名，步戰兵一百一名，守兵五百九名；官坐馬二十二匹，戰馬一百六十匹；巡船十六隻。

歲需俸薪餉乾連閏銀一萬二千三百七兩四錢一分二釐，本折米二千七百七十二石。

是營防守華亭縣、婁縣、上海縣、南匯縣、青浦縣、福泉縣地方。華亭縣汛地墩堡四處，婁縣汛地墩堡三處，上海縣汛地墩堡九處，南匯縣汛地墩堡一處，青浦縣汛地墩堡四處，福泉縣汛地墩堡七處。

前　營

順治四年設。舊額遊擊一員，守備一員，千總二員，把總四員，馬戰兵二百四十七名，步戰兵八十四名，守兵五百二十二名；官坐馬二十二匹，戰馬二百四十七匹；巡船十一隻。康熙二十三年，改馬戰兵八十名爲步戰守兵，裁馬八十匹。二十五年，裁撥京口右路營馬步戰守兵十九名、馬五匹。三十五年，裁步戰兵三十二名。五十四年，撥守兵四名入川沙營。雍正二年，撥步戰守兵九名入太湖營。五年，撥馬步戰守兵十一名、馬一匹入蘇州營。七年，添設外委千、把總六員，仍食馬戰兵糧。八年，撥守兵二名入泰州營。九年，撥守兵十六名入蘇州營。

遊擊一員。駐劄華亭縣城。

中軍守備一員。駐防華亭縣城。

千總二員。俱駐防華亭縣。

把總四員。一駐防華亭縣城，一駐防青浦縣，一駐防震澤汛，一駐防斜塘汛。

外委千總二員、把總四員。協同經制千、把總防守。

馬戰兵一百六十一名，步戰兵九十八名，守兵五百一名；官坐馬二十二匹，戰馬一百六十一匹；巡船十一隻。

歲需俸薪餉乾連閏銀一萬五千三百八十九兩四分，米二千九百六十四石。

是營防守震澤縣、青浦縣、福泉縣、婁縣、金山縣地方。震澤縣汛地墩堡九處，青浦縣汛地墩堡五處，福泉縣汛地墩堡二處，婁縣汛地墩堡一處，金山縣汛地墩堡一處。

後營

順治四年設。舊額遊擊一員，守備一員，千總二員，把總四員，馬戰兵二百四十七名，步戰兵八十三名，守兵五百二十三名；官坐馬二十二匹，戰馬二百四十七匹；唬快船二隻，巡船十六隻。康熙二十三年，改馬戰兵八十名爲步戰守兵，裁馬八十匹。二十五年，收京口右路馬步戰守兵二十名、馬五匹。三十五年，裁步戰兵三十名。五十四年，撥守兵四名入川沙營。雍正二年，撥步戰守兵九名入太湖營。五年，撥馬步戰守兵十二名、馬二匹入蘇州營。七年，添設外委千、把總六員。八年，撥守兵二名入泰州營。九年，撥守兵十七名入蘇州營。

遊擊一員。駐劄松江府。

中軍守備一員。駐劄松江府。

千總二員。一駐防松江府，一駐防葉葭浜。

把總四員。一駐防千吕巷汛，一駐防蘆墟汛，二存營操演。

外委千總二員，把總四員。協同經制千、把總防守。

馬戰兵一百六十一名，步戰兵九十九名，守兵四百九十九名；官坐馬二十二匹，戰馬一百六十一匹；唬快船二隻，巡船十六隻。

歲需俸薪餉乾連閏銀一萬三千一百九十九兩四錢四分一釐零，米二千九百六十石一斗。

是營防守昆山縣、新陽縣、吴江縣、華亭縣、金山縣、青浦縣、福泉縣地方。昆山縣汛地墩堡八處，新陽縣汛地墩堡一處，吴江縣汛地墩堡五處，華亭縣汛地墩堡四處，金山縣汛地墩堡五處，青浦縣汛地墩堡一處，福泉縣汛地墩堡三處。

松江城守營

順治四年設提標右營，九年管理城守。原額遊擊一員，守備一員，千總二員，把總四員，馬戰兵二百四十七名，步戰兵八十五名，守兵五百三十二名；官坐馬二十二匹，戰馬二百四十七匹；唬巡船六隻。康熙二十三年，改馬戰兵八十名爲步戰守兵，裁馬八十匹。二十五年，收京口右路馬步戰守兵三十名、馬五匹。三十五年，裁步戰兵三十一名。五十四年，撥守兵四名入川沙營。雍正二年，撥步戰守兵九名入太湖營。五年，撥馬步戰守兵十一名、馬一匹入蘇州營。七年，添設外委千、把總六員，仍食馬戰兵糧。八年，撥守兵二名入泰州營。九年，撥守兵十一名入蘇州營。

遊擊一員。

中軍守備一員。

千總二員。

把總四員。

外委千總二員、把總四員。俱駐劄華亭縣城。

馬戰兵一百六十一名，步戰兵九十九名，守兵五百六名；官坐馬二十二匹，戰馬一百六十一匹；巡船六隻。

歲需俸薪餉乾連閏銀一萬三千二百三十五兩九錢一分二釐，米二千九百八十七石四斗。

是營防守華亭縣、婁縣、金山縣地方。華亭縣汛地墩堡二十一處，婁縣汛地墩堡十七處，金山縣汛地墩堡一處。

金山營

駐劄金山衛，順治初設，立參將統轄柘、青、南、川、寶五營。十八年，川沙營添設參將，廢寶山營，將南匯營歸併川沙，其柘、青二營仍屬本營統轄。舊額參將一員，守備一員，千總二員，把總四員，馬戰兵六十名，步戰兵一百九十五名，守兵六百七名；官坐馬二十四匹，戰馬六十匹；巡船十三隻。康熙二十三年，改馬戰兵三名爲步戰兵，裁馬三匹。二十五年，裁守兵十四名。二十七年，裁馬步戰守兵十六名、馬二匹。三十五年，改步戰兵十一名爲守兵。五十四年，裁守兵十名。雍正二年，撥步戰守兵九名入太湖營。五年，撥步戰守兵八名入蘇州營。七年，添設外委千、把總六員，仍食馬戰兵糧。

參將一員。駐劄金山縣城。

中軍守備一員。駐防金山縣城。

千總二員。一駐防浙江嘉興府平湖縣江門營，一駐防金山縣張堰鎮。

把總四員。二駐防金山縣城，一駐防華亭縣亭林鎮，一駐防張澤鎮。

外委千總二員、把總四員。協同經制千、把總防守。

馬戰兵五十五名，步戰兵一百七十六名，守兵五百七十四名；官坐馬二十四匹，戰馬五十五匹；巡船十三隻。

歲需俸薪餉乾連閏銀一萬四千四十七兩七錢四分六釐，本折米三千一百三十九石五斗。

是營防守華亭縣、金山縣、奉賢縣及浙江嘉興府平湖縣地方。華亭縣汛地墩堡二十六處，金山縣汛地墩堡十三處，奉賢縣汛地墩堡一處，平湖縣汛地墩堡六處。

柘林營

順治二年設遊擊，四年改守備。舊額守備一員，把總一員，馬戰兵十名，步戰兵四十三名，守兵一百三十二名；官坐馬六匹，戰馬十匹；巡船四隻。康熙三十五年，改步戰兵二名爲守兵。五十四年，撥守兵二名入川沙營。雍正二年，撥步戰兵二名入太湖營。七年，添設外委把總一員，仍食馬戰兵糧。

守備一員。駐劄華亭縣柘林城。

把總一員。駐防奉賢縣南橋鎮。

外委把總一員。協同經制把總防守。

馬戰兵十名，步戰兵四十名，守兵一百三十一名；官坐馬六匹，戰馬十匹；巡船四隻。

歲需俸薪餉乾連閏銀三千九十八兩五錢六釐，米七百五石九斗。

是營防守華亭縣、奉賢縣地方。華亭縣汛地墩堡八處，奉賢縣汛地墩堡十五處。

青村營

順治二年設。舊額守備一員，把總一員，馬戰兵十名，步戰兵四十五名，守兵一百三十七名；官坐馬六匹，戰馬十匹；巡船二隻。康熙二十五年，裁步戰守兵七名。三十五年，裁步戰兵二名。五十四年，撥守兵二名入川沙營。雍正二年，撥步戰守兵二名入太湖營。五年，添設步戰守兵一百名。七年，添設外委把總一員，仍食馬戰兵糧。

守備一員。駐防奉賢縣青村城。

把總一員。駐防蔡家橋汛。

外委把總一員。駐防青村港汛。

馬戰兵十名，步戰兵五十名，守兵二百二十一名；官坐馬六匹，戰馬十匹；巡船二隻。

歲需俸薪餉乾連閏銀四千四百六十三兩五錢六釐，米一千九十五石九斗。

是營防守奉賢縣地方。汛地墩堡二十七處。

雍正五年，提督魏經國奏稱：松江府屬華亭縣新分之奉賢縣，建衙署在青村城内；上海縣新分之南匯縣，建衙署在南匯城内。兩城向係二營，額設兵各一百八十一名，分巡水、陸墩汛二十餘處，加以縣署不敷防範。請各添兵一百名，各合二百八十一名之數，内外分汛巡查，方爲有備。兵部議：准於通省標營内兵丁現缺抽撥，令各該營就近挑選現兵弟男子侄及土著人民補伍，將各標營現在出兵缺照數撥給，以符添設之數，毋使老弱虛冒。仍將抽撥兵缺數目及募補兵丁花名逐一造册，咨送兵部查核可也。奉旨：「依議。」

川沙營

順治四年設守備，十八年改參將，兼轄南匯營。舊額參將一員，守備一員，千總二員，把總四員，馬戰兵六十四名，步戰兵一百七十四名，守兵五百九十四名；官坐馬二十四匹，戰馬六十四匹；沙船六隻，唬船二隻。康熙五十三年，裁沙唬船四隻。五十四年，收鎮海將軍標左營水艍犁繒船四隻，隨船兵丁六十四名歸營。又收各營所撥守兵五十名歸營。是年撥沙船一隻入黄浦營。雍正二年，撥戰守兵九名入太湖營。五年，撥戰守兵九名入南匯營。七年，添設外委千、把總六員，仍食馬戰兵糧。

參將一員。駐劄南匯縣川沙城。

中軍守備一員。駐防南匯縣城。

千總二員。一駐防南匯縣新場鎮，一駐防川沙城。

把總四員。一駐防周浦鎮，一駐防寶山縣城，一駐防寶山縣炮臺，一駐防上海縣曹家路。

外委千總二員、把總四員。協同經制千、把總防守。

馬戰兵六十四名，步戰兵一百九十二名，守兵六百七十二名；官坐馬二十四匹，戰馬六十四匹；沙船三隻，水艍船二隻，犁繒船二隻。

歲需俸薪餉乾連閏銀一萬五千九百五十五兩八錢九分二釐，米三千六百十九石二斗。

是營防守南匯縣、上海縣、寶山縣地方。南匯縣汛地墩堡十五處，上海縣汛地墩堡十八處，寶山縣汛地墩堡十四處。

南匯營

順治四年設。舊額守備一員，把總一員，馬戰兵十名，步戰兵四十三名，守兵一百三十二名；官坐馬六匹，戰馬十匹。康熙五十四年，撥守兵二名入川沙營。雍正二年，撥步戰守兵二名入太湖營。五年，添設步戰守兵一百名。七年，添設外委把總一員，仍食馬戰兵糧。

守備一員。駐防南匯縣城。

把總一員，駐防一團汛。

外委把總一員。協同經制把總防守。

馬戰兵十名，步戰兵五十名，守兵二百二十一名；　官坐馬六匹，戰馬十匹。

歲需俸薪餉乾連閏銀四千四百七十四兩六分四釐零，米一千九十五石九斗。

是營防守南匯縣地方。汛地墩堡二十七處。

黄浦水師營

順治十三年設參將，康熙五年改遊擊，九年改守備。舊額守備一員，千總一員，把總二員，馬戰兵十五名，步戰兵六十七名，守兵二百六名；官坐馬十匹，戰馬十五匹；巡船六隻。二十六年，裁步戰守兵十名。三十五年，改步戰兵三名爲守兵。五十四年，撥守兵三名入川沙營。五十六年，將黄浦營改爲水師營，原屬松江城守管轄改屬提標右營兼轄。五十八年，設哨船四隻，收沙船三隻歸營，撥巡船六隻入本標右營。雍正二年，撥步戰守兵三名入太湖營。五年，撥馬戰兵三名、馬三匹入蘇州營。七年，添設外委千、把總三員，仍食馬戰兵糧。九年，守備改設都司僉書。

都司僉書一員。駐防上海縣城。

千總一員。駐防黄浦南汛。

把總二員。一駐防黄浦北汛，一駐防黄浦中汛。

外委千總一員、把總二員。協同經制千、把總防守。

馬戰兵十二名，步戰兵五十九名，守兵一百九十八名；官坐馬十匹，戰馬十二匹；沙船三隻，哨船四隻。

歲需俸薪餉乾連閏銀四千二百七十七兩七錢九分四釐，米九百六十八石四斗。

是營防守上海縣、寶山縣地方。兩縣汛地墩堡共三處。

劉河營

順治三年設，駐劄劉河舊城，康熙十六年移駐茜涇鎮。舊額遊擊一員，守備一員，千總二員，把總四員，馬戰兵七十六名，步戰兵一百七十二名，守兵五百八十名；官坐馬二十二匹，戰馬七十六匹；巡船八隻。二十五年，裁步戰守兵二十九名。三十五年，改步戰兵十一名爲守兵。五十三年，撥守兵十名入吴淞營。雍正二年，撥步戰守兵七名入太湖營。五年，撥步戰守兵八名入青村營。七年，添設外委千、把總六員，仍食馬戰兵糧。

遊擊一員。駐劄鎮洋縣茜涇鎮。

中軍守備一員。駐防茜涇鎮。

千總二員。一駐防太倉州城，一駐防太倉州土寨汛。

把總四員。一駐防鎮洋縣天妃宫汛，一駐防太倉州七丫汛，一駐防劉河炮臺，一駐防昭文縣横涇汛。

外委千總二員，把總四員。協同經制千、把總防守。

馬戰兵七十四名，步戰兵一百五十一名，守兵五百四十九名；官坐馬二十二匹，戰馬七十四匹；巡船八隻。

歲需俸薪餉乾連閏銀一萬二千八百九十兩六錢一分二釐，米二千七百八十六石四斗。

是營防守太倉州、鎮洋縣、寶山縣、昭文縣地方。太倉州汛地墩堡三處，鎮洋縣汛地墩堡五處，寶山縣汛地墩堡十五處，昭文縣汛地墩堡十五處。

吴淞營

順治初設副將，康熙五年改參將。舊額參將一員，守備一員，千總二員，把總四員，馬戰兵八十名，步戰兵一百八十五名，守兵五百九十七名；官坐馬二十四匹，戰馬八十匹；沙船八隻。二十三年，裁馬戰兵五名、馬五匹。二十六年，裁馬步戰守兵三十名、馬二匹。三十五年，改步戰兵十一名爲守兵。五十年，添設守兵十五名。五十四年，收鎮海將軍標右營艍犁船四隻，隨船兵丁六十四名歸營。又收各營所撥守兵五十名歸營。五十七年，撥沙船一隻入黄浦營。雍正二年，撥步戰守兵九名入太湖營。五年，撥步戰守兵九名入南匯營。七年，添設外委千、把總六員，仍食馬戰兵糧。

參將一員。駐劄寶山縣城。

中軍守備一員。駐防寶山縣城。

千總二員。一駐防炮臺汛，一駐防胡巷口汛。

把總四員。一駐防楊行鎮，一駐防嘉定縣城，一駐防江灣鎮，一駐防月浦鎮汛。

外委千總二員、把總四員。協同經制千、把總防守。

馬戰兵七十三名，步戰兵一百八十三名，守兵六百七十二名；官坐馬三十匹，戰馬六十七匹；艍犁船四隻，沙船三隻。

歲需俸薪餉乾連閏銀一萬六千一百六十三兩六錢四分六釐，米三千六百十九石二斗。

是營防守嘉定縣、寶山縣地方。嘉定縣汛地墩堡三處，寶山縣汛地墩堡二十四處。

雍正十二年，總督趙弘恩酌議沿海備禦疏：

題爲遵旨酌奏事。

該臣看得：江南地方毗連大海，備禦之道務須嚴謹，尤期實濟。前經提臣南天祥以上海一汛，業將提標右營移駐彈壓；吴淞一汛嗣後哨巡之時，令黄浦營帶兵前赴該汛協防；柘林營屬漕涇一汛，商賈湊集，於提標抽兵六十名撥入。向時提標輪流貼防漕涇、吴淞、黄浦、一團等汛之處，本無實事，俱請停其報部。等因。奏蒙硃批：「俟高其倬回任，商酌奏聞。」隨經前督臣高其倬欽遵議覆：「貼防報部之案，應行停止吴淞營，應再撥提標兵四十名添湊，無庸令黄浦營協防。其漕涇應於提標抽兵六十名，撥入該營。」等因。又蒙硃批：「此論似是，具題奏請。」欽此。交臣會題。臣恭繹硃批，仰見皇上慎重海疆之至意。緣臣新任，尚須確察親勘，曾經奏明在案。

今臣親歷沿海一帶，逐加察勘。如金山以至福山等處，既有營汛，以爲巡禦，又有墩兵，以資瞭望，星羅棋布，可謂周密。其從前提標輪流貼防官兵，因海寇久平，且彼地原無營房，自難責令實駐。故歷來徒有報部之案，並無實事。嗣後似應停止報部，不必徒踵虛文。

至於海疆重地，巡察愈密，收效愈廣，有備無患，兵防所重。查提臣原奏内，稱臣仍不時飭令標營將弁帶兵巡哨，即有策應，不難立時調遣，所見殊是。以後應聽提臣就近不時飭令周歷遊巡，以揚威武，以期無誤。如承委將弁兵丁怠惰偷安，虛應故事，即行參處。庶虛名除而實事著，於海防更有裨益。

又吴淞營官兵洋巡之外存營較少，應如前督臣高其倬所議，請於提標撥①兵四十名添入，以資巡防，無庸令黄浦營協巡。

又柘林所屬之漕涇地方，並非出海口岸，又原有營汛墩兵居民僅三百餘户，更有縣丞駐劄，應令稽察協巡。況又在現議提標不時周歷遊巡之列，其前議於提標抽兵六十名撥歸專防之處，似可無庸抽撥。

臣謹會題，伏乞皇上睿鑒施行。

---

① 「撥」，《四庫》本作「發」。

福山營

順治初設副將，四年改守備，十六年改遊擊。舊額遊擊一員，守備一員，千總二員，把總四員。馬戰兵七十名，步戰兵一百九十名，守兵六百二名；官坐馬二十二匹，戰馬七十匹；官渡船四隻，巡船十六隻。二十三年，裁馬步戰守兵三十四名、馬四匹。二十七年，裁馬步戰守兵二十九名、馬二匹。三十五年，改步戰兵十名爲守兵。五十四年，撥守兵十名入吴淞營。雍正二年，撥步戰守兵七名入太湖營。五年，撥步戰守兵八名入青村營。七年，添設外委千、把總六員，仍食馬戰兵糧。九年，添設沙船四隻，隨船兵丁六十名。

遊擊一員。駐劄常熟縣福山城堡。

中軍守備一員。駐防常熟、昭文二縣城。

千總二員。一駐防昭文縣徐六涇鎮，一駐防福山城。

把總四員。一駐防常熟鹿苑鎮，一駐防常熟唐市鎮，一駐防昭文薛家沙鎮，一駐防昭文支塘鎮。

外委千總二員、把總四員。協同經制千、把總防守。

馬戰兵五十八名，步戰兵一百六十一名，守兵六百九名；官坐馬二十二匹，戰馬六十四匹；沙船四隻，官渡船四隻，巡船十六隻。

歲需俸薪餉乾連閏銀一萬四千五百五十九兩一錢八分三釐零，米三千二百五十二石六斗。

是營防守常熟縣、昭文縣地方。常熟縣汛地墩堡四十處，昭文縣汛地墩堡四十四處。

太湖營

康熙三年，江浙總督會同題設江浙太湖營。舊額遊擊一員，守備一員，千總二員，把總四員，步戰兵二百四十一名，守兵六百四十八名；官坐馬二十二匹；沙快吧唬船三十二隻。三十五年，裁步戰守兵二十名。五十四年，撥守兵五名入吴淞營。雍正二年，以遊擊一員、千總一員、把總二員、兵四百二十五名、官坐馬十二匹、沙快船十六隻立爲浙江太湖營，駐蘇州府吴縣洞庭西山，本營增設參將一員、守備一員、千總一員、把總二員、兵四百九十名、官坐馬十八匹、沙快船十五隻，兼統原設守備一員、千總一員、把總二員、兵四百三十九名、官坐馬十匹、吧唬船十六隻，分爲左、右二營，爲江南太湖營。五年，撥守兵九名入青村營。七年，添設外委千、把總六員，仍食步戰兵糧。八年，裁沙船二隻。九年，添設馬七十匹。

參將一員。駐劄吴縣東山。

左軍守備一員。駐防震澤縣簡村。

右軍守備一員。駐防宜興縣周鐵橋。

千總二員，一駐防鮎魚口，一駐防馬山。

把總四員。一駐防東山，一駐防震澤縣吴漊，一駐防吴縣黿山，一駐防荆溪縣鳳川。

外委千總二員、把總四員。協同經制千、把總防守。

步戰兵二百名，守兵七百二十名；官坐馬二十八匹；沙快吧唬船二十九隻。

歲需俸薪餉乾連閏銀一萬四千四百五十五兩一錢五分二釐，米三千六百二十七石。

是營防守吴縣、長洲縣、吴江縣、震澤縣、陽湖縣、無錫縣、宜興縣、荆溪縣地方。吴縣汛地墩堡二十一處，長洲縣汛地墩堡一處，吴江縣汛地墩堡五處，震澤縣汛地墩堡十四處，陽湖縣汛地墩堡八處，無錫縣汛地墩堡六處，宜興縣汛地墩堡八處，荆溪縣汛地墩堡五處。

雍正元年，奉上諭兩江總督查弼納、江南提督高其位、署江蘇巡撫何天培、浙江巡撫李馥：

太湖三萬六千頃，連跨數郡，地勢既廣，支流復多，爲盜賊出没之所。平時既易藏奸，巡捕又難着力，故蘇、常盜案多於他省，良善被擾，官吏處分，皆因太湖爲之巢穴也。爾等均有統轄之責，可公同確議，遴選賢員，清查嚴緝，俾匪類就擒，餘黨解散。日後作何稽察防範之法，不使宵小復萌，地方長享寧靖之福，以副朕禁盜安民之意。特諭。

雍正二年，兵部議覆：

總督查弼納等題請將太湖營原設遊擊一員，改爲參將，添把總二員；原設兵二百七十名、巡船八隻，再添兵六十名，添巡船四隻，仍駐洞庭西山，居中調度。江南所轄之鮎魚口、簡村等處，俱屬東山。原設把總一員，兵七十五名，巡船五隻，今令該把總帶原兵五十名、巡船一隻，仍駐東山，餘兵二十五名，分防黿山。其黿山原設千總一員，改設鮎魚口。原兵六十九名，巡船三隻，再添兵三十一名，巡船三隻，管轄南北一帶地方。簡村應添守備一員，添兵一百四十五名，添巡船五隻，分防各汛。周鐵橋原設把總一員，原兵六十八名，管轄汛口九處，今應改設千總一員。原兵六十八名，再添兵三十二名。原有巡船三隻，專管八汛。其周鐵橋原設之把總，移駐馬跡山，另添兵五十名，巡船二隻，專管馬跡山汛。以上改設參將一員，添設守備一員，千總一員，把總二員，兵三百十八名，巡船十隻，分布巡防。

但太湖營遊擊係浙江省所屬之員，湖面遼濶。若止將遊擊改爲參將，仍駐西山，究難兼管兩省地方。且江南湖濱盜案倍於浙江，以一官而受兩省之參罰，亦屬不便。應於江南地方另添設參將一員，以資彈壓。其所添兵數不敷分撥，應於新添兵三百十八名外，再添兵一百八十二名，以足五百名之數。將原設守備一員，並新設守備一員，分爲參將左、右二營。原設千總一員，把總二員，並新設千總一員，把總二員，原設兵四百三十九名，新添兵五百名，新舊巡船三十一隻，令該督等詳加酌量，分添江南所轄湖濱各口，晝夜巡防。其浙江太湖營原設遊擊，仍令統領。原設千總一員，把總二員，兵四百二十五名，巡船十六隻，仍駐洞庭西山，於浙省所轄湖濱各口巡查。

但此分界巡防，只就湖濱各口而言。其湖内地方原係兩省交會，仍令參將、遊擊公同巡查。若有大夥屯集，不得互相推諉。所添兵丁，於江南各營内酌量抽調。

奉旨：「依議。」

常州營

順治二年設參將，十六年移參將鎮江陰，康熙十一年改遊擊。舊額遊擊一員，守備三員，千總二員，把總四員，馬戰兵五十八名，步戰兵一百四十三名，守兵四百七十四名；官坐馬三十四匹，戰馬五十八名；巡船二十九隻。二十五年，添設千總一員。三十四年，裁步戰兵二十六名。五十四年，撥守兵九名入吴淞營。雍正三年，撥步戰守兵十名入太湖營。五年，撥守兵六名入蘇州營。七年，添設外委千、把總七員。九年，撥守兵十二名入蘇州營。

遊擊一員。駐劄常州府城。

中軍守備一員。駐防陽湖縣城。

左軍守備一員。駐防金匱縣城。

右軍守備一員。駐防荆溪縣城。

千總三員。一駐防陽湖縣，一駐防金匱縣，一駐防荆溪縣。

把總四員。一駐防武進縣，一駐防陽湖縣，一駐防無錫縣，一駐防宜興縣。

外委千總三員、把總四員。協同經制千、把總防守。

馬戰兵五十八名，步戰兵一百十四名，守兵四百四十名；官坐馬三十二匹，戰馬五十八匹；巡船二十九隻。

歲需俸薪餉乾連閏銀一萬一千五百八兩八錢二分四釐，米二千三百八十六石八斗。

是營防守武進縣、陽湖縣、無錫縣、金匱縣、宜興縣、荆溪縣地方。武進縣汛地墩堡五處，陽湖縣汛地墩堡四處，無錫縣汛地墩堡七處，金匱縣汛地墩堡一處，宜興縣汛地墩堡九處，荆溪縣汛地墩堡五處。

江陰營

順治二年設參將，三年改都司，五年改守備，十八年復改參將。康熙四年改副將，七年改遊擊，八年復改副將，十一年設守備，又改遊擊。舊額遊擊一員，守備一員，千總一員，把總二員，馬戰兵三十名，步戰兵一百十名，守兵三百三十九名；官坐馬十六匹，戰馬三十匹；唬船二隻，巡船七隻。二十二年，撥馬步戰守兵二十名、馬二匹入撫標。二十六年，撥馬步戰守兵十六名、馬一匹入京口營。三十五年，裁步戰兵十七名。五十四年，撥守兵五名入吴淞營。雍正二年，撥步戰守兵五名入太湖營。五年，撥守兵四名入南匯營。七年，添設外委千、把總三員，兼轄靖江營、楊舍營、孟河營。

遊擊一員。駐劄江陰縣城。

中軍守備一員。駐防江陰縣城。

千總一員。駐防江陰縣西路鄉汛。

把總二員。一駐防江陰縣南路鄉汛，一駐防江陰縣東路鄉汛。

外委千總一員、把總二員。協同經制千、把總防守。

馬戰兵二十七名，步戰兵八十名，守兵三百五名；官坐馬十六匹，戰馬二十七匹；唬船二隻，巡船七隻。

歲需俸薪餉乾連閏銀七千三百十七兩，米一千六百石六斗八升。

是營防守江陰縣地方。汛地墩堡二十九處。

靖江營

順治四年設。舊額守備一員，千總一員，把總二員，馬戰兵十八名，步戰兵六十六名，守兵二百五十四名；官坐馬十四，戰馬十八匹；唬船二隻。康熙五十四年，撥守兵三名入吴淞營。雍正二年，撥步戰守兵三名入太湖營。七年，添設外委千、把總三員。

守備一員。駐防靖江縣城。

千總一員。駐防靖江縣城。

把總二員。一駐防靖江西沙孫祠鎮，一駐防靖江東沙斜橋鎮。

外委千總一員、把總二員。協同經制千、把總防守。

馬戰兵十五名，步戰兵六十五名，守兵二百四十九名；官坐馬十匹，戰馬十八匹；唬船二隻。

歲需俸薪餉乾連閏銀五千五百八十三兩五錢一分六釐，米一千二百九十四石八斗。

是營防守靖江縣地方。汛地墩堡八處。

楊舍營

順治二年設。舊額守備一員，把總一員，馬戰兵十名，步戰兵七十名，守兵二百八名；官坐馬六匹，戰馬十匹；巡船二隻。康熙二十二年，撥馬步戰守兵十一名、馬一匹入提標後營。二十六年，裁步戰守兵十名。三十五年，裁步戰兵十一名。五十四年，撥守兵三名入川沙營。雍正二年，撥步戰守兵二名入太湖營。五年，撥守兵三名入南匯營。七年，添設外委把總一員。

守備一員。駐防江陰縣楊舍堡城。

把總一員。駐防沿江汛地。

外委把總一員。協同經制把總防守。

馬戰兵九名，步戰兵五十一名，守兵一百八十八名；官坐馬六匹，戰馬九匹；巡船二隻。
歲需俸薪餉乾連閏銀四千一十三兩七錢六釐，米九百六十七石二斗。
是營防守江陰縣地方。汛地墩堡十六處。

孟河營

順治五年設守備。舊額守備一員，把總一員，馬戰兵十名，步戰兵七十名，守兵二百八名；官坐馬六匹，戰馬十匹。康熙二十二年，撥馬步戰守兵十二名入撫標。二十六年，裁步戰守兵十名。三十五年，裁步戰兵十一名。五十四年，撥守兵三名入川沙營。雍正三年，撥步戰守兵二名入太湖營。五年，撥守兵三名入南滙營。七年，添設外委把總一員。九年，撥守兵二名入蘇州營。

守備一員。駐防武進縣孟河堡城。
把總一員。駐防孟河堡城。
外委把總一員。駐防魏村汛。
馬戰兵九名，步戰兵五十名，守兵一百八十六名；官坐馬六匹，戰馬九匹。
歲需俸薪餉乾連閏銀四千二兩七錢六分四釐零，米九百六十三石三斗。
是營防守武進縣地方。汛地墩堡十處。

鎮江城守營

順治二年設總兵，四年改副將，十六年設立鎮海大將軍，統領八旗官兵，駐鎮江府城，移副將駐大市口。康熙四年，改設參將。舊額參將一員，守備一員，千總二員，把總四員，馬戰兵五十九名，步戰兵八十六名，守兵三百十五名；官坐馬二十四匹，戰馬五十九匹；巡船二十三隻。二十五年，收京口右路左營戰守兵四十名歸營，裁馬步戰守兵十八名。五十四年，撥守兵五名入川沙營。雍正二年，撥步戰守兵九名入太湖營。七年，添設外委千、把總六員。八年，收鎮海將軍標左、右二營兵三百三十二名歸營。九年，撥守兵十二名入蘇州營。

參將一員。駐劄鎮江府城。

中軍守備一員。駐防鎮江府城。

千總二員。一駐防鎮江府城，一駐防金壇縣城。

把總四員。一駐防丹陽縣城，一駐防丹陽縣尹公橋，一駐防鎮江府城，一駐防丹徒縣大港鎮。

外委千總二員，把總四員。協同經制千、把總防守。

馬戰兵八十七名，步戰兵一百三十四名，守兵五百六十七名；官坐馬二十四匹，戰馬八十七匹；巡船二十三隻。

歲需俸薪餉乾連閏銀一萬四千四百七兩三錢四分六釐，米三千七十三石二斗。

是營防守丹徒縣、丹陽縣、金壇縣地方。丹徒縣汛地墩堡十一處，丹陽縣汛地墩堡二十七處，金壇縣汛地墩堡十六處。

潛山營

康熙元年以安慶營副將改設，三年副將改遊擊。舊額遊擊一員，守備一員，千總二員，把總四員，馬戰兵七十四名，步戰兵一百四十名，守兵五百二十一名；官坐馬二十二匹，戰馬七十四匹。二十五年，裁馬步戰守兵二十六名、馬三匹。三十四年，裁步戰兵二十七名。雍正二年，撥步戰守兵七名入太湖營。五年，撥步戰守兵七名入青村營。七年，添設外委千、把總六員。

遊擊一員。駐劄潛山縣。

中軍守備一員。駐防潛山縣。

千總二員。一駐防桐城縣樅陽汛，一駐防望江縣。

把總四員。一駐防宿松縣，一駐防太湖縣，一駐防桐城縣，一駐防潛山縣天堂汛。

外委千總二員、把總四員。協同經制千、把總防守。

馬戰兵七十一名，步戰兵一百五名，守兵四百九十二名；官坐馬二十二匹，戰馬七十一匹。

歲需俸薪餉乾連閏銀一萬二千一百八十一兩四錢四分五釐零，米二千六百五石二斗。

是營防守桐城縣、潛山縣、太湖縣、宿松縣、望江縣地方。桐城縣汛地墩堡十六處，潛山縣汛地墩堡十一處，太湖縣汛地墩堡十一處，宿松縣汛地墩堡十四處，望江縣汛地墩堡一處。

徽州營

順治初徽州置東山營，設總鎮統轄徽、寧二府。康熙十一年改設參將，專鎮徽州。十三年改設副將，二十一年復改參將。舊額參將一員，守備一員，千總二員，把總四員，馬戰兵六十六名，步戰兵二百名，守兵六百五十四名；官坐馬二十四匹，戰馬六十六匹。二十四年，收京口右路營守備一員，把總二員，馬步戰守兵二百八十名，官坐馬八匹，戰馬三十四匹歸營。遂分左、右二軍。二十五年，裁馬步戰守兵四十二名。三十四年，裁步戰兵四十六名。雍正二年，撥步戰守兵十一名入太湖營。五年，撥馬步戰守兵十一名，馬二匹入蘇州營。七年，添設外委千、把總八員，仍食馬戰兵糧。

參將一員。駐劄歙縣東山。

左軍守備一員。駐防休寧縣城。

右軍守備一員。駐防婺源縣城。

千總二員。一駐防祁門縣城，一駐防績溪縣城。

把總六員。一駐防黟縣城，一駐防休寧縣高梘汛，一駐防休寧縣城，一駐防歙縣城，一駐防婺源縣中平汛，一駐防婺源縣城。

外委千總二員、把總六員。協同經制千、把總防守。

馬戰兵九十五名，步戰兵二百九十八名，守兵七百九十七名；官坐馬三十二匹，戰馬九十五匹。

歲需俸薪餉乾連閏銀一萬九千三百六兩二錢四分七釐零，米四千二百五十石。

是營防守歙縣、休寧縣、婺源縣、祁門縣、黟縣、績溪縣地方。歙縣汛地墩堡七處，休寧縣汛地墩堡八處，婺源〔縣〕①汛地墩堡八處，祁門〔縣汛地〕②墩堡七處，黟縣汛地墩堡三處，績溪縣汛地墩堡四處。

總督于成龍疏

康熙十三年，饒逆變亂以後，所在煽動。前督臣阿席熙請將江寧將軍下各營閑③甲兵糧一千名，以六百名補入徽州營，以四百名補入六安營，俱裁去參將，改設副將。又太湖一營前任江寧撫臣馬祐請添右軍守備一員，專管江南汛地。俱各奉俞旨允行。今康熙二十年十二月二十日，恭逢恩詔，款開：「軍興以來，添設緑旗官兵應行裁汰者，詳查議裁。」今據徽州、六安、太湖各營詳請，將原補官兵仍舊留用。並准安徽撫臣咨覆相同。

---

① 據《四庫》本補。
② 據《四庫》本補。
③ 「閑」，《四庫》本作「門」。

臣查徽郡東聯德、平、樂、興，西接浮梁倒河，匝處萬山之中，層巒疊嶂，最爲奸宄出没之所。臣檢閲舊案，如逆賊王跳鬼及饒逆侵犯之時，悉因三省連界，汛廣兵單，不敷防禦，以致小醜陸梁。此前督臣所以改設副將，添布重兵彈壓也。又六安一汛，綿亘數十餘里，與湖廣黄麻等處相接，實爲江南西陲重地。臣前任黄州府時，剿撫東山逆孽何士榮等，歷睹江廣形勢。但見英、霍二處山深谷邃，伏莽堪虞，非安設重兵，不足以捍此巖疆，前督臣早已見及此也。今二處官兵佈置周密，地方稍稱平静。正宜安愈圖安，綢繆未雨。若拘於軍興以後添設之名，而裁此險汛之兵將，臣恐不軌之徒伺隙思逞。彼時再議增兵安輯，而地方已不勝其驚擾矣。臣謂徽、六兩營官兵，斷斷難以議裁。

若夫太湖一汛，臣自閩地赴任直省，經由其間，湖面廣闊，一望無際，港汊叢雜，素爲盜藪。該營添設右軍守備一員，專司江南汛地，誠爲營制起見，更難於軍興後所添官兵一概而論。

相應仰懇俯念徽州、六安、太湖三營，皆係山澤險汛，續補官兵准其照舊留用。其有益地方，誠非淺鮮也。

寧國營

順治四年，改宣州衛爲寧國營，設副將。十年，改參將。舊額參將一員，守備一員，千總一員，把總三員，馬戰兵三十七名，步戰兵八十七名，守兵三百五十三名；官坐馬二十四，戰馬三十七匹。雍正二年，撥步戰守兵七名入太湖營。五年，撥步戰守兵五名入南匯營。七年，添設外委千、把總四員。

參將一員。駐劄宣城縣城。

中軍守備一員。駐防宣城縣城。

千總一員。駐防旌德縣。

把總三員。一駐防南陵縣，一駐防寧國縣，一駐防太平縣。

外委千總一員，把總三員。協同經制千、把總防守。

馬戰兵三十七名，步戰兵八十五名，守兵三百四十三名；官坐馬二十匹，戰馬三十七匹。

歲需俸薪餉乾連閏銀八千三百八十三兩六錢四分五釐零，米一千八百十三石五斗。

是營防守宣城縣、寧國縣、南陵縣、涇縣、旌德縣、太平縣地方。宣城縣汛地墩堡十二處，寧國縣汛地墩堡三處，南陵縣汛地墩堡一處，涇縣汛地墩堡十一處，旌德縣汛地墩堡二處，太平縣汛地墩堡五處。

池州營

順治四年設池太總兵官，十一年裁總兵官，置池州營，設遊擊。舊額遊擊一員，守備一員，千總一員，把總三員，馬戰兵四十名，步戰兵一百十五名，守兵三百六十二名；官坐馬十八匹，戰馬四十匹。康熙二十二年，裁馬步戰守兵二十名、馬二匹。二十六年，裁馬步戰守兵十七名、馬一匹。三十四年，裁步戰兵十九名。雍正二年，撥步戰守兵五名入太湖營。五年，撥步戰守兵五名入南匯營。七年，添設外委千、把總五員。

遊擊一員。駐劄池州府城。
中軍守備一員。駐防貴池縣
千總一員。駐防建德、東流二縣。
把總三員。一駐防銅陵縣，一駐防石埭縣，一駐防青陽縣。
外委千總一員、把總四員。協同經制千、把總防守。
馬戰兵三十七名，步戰兵八十一名，守兵二百三十三名；官坐馬十八匹，戰馬三十七匹。
歲需俸薪餉乾連閏銀八千一百三十五兩四分五釐零，米一千七百五十八石九斗。
是營防守貴池縣、青陽縣、銅陵縣、石埭縣、建德縣、東流縣地方。貴池縣汛地墩堡三處，青陽縣汛地墩堡二處，銅陵縣汛地墩堡二處，石埭縣汛地墩堡五處，建德縣汛地墩堡二處，東流縣汛地墩堡二處。

蕪采營

順治初設總鎮，尋改參將，又改遊擊。舊額遊擊一員，守備一員，千總一員，把總二員，馬戰兵三十七名，步戰兵六十五名，守兵二百七十五名；官坐馬十六匹，戰馬三十七匹。雍正二年，撥步戰守兵五名入太湖營。五年，撥守兵四名入南匯營。七年，添設外委千、把總三員。八年，添設巡船一隻。

遊擊一員。駐劄蕪湖縣城。

中軍守備一員。駐防當塗縣城。

千總一員。駐防蕪湖縣。

把總二員。一駐防當塗縣烏溪汛，一駐防當塗縣城。

外委千總一員、把總二員。協同經制千、把總防守。

馬戰兵三十七名，步戰兵六十四名，守兵二百六十八名；官坐馬十六匹，戰馬三十七匹；巡船一隻。

歲需俸薪餉乾連閏銀六千八百八十兩九錢四分五釐零，米一千四百三十五石二斗。

是營防守當塗縣、蕪湖縣、繁昌縣地方。當塗縣汛地墩堡十八處，蕪湖縣汛地墩堡九處，繁昌縣汛地墩堡二處。

廣德營

順治初設總兵官，七年改遊擊。舊額遊擊一員，守備一員，千總一員，把總二員，馬戰兵四十名，步戰兵九十二名，守兵二①百九十九名；官坐馬十六匹，戰馬四十匹。康熙二十②一年至二十六年，共裁馬步兵三十一名。三十五年③，裁步戰兵十六名。雍正三年，撥步戰守兵五名入太④湖營。五年，撥守兵四名入蘇州營。七年，添設外委千、把總三員。

遊擊一員。駐劄廣德州城。

中軍守備一員。駐防廣德州城。

千總一員。駐防廣德州界牌汛。

把總二員。一駐防建平縣城，一駐防廣德州青洪山嶺汛。

外委千總一員，把總二員。協同經制千、把總防守。

馬戰兵三十七名，步戰兵六十四名，守兵二百七十四名。官坐馬十六匹，戰馬三十七匹。

歲需俸薪餉乾連閏銀六千九百七十一兩九錢四分五釐零，米一千四百六十二石五斗。

---

① 「守兵二」以下，「百……六」凡十字，乾隆元年刻本脱，《四庫》本注「缺」，此據乾隆二年重修本補。
② 「康熙二十」以下，「一……馬」凡十字，乾隆元年刻本脱，《四庫》本注「缺」，此據乾隆二年重修本補。
③ 「三十五年」以下，「裁……三」凡十字，乾隆元年刻本脱，《四庫》本注「缺」，此據乾隆二年重修本補。
④ 「入太」以下，「湖……入」凡十字，乾隆元年刻本脱，《四庫》本注「缺」，此據乾隆二年重修本補。

是營防守廣德州、建平縣地方。廣德州汛地墩堡十一處，建平縣汛地墩堡七處。

鎮守蘇松水師總兵官

駐劄崇明縣。順治二年，原設蘇州總兵駐崇鎮守，三年移駐蘇州，留守備，千、把總各一員，立崇明營。十二年，改設參將，蘇鎮復移駐崇明。十五年，改爲蘇松水師總兵官，立中、左、右、前、後、奇六營；左、右二協，各設左、右二營。康熙十四年，總兵改爲專管崇明提督。二十三年，提督復改爲總兵官，裁併各營，專統中、左、右、奇四營。

中營

順治十五年設參將，康熙二十三年改遊擊。舊額遊擊一員，守備一員，千總二員，把總四員，馬戰兵五十四名，步戰兵二百十四名，守兵七百一名；官坐馬四十四匹，戰馬五十四匹。沙船十隻。是年，收併左協左營沙船五隻。四十七年，改沙船五隻爲趕繒船。四十九年，裁馬戰兵六名、馬六匹。撥步戰兵三十六名入葦蕩營。雍正二年，撥步戰守兵九名入太湖營。五年，撥步戰守兵九名入青村營。七年，添設外委千、把總六員。八年，撥守兵二名入泰州營。九年，撥步戰守兵十五名、沙船一隻入福山營。

中軍遊擊一員。駐劄崇明縣北路。

中軍守備一員。輪巡内、外兩洋。

千總二員。一駐防永寧沙，一駐防北合洪。

把總四員。一駐防永寧沙，一駐防頭條港，一駐防北竪河，一駐防外海山前、野鵝兩沙。

外委千總二員、把總四員。協同經制千、把總防守。

馬戰兵四十八名，步戰兵一百七十四名，守兵六百七十名官；官坐馬三十八匹，戰馬四十八匹；沙船九隻，趕繒船五隻。

歲需俸薪餉乾連閏銀一萬五千四百五十九兩七錢三分六釐，米三千四百七十八石八斗。

是營防守崇明縣北路地方。汛地墩堡十八處。

左營

順治十五年設。舊額遊擊一員，守備一員，千總二員，把總四員，馬戰兵五十五名，步戰兵二百十二名，守兵七百二名；官坐馬二十二匹，戰馬五十五匹；沙船十隻。康熙二十三年，收併左協右營沙船五隻。四十七年，改沙船五隻爲趕繒船。四十九年，裁馬戰兵六名、馬六匹，又撥步戰守兵三十六名入葦蕩營。雍正二年，撥步戰守兵九名入太湖營。五年，撥步戰守兵九名入青村營。七年，添設外委千、把總六員。八年，撥守兵二名入泰州營。九年，撥步戰守兵十五名、沙船一隻入福山營。

遊擊一員。駐劄崇明縣東南路。

中軍守備一員。輪巡内、外兩洋。

千總二員。一駐防施翹河，一駐防蒲沙套。

把總四員。一駐防南洪，一駐防郁黄狀，一駐防當沙頭港，一駐防岸溝。

外委千總二員、把總四員。協同經制千、把總防守。

馬戰兵四十九名，步戰兵一百七十二名，守兵六百七十一名；官坐馬二十二匹，戰馬四十九匹；沙船九隻，趕繒船五隻。

歲需俸薪餉乾連閏銀一萬四千七百五十七兩一錢九分二釐，米三千四百七十八石八斗。

是營防守崇明縣東南路地方。汛地墩堡十八處。

右營

順治十五年設。舊額遊擊一員，守備一員，千總二員，把總四員，馬戰兵五十五名，步戰兵二百十二名，守兵七百二名；官坐馬二十二匹，戰馬五十五匹；沙船十隻。康熙二十三年，收併前營沙船五隻。四十七年，改沙船五隻爲趕繒船。四十九年，裁馬戰兵六名、馬六匹，又撥步戰守兵三十六名入葦蕩營。雍正二年，撥步戰守兵九名入太湖營。五年，撥步戰守兵九名入青村營。七年，添設外委千、把總六員。八年，撥守兵二名入泰州營。九年，撥步戰守兵十五名、沙船一隻入福山營。

遊擊一員。駐劄崇明縣東北路。

中軍守備一員。輪巡内、外兩洋。

千總二員。一駐防堡鎮，一駐防搴頭港。

把總四員。一駐防高頭沙，一駐防陳六港，一駐防張家港，一駐防外海大安、戲臺兩沙。

外委千總二員、把總四員。協同經制千、把總防守。

馬戰兵四十九名，步戰兵一百七十二名，守兵六百七十一名；官坐馬二十二匹，戰馬四十九匹；沙船九隻，趕繒船五隻。

歲需俸薪餉乾連閏銀一萬四千七百五十七兩一錢九分二釐，米三千四百七十八石八斗。

是營防守崇明縣東北路地方。汛地墩堡十五處。

奇營

順治十五年設。舊額遊擊一員，守備一員，千總二員，把總四員，馬戰兵五十四名，步戰兵一百九十七名，守兵六百二十七名；官坐馬二十二匹，戰馬五十四匹；沙船十隻。康熙二十三年，收併後營沙船五隻。四十七年，改沙船五隻爲趕繒船。四十九年，裁馬戰兵六名、馬六匹，又撥步戰守兵三十六名入葦蕩營。雍正二年，撥步戰守兵九名入太湖營。五年，撥步戰守兵九名入青村營。七年，添設外委千、把總六員。九年，撥步戰守兵十五名、沙船一隻入福山營。

遊擊一員。駐劄崇明縣西北路。

中軍守備一員。輪巡内、外兩洋。

千總二員。一駐防施翹河，一駐防掘頭港。

把總四員。一駐防施翹河，一駐防掘頭港，一駐防渡船港，一駐防大套。

外委千總二員、把總四員。協同經制千、把總防守。

馬戰兵四十八名，步戰兵一百五十七名，守兵五百九十六名；官坐馬二十二匹，戰馬四十八匹；

沙船九隻，趕繒船五隻。

歲需俸薪餉乾連閏銀一萬三千四百五十一兩五錢一分二釐，米三千一百二十三石九斗。

是營防守崇明縣西北路地方。汛地墩堡十七處。

順治十四年，部議：

總督郎廷佐疏：海逆現在狓倡，崇明允屬要地，應增設水師，選調將兵，以資剿禦。但江寧省會重地，蘇、松沿海要地，漕督、操江有防漕、防江之責，各該標營兵似宜酌減抽調。如吴淞、福山、狼山、黄浦、劉河、鎮江、海門、江陰、孟河、南永生、北永生、靖江、楊舍等處，皆江海要汛。平望營及無錫、宜興、周橋各地方，逼近湖山，寇盜時發，駐防營兵俱未便輕議抽改。且江南全省之兵，處處零星調撥，恐滋擾動，致生事端。

臣等詳加酌議，江寧督標營抽兵八百名，漢兵提標營抽兵五百名，江寧撫標營抽兵二百名，蘇松提標營抽兵四百名，漕撫標營抽兵五百名，蘇撫標營抽兵二百名，安慶六營抽兵三百名，廬州營抽兵三百名，常州、揚州二營各抽兵二百名，徐州營抽兵二百名，浦口、廟灣、鹽城、徽州、寧國、池州、蕪湖、廣德十營各抽兵一百名，壽春營抽兵二百名。合以蘇松提標水師三千名，蘇州鎮營額兵一千二百名，崇明營額兵一千名，皆改爲水師分泊。共成一萬名，以總鎮梁化鳳統率，仍駐崇明扼海口。如果遴選精壯，操練得宜，一萬水師足備剿禦之用。前去調撥防崇餘丁，仍回本營，各歸經制。

其請設兩協副總兵二員，各統水師二千名，俱駐吴淞。遊擊六員，各統水師一千名，皆隨大帥分泊崇明各沙。中軍、千把等官，悉照營制所稱。副將、遊擊並中軍守備各官，題請選補。及改造水椐①船隻等項事宜，均應如祈②請。蘇松提督馬逢知專管陸兵，總兵梁化鳳專管水師，各無統攝，兩相犄角。

查水陸兵各設專員，誠於戰守有賴。但蘇、松地方不便再設提督。查梁化鳳原係都督僉事，今應加都督同知，管蘇松水師總兵事。提督馬逢知專管陸兵，一體行事，兩無統制。其蘇鎮

① 「椐」，《四庫》本作「艍」。
② 「祈」，《四庫》本作「所」。

缺，相應裁去。

奉旨：「依議。」

鎮守江北狼山總兵官

駐劄通州。

國初設副將，順治十八年改總鎮。標下中、左、右三營，兼轄壽春、亳州、泗州、六安、廬州、揚州、泰州、泰興、掘港九營。

中營

順治十八年設。舊額中軍遊擊一員，守備一員，千總二員，把總四員，馬步戰守兵九百名；官坐馬三十八匹，戰馬二百匹；沙唬船十六隻。康熙二十二年，裁馬步戰守兵三十五名、馬十匹。二十三年，收沙唬船十三隻歸營。二十四年，裁馬九十六匹。二十五年，裁馬步戰守兵三十一名、馬三匹。二十七年，撥沙唬船三隻入京口營。三十四年，裁步戰兵三十三名。四十七年，改沙船三隻爲趕繒船。雍正二年，撥步戰守兵九名入太湖營。五年，撥步戰守兵九名入南匯營。七年，添設外委千、把總六員。八年，撥趕繒沙船二隻入泰州營。十年，撥趕繒船一隻入本標右營。

中軍遊擊一員。

守備一員。

千總二員。

把總四員。

外委千總二員，把總四員。俱駐劄通州舊城。

馬戰兵八十三名，步戰兵一百三十四名，守兵五百六十六名；官坐馬三十八匹，戰馬八十三匹；官渡船五隻，䟎繒船一隻，沙船一隻，唬船三隻；捕舵繚碇水手匠役七十六名。

歲需俸薪餉乾連閏銀一萬六千九十四兩二錢四分零，米三千三百五十石一斗。

是營防守通州、如皋縣地方。通州汛地墩堡三十一處，如皋縣汛地墩堡十一處。

左營

順治十八年設。舊額遊擊一員，守備一員，千總二員，把總四員，馬步戰守兵九百名；官坐馬二十二匹，戰馬二百匹；沙船十六隻。康熙二十二年，裁馬步戰守兵三十六名、馬十四匹。二十三年，裁去馬八匹，又收沙唬船一十三隻歸營。二十四年，裁馬九十六匹，撥唬船二隻入掘港營。二十五年，裁馬步戰守兵三十名、馬三匹。二十七年，撥沙船一隻入京口營。三十四年，裁步戰兵三十三名。四十七年，改沙船三隻爲䟎繒船。雍正二年，撥步戰守兵十名入太湖營。五年，撥步戰守兵九名入南匯營。七年，添設外委千、把總六員。八年，撥趕繒沙船二隻入泰州營。十年，撥趕繒船一隻入本標右營。

遊擊一員。

中軍守備一員。

千總二員。

把總四員。

外委千總二員、把總四員。

俱駐劄通州舊城。

馬戰兵八十三名，步戰兵一百三十五名，守兵五百六十四名；官坐馬二十二匹，戰馬八十三匹；官渡船六隻，趕繒船一隻，沙船二隻，唬船三隻；捕舵繚碇水手匠役九十二名。

歲需俸薪餉乾連閏銀一萬五千四百八兩七錢九分五釐零，米三千四百八石六斗。

是營防守通州、如皋縣地方。通州汛地墩堡三十八處，如皋縣汛地墩堡二處。

右　營

順治十八年設。舊額遊擊一員，守備一員，千總二員，把總四員，馬步戰守兵九百名；官坐馬二十二匹，戰馬二百匹；沙唬船八隻。康熙二十二年，裁馬步戰守兵三十五名、馬十匹。二十三年，裁去馬八匹，又收沙唬船一十三隻歸營。二十四年，裁馬九十四匹，撥唬船二只入掘港營。二十五年，裁馬步戰守兵三十名、馬三匹。二十七年，撥沙船二隻入京口營。三十四年，裁步戰兵三十三名。四十七年，改沙船四隻爲趕繒船。五十八年，撥沙船一隻入黃浦營。雍正二年，撥步戰守兵十名入太湖營。五年，撥守兵九名入南匯營。七年，添設外委千、把總六員。十年，收本標中、左二營趕繒船二隻歸營。

遊擊一員。

中軍守備一員。

千總二員。

把總四員。

外委千總二員、把總四員。

俱駐劄通州。

馬戰兵八十四名，步戰兵一百三十四名，守兵五百六十五名；官坐馬二十二匹，戰馬八十四匹；官渡船三隻，趕繒船六隻，沙船一隻，唬船四隻；捕舵繚碇水手匠役一百八十六名。

歲需俸薪餉乾連閏銀一萬七千五兩七錢八分三釐零，米三千七百七十九石一斗。

是營防守通州地方。汛地墩堡五十八處。

壽春營

順治三年設。舊額副將一員，守備三員，千總三員，把總六員，馬戰兵二百四十名，步戰兵一百五十五名，守兵六百五十九名；官坐馬四十二匹，戰馬二百四十匹。康熙二十二年，裁馬步戰守兵四十二名、馬四匹。二十四年，改馬戰兵一百十名爲步戰兵，裁馬一百十匹，收京口右營步戰守兵三百九十七名歸營。二十六年，裁馬戰守兵五十名、馬四匹。三十五年，裁步戰兵二十六名。雍正三年，撥步戰守兵十五名入太湖營。五年，撥步戰守兵十一名入蘇州營。七年，添設外委千、把總六員，兼轄亳州、泗州二營。

副將一員。駐劄壽州。

中軍守備一員。駐防壽州。

左軍守備一員。駐防宿州。

右軍守備一員。駐防鳳陽府。

千總三員。一駐防霍（邱）〔丘〕縣，一駐防靈壁縣，一駐防懷遠縣。

把總六員。一駐防潁上縣，一駐防定遠縣，一駐防蒙城縣，一駐防百善驛，一駐防臨淮縣，一駐防王莊驛。

外委千總三員、把總六員。協同經制千、把總防守。

馬戰兵一百十三名，步戰兵二百五十二名，守兵九百三十三名；官坐馬四十二匹，戰馬一百二十二匹。

歲需俸薪餉乾連閏銀二萬三千四百六十三兩一錢七分五釐零，米五千九十七石三斗。

是營防守鳳陽縣、壽州、宿州、定遠縣、靈璧縣、臨淮縣、蒙城縣地方。鳳陽縣汛地墩堡四處，壽州汛地墩堡五處，宿州汛地墩堡八處，定遠縣汛地墩堡七處，靈璧縣汛地墩堡三處，臨淮縣汛地墩堡五處，蒙城縣汛地墩堡一處。

亳州營

順治初設。舊額守備一員，千總一員，把總二員，馬戰兵四十六名，步戰兵四十七名，守兵二百三十七名；官坐馬十四，戰馬四十六匹。雍正三年，撥步戰守兵三名入太湖營。五年，撥守兵三名入蘇州營。七年，添設外委千、把總三員。

守備一員。駐防亳州。

千總一員。駐防亳州。

把總二員。一駐防太和縣，一駐防潁州。

外委千總一員、把總二員。協同經制千、把總防守。

馬戰兵四十三名，步戰兵四十六名，守兵二百三十二名；官坐馬十四匹，戰馬四十六匹。

歲需俸薪餉乾連閏銀六千八十四兩一錢五釐零，米一千二百六十三石六斗。

是營防守亳州、潁州、太和縣地方。亳州汛地墩堡九處，潁州汛地墩堡五處，太和縣汛地墩堡五處。

泗州營

康熙十一年設。舊額守備一員，千總一員，把總二員，哨官二員，馬戰兵四十名，步戰兵七十五名，守兵二百四十九名；官坐馬十匹，戰馬四十匹；扒唬船四隻。二十二年，裁馬步戰守兵十五名。二十四年，改馬戰兵三名爲步戰兵，裁馬三匹，改步戰兵三名爲守兵。二十五年，裁馬步戰守兵十二名、馬一匹。三十五年，裁步戰兵七名。雍正二年，撥步戰守兵三名入太湖營。五年，撥守兵三名入蘇州營。七年，添設外委千、把總三員。十年，守備改設都司僉書。

都司僉書一員。駐防盱眙縣。

千總一員。駐防自來橋。

把總二員。一駐防天長縣，一駐防虹縣。

哨官二員。

外委千總一員、把總二員。協同經制千、把總防守。

馬戰兵三十四名，步戰兵五十九名，守兵二百三十一名；官坐馬十匹，戰馬三十四匹；扒唬船四隻。

歲需俸薪餉乾連閏銀五千四百五十一兩一錢五釐零，米一千一百六十六石四斗。

是營防守泗州、盱眙縣、天長縣、虹縣地方。泗州汛地墩堡四處，盱眙縣汛地墩堡五處，天長縣汛地墩堡三處，虹縣汛地墩堡二處。

六安營

順治五年設廬州營參將，康熙三年改爲六安營，十三年設副將，二十一年復改參將。舊額參將一員，守備一員，千總一員，把總三員，馬戰兵五十七名，步戰兵一百三十四名，守兵四百五十三名；官坐馬二十匹，戰馬五十七匹。二十五年，添設千總一員，把總一員，馬步戰守兵五十六名，馬十三匹。二十六年，裁馬步戰守兵二十五名。三十五年，裁步戰兵二十六名。雍正三年，撥步戰守兵九名入太湖營。五年，撥步戰守兵六名入南匯營。七年，添設外委千、把總六員。兼轄廬州營。

參將一員。駐劄六安州。

中軍守備一員。駐防六安州。

千總二員。一駐防無爲州。一駐防六安州。

把總四員。一駐防舒城縣，二駐防六安州，一駐防英山縣。

外委千總二員。一駐防巢縣，一駐防六安州城。

把總四員。一駐防廬江縣，一駐防六安州金家寨，一駐防霍山縣，一駐防六安州。

馬戰兵六十一名，步戰兵一百六名，守兵四百六十一名；官坐馬二十四匹，戰馬六十七匹。

歲需俸薪餉乾連閏銀一萬一千六百十八兩一錢九分五釐零，米二千四百七十二石六斗。

是營防守六安州、英山縣、霍山縣、舒城縣、廬江縣、巢縣、無爲州地方。六安州汛地墩堡七處，英山縣汛地墩堡四處，霍山縣汛地墩堡〔三〕①處，舒城縣汛地墩堡六處，廬江縣汛地墩堡□②處，無爲州汛地墩堡一處。

廬州營

順治初設參將，後調六安，以六安營守備移駐廬州。舊額守備一員，把總一員，馬戰兵二十七名，步戰兵三十八名，守兵一百九十四名；官坐馬六匹，戰馬二十七匹。雍正三年，撥步戰守兵二名入太湖營。五年，撥守兵三名入南匯營。七年，添設外委把總一員。

守備一員。駐防合肥縣城。

---

① 原刻本作空，《四庫》本注「缺」，此據光緒《霍山縣志》卷十四補。

② 原刻本作空，《四庫》本注「缺」。光緒《廬江縣志》卷之五記六安營協防罗曷河汛、白石山汛，另記在城四汛。

把總一員。駐防合肥縣城。

外委把總一員。駐防合肥縣梁縣鎮。

馬戰兵二十六名，步戰兵三十七名，守兵一百九十名；官坐馬六匹，戰馬二十七匹。

歲需俸薪餉乾連閏銀四千四百七十兩六錢五分五釐零，米九百九十石六斗。

是營防守合肥縣地方。汛地墩堡十五處。

揚州營

順治三年設。舊額遊擊一員，守備一員，千總二員，把總三員，馬戰兵四十七名，步戰兵七十六名，守兵三百四十一名；官坐馬二十匹，戰馬四十七匹。康熙二十五年，添設把總一員，馬步戰守兵二百三十六名，馬二十匹，是年裁步戰守兵二十五名。三十四年，裁馬步戰守兵二十六名。雍正二年，撥步戰守兵七名入太湖營。五年，撥步戰守兵二名入南匯營。七年，添設外委千、把總六員。九年，撥守兵十四名入蘇州營。十三年，添設守備一員，馬戰兵十六名，步戰兵二十四名，守兵四十名，馬十六匹；又添設把總四員，外委把總一員，馬戰兵九名，步戰兵二十四名，守兵五十七名，馬九匹。

遊擊一員。駐劄揚州府城。

守備二員。一駐防揚州城，一駐防三江營。

千總二員。一駐防寶應縣衡陽鎮，一駐防高郵州。

把總八員。一駐防揚州府鈔關，一駐防寶應縣，二駐防揚州府城，一駐防馬家橋，一駐防邵伯鎮，一駐防北壩，一駐防僧道橋。

外委千總二員，把總五員。協同經制千、把總防守。

馬戰兵九十二名，步戰兵一百五十四名，守兵五百五十名；官坐馬三十一匹，戰馬九十二匹。

歲需俸薪餉乾連閏銀一萬五千五十九兩六錢一分五釐零，米三千一百四石四斗。

是營防守江都縣、甘泉縣、高郵州、寶應縣地方。江都縣汛地墩堡十八處，甘泉縣汛地墩堡十一處，高郵州汛地墩堡九處，寶應縣汛地墩堡八處。

泰州營

順治二年設守備，屬海防兵備道統轄。康熙元年裁道標，改爲泰州營，屬狼山鎮標。十一年，添設遊擊。舊額遊擊一員，守備一員，千總一員，把總二員，馬戰兵二十五名，步戰兵七十六名，守兵二百三十八名；官坐馬十六匹，戰馬二十五匹。三十五年，裁步戰兵十五名。雍正二年，撥步戰守兵五名入太湖營。五年，撥守兵四名入青村營。七年，添設外委千、把總三員。八年，添設千總一員，把總二員，水陸戰守兵一百名，趕繒船二隻，沙船二隻。兼轄泰興掘港營。

遊擊一員。駐劄泰州城。

中軍守備一員。駐劄泰州城。

千總二員。一駐防如皋縣力乏橋，一駐防王家港中沓竈。

把總四員。一駐防東臺場，一駐防興化縣城，一駐防王家港中沓竈，一駐防王家港五木樓。

外委千總一員，把總二員。協同經制千、把總防守。

馬戰兵二十五名，步戰兵九十三名，守兵三百四十四名；官坐馬二十二匹，戰馬二十五匹；趕繒船二隻，沙船二隻。

歲需俸薪餉乾連閏銀八千一百二十七兩一錢四分九釐零，米一千八百一石八斗。

是營防守泰州、如皋、興化、鹽城地方。泰州汛地墩堡十七處。

泰興營

順治初設周橋、永生二營，各設守備。十八年，併二營爲泰興營。額設守備一員，把總二員，馬戰兵十三名，步戰兵五十七名，守兵一百八十名；官坐馬八匹，戰馬十三匹。二十六年，裁步戰守兵九名。三十五年，裁步戰兵九名。雍正二年，撥步戰守兵二名入太湖營。五年，撥守兵二名入青村營。七年，添設外委把總二員。十年，守備改設都司僉書。

都司僉書一員。駐防泰興縣城。

把總二員。一駐防泰興縣，一駐防淩家橋。

外委把總二員。協同經制把總防守。

馬戰兵十三名，步戰兵四十四名，守兵一百七十一名；官坐馬八匹，戰馬十三匹。

歲需俸薪餉乾連閏銀三千九百十九兩四分四釐零，米八百八十九石二斗。

是營防守江都縣、泰州、如臯縣、泰興縣地方。江都縣汛地墩堡二處，泰州汛地墩堡一處，如臯縣汛地墩堡三處，泰興縣汛地墩堡十七處。

掘港營

順治三年設。舊額守備一員，把總二員，馬戰兵十三名，步戰兵五十七名，守兵一百八十名；官坐馬八匹，戰馬十三匹。康熙二十四年，收本標唬船六隻歸營。二十九年，撥唬船三隻入京口營。三十三年，裁守兵三名。三十五年，裁步戰兵三名。三十六年，改步戰兵三名爲守兵，裁守兵三名。雍正二年，撥步戰守兵二名入太湖營。五年，撥守兵三名入青村營。七年，添設外委把總二員。

守備一員。駐防如臯縣掘港場。

把總二員。一駐防李家堡，一駐防岔河鎮。

外委把總二員。協同經制把總防守。

馬戰兵十三名，步戰兵五十名，守兵一百七十三名；官坐馬八匹，戰馬十三匹；唬船三隻，隨船兵丁四十二名。

歲需俸薪餉乾連閏銀四千六百五十四兩八錢五分六釐，米一千八十四石二斗。

是營防守泰州、如皋縣地方。泰州汛地墩堡十七處，如皋縣汛地墩堡四十一處。

河東總督田文鏡摺奏

武職養糧，准部議通行改步糧：一分除每月支米一斗外，扣去朋銀小建，實支銀九錢有零。每年十二個月，合計共支餉銀十一兩四錢有奇。提督親丁八十分，每年約支餉銀九百二十餘兩。總兵六十分，每年約支餉銀六百八十餘兩。副將三十分，每年約支餉銀三百四十餘兩。參將二十分，每年約支餉銀二百二十餘兩。遊擊十五分，每年約支餉銀一百七十餘兩。都司十分，每年約支餉銀一百一十餘兩。守備八分，每年約支餉銀九十餘兩。千總五分，每年約支餉銀五十餘兩。把總四分，每年約支餉銀四十餘兩。

臣思督鎮列在封疆，不惟食指浩繁，其經年差使酬應、揚兵犒賞之類，均難缺費。副、參、遊、守等官，家口多寡不等，大約不下數十人，微至千、把，亦有人口。今以步兵親丁計之，量入爲出，實有不敷。

臣愚謂親丁名糧，似應少爲酌定。如提督八十分，應給馬步各半，併其俸薪，一年約可得銀二千兩。總兵六十分，馬步各半，併其俸薪，一年約可得銀一千四百兩。副將三十分，馬步各半，併其俸薪，一年約可得銀八百兩。參將二十分，馬步各半，併其俸薪，一年約可得銀五百兩。遊擊十五分，馬七步八，併其俸薪，一年約可得銀四百兩。都司十分，馬步各半，併其俸薪，一年約可得銀三百兩。守備八分，馬步各半，併其俸薪，一年約可得銀二百兩。千總五分，馬一步四，併其俸薪，一年約可得銀一百兩。把總四分，馬一步三，併其俸薪，一年約可得銀八十兩。如此則較於前食步糧，豐裕過半。庶武弁養贍有資，益得感勵操守，整飭營伍，圖報聖恩矣。

雍正七年，兵部議覆：

鎮海將軍祖秉衡奏稱：各營伍參將駐劄之所，併極衝大路城堡，止設有守備一員，無千、把者甚多。雖提鎮向有外委把總之例，不過就於本部馬兵中挑選，給以委牌，從未達部，亦未有以拔補把總者。而此項外委把總，既不能實心辦事，兵丁未必聽約束。嗣後請照拔補把總之例，揀選人材壯健、弓馬純熟者，給以外委把總委牌，悉行報部，賞以頂帶，令其差操效力。遇有把總缺出，秉公拔補。倘懶惰庸愚，即令斥革。等語。

除外委把總遵奉俞旨照京城副驍騎校之例，給以八品頂帶，載入例册，通行遵照外，伏查各省外委，不止把總一項。雍正五年五月，内臣部議覆福建總督高其倬議奏：外委千、把總各官，自行拔委，數無一定。嗣後凡額兵二百名，許外委把總一員；每兵四百名，許外委千總一員。協同經制千、把總管辦汛守，俱於馬步兵内揀選拔補，報明該督撫、提鎮，驗看給劄，年終造册報部。飭令各該管官約束稽查，奉旨允行在案。則外委千總亦應與外委把總一例賞給八品頂帶，以示鼓勵。令各省督撫、提鎮，凡有原設外委千、把，並尚有應行添設者，一並酌添，悉行報部。如有經制馬兵拔補；如無經制馬兵地方，照例以步兵拔補。

再，外委千、把既入經制，給以頂帶，協管汛守，均有責任，亦應參處。如地方失事，定例原不許以外委題參塞責，仍將經制耑汛官照例題參疏防。外委千、把無俸可住，無級可降。初參失事，停其拔補。二參不獲，重責二十棍。三參革去頂帶，仍令協緝。四參革去外委。全獲一體免議，准其開復。如此則經制外委，自必各顧考成，互相巡緝。如果汛防勤謹，地方寧謐，該督撫等遇有經制千、把總缺出，即行秉公拔補。

奉旨：「依議。」

雍正八年，奉上諭：「從前朕以武弁一年所得俸薪，不敷所用，令自提督以至千、把總，俱量給與親丁名糧，以資養贍。今各省添設外委千、把，尚未議及。念此外委人員，所辦者千、把總之事，而所食者仍止本身一分馬糧，一應公差、紙筆、衣馬之費，實有不敷。著將各省添設外委千、把總，每員給與步糧一分，即令伊之子弟家人頂食，以資養廉。但有仍借辦公名色，扣剋兵餉，滋擾地方者，著該管官即行揭報，該轄大員指參，毋得姑徇寬縱。」特諭。

十三年十二月二十日，奉上諭：「朕《御極恩詔》內，將出征兵丁所借銀兩俱已免其繳還。又念出征之護軍校、驍騎校，雖係官員，品級仍在兵丁內支食錢糧。特降諭旨，將伊等借支銀兩一併豁免。今復思緑旗内有千、百、把總及外委微員，既與兵丁一同效力疆場，當與八旗護軍校、驍騎校一同霑被恩澤。著將伊等所借錢糧亦免繳還，以示朕加恩未弁之至意。」特諭。

江南通志卷九十五

武備志

江　防

大江北岸

安慶府望江縣，上接湖廣黄州府界。

安慶爲吴、楚交會之地。其江西自湖廣黄梅縣流入宿松界，小孤山矗立波濤間，號海門第一關。元余闕命水軍戍守，所恃以爲安慶藩蔽者也。而北岸之屬縣治者少，故叙江防者自望江始。望江古設大雷戍，晋劉裕之戰盧循，陳徐度之禦王琳，皆於此。而懷寧縣爲今安慶府治，三國吴、魏相争，迭爲重鎮。國朝則以巡撫坐鎮，復以副將協守焉。蓋江至安慶勢最衝險，而諸要地皆密邇宜守。

上自小孤，下至桐城之三江口六百丈，凡三縣，列汛二十有六。過此而東入廬州府無爲州界。

望江縣界汛

黃家堰　桃樹灘

雷港　卞家套

江心蓮花洲　路灌溝

土嘴

俱安慶營汛。

懷寧縣界汛

洲頭口　光洲

張家港　花園

王宣夾口　桑園

前江溝　鴨兒溝

俱安慶營汛。

桐城縣界汛

柘家灣

三江口

殷家溝

下埠頭

六百丈

老洲頭

以上俱安慶營汛。

蔡家窑　遊兵營汛。

鐵板洲

新開溝

(邱)〔丘〕家埠

武梁洲　係池州府貴池縣跨江汛地。

廬州以無爲一州南與銅陵、繁昌、蕪湖三縣對。江勢至此，洲夾愈多。從此南渡繁昌，可以避三山七磯之險，而又以巢湖相爲表裏。故吴、魏争衡，此爲守禦之隘。明萬(歷)〔曆〕時，操江御史董堯封奏以廬州府同知兼管江防，並改無爲同知移駐泥汊河，重其防也。

自泥汊而上起灰河，下至裕溪，凡列汛十有六。過此入和州界。

無爲州界汛

灰河
胡家溝
紫沙洲尾
泥汊
𣶒港
新洲夾
螃磯
田家溝
以上俱遊兵營汛。

土橋
鱓魚口
白魚池
薛家灣
板橋
牛門溝
中路
裕溪 遊兵右哨把總駐此。

和州與太平府相對，南北互爲險。梁山迫接南之博望山，横鎖大江中，所謂天門也，國朝特設遊兵營駐防焉。而横江可直渡太平，則尤爲津口之要害。昔蘇峻之登牛渚、侯景之襲姑孰、韓擒虎之克采石，俱取道於此。長江惟和州以重險扼其中，而上下不得以徑過，攻守所必争。至針魚嘴之内通州治，姥下、太陽、石跋、芝麻諸河之緣江爲藪，皆要地。

凡列汛九。過此入江浦界。

和州界汛

西梁山總汛 遊兵營遊擊駐此。

窑頭　　姥下河

太陽河　　牛路

針魚嘴　　石跋河

芝麻河　　陳橋洲

以上俱遊兵營汛。

江寧之江浦、六合兩縣，本古棠邑地，唐宋以來或屬江都，或屬真州。自前明割屬畿郡，立浦口營，遂爲江寧護江之要地。國朝設守備。雍正二年，更設把總，添水、陸汛各六，巡防視昔加密。自浦口而上屬江浦。下至二套口，舊屬六合，今改屬上元。六合之汛自瓜埠始。瓜埠爲滁水出江之所經，昔北魏主燾屯兵瓜步，宋人爲之戒嚴。及南唐，齊王景達設栅於瓜步，即瓜埠也。自此下至沙洲，屬六合。

凡三縣，列汛十有九。過此入揚州界。

江浦縣界汛

響水套　公子洲

西江口　黃瓜壟

楊四廟　浦口

以上俱奇兵營汛。

上元縣界汛

浦山　高埂頭

急水溝　王家溝

大蓬門　黃廠河

二套口

以上俱奇兵營汛。

六合縣界汛

瓜埠　田家橋

段腰　　　　西溝

福龍洲　　　沙洲

以上俱奇兵營汛。

揚州之儀（徵）〔真〕、江都二邑，南臨大江。儀（徵）〔真〕上接六合，平分黄天蕩、太子洲之險。東溝至青山嘴，波濤傾仄，明吴臣襲賊於此。而胥浦橋則宋邵宏淵引兵之所據也。儀（徵）〔真〕之下，江口有新洲，明鹽梟又多集於其間，是以國朝於儀（徵）〔真〕立奇兵營以駐防而分巡焉。而江都則又立瓜洲營，蓋江都爲通漕出江之口，南與金、焦相對，最爲要地。自此下歷十餘港至三江口，江勢益闊，北有寶塔灣，南有汊江，《江防考》所謂「第一重門户」者也，則又爲京口水師之所巡。凡二縣，列汛四十有三。又東過復業新洲，入通州泰興縣界。

儀（徵）〔真〕縣界汛

東溝　奇兵營右哨千總駐此。　　白茅墩

梁山嘴　　　　青山

王家溝　　　　一戧港

黄泥灘　奇兵營把總駐此。　　江口

舊江口　奇兵營把總駐此。
侯庄墩
何家港
俱奇兵營汛。

江都縣界汛

花園港墩
瓜洲城　即本營汛，本營守備駐此。
新港墩
倒流港墩
朱明港
深港
薔薇港墩
小史家港
八港
孫基港

黃連港
馬港
何家港墩
花園港
大炮臺　水師右營右哨把總駐此。
新港
卞家港
草龍港墩
黃港墩
沙河港
大史家港墩
梁家港墩
孫基港墩

徐家壩墩　徐家壩
繆家嘴墩　三江口墩
三江口 水師右營左哨千總駐此。　復業新洲
復業新洲墩　王家嘴墩
嘶馬墩

以上俱京口水師右營汛。

通州泰興縣，隔江與丹陽、武進二邑地相對，國初設周橋守備。而永生洲分爲南北兩營，嗣併爲泰興營。至康熙十一年，始屬京口水師防汛。蓋自周橋坍於江，而常州之靖江又壅江來屬。泰興之江止於縣西二十五里，入境經縣西南三十里入靖江，遂別開一河，爲兩縣之界，名曰界河。界河之上有得勝港，明初嘗敗張士誠於此。有黄家港，與武進孟瀆河對岸，有新河港，元置千塘巡司於其地。凡列汛二十。自此至孤山南入靖江界，東入如皋界。

泰興縣界汛

朱潭窩墩　詹徐庄墩
五洲　陳吉庄墩

趙李庄墩
口岸汛
馮家港墩
蔣家港墩
野汊港墩
黃家港墩
新墩
漁漯港墩
口岸墩
得勝墩
李家港
過船港
洋漯港墩
黃家港　水師右營左哨把總駐此。
新河口墩　以上京口水師右營汛。
界河口墩　以上京口水師左營汛。

常州之有靖江，跨江而北若贅旒然。以彈丸之地，當江海之衝。然東則狼山控其下，西則圌山扼其上，皆險而可據。靖居其間，故不爲敵之所利。明初嘗屯重兵，以斷淮、徐南侵之路焉。邑本名馬馱沙，在江之中流，天啓間沙渚漲塞，遂北屬泰興。其接壤之西北，有永定營、陰沙等處，爲叢雜之地。防上流者當守永興團、太平等港，防下流者當守永慶團、青龍等港。邑中諸墩臺，舊在内地。國朝順治十三年，始移築江邊，以便瞭望。康熙六年，復增建焉。

凡列汛二十有四。自靖江而東北，爲通州如臯縣界。

靖江縣界汛

界河口
東夾王墩
繆清港墩
衙前港墩
蘆場墩
天港墩
瀾港墩
雙港墩
東蟛蜞港
陸助港
安寧墩
張國墩
俱水師左營汛。

西夾王墩
大港墩
宣家嘴
翟家墩
陳公港
瀾港稅房 水師左營左哨頭司把總駐此。
蘇家港
西蟛蜞港
天生港
和尚港
龍潭墩
太平墩

通州如皋之地，西南接靖江，隔江與江陰石牌、范港相對。自前明以來，專意海防，至于江洋之責，則列艦聯營爲游徼而已。國朝順治十六年，海艅泊南沙，于是始議建立墩臺，設兵巡哨。康熙九年，規制大備。其石莊港、天生港、遊龍河，皆前明寇盜之藪。自此東南爲通州，與蘇州、常熟縣相對，江闊八十里，有蒲沙、褚家沙，明設把總于此。又東爲狼山鎮。狼山據江海之匯，屹然與福山對峙，勢若扃鑰，今設總兵府，建左、右、中三營鎮其地。

凡列汛二十有七。自狼山以東爲大江出海之口，詳見《海防志》。

如皋縣界汛

百姓圩

蘆場沙

張家臺

佘家圩

劉家灣

天生港

李家圩

俱水師左營汛。

佘李小圩

鵝阮庄

沈家圩

沙揚庄 水師左營左哨二司把總駐此。

楊家臺

昌家圩

宋家圩

通州界汛

阮家圩

李家港

灰川港

九圩港

復興沙

任蘆港

蘆涇界港

蘆涇港

俱水師左營汛。

任家港炮臺

姚港

花毛港

黃泥山炮臺

以上五汛，互見《海防》。

狼山

俱狼山左營汛。

大江南岸

池州府東流縣，上接江西九江府界。

池州之江自東流始。西以馬當山與江西之彭澤分界，爲上流之門户。東下響水磯，以江中蓮花洲之半，北與安慶之望江縣分界。又東以雁汊鎮爲要地，宋置雁汊軍。又東至貴池之黄溢李陽河，古石城、虎林之險恃此。池口内通秋浦，達於府城。而王家套、武梁洲，則跨北岸之地，錯處于桐城三江口、老洲頭之間。又東至銅陵之大通河。銅陵與無爲州相對，唐楊行密自無爲州渡江，駐兵銅官，即銅陵也。銅陵之東荷葉套、丁家洲、老鸛嘴、張灣潭，皆夾江也。

凡三縣，列汛三十有七。過此入太平府界。

東流縣界汛

官場　　響水磯

香口　　烏石磯

東流河　　吉陽

黄石磯　　高家嘴

渡船口

俱安慶營汛。

貴池縣界汛

黄溢　　殷家滙

紫巖塘　寶賽磯

李陽河　安慶營右軍千總、把總駐此。　烏沙夾

中夾口　冰凍灣

池口　流波磯

仙姑廟　郭港

梅埂　五埠溝

俱安慶營汛。

銅陵縣界汛

大通　江心荷葉洲

洋山磯　橫港

以上安慶營汛。

江中洲頭　掃把溝

銅陵河口　遊兵營左哨二司把總駐此。　長山磯

丁家洲　老鸛嘴

紫沙洲頭　錢家灣

清水溝　　張灣潭

以上遊兵營汛。

太平府所屬三縣，皆濱大江。六朝時以此地爲南州，其戍防視東西二府爲尤重，蓋其地多險要。繁昌之要荻港、澛港，其險則板子磯，明黄得功築炮臺於此。三山磯，晋王濬舟師自武昌趣於此。蕪湖以雙港爲要，以磕磯、蝙兒墩爲險。而當塗之險要爲最，有四合山，爲伏戎之地。有東梁山，北對西梁山，號曰「天門」，梁周鐵虎立栅于此，以備江州。唐輔公祏連鐵鎖于此，以斷江路。采石磯北對横江渡，隋平陳、宋平南唐、明常遇春破完顔不花①，皆由此而入。而有牛渚磯、慈姥磯、和尚港，亦皆險要。

凡三縣，列汛二十有五。過此入江寧府界。

繁昌縣界汛

荻港河口　遊兵營左哨千總駐此。　板子磯

黑沙洲頭　　舊縣

① 「完顔不花」，《四庫》本作「完顔布哈」。

高安橋 三洲汊

教化渡 洋夾沙

三山 螃蟹磯

漕港

俱遊兵營汛。①

蕪湖縣界汛

雙港 蟂兒墩

磁磯 寡婦磯

俱遊兵營汛。

當塗縣界汛

四合山 東梁山

青草溝 采石上口

① 《四庫》本脱此句凡五字。

采石下口　遊兵營左哨頭司把總駐此。

和尚港

白廟

鯽魚洲

思賢港

烈山港

以上俱遊兵營汛。

江寧省會之地，西、北二面恃江爲限，列柵置戍，自古而然。衡其大勢，上流則自横江、采石以取新林，下流則自廣陵、京口以趨石頭。他若車家渡、宣化渡、浦子口，皆爲津濟之衝要。國朝特宿重兵，設總督、將軍，以資彈壓。而六合、江浦二邑，介在江北，仍屬本府，以爲外衛焉。其中上則有慈姥磯、烈山港、下三山之險。魏主宏伐齊，詔於慈姥山置一軍，烈洲置二軍，三山置二軍，即其地。東爲大勝河，内通板橋新林浦，與白鷺洲相對。東北爲新江口，直江東門。又東北爲草鞋夾，與江北浦口城相望。此江寧縣界也。自此而下入上元界。至焦家嘴，江形自北而東，其勢委折，兩岸獨闊，爲自昔防守要地。又東爲燕子磯，直觀音門，與江北六合之二套口相對，峭壁懸絶。又東爲黄天蕩，有太子洲，港汊叢雜。又東至龍潭港入句容界。由龍潭而下爲老鸛嘴，與隔江青山嘴相對。又東過天寧洲至高資港。

凡三縣，列汛二十有二。過此入鎮江府丹徒縣界。

江寧縣界汛

仙人磯　江寧河口
犢兒磯　三山磯
大勝關　雙閘
燈盞溝　上河牌灣
新江口 奇兵營左哨千把總駐此。　草鞋夾
俱奇兵營汛。

上元縣界汛

七里洲　燕子磯
傅家溝　草堂寺
朱家嘴　九分塘
三江口　柏家閘
俱奇兵營汛。

句容縣界汛

螺螄溝　　天寧洲

坎潭橋　　炭渚墩

以上俱奇兵營汛。

鎮江自昔爲用武之地，金陵鎖鑰之重，全倚乎此。宋陳亮曰：「京口連岡三面，大江横陳於前，勢如虎之出穴」，是也。北與廣陵瓜洲相對，爲津濟衝要。國朝設鎮海將軍，統八旗官兵屯駐於此。江水自高資，歷洪信港而下，爲西馬頭汛。鎮江之馬頭有二：玉山之西爲西馬頭，象山之東爲東馬頭，皆鎮江守禦之地。東至京口閘，爲漕艘出江總會之路。銀山、金山對峙於南北，望瓜洲江濤洶湧。隋賀若弼之平陳，唐李子通之蹙沈法興，皆取道於此。又東爲北固山，依山爲壘，下臨長江，爲必争之地。又東爲焦山，與象山夾峙。象山之東，即東馬頭矣。又東爲丹徒港，港中設閘，内通腹地，商賈輻輳。又東至圌山，地勢扼要。嘉靖間，操江閔東、兵科范宗吴會議所謂「瓜儀鎮江之下有山，破江而生，爲留都之門户，江海之襟吭」，蓋謂此也。自前明以來，防守甚嚴，與北岸三江口相爲應援。又東至朱張圩，入丹陽界。丹陽有三夾口，而蕩綱洲居其間。其下夾與周家橋相對，沙渚叢雜，尤宜慎防。又東至包港，過界河。

凡二縣，列汛三十有二。又東則入常州府武進縣界。

國朝麻勒吉有《請移水師疏》：

爲請移布水師，以捍巖疆，均分兵力，以實内地事。竊以江南通省兵力，惟京口聚兵最多。但兩路之兵，無汛防之責。臣以爲瓜鎮以下、江靖以上，爲京口就近之江汛，應令其巡防。將左路總兵官原額弁兵船隻，令該鎮以其半自隨，移駐江陰。以其半移駐靖江，並孟河江汛，總歸管轄。以右路總兵官原額弁兵船隻，令該鎮自隨其半，移駐瓜洲。留其半於鎮江，並泰興、鎮江江汛，總歸管轄。仍爲將軍羽翼，誠有裨實用。原舊江、靖以上，瓜、鎮以下之汛兵，俱可裁撤，移防内地。

今歲旱、蝗，災酷異常，鳳、廬之間被災尤甚。誠恐鳳、廬、潁、泗一帶地方，盜賊乘間竊發，不可不豫爲防備。若得邀俞允兩鎮移駐之命，即將江、靖各營所裁弁兵，分置鳳、泗並他處需防之地，另疏報明。如此，則江海重地兵力未分，災傷内地武備得厚矣。

臣謹密題，伏乞皇上速賜敕部，議覆施行。

丹徒縣界汛

華山墩

新洲頭

以上奇兵營汛。

洪信港

樂亭港

錢家港

玉山頭

運河口

東馬頭

諫壁港

大港

韓橋

高資港

七里港

篺灣　水師右營右哨二司把總駐此。

蒜山墩

小閘①

丹徒港

孫溪港

水操廳

圌山墩　水師右營中軍守備駐此。

① 「閘」，《四庫》本作「插」。

山北港

郭家港墩

何家灘

匡家橋

朱張圩 水師右營右哨千總駐此。

以上水師右營汛。

丹陽縣界汛

太平港 水師右營左哨頭司把總駐此。

趙家墩

復濟墩

林港墩

包港

界港

三聖墩

以上俱水師右營汛。

常州之地北枕大江，與泰興相對。靖江雖接泰興，並處江北，實仍隸常州，以爲犄角之勢。而南岸之縣，則爲武進、江陰。武進孟瀆河口有孟河堡城，縱横三里，明嘉靖間所築。國朝康熙二十年，巡撫慕天顔開浚建閘，始復舊制。其地最稱險要。東至魏邨閘，南宋置寨於此。又東至桃花港，與江陰分界。又東至申港，爲春申君開浦，置上、下屯之地。又東爲夏江口、黄田港口，與靖江縣諸沙相對。又東過江陰縣，爲君山、黄山。黄山之西北，連大小石灣，地勢奇險，吴時嘗置烽堠于此。又東至巫山，獨立中流，與如臯縣相對，爲江海之門户。又東至瀫瀆港，爲楊舍協防重地。又東至川心港。

凡二縣，列汛四十有五。〔過此〕①入蘇州府常熟縣界。

黄山頭

小河墩

大河墩

顧村墩

圩塘墩　水師左營左哨千總駐此。

武進縣界汛

孟河　水師右營汛。

小河臺

剩港墩

魏村墩

澡港臺

桃花臺

以上水師左營汛。

---

① 據上下文記述體例擬補。

江陰縣界汛

桃花墩
橫丹墩
蘆埠臺
徐村墩
孟濟墩
伍堡墩
鵝鼻墩
黃山墩
石牌臺
石牌中
巫山臺
正興沙西墩
以上水師左營汛。
正興沙東墩

種九墩
利港墩
申港臺
新溝臺
夏港臺
黃田港 水師左營右哨頭司把總駐此。
大石灣
蕭山
石牌西
石牌東
新定沙

善港墩　新港

復善沙西　復善沙東

泗港墩　范港墩

澉瀆港

以上俱楊舍營汛。

東寧沙墩　水師左營右哨二司把總駐此。

永寧沙墩　平寧沙墩

以上俱水師左營汛。

蘇州獨常熟爲江海交會之地。自孫吴時，西陵舉火達於南沙，固已置烽堠於其地。吴越錢氏嘗遣其將屯滸浦、戍福山，福山列戍自此而始。福山之上，自烏沙港東至黄泗浦、三丈浦、奚浦、西洋浦以及福山堡，皆福山營汛。福山與通州狼山相對，爲大江出海之門，南宋韓世忠所屯守處。其堡城爲侍郎胡宗憲平倭後所築，今以遊擊鎮之，與北岸狼山三營隔江策應，屹然雄鎮也。

凡列汛一十有八。自福山以東，詳《海防志》。

常熟縣界汛

烏沙港
新庄墩
黄泗浦
鹿苑墩
奚浦墩
小陳浦墩
江涇墩
黄涇墩
鰻魚墩
以上俱福山營汛。

吴園墩
楊壩墩
方壩墩
楊涇墩
黄鷺墩
大陳浦墩
西洋墩
蘆浦墩
福山西墩　本營遊擊駐此。

江南通志卷九十六

武備志

海防　太湖防附後

海州贛榆縣，上接山東青州府界。

海州之地，連山阻海，爲南北之襟要，明仇俊卿所謂「朐山據淮海之首」者也。北始贛榆，與山東青州府安東衛接壤。其海口大者凡九，最北爲荻水口，五代漢乾祐間密州刺史王萬敢擊南唐荻水鎮，即其地也。最南小河口，與海州相接。

海州之界，三面環海。北則興莊、獨樹，南則板蒲、莞瀆，東則孔望、黑關，均爲戍防要地。六朝時嘗設重鎮，以掣北魏南來之路。其東北隔海相望有雲臺山，一名鬱林，即《水經注》所謂郁州者也。晋隆安五年，劉裕躡孫恩，敗兵於此。其地周百餘里，六朝宋時僑置青、冀二州焉。國初嘗遷撤雲臺，釘塞海道。至康熙二十年後，始議開復，設東海營鎮之。

雲臺之東北有鶯遊山，與西岸孫家山相對，夾峙如門，土人謂之鶯遊門。鶯遊之南有高公島，皆防海要衝之地。

雲臺之北有虛溝營，每年東海營分兵防守。東海營於康熙三十七年奉裁，歸併海州營。至雍正二年，復設守備。今自贛榆至海州，均係海州①營汛地。其雲臺南北及海中諸山島，均係東海營汛地。

凡列汛五十有五。自海州沿海而南，爲淮安府安東縣界。

贛榆縣界汛

荻水口炮臺　响池莊

林子莊　柘汪口

莊家莊　九里七

趙家沙　馬家村

朱蓬口　海臍

① 「均係海州」四字，《四庫》本俱無。

興莊口
宋家口
青口
唐莊口
新竈
龍王廟
瀆樹浦
以上海州營汛。

海州界汛

孔望山
臨洪
東官口
新壩
板浦
小浦

小盤子
孫家莊
沙溝村
范家口
劉家口
小河口

黑土關
富安
沙頭
六竈
沙港
中正

東新疃　　西陬山
東陬山　　東寧海
丫路山　　蘆依山
扶山　　新港
出河港
以上俱海州營汛。
孫家山　　高公島
宿城　　東峽口
馬頭　　新灘
大浦口　　新縣
隔村　　朱蔴
西市
以上俱東海營汛。

淮安府濱海三縣，北則安東，中阜寧，南則鹽城。安東，宋漣水地，隔河與廟灣相對，河、淮之流從此入海。其地有白陽、鹽場、團墟、七里、平望、遏蠻等河，縱橫連絡。俱西接官河，東入一帆河以達於海，俗謂之七條港。其東有雲梯關，自一套以至十三套，前明時大河衛指揮駐防於此。蓋河、海交會之衝云。

過大河口而南爲廟灣，舊本屬山陽縣，今爲阜寧縣地。宋末李全遣海舟出海口，以習海道。明築城堡，設遊擊及海防同知以協守之。皆廟灣地也。廟灣之西爲劉莊，明官兵敗倭於此，追至蝦子港而遁。又有蛤蜊、麻綫二港，爲從前窺伺之逕。又有窈子港，雍正七年新設汛地。廟灣之南爲射陽湖，從新豐市出海之口，乃阜寧、鹽城二邑交界處。明萬（歷）〔曆〕中漕臣淩雲翼所開濬也。

鹽城海口三處：斗龍港、新洋港、野潮洋。斗龍、新洋爲五條沙阻塞，峨舸巨艑猝難出入。惟野潮係新添小關子汛地，常與掘港、廟灣二營會哨巡防。其南北鹽場九所，自伍佑至四安，俱瀕海岸。有沙岡南接大岡鎮，北接山陽廟灣，延百四十里。有石碰口，爲串場河出海之道。有捍海堰，即范公堤，自鹽城至通泰。明嘉靖間，倭賊闌入，官軍據岸遏之，賊不能前。《籌海圖編》所謂「彼此夾攻，逼之使至湯潮岸，可一戰成擒」者，即謂此堤也。

今安東爲廟灣營汛地，鹽城爲鹽城營汛地，而阜寧則二營分界戍之。

凡列汛四十有二。自鹽城以南，入揚州興化縣界。

安東縣界汛

王采垛

七套

楊家港

以上廟灣營汛。

阜寧縣界汛

北垛

大套

塌口

排網港

陷陽子

雙港

以上俱廟灣營汛。

小闕子

溝灣

以上俱鹽城營汛。

七條港

本套

三巨

尖頭港

雙洋子

當尖港

通洋港

朦朧鎮

鹽城縣界汛

新洋港炮臺

廖家港

大岡鎮

安豐鎮

清溝鎮

樓夏莊

黃土溝

崔家莊

伍祐場

新洋港

天妃口

上岡鎮

以上俱鹽城營汛。

草堰口

沙溝鎮

大團灣

馬家蕩

建陽鎮

沙家莊

南辛野

石𥖁口

便倉

岡門鎮

新興場

揚州沿海之邑二：北則興化，南則泰州，至海安鎮而止。興化自石磋閘以北，與鹽城分界。有劉莊場，明兵備陳景韶殲倭處。劉莊之下爲白駒場，嘉靖三十八年副總兵劉顯、曹克新嘗敗倭於此。其地有牛灣河，東入於海，設南、北二閘。有鬬龍港，自劉莊場北分流東入於海。有大東河，自草堰北分流丁溪河，東北入海。

自丁溪以下爲泰州境，泰州營舊有六寨。自興化之劉莊、白駒而下，曰丁美舍，在東臺堤海口；曰角斜，曰〔拼〕〔栟〕茶，在州東濱海之地，與如皋之掘港而六。前明嘗設忠孝、忠義兩營。嘉靖間，以倭警，復設海防兵備道駐防於此。國朝改設守備，仍屬海防。後以文武不相轄，改歸狼山。康熙十一年，添設遊擊鎮其地。

自泰州以北，歷興化至鹽城，皆爲范公堤捍護之地。州東南海中有壺豆洲，梁侯景敗走，自滬瀆下海，欲向蒙山，羊鯤以舟師直向京口，至壺豆洲誅景，即此地也。有王家港，雍正八年添置汛地，增設千總一員、把總二員駐防。中𥂕竈、五木樓，地連北龍港，蓋泰、鹽二營交界處。

其沿海東南爲海安鎮。鎮有城，明初常遇春所築。嘉靖倭警，唐順之修之。地居泰州、如皋之間，東可控禦海口，西可捍衛揚州，蓋要地也。今興化爲鹽城營汛地，泰州爲泰州營、掘港營汛地。

凡列汛十。過海安，入通州如皋縣界。

興化縣界汛

白駒場　大團

劉莊場　斗龍港

以上鹽城營汛。

泰州界汛

丁美舍港　唐家洋港

伍竈港　黄沙洋

以上俱掘港營汛。

王家港　右哨海口千總、頭司把總駐此。

五木樓　右哨海口二司把總駐此。

以上俱泰州營汛。

泰州入如皋，歷李家堡，豐利、馬家二場，南至掘港營。掘港爲洪武初信國公湯和經理海上時築，舊止設土堡。嘉靖三十三年，倭入寇，巡撫鄭曉奏設把總。三十八年，巡撫李鐩奏改守備，統東、西二營焉。自掘港西南六十里至石港場，宋紹興間劉豫將入寇，沈與求言海道當防，如角斜、石港水勢湍急，即此石港也。如皋縣舊志曰：掘港舊制南援石港、狼山，北救（拼）〔栟〕茶、角斜、李家堡。但石港岸高潮小，船不可泊，間於七八月風急潮高，或乘勢可入。若（拼）〔栟〕茶等三寨，雖地居肘腋，實出掘港之背，均非安營善地。惟有方前舊址，水草兩便，宜置砦於此。循港而前，陳家丫、川腰等處，亦應設兵防汛。

若舉其最險者，又有東淩港、埃沙横，南坎、北坎，此尤獨古①大洋之兩頰。至於（拼）〔栟〕茶三寨，止堪後應，難委前鋒，是在當局勝算云。今陳家丫、川腰等已添設汛守，則石港非宋比矣。

由如皋沿海而南爲通州，州東爲海門，明嘗築正場、蘆便二堡，設大河營於此。康熙十二年，海門城垣衝破，廢縣爲鄉，其大河營兵調防贛榆。即於狼山右營派撥防護海門東汛。又東爲餘東、餘西、餘中「三鳳」。國初，餘中嘗没於江，今漸復矣。

又東則吕四場，爲范公堤所由起，串場河之入海從此達焉，明嘉靖間參將喬基嘗敗賊於此。又東爲廖角，東北距海，南面江，滄波萬里，諸島歷歷。東南與崇明縣相對，爲海防極衝之地。宋紹興六年王彦以所部民屯通州之廖角，即此。

通州之南爲狼山，五峰相連，屹立江岸。明崇（正）〔禎〕十七年，劉澤清開藩，改狼山大鎮，以鄭

① 「古」，《四庫》本作「舌」。

昌帥之。國朝酌用舊制，設副總、守備等官。後復改大鎮，立三營焉。今通州爲狼山營汛地，如皋爲掘港營汛地，而泰州則兩營分轄之。

凡列汛七十。由狼山南對常熟福山，是爲江海交會門户之地。

如皋縣界汛

甜水港　沙魚洼港

唐家堞港　埃沙横港

川水洼港　東陵港

川腰港　陳家丫

海子洼　大洋稍

以上掘港營汛。

通州界汛

沈竈墩　歇脚港

大東竈墩　東坦墩

大漾墩　營北墩

泗港墩
舊營墩
中管壩
蘆芽嘴
嚴竈墩
八里坎墩
新竈墩
廖角嘴
東洲河
三生港
七星墩
老壩墩
三里墩
新造墩
戴青山墩
東團墩

潑水墩
宣家壩
張家沙
唐洪竈墩
東社墩
周竈墩
王竈墩
青台墩
坍塽墩
朱牙墩
五甲墩
五里墩
餘東東墩
餘東墩
王家岱墩
中團墩

西團墩　八甲墩
舊河墩　餘西墩
天生港　十里河
以上狼山右營汛。
三里鋪　周家油坊
觀音山　小淺沙
大橫港　清水港
福星沙　二圩木樓
小圩墩　生水港
劍山炮臺　黃泥山炮臺
花毛港　姚港墩
任家港　蘆涇港
以上狼山左營汛。
自黃泥山炮臺至蘆涇港五汛，互見《江防》。

崇明即宋三沙之地，周五百餘里，孤懸大海，四面受敵。西北望通州，西南望太倉州，雖呼吸可通，而皆爲滄波所隔，唐順之所謂「天生此一塊土，以障蔽南直門户」者也。明多倭寇之警。嘉靖三十二年，倭據南沙。又明年，入野茅港。又明年，寇平洋沙。間一年，掠營前沙。其明年，入水濵港。又三年，據縣後沙。其他侵犯不可勝計。

國朝順治十年，海寇張名振駐泊東阜、平安二沙。十六年，鄭成功據排沙。康熙二十二年，周雲龍藏匿舟山。皆爲崇邑切膚之患。

邑南外洋有洋山，凡東倭入寇自下八①陳錢山來，必於此山拋泊。邑北外洋有鶯遊山，即前東海雲臺論中所謂鶯遊門。凡北寇竊發，必拋泊於此。明崇〔正〕〔禎〕中，海寇顧榮藏匿其地，蘇松道程峋會咨淮撫史可法窮剿始平，蓋皆緊要之地，哨探所宜先者也。康熙二十八年，因江、浙洋面盜艘竄入商舶，總鎮梁鼐奉諭旨，與浙省分汛洋面，以洋山馬蹟山爲界，馬蹟山脚以南洋島屬浙省管轄，大洋山脚以北洋島屬南省管轄。自西至東洋面山島俱以兩山爲準，勒碑小洋山，爲定制焉。今崇邑所轄洋中諸山，每出匯頭先至大七、小七二山，次東行至馬蹟山，又東至花鳥山，又東至陳錢山而止，餘皆浙界。順治十五年，設蘇松水師總鎮，標下八營，曰中，曰左、右，曰前、後，曰奇，曰左、右協。康熙六年，嚴出海之禁，其沙船俱收泊崇明内港，將八營官兵分派沿海各汛。十四年，改設提督統轄八營。二十三年，平海寇周雲龍，仍改題爲鎮。復裁減八營，止存四營，曰中，曰左，曰右，曰奇，分界巡防。

① 「八」，《四庫》本作「入」。

凡列汛六十有八。

崇明縣界汛

北路

永寧沙東原舊臺

永寧沙西原舊臺

三造臺

四造臺

張網港原舊臺

頭條港一造臺

二造臺

三造臺

盤瀲原舊臺

螺殼瀲原舊臺

螺殼瀲二臺

東瀲原舊臺

北竪河炮臺

西洪瀲原舊臺

保平沙造臺

北合洪原舊臺

外海山前野鵝兩沙

以上蘇松水師中營汛。

東南

施翹河南岸炮臺

南洪原舊臺

三條竪河舊臺
郁黃狀造臺
東岸炮臺
三條港造臺
當沙頭原舊臺
二滧原舊臺
四滧造臺
七滧造臺
以上蘇松水師左營汛。
東北
保鎮造寨
蝦撇滧
大花洪原舊臺
大港造臺
張家港造臺
仙景沙造臺

顧四房溝炮臺
新開河西岸炮臺
盤船河造臺
蒲沙套原舊臺
大套原舊臺
岸溝造臺
六滧造臺
新復裨沙
高頭沙原舊臺
小七滧造臺
陳六港造臺
拳頭港造臺
北當沙頭造臺
小竪河原舊臺

梅家义路造臺
挑皮港原舊臺
天分溆原舊臺
外海大安戲臺兩沙
以上蘇松水師右營汛。
西北
施翘河北岸炮臺
朱華港造臺
瀾沙套原舊臺
高橋洪炮臺
渡船港造臺
吴王狀造臺
樓子港原舊臺
邋遢港原舊臺
掘頭港原舊臺
渡頭港炮臺
西阜沙原舊臺
王家港造炮臺
大套原舊臺
徐鬍子溝造臺
湃頭港原舊臺
大洪造臺
外海永興沙
以上蘇松水師奇營汛。

自狼山而南，與常熟福山相對，爲江海合流鹹淡分界處，烽戍相望，一葦可達。晋咸和五年，石勒將劉瀓浮海抄東南諸縣以入海虞。此自北而南也。唐中和間，招討使周寶討周郁於海上，郁退保常熟，走海陵。此自南而北也。

國朝於康熙十九年始開海禁，設立狼、福對渡，官船二十艘。二十四年，復設海關，許民出海貿捕，自是狼、福之間往來者項背相望。

其福山戍守，始自明嘉靖間總督張經之議。既而操江御史高桂春請募水兵萬人，屬參將操練。胡宗憲又請添置遊擊，爲蘇、松應援。並從之。倭寇既平，築堡於此。國朝因其舊制，自福山東、西二墩以西，皆常熟界，自二墩以東，入昭文縣界。

昭文瀕海之地，其浦口之大者有三，曰許浦，曰徐陸涇，曰白茆港。許浦之地，自宋乾道以前，嘗從明州之定海軍分兵駐守。乾道六年，御前水軍統制馮湛極陳許浦要害，乞移定海全軍屯此，從之。自是定水軍七千人置寨於此。後寶慶間，吳英上建屯之議，復分二千五百人屯浦東百餘里之顧涇焉。今寶山地。徐陸舊本淺狹，自田家壩鑿通以後，海潮衝齧，遂成大口，漁舟蟻集，鹽船盜艘亦時闌入。康熙四十年間，置堡守戍。白茆港自明天順間總兵翁紹宗奏置戍兵，成化間復立備倭寨。嘉靖三十三年，海賊劉鑑突入白茅，邑令王鈇悉力禦之，乃去。自徐陸涇、白茅出海，有海外薛家沙。康熙六十一年，允沙民所請，亦設四墩，分兵駐宿。

以上常昭之境，皆係福山營汛地。惟自白茅東南養鵝墩，至鐺脚墩，係昭文、太倉交界之地，故獨屬之劉河營云。

凡列汛二十有四。過此始入太倉州界。

常熟縣界汛

福山東墩　崔浦墩

繆涇墩

以上福山營汛。

昭文縣界汛

耿涇墩　朱壩墩

海洋塘墩　吴壩墩

千步涇　嚴壩墩

滸浦墩　周港墩

瓦浦墩　張涇墩

徐陸涇　顧港墩

唐浦墩　高浦墩

金涇墩　舊塘墩

白茅墩　外海薛家沙

以上俱福山營汛。

鐺脚墩

養鵝墩　横浜墩

以上俱劉河營汛。

太倉爲濱海之門户。自太倉而南，過七鴉浦，爲鎮洋縣界。自鎮洋而南，過劉家河，爲寶山縣界。自寶山而南，接松江府境，其地與海中竺箔沙、小團沙相對。

太倉爲元時海運放洋之口，帆檣燈火，輻輳於此。自明嘉靖三十年以後倭寇之警，太倉之地兩被攻圍，城外居民焚掠幾盡。蓋邑當海衝，爲賊踪駐泊之的故也。劉河營舊爲張家行鎮，元置嘉定州水軍，分鎮萬户府，遂稱水寨。明置三巡檢司，立烽堠六。正統初，金山寇警，侍郎周忱、指揮翁紹宗復議設軍寨焉。嘉靖四十五年，命設參將於此。國朝額設遊擊駐防。康熙六年，劉河舊城爲水所齧，城東之地半入於海，始議移屯茜涇鎮，即今所駐地也。

劉河之南有顧涇汛，係寶山地，宋時分許浦兵守此。寶山之鎮爲吴淞營，吴淞向有舊城，明洪武十九年築。嘉靖間，海寇秦璠、王艮自南沙乘潮入寇，廨舍被焚，遂移屯土城，以舊城爲教場。後巡按尚維持以土城難守，改甃磚石，謂之新地。順治二年，王師渡江，總鎮李成棟奉命南征，嘗建牙於此。

雍正四年，分立寶山縣，即以吴淞所城爲縣治，與參將、守備同城而治。其地有楊家嘴，爲海口首衝。順治十八年，立土寨於此。寶山者，明永樂十年所築，以爲海舟標識者也。其地在吴淞口之南，舊有土城二，皆洪武間築。正統九年，指揮翁紹宗復建磚城，是爲吴淞旱寨。歲久漸廢。後以倭寇之警，萬（歷）〔曆〕四年兵備王叔杲建議改築於旱寨之北，與寶山山麓相距甚邇。萬（歷）〔曆〕十年，怒濤決李家泓，山漸坍没，城迫於海。國朝順治十八年，命大臣蘇宜巡視，議汰城撤守。康熙八年，復命大臣會閱，始題復焉。三十三年，奉旨遷入内地，離舊城二里。是爲寶山所城，今爲川沙營把總駐劄之地。

今太倉鎮洋爲劉河營汛地，寶山縣爲吴淞營汛地。過吴淞口而南，自寶山旱寨而北，爲川沙營汛地。

凡列汛五十有七。又南入松江府界。

太倉州界汛

錢涇墩　陳涇墩
蕩茜墩　高涇墩
鹿鳴墩　周埸墩

浪港墩

雙鳴墩

七丫炮臺

以上劉河營汛。

鎮洋縣界汛

楊林墩

大赦墩

潮田墩

劉河炮臺

破倭墩

平寇墩

牛角尖墩

以上劉河營汛。

蔡港墩

塹港墩

七丫墩

陶家墩

新塘墩

丁涇墩

劉河墩

薛境墩

新開河墩

寶山縣界汛

大川沙墩以上劉河營汛。

黃窑墩

徐澤塘墩

顧涇墩

練祁墩

練祁港汛

吴木烽①

胡巷橋汛

顧龍浜墩

深港墩

東濳墩

小川沙墩

五岳墩

司港墩

薛家灘墩

司港汛

月浦鎮汛右哨把總駐此。

對江墩

江灣鎮汛左哨把總駐此。

深淘墩

小沙背木烽

深淘港汛

① 「烽」，《四庫》本作「峰」。

沙浦港汛

以上俱吳淞營汛。

鎮海墩

張家浜

寶山城汛

楊家嘴炮臺

以上俱川沙營汛。

楊行鎮汛左哨把總駐此。

周家浜墩

周江浜

黃家灣

對江墩

松江一郡三面距海，當震澤之下流。晉袁山松築滬瀆壘於此，以扼禦海之門户，重其防也。其沿海之縣，自北而南，曰上海，曰南匯，曰奉賢，曰華亭，曰金山。而黃浦、川沙、南匯、青村、柘林、金山等營，或分或並，互相應援。明嘉靖間，倭寇汪直、徐海等嘗據柘林爲巢穴，綿亘二百里，若老鸛嘴、七八團之間，皆其部落所屯聚，華、上之間騷然矣。國朝特設提督，彈壓其地，居重馭輕，實爲籌海之勝算。

上海接壤嘉、寶，獨當黃浦之衝，最爲險要。論者謂，當守吳淞之李家口以拒賊上流，守黃浦以拒賊橫渡，爲禦防之上策也。

舊有墩臺十七座，俱在内塘，每墩間懸六里，以達於南匯。康熙二年以内墩離海過遠，聲息難通，乃建外塘斥堠，巡防瞭望，内外相資，爲他堡所不及。今自①分縣以來，十五墩以下屬上海，十四墩以上屬南匯。謂之「匯」者，本堡地形突出海中如嘴，面面受敵。海寇分艘於洋山、馬蹟之間，遇東南風則此嘴大勒口當洋山之衝，遇東北風則此嘴四五六團洪當馬蹟之衝。各堡止防一面，此獨三面拒防，故謂之「匯」云。

南匯之東北有川沙洼，明嘉靖間賊首陳東嘗屯於此。由南匯而南爲奉賢縣地，青村營所駐也。營本洪武二十年湯和所建。明鄭若曾曰：「松江臨海者三面，金山當其南，南匯當其東，青村當其東、南二面轉屈之會，故爲衝要。」

其地如横林、朝陽廟、李家路口、壇廟路口、牛皮、小勒魚、秧棚、翁家港墩，俱稱險要。自西袁浦而南，入華亭界，柘林營所駐也。有漴缺口，爲捍海堰險工之地。蓋以金山、許山聳峙洋面，潮爲兩山所束，直衝漴缺，故易侵齧，今俱修築堅完。柘林所屬如東西袁浦、龍王廟、草庵、漕涇，皆要地也。

自華亭而南入金山界，其地東爲青、南之上游，西爲乍、獨之界限。明胡宗憲遣將王沛沈賊舟於金山洋，蓋由其地。嘉靖中設參將於此。國朝仍其制。雍正四年，分設金山縣，即其城爲縣治。

凡列汛七十有八。過此以南，爲嘉興府平湖縣白沙灣汛地，係浙江海防之始。

---

① 「今自」，《四庫》本作「自今」。

上海縣界汛

生字圩墩
湯字圩墩
曹家路墩
呂字圩墩
外十六墩
北新墩

以上六汛係外塘。

曹家路汛
十六墩
十五墩
十七墩

以上四汛係内塘，俱川沙營汛。

南匯縣界汛

〔邱〕〔丘〕家路
楊家路
江家路
殷家路
南新墩
大洪墩
外十墩

以上七汛係外塘。

十四墩
添設墩
十二墩
十墩
以上七汛係內塘，俱川沙營汛。
外八墩
外六墩
新建墩
黃家洼墩
董家宅墩
以上係外塘。
頭墩
三墩
五墩
七墩
以上係內塘，俱南匯營汛。

十三墩
十一墩
九墩
宋家棚墩
趙家棚墩
方家棚墩
靖氛墩
靖海墩
二墩
四墩
六墩
八墩

奉賢縣界汛

翁家港　五墩

新四墩　舊四墩

荒三墩　二墩

頭墩　椒墩

大門墩　朱家墩

戚漴墩　橫林墩

以上青村①營汛。

東袁浦墩　西袁浦墩

以上柘林營汛。

華亭縣界汛

陸鶴墩　周公墩

---

① 「青村」，《四庫》本作「青林」。

龍王墩

滃缺墩

三岔墩

胡家港墩

漕涇汛

以上柘林營汛。

胡家廠

東薪墩

西薪墩

金山頭

金山墩

戚家墩

篠館墩

以上金山營汛。

金山縣界汛

橫瀝墩

葛蓬墩

以上二墩屬金山縣界。

白沙灣

江門墩

江門營

新廟墩

獨樹墩

炮臺

以上六汛屬浙江界，俱係金山營汛。

附　太湖防

太湖左營守備駐防簡村界汛

洪廟汛　前成湖汛

大村嘴汛　陸家港汛

長板橋汛　吳家港汛

以上震澤縣界。

太湖左營千總駐防鮎魚口等汛

胥口汛　韓瀆港汛

靈湖嘴汛　水東汛

木凌橋汛　茅圻汛

以上吳縣界。

白洋灣汛　莫舍港汛

鮎魚口汛
花涇港汛
七里港汛
以上吴江縣界。
牛腰涇汛震澤縣界。

太湖左營把總駐防東山界汛

大水橋汛
白沙汛
楊灣汛
長圻汛
三山汛
廒里汛
澗橋汛
余山汛
以上吴縣界。

太湖左營把總駐防吴漊等汛

吴漊汛
因瀆村汛
蔣家港汛
娘娘廟汛
永定寺汛
蒲池港汛

灘缺口汛　練聚橋汛

以上震澤縣界。

太湖右營守備駐防周鐵橋等汛

周鐵汛　竹山汛

大墟汛　盛瀆汛

分水墩汛

以上宜興縣界。

百瀆汛陽湖縣界。

太湖右營千總駐防馬山界汛

金野汛長洲縣界。　沙墩汛

吴塘汛　大阜汛

獨山汛　湖西岱汛

以上無錫縣界。

楊灣汛無錫、陽湖二縣交界。　下埠汛

西村汛　桃花汛
古竹汛　東坵汛
耿灣汛　雁門汛
以上陽湖縣界

太湖右營把總駐防黿山等汛

黿山汛　頭陀橋汛
辛橋汛　長沙汛
漫山汛　銅坑汛
呂坡橋汛
以上吴縣界。

太湖右營把總駐防鳳川等汛

鳳川汛　烏溪汛
雙橋汛　漳瀆汛
後河汛

以上荆溪縣界。

舊瀆汛

洪港汛

以上宜興縣界。

大浦汛荆溪、宜興二縣交界。

附　明曹〔胤〕①儒《湖防論》

太湖，古震澤也，延袤五百餘里，雄跨蘇、常、湖三境。自宣、歙以東，富陽以北，諸溪山之水咸吐納焉。全吴巨浸，無大於此。論水利，則列郡②田賦豐歉係焉。論兵防，則列郡封疆安危係焉。全吴利害，亦無大於此者。向來論經略者，多未之及，何也？

或謂東西洞庭及濱湖諸山，古來兵燹莫及，奚必議守禦？然自古大兵之下江南也，或從京口，或從三壩。志在城郭，則山林必在所棄③。若倭寇、土賊則不然，志在擄掠，棄無就有。今腹内諸村鎮，搜括已盡，其志必在未經兵燹之處。則沿湖諸境，非所當防者耶？况自宜興至金

---

① 曹儒即卷五十七《海塘考》作者「曹印儒」，亦即「曹胤儒」（明江蘇太倉人）。此係缺「胤」字，乃避諱。

② 「列郡」，明鄭若曾《江南經略》卷一作「三郡」。下句「列郡」同此。

③ 「棄」，鄭若曾《江南經略》卷一作「遺」。

陵，爲道甚捷，皆今日兵議所未及也，其可不思先事之防乎？

或又謂，湖中风波與江、海異，若之何其禦之？曰：此非漁網船不可。蓋江船與海船不同，海船與内河之船不同，内河之船與泖湖船又不同。泖湖之船，大小不齊。運石者謂之山船，運貨者謂之駁船，民家自出入者謂之塘船，衛所巡司所用者謂之巡船，鄉夫水軍所駕者謂之哨船，往來津口者謂之渡船。之六者雖皆習知湖中風濤之性，尤未若漁船之便用也。

漁船莫大於帆罟，無間寒暑，晝夜在湖，每二隻合爲一舍，素爲賊之所畏。雖蓄貲鉅萬，賊不敢近也。聯而䑸之，太湖攻戰，此其最善乎？其次爲江邊船，其次爲廠梢船，又其次爲小鮮船，又其次爲剪網船，又其次爲絲網船，又其最小者爲划船。善用之，大爲軍旅之助。

或又謂，週湖港口無慮百數，焉得港港而備之？曰：不然。湖口雖多，通舟往來者，不過如吴江之韭溪、葉港、雪落洪、坍闕鮎〔魚〕①口，吴縣之莫舍漊、胥口港，無錫之獨山、浦嶺、吴塘門，武進之馬跡山，宜興之荆溪、東蠡河、忻溪、直瀆之類，可指而數也。各練鄉兵守之，而以巡哨船爲之探報，帆罟邊江等船嘗居深水，賊豈能入湖也哉？

然大小漁船未經刷集，一旦用之，欲望其出死力，不能也。須平時籍之於官，蠲其役，專委一廉仁有司訓教之，則善矣。

---

① 據鄭若曾《江南經略》卷一補。

申時行《湖防公署記》

吴，水國也。而震澤匯其中，洪流巨浸，襟帶三州①，漸洳數百里。所産魚蝦螺蛤、薪茭果木之饒，民衣食之。網罟於是，斧斤於是，故稱利藪。然而洲渚盤互，島嶼紆迴，逋逃亡命、椎剽之奸，亦窟宅於是，故稱盜藪，有司者蓋嘗憂之。

然自國家經略以來，沿江置戍，歲時操閲，海上備倭，壁壘相望，其防最嚴密，而獨太湖之防闕如。曰：斯内地，無動爲安爾。而頃年多盜，閭閻村塢之間，抉關胠篋、越人於貨者，所在竊發，官司逐捕，逸之太湖。風檣浪舶，騰踔出没於烟波浩渺之中，莫可蹤跡，蓋防之爲尤難。

都御史曹公時聘來撫東南，周視四封，興修百度。江介海壖，防禦既飭，則計所以防湖者。乃籍兵壯，治舟楫，嚴追捕，謹哨巡，遴屬弁中廉勇有幹局者爲總練官。已復念曰：湖去郡治遠，而兵水宿野次，觸風濤，犯不測爲難。遠者耳目不加，而難者易規避②，是使争爲偷惰而相欺謾也。計莫如扼要害，審便宜，列營建署，涖而守之，可以經久。

乃相地得黿山之麓，鳩工伐材，創立廨宇。凡爲屋若干楹，前堂後寢，翼以廊廡，繚以周垣，

① 「州」，《四庫》本作「洲」。
② 「規避」，《四庫》本作「窺避」。

樹纛建牙，規制悉備。工始萬(歷)〔曆〕辛丑十月，訖壬寅四月而成。費取諸省存虛冒，爲錢若千緡。則兵使鄒公墀、郡守周侯一梧實規畫，而曹公允行之者也。署成，屬余記。余曩在政地，所司嘗以湖盜聞，詔遣兵搜緝，經歲無所得。始失之張皇，終失之疏宕，寧獨以地險故哉？夫事至而備，孰若未事而備之爲慮遠也？患生而防，孰若未患而防之爲謀預也？今艅艎既具，組練既集，公署既設，上有所申令，下有所稟仰，若立標而示，望的而趨，體統以正，軍容以肅，履斯地任斯職者，盍亦趯然深思，孜孜户牖之圖，而永絶萑苻之釁也乎！

是役也，海防貳守黄侯甲英董其役，宜并書之。

江南通志卷九十七

武備志

驛傳 一

郵傳之設，所以通輶軒、達羽檄也，實與軍政相表裏。江南當直省之衝，舟車之役，應接紛繁。我國家肅清郵政，體恤周詳，行者無濫縱之求，主者絶侵漁之弊。津亭修整，騄耳騰驤，視古稱盛善焉。爰志驛傳，而船政並附見云。

江寧府

江東驛

原設馬七十五匹，馬夫七十五名。雍正十年，裁減馬夫一十五名。

今現設馬七十五匹，草料銀二千一百六十兩。馬夫六十名，工食銀八百六十四兩。支應銀六百兩，馬價銀一千一百二十五兩，鞍轡等銀一百三十五兩。歲共支銀四千八百八十四兩。

雍正十二年，核減草料等銀歲共六百四十五兩七錢五分。

金陵驛

原設馬八十五匹，馬夫八十五名。後於題明請將等事各案内，裁減馬五匹、馬夫五名。又於雍正十年，裁減馬夫一十六名。

今現設馬八十匹，草料銀二千三百四兩。馬夫六十四名，工食銀九百二十一兩六錢。支應銀六百兩，馬價銀一千二百兩，鞍轡等項銀一百四十四兩。歲共支銀五千一百六十九兩六錢。

雍正十二年，核減草料等銀歲共六百八十八兩八錢。

龍江驛

原設水夫一百名，雍正四年裁減夫二十名。

今現設水夫八十名，歲支工食銀一千一百五十二兩。

遞運所

原設旱夫一百五十名，歲支工食銀二千一百六十兩。

今仍照舊。

大勝驛

原設站船二十隻，水手七十名。後於題明請將等事案内，裁減船五隻、水手十五名。

今現設站船十五隻，水手五十五名，工食銀三百九十六兩，苫蓋銀五十一兩五錢。歲共支銀四百四十七兩五錢。

江寧縣江寧驛

原設馬五十二匹，馬夫四十二名。後於題明請將等事案内，裁減馬十二匹、馬夫十名。又於雍正十年裁減馬夫八名。

今現設馬四十匹，草料銀一千一百五十二兩。馬夫二十四名，工食銀三百四十五兩六錢。支應銀二百兩，馬價銀四百兩，鞍轡等銀六十兩。歲共支銀二千一百五十七兩六錢。

雍正十二年，核減草料等銀歲共三百一十八兩六錢六分六釐七毫。

句容縣雲亭驛

原設馬五十匹，馬夫四十名，轎扛夫六十五名。後於題明請將等事案內，裁減馬十五匹、馬夫十二名、轎扛夫四十五名。又於雍正四年增添旱夫二十名，雍正六年增設馬十匹、馬夫八名，雍正十年裁減馬夫九名。

今現設馬四十五匹，草料銀一千二百九十六兩。馬夫二十七名，工食銀三百八十八兩八錢。轎扛夫二十名，旱夫二十名，工食銀五百七十六兩。馬價銀四百一十兩，鞍轡等項銀六十七兩五錢。歲共支銀二千七百三十八兩三錢，内在於地丁徵給銀二千二百八十八兩九錢，撥補銀四百四十九兩四錢。

雍正十二年，核減草料等銀歲共二百七十八兩八錢三分二釐。

龍潭驛

原設馬四十匹，馬夫三十二名。後於題明請將等事案內，裁減馬五匹、馬夫四名。雍正十年，增設旱夫二十名，裁減馬夫七名。

今現設馬三十五匹，草料銀一千八兩。馬夫二十一名，工食銀三百二兩四錢。旱夫二十名，工食銀二百八十八兩。馬價銀三百五十兩，鞍轡等銀五十二兩五錢。歲共支銀二千兩九錢，内在於地丁徵給銀一千七百一十二兩九錢，撥補銀二百八十八兩。

雍正十二年，核減草料等銀歲共二百七十八兩八錢三分二釐。

溧水縣

原設馬四匹，馬夫二名，差夫四名。後全裁。

高淳縣

原設馬四匹，馬夫二名，差夫四名。後全裁。

江浦縣

原設旱夫一百四十五名。雍正四年，裁減夫二十五名。雍正十年，扣留夫四十八名。今現設旱夫七十二名，工食銀一千三十六兩八錢，扣留雇夫銀六百九十一兩二錢。歲共支銀一千七百二十八兩。

江淮驛

原設馬五十五匹，馬夫五十五名。後於題明請將等事案内，裁減支應等銀八十兩。雍正十年，裁減馬夫二十一名。

今現設馬五十五匹，草料銀一千五百八十四兩。馬夫三十四名，工食銀四百八十九兩六錢。支應銀三百二十兩，馬價銀八百二十五兩，鞍轡等銀九十九兩。歲共支銀三千三百一十七兩六錢。

雍正八年裁驛丞，歸併江浦縣管理。

雍正十二年，核減草料等銀歲共四百七十三兩五錢五分。

東葛驛

原設馬五十匹，馬夫五十名。雍正十年，裁減馬夫十九名。

今現設馬五十匹，草料銀一千四百四十兩。馬夫三十一名，工食銀四百四十六兩四錢。支應銀二百四十兩，馬價銀七百五十兩，鞍轡等項銀九十兩。歲共支銀二千九百六十六兩四錢。

雍正十二年，核減草料等銀歲共四百三十兩五錢。

六合縣

原設旱夫九十名。後於題明請將等事案内，裁減夫四十名。雍正十年，扣留旱夫二十名。

今現設旱夫三十名，工食銀四百三十二兩，扣留雇夫銀二百八十八兩。歲共支銀七百二十兩。

棠邑驛

原設馬四十匹，馬夫三十二名。後於題明請將等事案内，裁減馬十匹、馬夫八名。雍正十年，裁減馬夫六名。

今現設馬三十四匹，草料銀八百六十四兩。馬夫十八名，工食銀二百五十九兩二錢。馬價銀三百兩，鞍韂等項銀四十五兩。歲共支銀一千四百六十八兩二錢。

雍正八年裁驛丞，歸併六合縣管理。

雍正十二年，核減草料等銀歲共二百三十九兩。

附　史貽《直議覆清釐驛務疏略》

臣查金陵、江寧等十站，差使繁冗，倍於他驛。原係一馬一夫者，改爲十馬八夫，以免貽誤。其餘極衝、次衝各驛，共五十四處，現在馬三千七十三匹。除遵兩馬一夫之外，每馬百匹留夫十名，以備獸醫、抄號等項之用。至雲亭、龍潭等七站馬夫工食，止日支銀三分。今既一夫承管二馬，應請各增一分。計共裁夫一千二百四十二名，除裁扣工食、增給雲亭七站各夫工食外，實應裁正閏等銀一萬七千七百八兩四分。

尹繼善《議覆清釐驛務咨文》

江南各驛爲各省通衢，差使倍於他省。且南方馬匹較北驛不同，水土非宜，易於生病，一夫兩馬，難於兼顧。且各驛有抄號、獸醫，以及煮料鍘草、水火打掃、傳遞緊急本章公文等項，原於馬夫内派用。故前議於每百名内，酌留夫十名。至金、江等十站差使更屬繁多，留十馬八夫，若照例裁減，一時差遣無人撥應，關係非輕。至雲亭等七站，向例馬夫工食原止三分。今既一夫承管二馬，調攝控馭加倍於前，工食自應一例增給。相應咨部，仍照原題議覆，實於通省驛傳大有裨益。

蘇州府

姑蘇驛

原設馬七十匹，馬夫七十名，水夫二百五十名，快船二十隻，水手六十名。後於題明請將等事案内，裁減快船五隻、水手十五名。雍正四年，裁減水夫二十名。雍正十年，裁減馬夫十四名，又扣留水夫一百三十八名。

今現設馬七十匹，草料銀二千一十六兩。馬夫五十六名，工食銀八百六兩四錢。水夫九十二名，工食銀一千三百二十四兩八錢。扣留雇夫銀一千九百八十七兩二錢，支應銀一千二百兩，馬價銀一千五十兩，鞍轡等項銀一百二十六兩。快船十五隻，水手四十五名，工食銀三百二十四兩，修船銀九十九兩。歲共支銀八千九百三十三兩四錢。

雍正十二年，核減草料等銀歲共六百二兩七錢。

吴江縣平望驛

原設馬六十匹，馬夫六十名，水夫二百三十名，快船二十隻，水夫六十名。後於題明請將等事案内，裁減馬四匹、馬夫四名、水夫十名、快船五隻、水手十五名。雍正四年，裁減水夫十五名。十年，裁減馬夫二十二名，扣留水夫一百二十三名。

今現設馬五十六匹，草料銀一千六百一十二兩八錢。馬夫三十四名，工食銀四百八十九兩六錢。水夫八十二名，工食銀一千一百八十兩八錢，扣留雇夫銀一千七百七十一兩二錢。快船十五隻，水手四十五名，工食銀三百二十四兩。支應銀五百五十兩，馬價銀八百四十兩，修船銀九十九兩，鞍轡等項銀一百兩八錢。歲共支銀六千九百六十八兩二錢。

雍正十二年，核減草料等銀歲共四百八十二兩一錢六分。

常熟縣

原設馬二匹，馬夫一名，差夫四名。後全裁。

昆山縣

原設馬八匹，馬夫四名，縴扛夫一十五名。後於題明請將等事案內，裁減馬六匹、馬夫三名、縴扛夫一十五名。

今現設馬二匹，草料銀五十七兩六錢。馬夫一名，工食銀一十兩八錢。馬價銀一十兩。歲共支銀七十八兩四錢。

雍正十二年，核減草料等銀歲共一十四兩四錢。

松江府

華亭縣

原設馬八匹，馬夫四名，縴扛夫一十三名。後於題明請將等事案內，裁減馬六匹、馬夫三名、縴扛夫十三名。

今現設馬二匹，草料銀五十七兩六錢。馬夫一名，工食銀一十兩八錢。馬價銀十兩。歲共支銀七十八兩四錢。

雍正十二年，核減草料等銀歲共一十四兩四錢。

婁　縣

原設馬八匹，馬夫四名，縴扛夫一十三名。後於題明請將等事案内，裁減馬六匹、馬夫三名、縴扛夫十三名。

今現設馬二匹，草料銀五十七兩六錢。馬夫一名，工食銀一十兩八錢。馬價銀一十兩。歲共支銀七十八兩四錢。

雍正十二年，核減草料等銀歲共一十四兩四錢。

上海縣

原設馬二匹，馬夫一名，差夫四名。後全裁。

青浦縣

原設馬六匹，馬夫三名，旱夫八名。後於題明請將等事案内，裁減馬四匹、馬夫二名、旱夫八名。

今現設馬二匹，草料銀五十七兩六錢。馬夫一名，工食銀十兩八錢。馬價銀十兩。歲共支銀七十八兩四錢。

雍正十二年，核減草料等銀歲共一十四兩四錢。

常州府

武進縣毘陵驛

原設馬六十匹，馬夫六十名，水夫二百四十名，快船二十隻，水手六十名。後於題明請將等事案内，裁減馬四匹、馬夫四名、水夫二十名、快船五隻、水手十五名。雍正四年，裁減水夫十五名。十年，裁減馬夫二十二名，扣留水夫一百二十三名。

今現設馬五十六匹，草料銀一千六百一十二兩八錢。馬夫三十四名，工食銀四百八十九兩六錢。水夫八十二名，工食銀一千一百八十兩八錢，扣留雇夫銀一千七百七十一兩二錢。快船十五隻，水手四十五名，工食銀三百二十四兩。支應銀五百五十兩，馬價銀八百四十兩，修船銀九十九兩，鞍轡等項銀一百兩八錢。歲共支銀六千九百六十八兩二錢。

雍正十二年，核減草料等銀歲共四百八十二兩一錢六分。

無錫縣錫山驛

原設馬五十六匹，馬夫五十六名，水夫二百二十名，快船二十隻，水手六十名。後於題明請將等事案内，裁減快船五隻、水手十五名。雍正四年，裁減水夫十五名。十年，裁減馬夫二十二名，又扣留水夫一百二十三名。

今現設馬五十六匹，草料銀一千六百一十二兩八錢。馬夫三十四名，工食銀四百八十九兩六錢。水夫八十二名，工食銀一千一百八十兩八錢，扣留雇夫銀一千七百七十一兩二錢。快船十五隻，水手四十五名，工食銀三百二十四兩。支應銀五百五十兩，馬價銀八百四十兩，修船銀九十九兩，鞍轡等項銀一百兩八錢。歲共支銀六千九百六十八兩二錢。

雍正十二年，核減草料等銀歲共四百八十二兩一錢六分。

江陰縣

原設馬七匹，馬夫四名，差夫四名。後全裁。

宜興縣

原設馬三匹，馬夫二名，差夫四名。後全裁。

鎮江府

丹徒縣京口驛

原設馬七十四，馬夫七十名，水夫二百四十名，旱夫五十名，快船二十隻，水手六十名。後於題明請將等事案內，裁減快船五隻、水手十五名。又於雍正四年裁減水夫十五名，十年裁減馬夫二十七名，扣留水夫一百三十五名、旱夫二十名。

今現設馬七十四，草料銀二千一十六兩。馬夫四十三名，工食銀六百一十九兩二錢。水夫九十名，工食銀一千二百九十六兩，扣留雇夫銀一千九百四十四兩。旱夫三十名，工食銀四百三十二兩，扣留雇夫銀二百八十八兩。快船十五隻，水手四十五名，工食銀三百二十四兩。支應銀六百兩，馬價銀一千五十兩，修船銀九十九兩，鞍轡等項銀一百二十六兩。歲共支銀八千七百九十四兩二錢。

雍正十二年，核減草料等銀歲共六百二兩七錢。

炭渚驛

原設馬三十四，馬夫二十四名。後於題明請將等事案內，裁減馬夫工食、鞍轡等銀九十五兩四錢。雍正十年，裁減馬夫六名。

今現設馬三十匹，草料銀八百六十四兩。馬夫十八名，工食銀二百五十九兩二錢。支應銀一百兩，馬價銀三百兩，鞍轡等項銀四十五兩。歲共支銀一千五百六十八兩二錢。

雍正十二年，核減草料等銀歲共二百三十九兩。

丹陽縣雲陽驛

原設馬七十匹，馬夫七十名，水夫二百二十名，旱夫六十名，快船二十隻，水手六十名。後於題明請將等事案内，裁減快船五隻、水手十五名。雍正四年，裁減水夫十五名。十年，裁減馬夫二十七名，又扣留水夫一百二十三名、旱夫二十四名。

今現設馬七十匹，草料銀二千一十六兩。馬夫四十三名，工食銀六百一十九兩二錢。水夫八十二名，工食銀一千一百八十兩八錢，扣留雇夫銀一千七百七十一兩二錢。旱夫三十六名，工食銀五百一十八兩四錢，扣留雇夫銀三百四十五兩六錢。快船十五隻，水手四十五名，工食銀三百二十四兩。支應銀五百兩，馬價銀一千五十兩，修船銀九十九兩，鞍轡等銀一百二十六兩。歲共支銀八千五百五十兩二錢。

雍正十二年，核減草料等銀歲共六百二兩七錢。

金壇縣

原設馬二匹，馬夫一名，差夫四名。後全裁。

溧陽縣

原設馬二匹，馬夫一名，差夫四名。後全裁。

淮安府

山陽縣

原設馬一百匹，馬夫一百名，水夫一百六十名，旱夫九十名。雍正四年，裁減水夫十五名、旱夫五名。雍正十年，裁減馬夫二十名，又扣留水夫八十七名、旱夫三十四名。

今現設馬一百匹，草料銀二千八百八十兩。馬夫八十名，工食銀一千一百五十二兩。水夫五十八名，工食銀八百三十五兩二錢，扣留雇夫銀一千二百五十二兩八錢。旱夫五十一名，工食銀七百三十四兩四錢，扣留雇夫銀四百八十九兩六錢。馬價銀一千五百兩，鞍轡等銀一百八十兩。歲共支銀九千二十四兩。

雍正十二年，核減草料等銀歲共八百六十一兩。

淮陰驛

原設支應廩糧銀八百兩。

今仍照舊。

雍正八年裁驛丞，歸併山陽縣管理。

清河縣

原設馬七十五匹，馬夫七十五名，水夫一百六十名，旱夫七十名。雍正四年，裁減水夫十五名。雍正十年，裁減馬夫十五名，又扣留水夫八十七名、旱夫二十八名。

今現設馬七十五匹，草料銀二千一百六十兩。馬夫六十名，工食銀八百六十四兩。水夫五十八名，工食銀八百三十五兩二錢，扣留雇夫銀一千二百五十二兩八錢。旱夫四十二名，工食銀六百四兩八錢，扣留雇夫銀四百三兩二錢。馬價銀一千一百二十五兩，鞍轡等銀一百三十五兩。歲共支銀七千三百八十兩。

雍正十二年，核減草料等銀歲共六百四十五兩七錢五分。

清口驛

原設支應廩糧銀七百兩。

今仍照舊。

雍正八年裁驛丞，歸併清河縣管理。

桃源縣

原設馬七十五匹，馬夫七十五名，水夫一百六十名，旱夫七十名。雍正四年，裁減水夫十五名。雍正十年，裁減馬夫十五名，又扣留水夫八十七名、旱夫二十八名。

今現設馬七十五匹，草料銀二千一百六十兩。馬夫六十名，工食銀八百六十四兩。水夫五十八名，工食銀八百三十五兩二錢，扣留雇夫銀一千二百五十二兩八錢。旱夫四十二名，工食銀六百四兩八錢，扣留雇夫銀四百三兩二錢。馬價銀一千一百二十五兩，鞍轡等銀一百三十五兩。歲共支銀七千三百八十兩。

雍正十二年，核減草料等銀歲共六百四十五兩七錢五分。

桃園驛

原設支應廩糧銀七百兩。

今仍照舊。

古城腰站

原設馬四十匹，馬夫四十名。雍正十年，裁減馬夫八名。

今現設馬四十匹，草料銀一千一百五十二兩。馬夫三十二名，工食銀四百六十兩八錢。馬價銀六百兩，鞍轡等銀七十二兩。歲共支銀二千二百八十四兩八錢。

原係桃源縣管理，雍正八年，添設驛丞管理。

雍正十二年，核減草料等銀歲共三百四十四兩四錢。

揚州府

江都縣

原設馬一百匹，馬夫一百名，水夫一百六十名，旱夫九十名。雍正四年，裁減水夫二十名。雍正十年，裁減馬夫四十名，改歸邵伯驛馬二十匹、馬夫十二名，扣留水夫八十四名、旱夫三十六名。

今現設馬八十匹，草料銀二千三百四兩。馬夫四十八名，工食銀六百九十一兩二錢。水夫五十六名，工食銀八百六兩四錢，扣留雇夫銀一千二百九兩六錢。旱夫五十四名，工食銀七百七十七兩六錢，扣留雇夫銀五百一十八兩四錢。馬價銀一千二百兩，鞍轡等銀一百四十四兩。歲共支銀七千六百五十一兩二錢。

雍正十二年，核減草料等銀歲共六百八十八兩八錢。

廣陵驛

原設支應廩糧銀八百兩。

今仍照舊。

雍正八年裁驛丞，歸併江都縣管理。

甘泉縣邵伯驛

原設馬四十匹，馬夫四十名。雍正十年，裁減馬夫十六名，添歸江都縣馬二十匹、馬夫十二名。

今現設馬六十匹，草料銀一千七百二十八兩。馬夫三十六名，工食銀五百一十八兩四錢。支應銀四百五十兩，馬價銀九百兩，鞍轡等銀一百八兩。歲共支銀三千七百四兩四錢。

原係江都縣管轄，今改歸甘泉縣轄。

雍正十二年，核減草料等銀歲共五百一十六兩六錢。

高郵州

原設馬七十五匹，馬夫七十五名，水夫一百五十名，旱夫七十名。雍正四年，裁減水夫一十五名。雍正十年，裁減馬夫二十九名，又扣留水夫八十一名、旱夫二十八名。

今現設馬七十五匹，草料銀二千一百六十兩。馬夫四十六名，工食銀六百六十二兩四錢。水夫五十四名，工食銀七百七十七兩六錢，扣留雇夫銀一千一百六十六兩四錢。旱夫四十二名，工食銀六百四兩八錢，扣留雇夫銀四百三兩二錢。馬價銀一千一百二十五兩，鞍轡等銀一百三十五兩。歲共支銀七千三十四兩四錢。

雍正十二年，核減草料等銀歲共六百四十五兩七錢五分。

盂城驛

原設支應廩糧銀六百兩。

今仍照舊。

界首驛

原設馬四十匹，馬夫四十名。雍正十年，裁減馬夫一十六名。

今現設馬四十匹，草料銀一千一百五十二兩。馬夫二十四名，工食銀三百四十五兩六錢。支應銀四百五十兩，馬價銀六百兩，鞍轡等銀七十二兩。歲共支銀二千六百一十九兩六錢。

雍正十二年，核減草料等銀歲共三百四十四兩四錢。

寶應縣

原設馬七十五匹，馬夫七十五名，水夫一百五十名，旱夫七十名。雍正四年，裁減水夫十五名。雍正十年，裁減馬夫二十九名，扣留水夫八十一名、旱夫二十八名。

今現設馬七十五匹，草料銀二千一百六十兩。馬夫四十六名，工食銀六百六十二兩四錢。水夫五十四名，工食銀七百七十七兩六錢，扣留雇夫銀一千一百六十六兩四錢。旱夫四十二名，工食銀六百四兩八錢，扣留雇夫銀四百三兩二錢。馬價銀一千一百二十五兩，鞍轡等銀一百三十五兩。歲共支銀七千三十四兩四錢。

雍正十二年，核減草料等銀歲共六百四十五兩七錢五分。

安平驛

原設支應廩糧銀六百兩。

今仍照舊。

雍正八年裁驛丞，歸併寶應縣管理。

儀〔徵〕〔真〕縣

原設馬五十匹，馬夫四十名，水夫八十名，旱夫五十名。後於題明請將等事案内，裁減馬十匹、馬夫八名，旱夫三十名、水夫四十名。雍正四年，增添旱夫十名。雍正十年，裁減馬夫八名，扣留水夫二十四名。

今現設馬四十匹，草料銀一千一百五十二兩。馬夫二十四名，工食銀三百四十五兩六錢。水夫一十六名，工食銀二百三十兩四錢，扣留雇夫銀三百四十五兩六錢。旱夫三十名，工食銀四百三十二兩。馬價銀四百兩，鞍轡等銀六十兩。歲共支銀二千九百六十五兩六錢。

雍正十二年，核減草料等銀歲共三百一十八兩六錢六分六釐七毫。

儀〔徵〕〔真〕水驛

原設支應廩糧銀四百兩。後於題明請將等事案内，裁減銀二百兩。

今現設支應廩糧銀二百兩。

雍正八年裁驛丞，歸併儀〔徵〕〔真〕縣管理。

泰　州

原設馬五匹，馬夫三名。後於題明請將等事案内，裁減馬三匹、馬夫二名。

今現設馬二匹，草料銀五十七兩六錢。馬夫一名，工食銀一十兩八錢。馬價銀一十兩。歲共支銀七十八兩四錢。

雍正十二年，核減草料等銀歲共一十四兩四錢。

徐州府

銅山縣夫廠

原設扛夫九十名，水夫五十名。雍正四年，裁減水夫十名。十年，扣留扛夫三十六名、水夫二十四名。

今現設扛夫五十四名，工食銀七百七十七兩六錢，扣留雇夫銀五百一十八兩四錢。水夫一十六名，工食銀二百三十兩四錢，扣留雇夫銀三百四十五兩六錢。歲共支銀一千八百七十二兩。

原係徐州管理。雍正十一年，以徐州升府，添設銅山縣，歸縣管理。

東岸驛

原設馬一百二十五匹，馬夫一百二十五名。後於題明請將等事案内，裁減馬五匹、馬夫五名。十年，裁減馬夫四十八名。

今現設馬一百二十匹，草料銀三千四百五十六兩。馬夫七十二名，工食銀一千三十六兩八錢。支應銀五百兩，馬價銀一千八百兩，鞍轡等銀二百一十六兩。歲共支銀七千八兩八錢。

雍正十二年，核減草料等銀歲共一千三十三兩二錢。

利國驛

原設馬一百二十匹，馬夫一百二十名。雍正十年，裁減馬夫四十八名。

今現設馬一百二十匹，草料銀三千四百五十六兩。馬夫七十二名，工食銀一千三十六兩八錢。支應銀五百兩，馬價銀一千八百兩，鞍轡等銀二百一十六兩。歲共支銀七千八兩八錢。

雍正十二年，核減草料等銀歲共一千三十三兩二錢。

桃山驛

原設馬九十五匹，馬夫九十五名。雍正十年，裁減馬夫三十七名。

今現設馬九十五匹，草料銀二千七百三十六兩。馬夫五十八名，工食銀八百三十五兩二錢。支應銀四百兩，馬價銀一千四百二十五兩，鞍轡等銀一百七十一兩。歲共支銀五千五百六十七兩二錢。

雍正十二年，核減草料等銀歲共八百一十七兩九錢五分。

彭城驛

原設水夫四十名，轎夫三十名。後於題明請將等事案内，裁減水夫十名、轎夫三十名。雍正四年，裁減水夫十名。十年，扣留水夫一十二名。

今現設水夫八名，工食銀一百一十五兩二錢，扣留雇夫銀一百七十二兩八錢。支應銀三百兩。歲共支銀五百八十八兩。於雍正十三年特參虚冒等事案内全裁。

房村驛

原設馬船二十隻，水手四十五名。後於題明請將等事案內，裁減船十隻、水手二十名。

今現設馬船十隻，水手二十五名，工食銀一百四十四兩。

沛　縣

原設馬一十二匹，馬夫十名，扛轎夫二十名。後於題明請將等事案內，裁減馬七匹、馬夫六名、扛轎夫十名。雍正四年，裁減扛轎夫十名。六年，裁減馬二匹、馬夫二名。

今現設馬三匹，草料銀八十六兩四錢。馬夫二名，工食銀二十一兩六錢。馬價銀三十兩，鞍轡等銀四兩五錢。歲共支銀一百四十二兩五錢。

雍正十二年，核減草料等銀歲共二十一兩八錢四分。

泗亭驛

原設扛轎夫二十名，水夫八十名。雍正四年，裁減水夫十名。十年，扣留扛轎夫八名、水夫四十二名。

今現設水夫二十八名，工食銀四百三兩二錢，扣留雇夫銀六百四兩八錢。扛轎夫十二名，工食銀一百七十二兩八錢，扣留雇夫銀一百一十五兩二錢。支應銀二百五十兩。歲共支銀一千五百四十六兩。

夏鎮夫廠

原設扛夫六十名，水夫一百五十名。雍正四年，裁減扛夫十名、水夫十五名。十年，扣留扛夫二十名、水夫八十一名。

今現設扛夫三十名，工食銀四百三十二兩，扣留雇夫銀二百八十八兩。水夫五十四名，工食銀七百七十七兩六錢，扣留雇夫銀一千一百六十六兩四錢。歲共支銀二千六百六十四兩。

豐　縣

原設馬二匹，馬夫一名，差夫五名。後全裁。

蕭　縣

原設馬二匹，馬夫一名，差夫五名。後全裁。

碭山縣

原設馬二匹，馬夫一名，差夫五名。後全裁。

邳州

原設馬三十匹，馬夫二十四名，馬船十隻，水手二十名。後於題明請將等事案內，裁減馬船五隻、水手十名。雍正十年，裁減馬夫六名。

今現設馬三十匹，草料銀八百六十四兩。馬夫十八名，工食銀二百五十九兩二錢。馬船五隻，水手十名，工食銀七十二兩。馬價銀三百兩，鞍轡等項銀五十四兩。歲共支銀一千五百四十九兩二錢。

下邳驛

原係邳州管理。雍正八年，改歸趙村驛丞管理。

原設旱夫四十名，先裁減十名。今全裁。

趙村驛

原設水夫一百六十名。雍正十年，扣留水夫九十六名。

今現設水夫六十四名，工食銀九百二十一兩六錢，扣留雇夫銀一千三百八十二兩四錢。支應銀一百二十兩。歲共支銀二千四百二十四兩。

雍正十二年，核減草料等銀歲共二百四十八兩。

宿遷縣

原設馬八十匹，馬夫八十名。雍正十年，裁減馬夫十六名。

今現設馬八十匹，草料銀二千三百四兩。馬夫六十四名，工食銀九百二十一兩六錢。馬價銀一千二百兩，鞍轡等銀一百四十四兩。歲共支銀四千五百六十九兩六錢。

雍正十二年，核減草料等銀歲共六百八十八兩八錢。

鍾吾驛

原設水夫一百六十名，旱夫八十名。雍正四年，裁減水夫十五名、旱夫十名。十年，扣留水夫八十七名、旱夫二十八名。

今現設水夫五十八名，工食銀八百三十五兩二錢，扣留雇夫銀一千二百五十二兩八錢。旱夫四十二名，工食銀六百四兩八錢，扣留雇夫銀四百三兩二錢。支應銀七百兩。歲共支銀三千七百九十六兩。

峒峿站

原設馬六十匹，馬夫六十名。雍正十年，裁減馬夫十二名。

今現設馬六十匹，草料銀一千七百二十八兩。馬夫四十八名，工食銀六百九十一兩二錢。馬價銀九百兩，鞍轡等銀一百八兩。歲共支銀三千四百二十七兩二錢。

原係宿遷縣管理。雍正八年，歸併鍾吾驛兼管。

雍正十二年，核減草料等銀歲共五百一十六兩六錢。

太倉州

原設馬七匹，馬夫三名，縴扛夫十名。後全裁。

嘉定縣

原設馬六匹，馬夫三名，縴扛夫十名。後全裁。

雍正三年，該縣改歸直隸太倉州轄。

通州

原設馬五匹，馬夫三名，後於題明請將等事案内裁減馬三匹、馬夫二名。今現設馬二匹，草料銀五十七兩六錢。馬夫一名，工食銀一十兩八錢。馬價銀一十兩。歲共支銀七十八兩四錢。

雍正十二年，核減草料等銀歲共一十四兩四錢。

如臯縣

原設馬五匹，馬夫三名。後於題明請將等事案内裁減馬三匹、馬夫二名。今現設馬二匹，草料銀五十七兩六錢。馬夫一名，工食銀一十兩八錢。馬價銀一十兩。歲共支銀七十八兩四錢。

雍正十二年，核減草料等銀歲共一十四兩四錢。

江南通志卷九十八

武備志

驛傳 二 船政附

安慶府

同安水驛

原設紅槳船十二隻，水手三十九名，水夫頭六十名。後於題明請將等事案内，裁減水夫頭三十名。雍正十年，扣留水夫頭六名。

今現設紅槳船十二隻，水手三十九名，工食銀二百八十兩八錢。水夫頭二十四名，工食銀一百七十二兩八錢，扣留雇夫銀四十三兩二錢。修船銀一百一十兩。廪糧並雇縴夫等銀二百兩，帶閏銀一十六兩五錢六分。歲共支銀八百二十三兩三錢六分。

懷寧縣

原設馬六十一匹，馬夫六十一名，差夫四十名。後於題明請將等事案内，裁減馬一十六匹、馬夫一十六名、差夫二十名。雍正十年，裁減馬夫九名，扣留差夫四名。

今現設馬四十五匹，草料銀一千二百九十六兩。馬夫三十六名，除另給捐置馬田租稻外，工食銀三百八十八兩八錢。差夫十六名，工食銀一百七十二兩八錢，扣留雇夫銀四十三兩二錢，買馬銀六百七十五兩，廪糧銀一百三十五兩，帶閏銀六十三兩三錢六分，鞍轡等銀一百三十五兩。歲共支銀二千九百九兩一錢六分。

雍正十二年，核減草料等銀歲共四百四十一兩四錢五分。

練潭驛

原設馬六十一匹，馬夫六十一名，差夫四十名。後於題明請將等事案内，裁減馬十六匹、馬夫十六名、差夫二十名。雍正十年，裁減馬夫十八名，扣留差夫四名。

今現設馬四十五匹，草料銀一千二百九十六兩。馬夫二十七名，除另給捐置馬田租稻外，工食銀二百九十一兩六錢。差夫十六名，除另給捐置馬田租稻外，工食銀一百一十五兩二錢，扣留雇夫銀二十八兩八錢。買馬銀六百七十五兩，廩糧銀一百三十五兩，帶閏銀五十七兩七錢二分，鞍轡等銀一百三十五兩。歲共支銀二千七百三十四兩三錢二分。

雍正十二年，核減草料等銀歲共四百四十一兩四錢五分。

桐城縣呂亭驛

原設馬九十六匹，馬夫九十六名，差夫六十名。後於題明請將等事案内，裁減馬二十六匹、馬夫二十六名、差夫三十名。雍正十年，裁減馬夫二十七名，扣留差夫六名。

今現設馬七十匹，草料銀二千一十六兩。馬夫四十三名，工食銀六百一十九兩二錢。差夫二十四名，工食銀二百五十九兩二錢，扣留雇夫銀六十四兩八錢。買馬銀一千五十兩，廩糧銀二百一十兩，帶閏銀九十八兩六錢四分，鞍轡等銀二百一十兩。歲共支銀四千五百二十七兩八錢四分。

雍正十二年，核減草料等銀歲共六百八十六兩七錢。

陶沖驛

原設馬八十二匹，馬夫八十二名，差夫六十名。後於題明請將等事案内，裁減馬二十二匹、馬夫二十二名、差夫三十名。雍正十年，裁減馬夫二十三名，扣留差夫六名。

今現設馬六十匹，草料銀一千七百二十八兩。馬夫三十七名，工食銀五百三十二兩八錢。差夫二十四名，工食銀二百五十九兩二錢，扣留雇夫銀六十四兩八錢。買馬銀九百兩，廪糧銀一百八十兩，帶閏銀八十六兩一錢六分，鞍轡等銀一百八十兩。歲共支銀三千九百三十兩九錢六分。

雍正十二年，核減草料等銀歲共五百八十八兩六錢。

潛山縣青口驛

原設馬八十二匹，馬夫八十二名，差夫七十名。後於題明請將等事案内，裁減馬二十二匹、馬夫二十二名、差夫四十名。雍正十年，裁減馬夫二十三名，扣留差夫六名。

今現設馬六十匹，草料銀一千七百二十八兩。馬夫三十七名，工食銀五百三十二兩八錢。差夫二十四名，工食銀二百五十九兩二錢，扣留雇夫銀六十四兩八錢。買馬銀九百兩，廪糧銀一百八十兩，帶閏銀八十六兩一錢六分，鞍轡等銀一百八十兩。歲共支銀三千九百三十兩九錢六分。

雍正十二年，核減草料等銀歲共五百八十八兩六錢。

太湖縣小池驛

原設馬八十二匹，馬夫八十二名，差夫七十名。後於題明請將等事案内，裁減馬二十二匹、馬夫二十二名、差夫四十名。雍正十年，裁減馬夫二十三名，扣留差夫六名。

今現設馬六十匹，草料銀一千七百二十八兩。馬夫二十七名，工食銀五百三十二兩八錢。差夫二十四名，工食銀二百五十九兩二錢，扣留雇夫銀六十四兩八錢。買馬銀九百兩，廪糧銀一百八十兩，帶閏銀八十六兩一錢六分，鞍韂等銀一百八十兩。歲共支銀三千九百三十兩九錢六分。

雍正十二年，核減草料等銀歲共五百八十八兩六錢。

宿松縣楓香驛

原設馬八十二匹，馬夫八十二名，差夫七十名。後於題明請將等事案内，裁減馬二十二匹、馬夫二十二名、差夫四十名。雍正十年，裁減馬夫二十三名，扣留差夫六名。

今現設馬六十匹，草料銀一千七百二十八兩。馬夫三十七名，工食銀五百三十二兩八錢。差夫二十四名，工食銀二百五十九兩二錢，扣留雇夫銀六十四兩八錢。買馬銀九百兩，廪糧銀一百八十兩，帶閏銀八十六兩一錢六分，鞍韂等銀一百八十兩。歲共支銀三千九百三十兩九錢六分。

雍正十二年，核減草料等銀歲共五百八十八兩六錢。

安撫徐國相《請甦郵困疏》

爲衝驛繁苦已極，緩差似宜變通，敬請敕部酌議，以稍甦郵困事。

竊惟臣屬安、廬、鳳三府之拮据難支，實有數倍於往年者。臣查自前撫臣靳輔條議減差節費之後，驛站錢糧已裁十分之四。雖各督、撫、提、鎮等尋常章奏，已歸驛遞傳進，但安、廬、鳳三府爲江北要衝，向止江西、廣東差使經由，今廣東開復，進剿廣西，一切章奏俱併江西而來。又安親王暨偏沅巡撫出師長沙，湖南之差亦併江西袁州而來。向之由西路馳驛者，今俱併於中路矣。其安塘員役之飛遞軍情，各處兵主之差官報捷，與夫部發兵餉、弓箭、炮馬等項大差，上年至今，絡繹如織，不可勝數。前者原議減差而始裁錢糧，今錢糧已裁十分之四，而大差繁多，反數倍於上年。其應付之苦，與捉襟露肘之狀，有莫可名言者矣。

今者荷蒙皇上如天之仁，洞悉差使繁多，驛遞困苦，奉差員役橫索騷擾，馳斃驛馬，屢奉嚴旨飭禁。則凡過往差員，如遇有不遵功令，節外生事者，臣自當查明指參。惟是節次押送御馬前往江西、長沙、廣東等處差員，並撥什庫及跟隨人役等，應付驛馬，動輒數十餘匹。查內部發馬每起即有八旗，雖間日發一旗，勢必擁擠。以致前差甫過，後差復又踵至，絡驛不絕，萬分難支。臣節據各府縣呈訴困苦情形，不禁憂心如焚，寢食俱廢。

臣叨沐皇上殊恩，簡任巡撫，當此軍興孔亟，大兵分途進剿，需餉甚殷，凡地方有可生財節費者，正當竭力籌畫，仰佐萬一。即本年四月間，因各省驛站廢弛，奉旨差委太僕寺正卿、今陞學士臣温代挨查臣屬各驛時，目睹差繁馬少，不足騎乘，會臣定議，不添給錢糧，每驛添馬二十匹。今各屬紛紛呈報，照數買補。而驛遞差繁，支應不敷，臣又何敢復有他議乎？

惟思各處剿賊，係關軍機，自當不時飛馳。其送餉、送炮等項，原屬急需，差員必須馳驛。

至於送馬一節則係緩差，每日行走不過一站而止，即當住歇，誠與緊差有間。若不稍爲變通，恐各驛支應不繼，將來必至有倒廢之虞矣。仰祈皇上俯念驛站困苦已極，一應送馬員役非係緊差，敕部酌議，停給勘牌。令其自帶長行騾馬，止給沿途草料。則驛困稍甦，不致倒站有誤緊差矣。

臣身在地方，深知驛遞萬分艱苦，焉敢緘默不言？是以特疏上請，貼黄難盡。伏乞皇上睿鑒全覽，敕部酌議施行。

徽州府

歙縣

原設馬七匹，馬夫四名，差夫十名。後於題明請將等事案内，裁減馬二匹、馬夫一名、差夫二名。今現設馬五匹，草料銀一百四十四兩。馬夫三名，除另給捐置馬田租稻外，工食銀二十一兩六錢。差夫八名，除另給捐置馬田租稻外，工食銀五十七兩六錢。買馬銀三十七兩五錢，帶閏銀七兩四錢四分，鞍轡等銀一十五兩。歲共支銀二百八十三兩一錢四分。

雍正十二年，核減草料等銀歲共四十三兩九錢。

休寧縣

原設馬七匹，馬夫四名，差夫十名。後於題明請將等事案内，裁減馬二匹、馬夫一名、差夫二名。雍正六年，裁減馬二匹、馬夫一名。

今現設馬三匹，草料銀八十六兩四錢。馬夫二名，除另給捐置馬田租稻外，工食銀一十四兩四錢。差夫八名，除另給捐置馬田租稻外，工食銀五十七兩六錢。買馬銀二十二兩五錢，帶閏銀五兩二錢八分，鞍轡等銀九兩。歲共支銀一百九十五兩一錢八分。

雍正十二年，核減草料等銀歲共二十六兩三錢四分。

婺源縣

原設馬七匹，馬夫四名，差夫十名。後於題明請將等事案内，裁減馬二匹、馬夫一名、差夫二名。雍正六年，裁減馬二匹、馬夫一名。

今現設馬三匹，草料銀八十六兩四錢。馬夫二名，除另給捐置馬田租稻外，工食銀一十四兩四錢。差夫八名，除另給捐置馬田租稻外，工食銀五十七兩六錢。買馬銀二十二兩五錢，帶閏銀五兩二錢八分，鞍轡等銀九兩。歲共支銀一百九十五兩一錢八分。

雍正十二年，核減草料等銀歲共二十六兩三錢四分。

祁門縣

原設馬七匹，馬夫四名，差夫十名。後於題明請將等事案内，裁減馬二匹、馬夫一名、差夫二名。雍正六年，裁減馬二匹、馬夫一名。

今現設馬三匹，草料銀八十六兩四錢。馬夫二名，除另給捐置馬田租稻外，工食銀一十四兩四錢。差夫八名，除另給捐置馬田租稻外，工食銀五十七兩六錢。買馬銀二十二兩五錢，帶閏銀五兩二錢八分，鞍轡等銀九兩。歲共支銀一百九十五兩一錢八分。

雍正十二年，核減草料等銀歲共二十六兩三錢四分。

黟縣

原設馬七匹，馬夫四名，差夫十名。後於題明請將等事案内，裁減馬二匹、馬夫一名、差夫二名。雍正六年，裁減馬二匹、馬夫一名。

今現設馬三匹，草料銀八十六兩四錢。馬夫二名，除另給捐置馬田租稻外，工食銀一十四兩四錢。差夫八名，除另給捐置馬田租稻外，工食銀五十七兩六錢。買馬銀二十二兩五錢，帶閏銀五兩二錢八分，鞍轡等銀九兩。歲共支銀一百九十五兩一錢八分。

雍正十二年，核減草料等銀歲共二十六兩三錢四分。

績溪縣

原設馬七匹，馬夫四名，差夫十名。後於題明請將等事案內，裁減馬二匹、馬夫一名、差夫二名。雍正六年，裁減馬二匹、馬夫一名。

今現設馬三匹，草料銀八十六兩四錢。馬夫二名，除另給捐置馬田租稻外，工食銀一十四兩四錢。差夫八名，除另給捐置馬田租稻外，工食銀五十七兩六錢。買馬銀二十二兩五錢，帶閏銀五兩二錢八分，鞍轡等銀九兩。歲共支銀一百九十五兩一錢八分。

雍正十二年，核減草料等銀歲共二十六兩三錢四分。

寧國府

宣城縣

原設馬三匹，馬夫二名。後於題明請將等事案內，裁減馬一匹、馬夫一名。

今現設馬二匹，草料銀五十七兩六錢。馬夫一名，除另給捐置馬田租稻外，工食銀七兩二錢。買馬銀一十兩，帶閏銀二兩一錢六分，鞍轡等銀六兩。歲共支銀八十二兩九錢六分。

雍正十二年，核減草料等銀歲共一十七兩五錢六分。

南陵縣

原設馬四十匹，馬夫三十二名，差夫三十名。後於題明請將等事案内，裁減馬十匹、馬夫八名、差夫十五名。雍正十年，裁減馬夫六名，扣留差夫三名。

今現設馬三十匹，草料銀八百六十四兩。馬夫十八名，除另給捐置馬田租稻外，工食銀一百二十九兩六錢。差夫十二名，除另給捐置馬田租稻外，工食銀八十六兩四錢，扣留雇夫銀二十一兩六錢。廩糧銀四十五兩，買馬銀四百五十兩，帶閏銀三十六兩七錢二分，鞍轡等銀九十兩。歲共支銀一千七百二十三兩三錢二分。

雍正十二年，核減草料等銀歲共二百九十四兩三錢。

南陵腰站

原設馬四十匹，馬夫三十二名，差夫三十名。後於題明請將等事案内，裁減馬十匹、馬夫八名、差夫十五名。雍正十年，裁減馬夫六名，扣留差夫三名。

今現設馬三十匹，草料銀八百六十四兩。馬夫十八名，除另給捐置馬田租稻外，工食銀一百二十九兩六錢。差夫十二名，除另給捐置馬田租稻外，工食銀八十六兩四錢，扣留雇夫銀二十一兩六錢。廩糧銀四十五兩，買馬銀四百五十兩，帶閏銀三十六兩七錢二分，鞍轡等銀九十兩。歲共支銀一千七百二十三兩三錢二分。

雍正八年，添設驛丞管理。

雍正十二年，核減草料等銀歲共二百九十四兩三錢。

涇　縣

原設馬七匹，馬夫四名，差夫十名。後於題明請將等事案內，裁減馬二匹、馬夫一名、差夫二名。雍正六年，裁減馬二匹、馬夫一名。

今現設馬三匹，草料銀八十六兩四錢。馬夫二名，除另給捐置馬田租稻外，工食銀一十四兩四錢。差夫八名，除另給捐置馬田租稻外，工食銀五十七兩六錢。買馬銀二十二兩五錢，帶閏銀五兩二錢八分，鞍轡等銀九兩。歲共支銀一百九十五兩一錢八分。

雍正十二年，核減草料等銀歲共二十六兩三錢四分。

寧國縣

原設馬三匹，馬夫二名。後於題明請將等事案內，裁減馬一匹、馬夫一名。雍正六年全裁。

旌德縣

原設馬七匹，馬夫四名，差夫十名。後於題明請將等事案内，裁減馬二匹、馬夫一名、差夫二名。雍正六年，裁減馬二匹、馬夫一名。

今現設馬三匹，草料銀八十六兩四錢。馬夫二名，除另給捐置馬田租稻外，工食銀一十四兩四錢。差夫八名，除另給捐置馬田租稻外，工食銀五十七兩六錢。買馬銀二十二兩五錢，帶閏銀五兩二錢八分，鞍轡等銀九兩。歲共支銀一百九十五兩一錢八分。

雍正十二年，核減草料等銀歲共二十六兩三錢四分。

太平縣

原設馬七匹，馬夫四名，差夫十名。後於題明請將等事案内，裁減馬二匹、馬夫一名、差夫二名。雍正六年，裁減馬二匹、馬夫一名。

今現設馬三匹，草料銀八十六兩四錢。馬夫二名，除另給捐置馬田租稻外，工食銀一十四兩四錢。差夫八名，除另給捐置馬田租稻外，工食銀五十七兩六錢。買馬銀二十二兩五錢，帶閏銀五兩二錢八分，鞍轡等銀九兩。歲共支銀一百九十五兩一錢八分。

雍正十二年，核減草料等銀歲共二十六兩三錢四分。

池州府

貴池縣

原設馬四十八匹，馬夫三十九名，差夫三十名。後於題明請將等事案内，裁減馬十三匹、馬夫十一名、差夫十五名。雍正十年，裁減馬夫七名，扣留差夫三名。

今現設馬三十五匹，草料銀一千八兩。馬夫二十一名，除另給捐置馬田租稻外，工食銀一百五十一兩二錢。差夫十二名，除另給捐置馬田租稻外，工食銀八十六兩四錢，扣留雇夫銀二十一兩六錢。廩糧銀五十二兩五錢，買馬銀五百二十五兩，帶閏銀四十二兩二錢四分，鞍轡等銀一百五兩。歲共支銀一千九百九十一兩九錢四分。

雍正十二年，核減草料等銀歲共三百四十三兩三錢五分。

貴池水驛

原設差馬船十隻，水手三十九名，水夫頭四十五名。後於題明請將等事案内，裁減水夫頭二十五名。雍正十年，扣留水夫頭四名。

今現設差馬船十隻，水手三十九名，工食銀二百八十兩八錢。水夫頭十六名，工食銀一百一十五兩二錢，扣留雇夫銀二十八兩八錢。修船銀一百一十九兩，廩糧備雇縴夫銀一百五十兩，帶閏銀一十四兩一錢六分。歲共支銀七百七兩九錢六分。

青陽縣

原設馬四十八匹，馬夫三十九名，差夫三十名。後於題明請將等事案内，裁減馬十三匹、馬夫十一名、差夫十五名。雍正十年，裁減馬夫七名，扣留差夫三名。

今現設馬三十五匹，草料銀一千八兩。馬夫二十一名，除另給捐置馬田租稻外，工食銀一百五十一兩二錢。差夫十二名，除另給捐置馬田租稻外，工食銀八十六兩四錢，扣留雇夫銀二十一兩六錢。廩糧銀五十二兩五錢，買馬銀五百二十五兩，帶閏銀四十二兩二錢四分，鞍轡等銀一百五兩。歲共支銀一千九百九十一兩九錢四分。

雍正十二年，核減草料等銀歲共三百四十三兩三錢五分。

銅陵縣水驛

原設差船四隻，水手二十名，水夫頭四十五名。後於題明請將等事案内，裁減水夫頭二十五名。雍正十年，扣留水夫頭四名。

今現設差船四隻，水手二十名，工食銀一百四十四兩。水夫頭十六名，工食銀一百一十五兩二錢，扣留雇夫銀二十八兩八錢。修船銀六十兩，廩糧備雇縴夫銀一百五十兩，帶閏銀九兩六錢。歲共支銀五百七兩六錢。

石埭縣

原設馬七匹，馬夫四名，差夫十名。後於題明請將等事案内，裁減馬二匹、馬夫一名、差夫二名。雍正六年，裁減馬二匹、馬夫一名。

今現設馬三匹，草料銀八十六兩四錢。馬夫二名，除另給捐置馬田租稻外，工食銀一十四兩四錢。差夫八名，除另給捐置馬田租稻外，工食銀五十七兩六錢。買馬銀二十二兩五錢，帶閏銀五兩二錢八分，鞍轡等銀九兩。歲共支銀一百九十五兩一錢八分。

雍正十二年，核減草料等銀歲共二十六兩三錢四分。

建德縣

原設馬二十匹，馬夫十六名，差夫十八名。後於題明請將等事案内，裁減馬五匹、馬夫四名、差夫八名。雍正十年，裁減馬夫二名。

今現設馬十五匹，草料銀四百三十二兩。馬夫十名，除另給捐置馬田租稻外，工食銀七十二兩。差夫十名，除另給捐置馬田租稻外，工食銀七十二兩。廩糧銀二十二兩五錢，買馬銀二百二十五兩，帶閏銀一十九兩二錢，鞍轡等銀四十五兩。歲共支銀八百八十七兩七錢。

雍正十二年，核減草料等銀歲共一百四十七兩一錢五分。

東流縣

原設馬二十七匹，馬夫二十一名，差夫二十名。後於題明請將等事案内，裁減馬七匹、馬夫五名、差夫十名。雍正十年，裁減馬夫四名。

今現設馬二十匹，草料銀五百七十六兩。馬夫十二名，除另給捐置馬田租稻外，工食銀八十六兩四錢。差夫十名，除另給捐置馬田租稻外，工食銀七十二兩。廩糧銀三十兩，買馬銀三百兩，帶閏銀二十四兩四錢八分，鞍轡等銀六十兩。歲共支銀一千一百四十八兩八錢八分。

雍正十二年，核減草料等銀歲共一百九十六兩二錢。

東流水驛

原設差紅船五隻，水手十九名，水夫頭四十五名。後於題明請將等事案内，裁減水夫頭二十五名。雍正十年，扣留水夫頭四名。

今現設差紅船五隻，水手十九名，工食銀一百三十六兩八錢。水夫頭十六名，工食銀一百一十五兩二錢，扣留雇夫銀二十八兩八錢。廩糧並備雇縴夫銀一百五十兩，修船銀六十一兩，帶閏銀九兩三錢六分。歲共支銀五百一兩一錢六分。

太平府

當塗縣

原設馬四十匹，馬夫三十二名，差夫三十名。後於題明請將等事案内，裁減馬十匹、馬夫八名、差夫十五名。雍正十年，裁減馬夫六名，扣留差夫三名。

今現設馬三十匹，草料銀八百六十四兩。馬夫十八名，除另給捐置馬田租稻外，工食銀一百二十九兩六錢。差夫十二名，除另給捐置馬田租稻外，工食銀八十六兩四錢，扣留雇夫銀二十一兩六錢。廪糧銀四十五兩，買馬銀四百五十兩，帶閏銀三十六兩七錢二分，鞍轡等銀九十兩。歲共支銀一千七百二十三兩三錢二分。

雍正十二年，核減草料等銀歲共二百九十四兩三錢。

采石驛

原設紅船三隻，水手十五名，水夫頭四十五名。後於題明請將等事案内，裁減水夫頭二十五名。雍正十年，扣留水夫頭四名。

今現設紅船三隻，水手十五名，工食銀一百八兩。水夫頭十六名，工食銀一百十五兩二錢，扣留雇夫銀二十八兩八錢。廪糧備雇縴夫銀一百五十兩，修船銀四十五兩，帶閏銀八兩四錢。歲共支銀四百五十五兩四錢。

蕪湖縣

原設馬四十匹，馬夫三十二名，差夫三十名。後於題明請將等事案内，裁減馬十匹、馬夫八名、差夫十五名。雍正十年，裁減馬夫六名，扣留差夫三名。

今現設馬三十匹，草料銀八百六十四兩。馬夫十八名，除另給捐置馬田租稻外，工食銀一百二十九兩六錢。差夫十二名，除另給捐置馬田租稻外，工食銀八十六兩四錢，扣留雇夫銀二十一兩六錢。廪糧銀四十五兩，買馬銀四百五十兩，帶閏銀三十六兩七錢二分，鞍轡等銀九十兩。歲共支銀一千七百二十三兩三錢二分。

雍正十二年，核減草料等銀歲共二百九十四兩三錢。

澛港驛

原設紅船五隻，水手二十五名，水夫頭四十五名。後於題明請將等事案内，裁減水夫頭二十五名。雍正十年，扣留水夫頭四名。

今現設紅船五隻，水手二十五名，工食銀一百八十兩。水夫頭十六名，工食銀一百一十五兩二錢，扣留雇夫銀二十八兩八錢。修船銀七十五兩，廪糧備雇縴夫銀一百五十兩，帶閏銀一十兩八錢。歲共支銀五百五十九兩八錢。

繁昌縣

原設馬三匹，馬夫二名。後於題明請將等事案内，裁減馬一匹、馬夫一名。雍正六年全裁。

荻港驛

原設紅船三隻，水手十五名，水夫頭四十五名。後於題明請將等事案内，裁減水夫頭二十五名。雍正十年，扣留水夫頭四名。

今現設紅船三隻，水手十五名，工食銀一百八兩。水夫頭十六名，工食銀一百一十五兩二錢，扣留雇夫銀二十八兩八錢。廪糧備雇縴夫銀一百五十兩，修船銀四十五兩，帶閏銀八兩四錢。歲共支銀四百五十五兩四錢。

廬州府

金斗驛

原設馬八十二匹，馬夫八十二名，差夫六十名。後於題明請將等事案內，裁減馬二十二匹、馬夫二十二名、差夫三十名。雍正十年，裁減馬夫二十三名，扣留差夫六名。

今現設馬六十匹，草料銀一千七百二十八兩。馬夫三十七名，工食銀五百三十二兩八錢。差夫二十四名，工食銀二百五十九兩二錢，扣留雇夫銀六十四兩八錢。廩糧銀一百八十兩，買馬銀九百兩，帶閏銀八十六兩一錢六分，鞍轡等銀一百八十兩。歲共支銀三千九百三十兩九錢六分。

雍正十二年，核減草料等銀歲共八百八十八兩六錢。

合肥縣護城驛

原設馬八十九匹，馬夫八十九名，差夫六十名。後於題明請將等事案內，裁減馬二十四匹、馬夫二十四名、差夫三十名。雍正十年，裁減馬夫二十五名，扣留差夫六名。

今現設馬六十五匹，草料銀一千八百七十二兩。馬夫四十名，工食銀五百七十六兩。差夫二十四名，工食銀二百五十九兩二錢，扣留雇夫銀六十四兩八錢。廩糧銀一百九十五兩，買馬銀九百七十五兩，帶閏銀九十二兩四錢，鞍轡等銀一百九十五兩。歲共支銀四千二百二十九兩四錢。

雍正十二年，核減草料等銀歲共六百三十七兩六錢五分。

店埠驛

原設馬八十二匹，馬夫八十二名，差夫六十名。後於題明請將等事案内，裁減馬二十二匹、馬夫二十二名、差夫三十名。雍正十年，裁減馬夫二十三名，扣留差夫六名。

今現設馬六十匹，草料銀一千七百二十八兩。馬夫三十七名，工食銀五百三十二兩八錢。差夫二十四名，工食銀二百五十九兩二錢，扣留雇夫銀六十四兩八錢。廪糧銀一百八十兩，買馬銀九百兩，帶閏銀八十六兩一錢六分，鞍轡等銀一百八十兩。歲共支銀三千九百三十兩九錢六分。

雍正十二年，核減草料等銀歲共五百八十八兩六錢。

派河驛

原設馬八十九匹，馬夫八十九名，差夫六十名。後於題明請將等事案内，裁減馬二十四匹、馬夫二十四名、差夫三十名。雍正十年，裁減馬夫二十五名，扣留差夫六名。

今現設馬六十五匹，草料銀一千八百七十二兩。馬夫四十名，工食銀五百七十六兩。差夫二十四名，工食銀二百五十九兩二錢，扣留雇夫銀六十四兩八錢。廪糧銀一百九十五兩，買馬銀九百七十五兩，帶閏銀九十二兩四錢，鞍轡等銀一百九十五兩。歲共支銀四千二百二十九兩四錢。

雍正十二年，核減草料等銀歲共六百三十七兩六錢五分。

盧江縣

原設馬三匹，馬夫二名。後於題明請將等事案内，裁減馬二匹、馬夫一名。雍正六年全裁。

舒城縣三溝驛

原設馬八十九匹，馬夫八十九名，差夫六十名。後於題明請將等事案内，裁減馬二十四匹、馬夫二十四名、差夫三十名。雍正十年，裁減馬夫二十五名，扣留差夫六名。

今現設馬六十五匹，草料銀一千八百七十二兩。馬夫四十名，工食銀五百七十六兩。差夫二十四名，工食銀二百五十九兩二錢，扣留雇夫銀六十四兩八錢。廩糧銀一百九十五兩，買馬銀九百七十五兩，帶閏銀九十二兩四錢，鞍轡等銀一百九十五兩。歲共支銀四千二百二十九兩四錢。

雍正十二年，核減草料等銀歲共六百三十七兩六錢五分。

梅心驛

原設馬八十九匹，馬夫八十九名，差夫六十名。後於題明請將等事案内，裁減馬二十四匹、馬夫二十四名、差夫三十名。雍正十年，裁減馬夫二十五名，扣留差夫六名。

今現設馬六十五匹，草料銀一千八百七十二兩。馬夫四十名，工食銀五百七十六兩。差夫二十四名，工食銀二百五十九兩二錢，扣留雇夫銀六十四兩八錢。廩糧銀一百九十五兩，買馬銀九百七十五兩，帶閏銀九十二兩四錢，鞍轡等銀一百九十五兩。歲共支銀四千二百二十九兩四錢。

雍正十二年，核減草料等銀歲共六百三十七兩六錢五分。

無爲州

原設馬三匹，馬夫二名。後於題明請將等事案内，裁減馬一匹、馬夫一名。雍正六年全裁。

巢縣鎮巢驛

原設馬七匹，馬夫四名，差夫十名。後於題明請將等事案内，裁減馬二匹、馬夫一名、差夫二名。雍正六年，裁減馬二匹、馬夫一名。

今現設馬三匹，草料銀八十六兩四錢。馬夫二名，工食銀二十一兩六錢。差夫八名，工食銀八十六兩四錢。買馬銀二十二兩五錢，帶閏銀六兩四錢八分，鞍轡等銀九兩。歲共支銀二百三十二兩三錢八分。

雍正十二年，核減草料等銀歲共二十六兩三錢四分。

高井驛

原設馬七匹，馬夫四名，差夫十名。後於題明請將等事案内，裁減馬二匹、馬夫一名、差夫二名。雍正六年，裁減馬二匹、馬夫一名。

今現設馬三匹，草料銀八十六兩四錢。馬夫二名，工食銀二十一兩六錢。差夫八名，工食銀八十六兩四錢。買馬銀二十二兩五錢，帶閏銀六兩四錢八分，鞍轡等銀九兩。歲共支銀二百三十二兩三錢八分。

雍正十二年，核減草料等銀歲共二十六兩三錢四分。

鳳陽府

濠梁驛

原設馬一百三匹，馬夫一百三名，差夫七十名。後於題明請將等事案内，裁減馬二十八匹、馬夫二十八名、差夫四十名。雍正十年，裁減馬夫二十九名，扣留差夫六名。

今現設馬七十五匹，草料銀一千一百六十兩。馬夫四十六名，工食銀六百六十二兩四錢。差夫二十四名，工食銀二百五十九兩二錢，扣留雇夫銀六十四兩八錢。廩糧銀二百二十五兩，買馬銀一千一百二十五兩，帶閏銀一百四兩八錢八分，鞍轡等銀二百二十五兩。歲共支銀四千八百二十六兩二錢八分。

原係鳳陽府管理，雍正八年改歸臨淮縣轄。

雍正十二年，核減草料等銀歲共七百三十五兩七錢五分。

鳳陽縣王莊驛

原設馬九十六匹，馬夫九十六名，差夫七十名。後於題明請將等事案内，裁減馬二十六匹、馬夫二十六名、差夫四十名。雍正十年，裁減馬夫二十七名，扣留差夫六名。

今現設馬七十匹，草料銀二千一十六兩。馬夫四十三名，工食銀六百一十九兩二錢。差夫二十四名，工食銀二百五十九兩二錢，扣留雇夫銀六十四兩八錢。廪糧銀二百一十兩，買馬銀一千五十兩，帶閏銀九十八兩六錢四分，鞍轡等銀二百一十兩。歲共支銀四千五百二十七兩八錢四分。

雍正十二年，核減草料等銀歲共六百八十六兩七錢。

臨淮縣紅心驛

雍正八年兼轄濠梁驛，見前。

原設馬一百三匹，馬夫一百三名，差夫七十名。後於題明請將等事案内，裁減馬二十八匹、馬夫二十八名、差夫四十名。雍正十年，裁減馬夫二十九名，扣留差夫六名。

今現設馬七十五匹，草料銀二千一百六十兩。馬夫四十六名，工食銀六百六十二兩四錢。差夫二十四名，工食銀二百五十九兩二錢，扣留雇夫銀六十四兩八錢。廩糧銀二百二十五兩，買馬銀一千一百二十五兩，帶閏銀一百四兩八錢八分，鞍轡等銀二百二十五兩。歲共支銀四千八百二十六兩二錢八分。

雍正十二年，核減草料等銀歲共七百三十五兩七錢五分。

定遠縣定遠驛

原設馬八十二匹，馬夫八十二名，差夫六十名。後於題明請將等事案内，裁減馬二十二匹、馬夫二十二名、差夫三十名。雍正十年，裁減馬夫二十三名，扣留差夫六名。

今現設馬六十匹，草料銀一千七百二十八兩。馬夫三十七名，工食銀五百三十二兩八錢。差夫二十四名，工食銀二百五十九兩二錢，扣留雇夫銀六十四兩八錢。廩糧銀一百八十兩，買馬銀九百兩，帶閏銀八十六兩一錢六分，鞍轡等銀一百八十兩。歲共支銀三千九百三十兩九錢六分。

雍正十二年，核減草料等銀歲共五百八十八兩六錢。

池河驛

原設馬六十八匹，馬夫六十八名，差夫六十名。後於題明請將等事案内，裁減馬十八匹、馬夫十八名、差夫三十五名。雍正十年，裁減馬夫十九名，扣留差夫五名。

今現設馬五十匹，草料銀一千四百四十兩。馬夫三十一名，工食銀四百四十六兩四錢。差夫二十名，工食銀二百一十六兩，扣留雇夫銀五十四兩。廪糧銀一百五十兩，買馬銀七百五十兩，鞍轡等銀一百五十兩。歲共支銀三千二百七十八兩二錢八分。

雍正十二年，核減草料等銀歲共四百九十兩五錢。

張橋驛

原設馬八十九匹，馬夫八十九名，差夫六十名。後於題明請將等事案内，裁減馬二十四匹、馬夫二十四名、差夫三十名。雍正十年，裁減馬夫二十五名，扣留差夫六名。

今現設馬六十五匹，草料銀一千八百七十二兩。馬夫四十名，工食銀五百七十六兩。差夫二十四名，工食銀二百五十九兩二錢，扣留雇夫銀六十四兩八錢。廪糧銀一百九十五兩，買馬銀九百七十五兩，帶閏銀九十二兩四錢，鞍轡等銀一百九十五兩。歲共支銀四千二百二十九兩四錢。

雍正十二年，核減草料等銀歲共六百三十七兩六錢五分。

懷遠縣

原設馬三匹，馬夫二名。後於題明請將等事案内，裁減馬一匹、馬夫一名。雍正六年全裁。

虹　縣

原設馬三匹，馬夫二名。後於題明請將等事案内，裁減馬一匹、馬夫一名。

今現設馬二匹，草料銀五十七兩六錢。馬夫一名，工食銀一十兩八錢。買馬銀十兩，帶閏銀二兩二錢八分，鞍轡等銀六兩。歲共支銀八十六兩六錢八分。

雍正十二年，核減草料等銀歲共一十七兩五錢六分。

壽　州

原設馬三匹，馬夫二名。後於題明請將等事案内，裁減馬一匹、馬夫一名。雍正六年全裁。

宿州睢陽驛

原設馬九十六匹，馬夫九十六名，差夫六十名。後於題明請將等事案内，裁減馬二十六匹、馬夫二十六名、差夫三十名。雍正十年，裁減馬夫二十七名，扣留差夫六名。

今現設馬七十匹，草料銀二千一十六兩。馬夫四十三名，工食銀六百一十九兩二錢。差夫二十四名，工食銀二百五十九兩二錢，扣留雇夫銀六十四兩八錢。廪糧銀二百一十兩，買馬銀一千五十兩，帶閏銀九十八兩六錢四分，鞍轡等銀二百一十兩。歲共支銀四千五百二十七兩八錢四分。

雍正十二年，核減草料等銀歲共六百八十六兩七錢。

大店驛

原設馬九十六匹，馬夫九十六名，差夫六十名。後於題明請將等事案内，裁減馬二十六匹、馬夫二十六名、差夫三十名。雍正十年，裁減馬夫二十七名，扣留差夫六名。

今現設馬七十匹，草料銀二千一十六兩。馬夫四十三名，工食銀六百一十九兩二錢。差夫二十四名，工食銀二百五十九兩二錢，扣留雇夫銀六十四兩八錢。廪糧銀二百一十兩，買馬銀一千五十兩，帶閏銀九十八兩六錢四分，鞍轡等銀二百一十兩。歲共支銀四千五百二十七兩八錢四分。

雍正十二年，核減草料等銀歲共六百八十六兩七錢。

百善驛

原設馬七匹，馬夫四名，差夫十名。後於題明請將等事案内，裁減馬二匹、馬夫一名、差夫二名。雍正六年，裁減馬二匹、馬夫一名。

今現設馬三匹，草料銀八十六兩四錢。馬夫二名，工食銀二十一兩六錢。差夫八名，工食銀八十六兩四錢。買馬銀二十二兩五錢，帶閏銀六兩四錢八分，鞍轡等銀九兩。歲共支銀二百三十三兩三錢八分。

雍正十二年，核減草料等銀歲共二十六兩三錢四分。

夾溝驛

原設馬九十六匹，馬夫九十六名，差夫六十名。後於題明請將等事案内，裁減馬二十六匹、馬夫二十六名、差夫三十名。雍正十年，裁減馬夫二十七名，扣留差夫六名。

今現設馬七十匹，草料銀二千一十六兩。馬夫四十三名，工食銀六百一十九兩二錢。差夫二十四名，工食銀二百五十九兩二錢，扣留雇夫銀六十四兩八錢。廩糧銀二百一十兩，買馬銀一千五十兩，帶閏銀九十八兩六錢四分，鞍轡等銀二百一十兩。歲共支銀四千五百二十七兩八錢四分。

雍正十二年，核減草料等銀歲共六百八十六兩七錢。

靈璧縣固鎮驛

原設馬一百三匹，馬夫一百三名，差夫七十名。後於題明請將等事案内，裁減馬二十八匹、馬夫二十八名、差夫四十名。雍正十年，裁減馬夫二十九名，扣留差夫六名。

今現設馬七十五匹，草料銀二千一百六十兩。馬夫四十六名，工食銀六百六十二兩四錢。差夫二十四名，工食銀二百五十九兩二錢，扣留雇夫銀六十四兩八錢。廪糧銀二百二十五兩，買馬銀一千一百二十五兩，帶閏銀一百四兩八錢八分，鞍轡等銀二百二十五兩。歲共支銀四千八百二十六兩二錢八分。

雍正十二年，核減草料等銀歲共七百三十五兩七錢五分。

潁州府

阜陽縣

原設馬三匹，馬夫二名。後於題明請將等事案内，裁減馬一匹、馬夫一名。

今現設馬二匹，草料銀五十七兩六錢。馬夫一名，工食銀一十兩八錢。買馬銀一十兩，帶閏銀二兩二錢八分，鞍轡等銀六兩。歲共支銀八十六兩六錢八分。

雍正十二年，核減草料等銀歲共一十七兩五錢六分。

原係潁州管理。雍正十三年，以潁州升府，添設阜陽縣，歸縣管理。

潁上縣

原設馬三匹，馬夫二名。後於題明請將等事案内，裁減馬一匹、馬夫一名。雍正六年全裁。

霍（邱）〔丘〕縣

原設馬三匹，馬夫二名。後於題明請將等事案内，裁減馬一匹、馬夫一名。雍正六年全裁。

亳　州

原設馬三匹，馬夫二名。後於題明請將等事案内，裁減馬一匹、馬夫一名。

今現設馬二匹，草料銀五十七兩六錢。馬夫一名，工食銀一十兩八錢。買馬銀一十兩，帶閏銀二兩二錢八分，鞍轡等銀六兩。歲共支銀八十六兩六錢八分。

雍正十二年，核減草料等銀歲共一十七兩五錢六分。

蒙城縣

原設馬三匹，馬夫二名。後於題明請將等事案内，裁減馬一匹、馬夫一名。雍正六年全裁。

太和縣

原設馬三匹，馬夫二名。後於題明請將等事案内，裁減馬一匹、馬夫一名。雍正六年全裁。

滁　州

滁陽驛

原設馬七十五匹，馬夫七十五名，差夫五十名。後於題明請將等事案内，裁減馬二十四匹、馬夫二十名、差夫二十五名。雍正十年，裁減馬夫二十一名，扣留差夫五名。

今現設馬五十五匹，草料銀一千五百八十四兩。馬夫三十四名，工食銀四百八十九兩六錢。差夫二十名，工食銀二百一十六兩，扣留雇夫銀五十四兩。廪糧銀一百六十五兩，買馬銀八百二十五兩，帶閏銀七十八兩一錢二分，鞍轡等銀一百六十五兩。歲共支銀三千五百七十六兩七錢二分。

雍正八年裁驛丞，歸滁州管理。

雍正十二年，核減草料等銀歲共五百三十九兩五錢五分。

大柳驛

原設馬六十八匹，馬夫六十八名，差夫五十名。後於題明請將等事案内，裁減馬十八匹、馬夫十八名、差夫二十五名。雍正十年，裁減馬夫十九名，扣留差夫五名。

今現設馬五十匹，草料銀一千四百四十兩。馬夫三十一名，工食銀四百四十六兩四錢。差夫二十名，工食銀二百一十六兩，扣留雇夫銀五十四兩。廪糧銀一百五十兩，買馬銀七百五十兩，帶閏銀七十一兩八錢八分，鞍轡等銀一百五十兩。歲共支銀三千二百七十八兩二錢八分。

雍正十二年，核減草料等銀歲共四百九十兩五錢。

全椒縣

原設馬七匹，馬夫四名，差夫十名。後於題明請將等事案内，裁減馬二匹、馬夫一名、差夫二名。雍正六年，裁減馬二匹、馬夫一名。

今現設馬三匹，草料銀八十六兩四錢。馬夫二名，工食銀二十一兩六錢。差夫八名，工食銀八十六兩四錢。買馬銀二十二兩五錢，帶閏銀六兩四錢八分，鞍轡等銀九兩。歲共支銀二百三十二兩三錢八分。

雍正十二年，核減草料等銀歲共二十六兩三錢四分。

來安縣

原設馬三匹，馬夫二名。後於題明請將等事案内裁減馬一匹、馬夫一名。雍正六年全裁。

和　州

原設馬七匹，馬夫四名，差夫十名。後於題明請將等事案内，裁減馬二匹、馬夫一名、差夫二名。今現設馬五匹，草料銀一百四十四兩。馬夫三名，工食銀三十二兩四錢。差夫八名，工食銀八十六兩四錢。買馬銀三十七兩五錢，帶閏銀八兩七錢六分，鞍轡等銀一十五兩。歲共支銀三百二十四兩六分。

雍正十二年，核減草料等銀歲共四十三兩九錢。

含山縣

原設馬七匹，馬夫四名，差夫十名。後於題明請將等事案内，裁減馬二匹、馬夫一名、差夫二名。雍正六年，裁減馬二匹、馬夫一名。

今現設馬三匹，草料銀八十六兩四錢。馬夫二名，工食銀二十一兩六錢。差夫八名，工食銀八十六兩四錢。買馬銀二十二兩五錢，帶閏銀六兩四錢八分，鞍轡等銀九兩。歲共支銀二百三十二兩三錢八分。

雍正十二年，核減草料等銀歲共二十六兩三錢四分。

廣德州

原設馬三匹，馬夫二名。後於題明請將等事案内，裁減馬一匹、馬夫一名。

今現設馬二匹，草料銀五十七兩六錢。馬夫一名，除另給捐置馬田租稻外，工食銀七兩二錢。買馬銀一十兩，帶閏銀二兩一錢六分，鞍轡等銀六兩。歲共支銀八十二兩九錢六分。

雍正十二年，核減草料等銀歲共一十七兩五錢六分。

建平縣

原設馬三匹，馬夫二名。後於題明請將等事案内，裁減馬一匹、馬夫一名。雍正六年全裁。

六安州

原設馬三匹，馬夫二名。後於題明請將等事案内，裁減馬一匹、馬夫一名。

今現設馬二匹，草料銀五十七兩六錢。馬夫一名，工食銀一十兩八錢。買馬銀一十兩，帶閏銀二兩二錢八分，鞍轡等銀六兩。歲共支銀八十六兩六錢八分。

雍正十二年，核減草料等銀歲共一十七兩五錢六分。

英山縣

原設馬三匹，馬夫二名。後於題明請將等事案內，裁減馬一匹、馬夫一名。雍正六年全裁。

霍山縣

原設馬三匹，馬夫二名。後於題明請將等事案內，裁減馬一匹、馬夫一名。雍正六年全裁。

泗　州

原設馬七匹，馬夫四名，差夫十名。後於題明請將等事案內，裁減馬二匹、馬夫一名、差夫二名。今現設馬五匹，草料銀一百四十四兩。馬夫三名，工食銀三十二兩四錢。差夫八名，工食銀八十六兩四錢。買馬銀三十七兩五錢，帶閏銀八兩七錢六分，鞍轡等銀一十五兩。歲共支銀三百二十四兩六分。

雍正十二年，核減草料等銀歲共四十三兩九錢。

盱眙縣

原設馬七匹，馬夫四名，差夫十名。後於題明請將等事案内，裁減馬二匹、馬夫一名、差夫二名。雍正六年，裁減馬二匹、馬夫一名。

今現設馬三匹，草料銀八十六兩四錢。馬夫二名，工食銀二十一兩六錢。差夫八名，工食銀八十六兩四錢。買馬銀二十二兩五錢，帶閏銀六兩四錢八分，鞍轡等銀九兩。歲共支銀二百三十二兩三錢八分。

雍正十二年，核減草料等銀歲共二十六兩三錢四分。

天長縣

原設馬七匹，馬夫四名，差夫十名。後於題明請將等事案内，裁減馬二匹、馬夫一名、差夫二名。雍正六年，裁減馬二匹、馬夫一名。

今現設馬三匹，草料銀八十六兩四錢。馬夫二名，工食銀二十一兩六錢。差夫八名，工食銀八十六兩四錢。買馬銀二十二兩五錢，帶閏銀六兩四錢八分，鞍轡等銀九兩。歲共支銀二百三十二兩三錢八分。

雍正十二年，核減草料等銀歲共二十六兩三錢四分。

五河縣

原設馬三匹，馬夫二名。後於題明請將等事案内，裁減馬一匹、馬夫一名。雍正六年全裁。

船政 附

江南通省驛傳道

江南水驛，黄快船七十隻。每船在塢看船頭舵水手八名，出差加添水手六名。其工食、差修等銀，俱於抵補丁銀並撥補蘆課内動給。

雍正十二年，於酌裁站船等事案内題准，每年每隻加貼出差公費銀十五兩，於裁存快中便民船攤丁蘆課銀内按年動支。

江寧水驛，快中船十二隻。每船在塢看船頭舵水手四名，出差加添水手三名。每名日支工食銀五分，於額徵抵補銀内支給。划船一隻，在塢看船頭舵水手三名，出差加添水手四名。其工食、苫修等銀，於額徵抵補丁銀内支給。以上中划船十三隻，雍正十二年於酌裁站船等事案内題准，裁汰變價。其節省等銀，以爲現留黄快等船加給出差公費。

江寧、蘇州、淮安三府，便民座船、便民船共八十六隻。便民座船每隻在塢看船頭舵三名，月支工食銀三兩，苫蓋銀四錢。出差加水手十一名。便民船每隻在塢看船頭舵二名，月支工食銀二兩，苫蓋銀四錢。出差加水手八名。其銀在江浦縣歸併銀内照數解給。又便民船水手，僅額設二三名不等，照湖廣宣樓等船長養水手十名之例，添給工食，於驛站裁留銀内動支。雍正十二年，於酌裁站船等事案内題准，裁汰三十七隻，現存四十九隻。

宣樓船五十六隻，〔每隻〕①在塢看船頭舵二名，月支工食銀二兩，苫蓋銀四錢。出差加水手六名。在驛站裁留銀内動支。又照湖廣宣樓等船長養水手十名之例，添給工食，亦於其内支給。雍正十二年，於酌裁站船等事案内題准，每船每年加給出差公費銀十二兩，於裁存沙船節省銀内動支。又於船朽難差等事案内，雍正十三年議准，每隻苫蓋銀四兩八錢，照沙快船之例，自雍正十二年爲始，歲修銀兩永遠裁減。

沙船六十六隻，每隻頭舵水手三名，出差加水手八名。後因差多人少，每船添設水手三名。其工食、苫蓋銀五千二百二十七兩二錢，在安屬裁站銀内支給。雍正十二年，於酌裁站船等事案内題准，裁汰三十三隻。其現存三十三隻，每年出差公費於所裁沙船節省銀内動支，每船津貼銀十五兩。

① 據上下文記述體例擬補。

江蘇布政司

蘇塢應差號座船二十一隻，額編水手工食銀一千五百兩六錢六釐，遇閏加編銀一百二十五兩五分零，在長洲縣、元和縣、吴縣支給。

蘇塢應差飛仙船七隻，額編水手工食銀六百十六兩八錢，遇閏加編銀五十一兩四錢，在長洲縣、元和縣、吴縣、吴江縣、震澤縣、常熟縣、昭文縣、昆山縣、新陽縣、太倉州、鎮洋縣、崇明縣支給。

協蘇應差松屬號座船六隻，額編水手工食銀七百一兩一錢六分一釐零，遇閏加編銀五十七兩七錢八分九釐零，在華亭縣、奉賢縣、婁縣、金山縣、上海縣、南匯縣、青浦縣、福泉縣支給。

協蘇應差常屬號座船十二隻，額編水手工食銀五百五十九兩，遇閏加編銀四十六兩五錢三分三釐零，在武進縣、陽湖縣、無錫縣、金匱縣、江陰縣、宜興縣支給。

鎮塢應差號座並渡馬船八隻，額編水手工食銀六百九十二兩二錢九分，遇閏加編銀五十九兩六錢九分零，在丹徒縣、丹陽縣支給。

鎮塢應差操巡船四隻，額編水手工食銀六百八十兩四錢，遇閏加編銀五十六兩七錢，在丹徒縣、丹陽縣、金壇縣支給。

鎮塢應差馬仙船三隻，額編水手工食銀二百十二兩四錢，遇閏加編銀九兩六錢，在丹徒縣、丹陽縣、金壇縣支給。

鎮塢渡馬船一隻，額編水手工食銀四十三兩二錢，遇閏加編銀三兩六錢，在金壇縣座營款内撥給。

淮塢應差樓唬船五十一隻，額編水手工食、苫蓋等銀二千五百九兩二錢，遇閏加編銀二百九兩一錢，在山陽縣地丁銀内支給。

江南通志卷九十九

職官志

文武之制備矣，莅之者官也。唐虞肇州置牧，以任其外。《周禮》州長、縣正之屬益詳。江南自吴、楚設官，稍變古制。秦改郡縣，置守令，自是爲國、爲郡、爲州、爲道、爲軍、爲路、爲行省、爲南直隸，因事號官，增省因革，規制各殊。要其上下僚吏相統相屬，若使臂使指之效則同也。既列其官而繫以人，又擇其人之賢有治行者紀之，以風有位。故曰不惟其官，惟其人。爲類三，爲卷二十，作《職官志》第六。

文職 一

蘇轍謂古者即官取人，出以爲守令，入以爲卿相，出入相受，内外相貫。蓋言文職之簡要如此。然自唐虞三代置州牧，秦置監察御史，漢初更遣丞相史督御史。其後置刺史，當時目爲外臺，猶御史之職也。至隋以州統縣，自是刺史爲太守之互名，非其舊職。唐始置巡察，復改採訪處置使。至宋、元，諸使遞有增置，一如古御史之職，而守令隸屬焉。明置巡撫，復置總督，並帶都御史，爲持節使官。其下有二司、諸道以逮守、令。

國朝因之。而裁省改設，江南爲多。誠以財賦要區，川陸所會，事理劇於他省，吏民尤務均安也。録前代之有可考者，而我朝自守令以上並備著之。

周秦

建官之制，莫詳於周。上大夫受縣，下大夫受郡。其在六鄉，則有州長、黨正、閭胥、族師，六遂則有縣正、鄙長、里宰之屬。大小相維，纖悉畢具。

是時江左之地僻在東南，屏居要服。前隸勾吴，後屬楚、越。六典未修，加以事遠代湮，簡編闕略，稽其名氏，無文可徵。其存什一於千百者，若伍尚爲棠邑大夫，見《左傳·昭公二十年》。公子繁爲巢大夫，見杜預《經傳集解》。還無社爲蕭大夫，見《左傳·宣公十二年》。華豹爲吕封人，見《左傳·昭公二十一年》。高哀爲蕭封人，見《左傳·文公十四年》。公孫聖爲東掖門亭長，見《吴越春秋》。莊周爲漆園吏見《史記·老子列傳》。之類，外此罕聞焉。

至秦混一區夏，罷侯置守，改封建爲郡縣，始以郡統縣。郡置守、丞、尉各一人，守治民，丞佐之，尉典兵。復置監察御史，以察諸郡。牧民守土，各有攸司，官制爲之一變。

然當時江左郡邑之吏，自會稽守殷通、吴令鄭昌而外，若泗川守壯則佚其姓，楚尹薛公又失其名，蓋不可考者多矣，故叙職官斷自兩漢始。

漢

仍秦制，諸州置監察御史。文帝十三年，以御史不奉法，乃遣丞相史分刺諸州以督之，不常設。元封元年，御史止不復監。五年，置部刺史，掌詔六條察州。江南爲揚、徐、豫三州之地，有三刺史。成帝綏和元年，以刺史位下大夫，而臨二千石，輕重不相準，乃更爲州牧，秩真二千石。哀帝建平二年，罷牧，復置刺史。元壽二年，復設州牧。光武中興，仍置刺史。

自西漢以來，刺史周行郡國，無治所，後漢始建所治之地。時揚州刺史治歷陽，後徙壽春。建安中又治合肥。徐州刺史治郯，漢末又治下邳。豫州刺史治譙。靈帝中平五年，又改置牧。其州之官屬，有別駕、治中、兵曹、部郡國從事，是爲從事史。有主簿、門亭長、功曹書佐、書經師、月令師、律令師、簿曹書佐、典郡國書佐，是爲假佐。皆州自辟除。

凡一州統數郡。郡之附州者爲都，置一尹、一丞。其不附州者爲郡，置一守、一丞、一尉。守之佐有功曹史、五官掾、部縣督郵、門亭長、主記室史，閣下及諸曹各有書佐幹。

凡一郡統數縣。縣萬户以上者置令，萬户以下者置長，皆有丞、尉。凡縣中十里一亭，亭有長。

十亭一鄉，鄉有三老，有嗇夫，有游徼。三老主教化，嗇夫收賦税，遊徼巡盜賊，謂之鄉官。其郡爲諸侯王國者置内史，以掌其治。成帝綏和元年，省内史，以相治民。皆不置守。每郡國各置文學一人。

統部

漢

魏相　黄霸

何武

田況　青、徐二州牧。

以上揚州刺史。

王尊　徐州刺史。

刁子都　徐州牧。

後漢

陳翔　張禹

觀恂
巴祗
劉祐
袁遺
敬紹
陳瑀
温恢
陳禕
周乾
嚴遵
尹耀
臧旻
鄭泰
陳温
劉繇
劉馥
陳儒
以上揚州刺史。
樊曄
歐陽歙
傅俊
鮑永
以上揚州牧。
陸續 揚州別駕。
吳範 揚州從事。
車冑
臧霸

浩周

王景

楊秉

蓋豫

以上徐州刺史。

陶謙

以上徐州牧。

關羽　行徐州事。

滕撫　督徐、揚二州事。

牽招

以上都督青徐諸軍事。

趙昱

以上徐州别駕。

王朗　徐州治中。

陳宫　徐州從事。

黄琬　豫州牧。

百里嵩

劉福

應志

巴祇

呂布

桓範

糜竺

分轄

漢

張諫　王子鳳

以上丹陽太守。

嚴助　朱買臣

周君　秋君

許時①

以上會稽太守。

汲黯　尹翁歸

韋弘

以上東海太守。

吳穰　陳咸

① 「許時」，《四庫》本作「許持」。

陳萬年
以上廣陵太守。
楊　季
郭　稚
以上廬江太守。
戴　聖
房　鳳
馬　宫
以上九江太守。
石　慶
石　詡
以上沛郡太守。
薛　宣
孔　武
以上臨淮太守。

趙增壽
王　嘉
申屠庾
何　武
段會宗
路温舒
孔安國

後漢

李忠

臧旻

吳景

張馴

唐翔

周歆

馬稜

韓演

方熙叔

徐琨

呂範

孫瑜

以上丹陽太守。

李君

陳龕

周昕

朱翔

高瑞

蔣休

方儼

童恢

江漢

袁印

劉舒

孫翊

周尚

黄讜

第五倫
黄競
張霸
蔡君
以上會稽太守。
宰鼂　會稽都尉，行太守事。
趙牧
成公浮
王衡
朱梁
郭君
麋豹
東門奂
徐參
陳瑀
僮和

尹興
慶弘
馬稜

苦均
劉府君
韓整
蕭冰
薛固
范君
李肅
許貢
成憲
芮祉

以上吳郡太守。

朱治　吳郡都尉，行太守事。

鄭弘堅　淮陰太守。

滕撫

范邈

趙昱

張綱

陸稠

橋基

張超

以上廣陵太守。

王景

應融

朱寓

范式

陸康

歐陽參

趙苞

王喜

荀曇

張微

陳登

王建

第五頡

盧植

羊續

張磐

朱光

李術
劉勳
以上廬江太守。
梁統
鄧晨
陳威
鄧顯
陽球
邊讓
芮祉
以上九江太守。
孫萌
宋湛
以上楚郡太守。
文穆　彭城太守。
王良

孫河
宋均
(元)〔玄〕賀
(邱)〔丘〕騰
楊岑
服虔
陳紀
袁安
鄭渾

以上沛郡太守。

鄭　弘　　　　　　　　朱　暉

以上臨淮太守。

何　敞　汝南太守。

三　國

魏吴各設官屬於揚州，有郡守，有國相，有内史。魏黄初三年，始置都督諸州軍事，每兼領刺史。凡刺史任重者，爲使持節都督，輕者爲持節。其庶姓爲州而無將軍者，謂之單車刺史。單車刺史加督進一品，都督進二品。其刺史帶將軍開府者，則州與府各置僚屬，自别駕、治中以下曰州官，職主理民。自長史、司馬以下曰府官，職主理戎。其四征將軍與刺史並設者，率以其州刺史爲儲帥，若揚州刺史與征東將軍同治壽春是也。

其廬江、淮南、廣陵，尤爲吴、魏狎争之地，遣官設戍，罷置不常。於是吴有皖口將軍濡須督，魏則蕩寇將軍屯軍合肥，兖州刺史典兵淮南，吴徙治建業。建業故屬丹陽，吴始設建業守。又立新都郡，置新都太守。立東安郡，置東安太守。其他郡守、縣令，多從漢制。

又魏黄初元年，州郡皆置中正。吴亦置其職，謂之公平。

統　部

魏

曹　休　　王　基
王　淩　　滿　寵
毋〔邱〕〔丘〕儉　　諸葛誕
以上揚州都督。
曹　仁　督荊揚益諸軍，屯合肥。
孫　禮　　稽　喜
文　欽　　樂　綝
以上揚州刺史。
蔣　濟　揚州別駕。
胡　遵　督青徐諸軍。
鍾　毓　　衛　瓘
以上都督徐州軍事。

呂虔　　鄒岐

王祖　　石苞

胡質　　胡威

以上徐州刺史。

王祥　徐州別駕。

吳

諸葛恪　　呂範

以上揚州牧。

分轄

魏

劉靖　　李膺

張休

以上廬江太守。

陳琮　汝陰太守。

盧毓

邵相

以上譙郡太守。

夏侯莊

以上淮南太守。

向韶　彭城太守。

吴

諸葛恪

太史慈

聶友

沈瑩

以上丹陽太守。

丁固

以上建業太守。

江蕤

徐邈

丁尊

司馬芝　沛郡太守。

滕印

李衡

孫印

諸葛靚

吴展　賀邵
謝勖　太史亨
以上吴郡太守。
吴讓　廣陵太守。
吕蒙　徐盛
孫邵　全琮
以上盧江太守。
賀齊　諸葛融
沈矯
以上新都太守。

晋

初以刺史治民，别設都督治軍，位刺史上。惠帝末年，始併都督於刺史，復漢州牧之舊。非要州則單爲刺史。渡江後，尤以都督中外爲重，必大臣位望最隆者居之。其制都督諸軍爲上，監諸軍次之，督諸軍爲下；使持節爲上，持節次之，假節爲下。

其都督揚州諸軍事，多以宗藩近屬爲之。間遣重臣出鎮，蓋異數也。舊河南部設司隸校尉，及徙都建業，即以揚州刺史代司隸之職。其丹陽亦改爲丹陽尹，蓋郡置太守，王國置内史，而京師所在則謂之尹。

凡刺史，每州一人，三年一入奏。其刺史帶將軍開府者，則各置僚屬，分典軍民。大抵多沿魏制，惟於别駕、治中諸曹從事而外，增置武猛從事員，又改功曹書佐爲西曹書佐。其郡守僚佐，惟不設都尉。

晋郡守皆加將軍之號，無者恒以爲恥。縣大者置令，小者置長。縣置方略吏四人。先是，洛陽設六部尉。及建康爲王畿，亦置六部尉。

縣佐有主簿、功曹、廷掾、法曹、金倉賊曹掾、兵曹、賊捕掾等員，獨不置丞。其鄉官五百户以上置一鄉，三千户以上置二鄉，五千户以上置三鄉，萬户以下置四鄉，鄉置嗇夫一人。縣率百户置里吏一人，户千以上置校官一人。

宣帝時，加置大中正，故中正有大小之異。郡國皆置文學掾一人。

自晋室中興以後，沿革多端。或太守而改爲内史，如建武以前爲吴郡太守，建武以後爲吴國内史之類。或一郡而分爲三郡，若毘陵一郡改爲晋陵、義興、蘭陵三郡之類。或一人而兼領二州，若徐、兖二州同置京口，二州刺史，一人兼領之類。或一人而分爲二守，若京口僑置南徐州，義熙七年恢復中原，復置北徐州於彭城，南北遂有兩徐州刺史之類。或隨地而建官，若徐州獨置淮海從事之類。或假名而建郡。若於棠邑置秦郡太守，春穀置襄城太守之類。他若分廣陵爲山陽，析廬江爲晋熙，改新都爲新安，割丹陽爲宣城，易九江爲淮南。郡邑既更，官職隨異，殆不可以屈指計。劉子澄《圖經》曰：晉平江左，郡縣仍漢之舊。永嘉南渡，官稱地制始紊。蓋僑郡之建，守之中有守焉。若更僑置州，則督牧、刺史，紛不可詰矣。故今於僑置諸官其不可考究者，皆不復著録焉。

統　部

西　晉

石　苞　　陳　騫

周　浚　　王　渾

王　浚　　褚　契

司馬駿

以上揚州都督。

陳　徽　　曹　武

以上揚州刺史。

王　渾　　胡　奮

嵇　紹　　嵇　喜

周馥　高誕

王琛

以上徐州刺史。

東晉

王敦　王導

郗鑒　王述

殷浩　桓豁

桓沖　王坦之

何充　司馬道子

司馬元顯

以上揚州都督。

謝安　都督揚江等十五州軍事。

桓温　揚州牧。

應綽　劉陶

郗隆　劉機

王浹　　王顯
王舒　　殷浩
蔡謨　　陶瞻
庾冰　　袁弘
褚裒　　毛武生
謝安　　謝(元)〔玄〕
王謐　　劉義真
以上揚州刺史。
司馬伷　　司馬越
石崇　　司馬懋
司馬恬
以上徐州都督。
裴盾　　祖逖
蔡豹　　卞敦
王邃　　劉遐
褚裒　　荀羨

謝(元)〔玄〕　劉道憐
羊　陶　羊　緯
劉　咸　羊　忱
庾　亮　王　舒
蔡　謨　王　蘊
王　含
以上徐州刺史。
郗　曇　范　汪
庾　希　郗　愔
刁　彝　桓　温
謝　琰　劉懷慎
以上徐、兗二州刺史。
周　顗　郗　鑒
荀　羨
以上兗州刺史。
王　恭　兗、青二州刺史，鎮京口。

朱　序　青、兖二州刺史，鎮淮陰。
劉牢之　兖、青都督，鎮京口。
司馬裒　青、徐、兖都督，鎮廣陵。
司馬晃
阮　垣
以上都督青、徐二州軍事。
劉　隗　都督青徐幽并。
桓　修　撫軍將軍，鎮丹徒。
紀　瞻　都督京口以南軍事。
劉　毅
以上都督宣城諸軍事。
庾　懌
劉　毅
諸葛長民
以上豫州刺史。
劉道憐　督淮南諸郡。

司馬彤
劉道規
謝　萬
何無忌

戴淵　都督六州軍事，鎮合肥。

分轄

西晋

朱建　王曠

王導　薛兼

孔沖

以上丹陽太守。

張澄　胡沖

殷祐　顏含

以上吴郡太守。

傅咸　吴國内史。

張夔　華譚

以上盧江太守。

程元譚　黄積[1]

以上新安太守。

何攀　宣城太守。

鄧殷　裴碩

以上淮南太守。

劉隗　孫惠

以上彭城内史。

東晋

劉隗　戴邈

諸葛恢　温嶠

阮孚　羊曼

褚翜　顧衆

高悝　何充

① 黄之雋《唐堂集》卷二十一《雜著·江南通誌》：「吾始祖諱積，爲新安太守，程元譚繼之，俱東晋時。」

殷融　桓景

周謨　劉惔

王胡之　孔嚴

庾龢　王劭

韓伯　王坦之

王藴　沈嘉

王恭　王琨

王雅　王國寶

車(印)〔胤〕①　王愷

司馬恢之　袁豹

孟脉　郄僧施

劉穆之　徐羡之

以上丹陽尹。

鄧攸　張茂

① 「胤」，避清諱改爲「印」，今回改。

賀循
樂謨
庾冰
虞潭
荀羨
王洽
荀蕤
岑闕
虞嘯父
桓謙
王誕
王侃
王薈
謝裒
虞谷
王弘

應詹
趙穆
蔡謨
王恬
庾羲
庾希
刁彝
司馬恬
王愷
袁山松
司馬允之
王邵
朱騰
王默
魏詠之
袁湛

劉　柳
以上吴國内史。
張　闓
周　謨
顧　和
郄　邁
殷　師
吴隱之
卞　耽
王茂之
劉敬宣
殷道叔
以上晋陵太守。
季　閎　南蘭陵太守。
孔　侃
劉　超

張　敞
周　懋
羊　曼
劉　耽
汪　灌
殷仲堪
王　藴
滕恬之
劉牢之
諸葛長民
謝景仁
蔡　謨
顧　衆

荀羨

桓(元)〔玄〕

以上義興太守。

陸慧

以上廣陵太守。

袁瓌

王廙

張法順

袁真

毛寶

殷遵

高素

王誕

以上盧江太守。

李英

郄愔

褚爽

謝彔

孔衍

李恒

梁龕

陶瞻

曲安遠

劉惔

胡孟康

張天錫

王含

周嵩

胡育

鮑　弘

以上新安太守。

陶　猷　宣城太守。

孔道民

庾　亮

陶　汪

胡　彬

桓　祕

邱　準

朱　序

司馬文仲

劉敬宣

謝　允

檀　祗

以上宣城内史。

桓石民

殷仲文

鍾　雅

桓　彝

司馬允之

謝　尚

桓　序

毛穆之

郄僧施

諸葛長民

毛修之

庾元之

桓　嗣

司馬休之
以上襄城太守。
任　台
陳　達
桓　伊
謝　萬
劉敬宣
諸葛長民
以上淮南太守。
范　甯　臨淮太守。
戴　逯　沛郡太守。
嵇　紹
向　靖
以上汝陰太守。
陳　頵　譙郡太守。
王　弘　彭城太守。

路　永
毛穆之
毛　璩
楊　廣
檀　韶
桓　振
顏　默
鄧　殷

劉遐　周撫

劉續　何謙

以上彭城内史。

甘卓　袁耽

謝尚

以上歷陽内史。

南北朝

宋有監州之任，止稱監某州諸軍事。文帝改監爲督。其都督中外者，得假黄鉞。州郡之職，多循晉舊，惟改吴國内史爲吴郡太守，又加徐州曰南徐。南徐刺史治京口，爲南朝之重鎮。其行南徐州事者，多以州佐長史、司馬之屬爲之。皆統於刺史。又有南東海太守兼行南徐州事者，蓋州、府同域故也。又以姑孰地隸宣城，僑置淮南郡，故淮南、宣城二郡太守多以一人兼領。他若南兗、南豫、北徐諸州刺史，俱詳《武備志》。其縣令所治，五家爲伍，伍長主之。二伍爲什，什長主之。十什爲里，里魁主之。十里爲亭，亭(里)長①主之。十亭爲鄉，鄉有鄉佐、三老、有秩、嗇夫、游

① 「亭里長」，衍「里」字，據《宋書·百官志》下改。

徼各一人。

縣丞之職，自晉至陳皆闕不置。惟《宋書·百官志》縣署丞、尉，列在九品。蓋南朝治縣者，獨宋有丞也。郡丞之任亦爲晉所併省，宋元嘉四年始復置之。

齊不改宋制，惟於鬱州僑置青、冀二州刺史。梁揚、徐等大州，比令僕班。丹陽、吴郡等大郡，比太子詹事尚書班。改廬江太守爲晉熙太守，復改爲晉州刺史。又置南丹陽太守於姑孰，自是姑孰不隸丹陽尹。其州郡增置者，北兖、北譙、豫、霍州刺史，江陰、信義、大梁郡太守。陳復以南丹陽隸丹陽尹；改吴郡爲吴州，增設刺史；復南蘭陵爲東海郡，統入南徐，不置郡守；省信義太守入吴州，易大梁爲陳留太守。其他皆如梁制。

北魏天賜二年制，諸州置三刺史，皇室一人，異姓二人，比古上、中、下三士。郡置三太守，縣置三令、長。自明帝以後，刺史、太守皆爲當部都督。

北齊之制，分州爲上、中、下三等，每等又各有上、中、下之差。上上州刺史屬官佐吏合三百三十九人，以下州遞減十人。其州郡佐吏，皆州府自辟。先是，北魏設行臺，位刺史上。至北齊，亦踵行臺之名，而即帶刺史。

北周改都督諸軍事爲總管，凡總管、刺史皆加使持節諸軍事。静帝大象元年，詔總管、刺史及行兵者加持節，餘悉罷之。凡刺史府官則命於天朝，其僚佐則皆牧守自置。

統部

宋

劉義康
劉義恭
劉義季
徐湛之
劉濬
張永
劉休仁
劉子鸞
劉休範
劉乘
劉休若
黄回

檀道濟
劉義欣
劉義宣
劉紹
劉誕
劉子尚
劉延孫
劉子仁
劉休佑
劉景素
劉贊
劉燮

以上南徐、兗州刺史。

沈慶之　南兗州都督。

王　弘

檀和之

李安民

陸　駿

以上南兗州刺史。

劉　粹

垣護之

張興世

以上豫州刺史。

蕭思話　監豫州。

王(元)〔玄〕載　監徐州。

劉休若　督徐豫之梁郡。

劉　昶　督六州豫州之梁郡。

薛安都　督徐州之梁郡。

沈懷明

柳元景

蕭　映

劉遵考

劉休佑

王仲德
蕭思話
龐秀之
申　坦
劉道隆
以上徐州刺史。

齊

呂安國　揚州都督。
蕭　嶷
蕭寶修
以上都督治京口。
蕭　晃
蕭子良
蕭　鋒
蕭昭粲

吉　翰
王(元)〔玄〕謨
垣護之
沈曇慶

蕭　映
蕭　衍

蕭長懋
蕭　鑠
蕭　暠
蕭　鉉

蕭昭秀
蕭寶義
蕭寶嵩
以上南徐州刺史。
王(元)〔玄〕邈
吕安國
張　環
裴叔業
以上南兖州都督。
垣崇祖　豫州刺史。
蕭　鑑　南豫州刺史。

梁

徐嗣徽　譙秦刺史。
徐文盛
以上秦州刺史。

蕭　諶
蕭寶(元)〔玄〕
蕭寶寅
王敬則
陸慧曉
張　沖
嚴超達

蕭恢　蕭偉
蕭綜　蕭績
蕭綱　蕭續
蕭紀　蕭歡
蕭綸　蕭譽
蕭正義　蕭淵藻
蕭大莊　蕭大臨
徐嗣徽　徐度
侯安都
以上南徐州刺史。
蕭宏　揚州都督，治京口。
唐絢　北兗州刺史。
成景儁　昌義之
以上北徐州刺史。
蕭景　湛僧智
王僧辨

以上南兗州都督。

蕭會理

杜僧明

以上南兗州刺史。

王孫振

蕭　惠

以上晋州刺史。

韋　叡

馬仙琕

夏侯亶

以上豫州刺史。

蕭　秀　督司、郢、霍三州。

蕭　綸　督郢、定、司、霍四州。

蕭　範

以上合州刺史。

蕭　勔

侯　瑱

蕭　嗣

夏侯威

馮道根

裴　邃

夏侯夔

徐　度

陳

吳明徹　淳于量
以上揚州都督。
陳伯茂　蕭濟
以上揚州刺史。
蕭瓛　吴州刺史。
侯安都　陳擬
徐度　留異
黃法氍　周寶安
陳伯山　淳于量
陳叔英　陳伯固
陳伯仁　陳叔獻
陳叔明　蕭摩訶
陳彥　陳虔
杜弘泰　黃恪

以上南徐州刺史。

魯廣達

以上晉州刺史。

荀　朗

焦　度

陳叔堅

魯悉達

敬長渝

以上合州刺史。

任　忠　霍州刺史。

吴明徹　督合、建等六州。

北魏

源　彪　齊秦州刺史。

劉　勇　揚州刺史。

游明根

梅伯龍

裴景徽

黃法氍

陳伯義

袁巨符

崔　劼

傅　永
長孫冀歸
李　崇
王　肅
以上南兖州刺史。
洪伯穆　合州刺史。
尉　元
李　沂
薛虎子
元　澄
鄧宗慶
元　昞
元　嵩
李　彦
蕭寶寅
楊　昱

賈顯度
盧　勇
孟　裴

元　雲
拓跋嘉
元　鬱
元　衍
元　愉
元　鑒
盧　昶
楊　鈞
元延明
元　孚

嚴思達　斛斯椿

杜　德　元　祐

崔慈懋　賈顯度

任延敬　元　軌

崔　悛　陸子彰

房　謨　王　春

慕容紹宗　王　則

元　顥　元法僧

常　景

以上徐州刺史。

孔伯恭　李　憲

邸　珍　爾朱仲遠

以上徐州都督。

賀若誼　元子華

以上譙州刺史。

秦　白　劉　謨

楊　儉

以上潁州刺史。

西魏

婁　起　潁州刺史。

東魏

杜　弼　潁州行臺。

陸子彰

皇甫僧顯

司馬世雲

賀若統

以上潁州刺史。

北齊

赫連子悅

盧　潛

王　琳

辛　術

以上揚州刺史。

楊寶安　信州刺史。
趙彥深　　陽斐
高景安　　元豫
段深　　高思宗
以上徐州刺史。
張調　　段韶
以上天長刺史。

北周

梁士彥　　王軌
韋孝寬　　源雄
楊素
以上徐州總管。
劉仁恩　徐州刺史。
李雄　豪州刺史。
元景山　亳州總管。

分　轄

宋

檀道濟
謝方明
江　夷
王淮之
蕭摹之
王　瑩
孟　覬
徐湛之
褚湛之
蕭思話
顔　峻
劉子仁
鄭鮮之
徐佩之
王　裕
劉義慶
何尚之
劉　湛
羊〔元〕〔玄〕保
趙伯符
王僧達
劉延孫
劉遵考
孔靈符

劉秀之
柳元景
劉子真
袁粲
劉秉
王奂
沈文季
以上丹陽尹。
劉德願　秦郡太守。
何叔度
孟覬
劉式之
徐佩之
庾登之
劉楨
殷穆

王僧朗
顏師伯
王彧
劉景素
褚淵
王遜
(邱)〔丘〕淵之
王韶之
江夷
劉損
劉斌
羊(元)〔玄〕保
顧琛

王僧達
王翼之
顧覬之
蕭子仁
張　永
王延之
張　緒
劉　遐
陸仲元
柳世隆
以上吳郡太守。
謝方明
袁　覬
以上晉陵太守。
劉　彧　南蘭陵太守。
羊　欣

王　誕
王曇生
蕭子鸞
謝　莊
王　琨
褚　淵
褚　澄
張　瓌
袁　洵
何　戢
王　蘊
張　裕

王　蘊
王　儉
謝超宗
庾　業
張　充
以上義興太守。
江智淵
李安民
劉善明
以上行南徐州事。
袁　淑
羊（元）〔玄〕保
何　偃
劉　渾
庾徽之
蕭惠開

王僧達
庾深之
劉延熙
王　瑩
王僧虔
江　槩
庾登之
江　湛
沈曇慶
劉　彧
宗　越
袁　粲

沈文季
柳世隆
謝朏
以上南東海太守。
蕭僧珍　山陽太守。
申坦
袁顗
以上廣陵太守。
陸子貞
劉善明
以上海陵太守。
裴壽孫
袁瓌
以上盧江太守。
庾登之
臧綽

陸澄
王續
張永
沈懷文
申元嗣
袁燦
崔琰
張鏡
羊欣

江秉之　到元度
王恢之　何愉之
沈登之　沈　宣
巢尚之　王　深
以上新安太守。
劉式之　向　劭
王　琨　羊〔元〕〔玄〕保
王僧達　范　曄
袁　淑　張　辦
劉子房　王　志
王景文　劉　鏡
戴明寶　楊運長
劉　禕　蕭　映
劉　蘊　蕭　晃
柳　靖
以上宣城太守。

劉　瑀　　段　宏
諸葛闡　　庾炳之
沈　璞　　劉道隆
袁　景　　袁　顗
申　坦　　桓襲祖
劉靈遺　　周山圖
垣榮祖
以上淮南太守。
朱輔之　　蔣元寶
裴季文　　張景遠
楊文萇　　王穆之
向　靖　　王(元)〔玄〕謨
龐道隆
以上汝陰太守。
沈文秀　　郭彥文
以上天長太守。

沈　璞　盱眙太守。
魏恭子　彭城內史。
劉　湛　　到彥之
以上歷陽太守。

齊

王僧虔　　孔山士
蕭子良　　王敬則
蕭　晃　　呂僧珍
李安民　　王　儉
蕭景先　　王　晏
蕭　鏘　　蕭子真
蕭順之　　蕭子敬
蕭　曄　　王　亮
徐孝嗣　　蕭　敷
蕭坦之　　蕭寶修

蕭寶嵩
以上丹陽尹。
劉懷慰
以上齊郡太守。
張　岱
蕭　緬
沈文季
江　敦
蕭子恪
張　瓌
以上吴郡太守。
徐孝嗣
蕭　懿
以上晉陵太守。
蕭　諶
以上南蘭陵太守。

蕭潁達
劉靈哲
蕭順之
褚　澄
王　慈
蕭子真
蕭子操
蔡　寅
王　亮
蕭子倫

褚蓁

褚翔

以上義興太守。

江斅

袁彖

蕭穎冑

江祀

劉繪

胡諧之

蕭惠昭

以上行南徐州事。

王(元)〔玄〕邈

蕭赤斧

虞悰

蕭秀

以上南東海太守。

謝朏

王文和

王慈

蕭遥光

陸慧曉

謝朓

范岫

蕭琛

皇甫肅

江謐

王廣之

王廣之
王　琨
劉　悛
沈　憲
以上廣陵太守。
徐湛道
祖法敏
以上海陵太守。
劉　惔
王　慈
周仁昭
以上新安太守。
劉善明
(邱)〔丘〕靈鞠
王　鑽
蕭子真

江　謐
蕭穎胄
裴昭明
蕭翼宗
蕭穎胄
蔡　約
王　瑩
蕭　勵
蕭子懋
劉係宗

謝朓　江淹

以上宣城太守。

王諶　劉奚之

戴僧静　呂文顯

從奉伯

以上淮南太守。

王珍國　夏侯道遷

魚弘

以上南譙太守。

何仲子　廬江太守。

崔文仲　馬仙琕

以上汝陰太守。

梁

王志　王份

蕭偉　王瑩

王　茂
韋　叡
蕭　綜
蕭　恭
袁　昂
蕭　綸
蕭正德
袁君正
張　彪
王僧智
以上吴郡太守。
孫　廉
范　岫
蕭　曄
蕭　直
杜僧明

蕭　綱
蕭淵業
蕭　象
蕭　機
蕭　繹
蕭　紀
謝　舉
蕭大臨
張　璞
裴　忌

王　瞻
謝　舉
蕭　昱
劉　孺

以上晉陵太守。
王　泰
王　份
謝　微
張　纘
周文育
程靈洗
蕭　濟
以上南蘭陵太守。
陸　杲
韋　載
以上義興太守。
黃　他
以上江陰太守。
蕭　恭
劉孝綽

王僧孺
孔休源
褚　球
張　綰
侯安都
徐　度
任　昉
劉　瑱
沈文阿
謝　覽
王　泰

以上行南徐州事。
袁　燦　東海太守。
裴　邃
王　諶
祖　皓
以上廣陵太守。
張　澄　晉熙太守。
伏　暅
謝　覽
張　率
蕭　幾
徐　摛
臧未甄
程靈洗
以上新安太守。
夏侯亶

江　革
謝　哲
任　昉
王　規
王　實
蕭　敏
王　泰
蕭　隱
蕭　琛

王　峻
朱僧勇
丁道遷
蔡彥熙
楊白華
以上宣城太守。
陳文徹　南陵太守。
張　緬
蕭　寧
以上淮南太守。
程靈洗　南丹陽太守。
馮道根
裴之高
以上汝陰太守。
裴　邃　盧江太守。
陳　昕　北譙太守。

王　份
何　遠
王祁念
蕭　綜
蕭　勵
韋乾向
李元護

蔡　約　韋　叡
張　齊
以上歷陽太守。
莊　銕　歷陽內史。

陳

侯安都　程靈洗
陳　擬　吳明徹
陳方泰　杜　稜
王　沖　袁　樞
到仲舉　陳伯言
陳伯謀　陳叔堅
毛　喜　沈君理
陳叔達　陳叔文
陳叔韶　陳叔慎
以上丹陽尹。

沈君理　徐　度
陳伯山　孫　瑒
陳伯恭　陳伯智
陳叔堅　陳伯言
以上吳郡太守。
孔　奐　殷不害
陰　鏗　蔡　凝
王　勱　王　猛
以上晉陵太守。
蕭　濟　義興太守。
倪　啓　江陰太守。
陸　繕　陸山才
程文季　周景曜
以上新安太守。
劉廣德　新安內史。
錢法成　陳　詳

錢　肅　　徐世譜

到　郁　　韋　翽

周法僧

以上宣城太守。

戴僧朗　南陵太守。

戴僧鈞　南丹陽太守。

裴子烈　北譙太守。

北　魏

辛紹先　下邳太守。

梁　惡　　吴秦生

以上淮陽太守。

刁　融　　傅　永

裴位瑜

以上汝陰太守。

鄭　演　　李長仁

韋欣宗

以上彭城太守。

陸　延

畢聞慰

以上彭城内史。

邵　安

董　徵

劉僧利

以上沛郡太守。

劉思祖　梁、沛二郡太守。

以上汝陰太守。

趙　剛

西　魏

北　齊

盧士熙　彭城太守。

封　述

劉世明

程公義

封子施

王神念

王（元）〔玄〕載　歷陽太守。

北周

劉　弘　彭城太守。

江南通志卷一百

職官志

文職　二

隋

置四州大總管，揚州居其一。餘州總管並加使持節，至煬帝時始罷之。刺史之制，沿習北齊，分爲九等，其帶總管者加使持節。開皇三年，罷郡，以州統縣。雖有刺史，皆太守之互名，但職理一郡，無復軍府。於是州府之職，叅爲郡官。有長史、司馬、録事叅軍，功、户、兵、法七曹。後改諸曹爲司，又改爲叅贊，而别置都尉領兵，兵與郡不相知。大業三年，復罷州置郡，郡置太守，廢長史、司馬，而設贊務一人以貳之。外置刺史十四人，巡察畿外，從事四十以爲副。復增置通守一人，位次太守。而改贊務曰丞，在通守下。其東西曹掾、主簿，司功、倉、户、兵、法、士等紊佐①，各因其郡之大小而爲增減，改行紊軍爲行書佐焉。

其州縣先分爲九等者，至開皇十四年定爲上、中、下三等。凡縣或爲令，或爲長，令、長之下爲丞、簿、尉。煬帝時，嘗改縣尉爲縣正。

其鄉官之制，開皇初皆經吏部除授。至十五年，罷州縣鄉官，鄉官之廢自隋始。

統部

韓洪　郭衍

以上蔣州刺史。

皇甫績　劉權

陳子邁

以上吴州刺史。

聞人遂安　蘇州總管。

房恭懿　海州刺史。

① 「士等參佐」，《四庫》本作「士曹等書佐」。

高勱　楚州刺史。
賀若弼　吴州總管，鎮廣陵。
燕榮　揚州總管。
上官弘
以上揚州刺史。
汪華　歙州刺史。
陳稜
周超
以上宣州刺史。
韓擒虎
以上廬州總管。
梁士彦
伊婁謙
以上譙州總管。
爾朱敞
乞伏慧

李叔仁
王選
薛胄
元景山
元胄
吐萬緒
和弘

房　兆
以上徐州總管。
董　純　彭城留守。
孫萬安
以上徐州刺史。
元　矩　壽州總管。

分　轄

李　顯　蘇州太守。
趙　佗　淮揚太守。
錢　讓
王世充
以上江都太守。
徐俱羅
以上海陵太守。
樊子蓋　樅陽太守。

梁　洋
馮慈明
陳　稜
向道力

席大雅　　　　　　　　楊　榮

以上宣城太守。

唐

初有五大總管府，武德七年改爲大都督。太極初，以并、益、荆、揚爲四大都督府。凡都督兼刺史者，不檢校州事，以長史領之。景雲二年，始有節度使之名。開元中，天下凡八節度，後諸道皆置節度，而江左始有節鉞。

至德元年，設淮西節度使，領楚、滁、和、壽、廬、舒諸州，治揚州。建中二年，增領泗州。長慶元年，增領宿州。咸通四年，增領濠州。乾元二年，設浙江西道節度使，後改爲鎮海軍，領昇、潤、宣、歙、蘇、常諸州，治昇州，徙治蘇州，又治潤州。

貞元四年，設徐泗濠節度使，後改名武寧軍，又名感化軍，領徐、泗、濠三州，治徐州。元和四年，增領宿州。他若譙、汝隸河南，至德元載。徐、泗屬淮西，上元二年。海、泗入淄青，寶應元年。潁、泗隸永平，（太）〔大〕①（歷）〔曆〕十一年。海州歸汴滑。乾元二年。雖統轄有歸，而使節所臨，要非江南之域，故不復載。

① 據《四庫》本改。

凡節度之職，總軍旅，專誅戮，建牙樹纛，爲國重臣。其屬有副使一人，行軍司馬一人，判官二人，掌書記一人，隨軍四人，条謀則無定員。若朝覲，則置留後。

其不置節度者，則設防禦使。初，防禦與採訪各置一人，防禦理軍事，採訪理州縣。天寶中，始以一人兼領之。

淮南採訪使治揚州。其屬爲揚州廣陵郡，望。楚州淮陰郡，緊。滁州永陽郡，上。壽州壽春郡，中。廬州廬江郡，上。舒州同安郡，上。至德二載改名盛唐郡。和州歷陽郡，凡州郡七。

江東採訪使治蘇州。其屬爲昇州江寧郡，望。潤州丹陽郡，望。常州晋陵郡，望。蘇州吴郡，雄。凡州郡四。

江西採訪使治洪州。係今江西南昌府地。其屬爲宣州宣城郡，望。歙州新安郡，上。池州，上。凡江南州郡三。

河南採訪使治汴州。係今河南開封府地。其屬爲潁州汝陰郡，上。亳州譙郡，望。徐州彭城郡，緊。泗州臨淮郡，上。濠州鍾離郡，上。海州東海郡，上。宿州，上。凡江南州郡七。

採訪之置，昉於開元二十二年。自至德以後，始改採訪爲觀察。觀察之職，察所部善惡，以舉政綱。或節度使兼領之，或廢節度則設觀察。觀察嘗并領都團練使，蓋防禦之改爲團練，猶採訪之改爲觀察。觀察并領團練，即採訪兼領防禦之制也。

觀察之屬有判官二人，支使二人，推官一人，皆自辟召。其餘諸使，如貞觀二年有經略使，八年有十八道黜陟使，有觀風俗使，天授二年有十道存撫使，聖〔歷〕〔曆〕中有安撫使，神龍二年有十道巡察使，景雲二年有十道按察使，乾元中有都統使，貞元八年有諸道宣撫使，大中五年有制置使。又有度支營田使、守捉使、轉運使、租庸使、兩税使、鹽鐵使之屬，廢置不常，不可枚舉。內如巡察、安撫、存撫等使，無定員，亦不時設。而轉運之職，其後率以宰相充之。諸道自揚州至鄭、滑，分置巡院，皆統於此，此皆統臨諸郡之大吏也。

至於州郡之職，自武德元年改郡爲州，改太守爲刺史，天寶元年改州爲郡，改刺史爲太守，由是刺史止守一郡，雖有使持節之名，實一太守之職。其州府之佐，多沿舊制，惟改治中從事史爲司馬。又永徽二年改別駕爲長史，其後復置別駕，遂與長史並設。凡郡府各置經學博士一人。有助教。

其縣令有赤、緊、望、上、中、下六等之差。自令以下，有丞，有簿，有尉，武德間，嘗改尉曰正。有

會昌中，嘗裁減州縣官二千餘員。又元和間，李吉甫議併省州縣，凡減冗官八百員。

每縣中，百户爲一里，里置正一人。五里爲一鄉，鄉置耆老一人。三十里置一驛，驛各有將，多以州里富强者主之。

統　部

杜伏威　淮南安撫使。

狄仁傑　江南巡撫。
李光弼　八道行營都統。
李元素
以上浙西節度使。
周　寶
李　鋌
以上鎮海軍節度使。
李世嘉　蘇州都督。
曹　圭　蘇州制置使。
吴從衆
張　愿
李希言
張有德
梁知微
李　顒
劉日正

韋黃裳
李從誨
錢　鏐
劉　微
畢　炕
鄭炅之
楊　志
陰　崇
許韶伯
蕭　誼

徐　鐈

崔　斌

以上江東採訪使。

李栖筠

韋元甫

丁公著

路　隋

盧　商

敬　晦

盧簡辭

鄭　朗

崔　瑶

蕭　寘

裴　璩

以上浙西觀察使。

韓　滉　浙東西觀察使。

裴　澄

李　涵

白志貞

王　璠

曹　確

崔　鄲

崔慎田

李　丹

李景遜

崔　琢

楊　收

錢　鏐

李　垣　　李神符
李　勣　　李恭孝
崔義（元）〔玄〕　　李孝逸
蘇　瓌　　韋　温
以上揚州大都督。
張　鎬　　田祁功
崔　圓
以上江淮都統。
柳　冲　江淮安撫使。　　王　鍔
鄧景山　　裴　度
杜　亞　　張延賞
李夷簡　　李景讓
李　鄘　　杜　佑
段文昌　　李　玨
韋元甫　　李吉甫
李　紳

李　蔚
王　佋
衛次公
齊　撫
李承式
杜　悰
令狐綯
戴可師
楊行密
以上淮南節度使。
阮　結　潤州制置使。
班景倩　江淮採訪使。
裴耀卿
第五琦
包　佶
竇　參

王　播
李逢吉
李　鍔
牛僧孺
李德裕
崔　鉉
馬士舉
高　駢
楊　渥
楊慎矜
韓　滉
元　琇
張　滂

李　巽

潘孟陽

以上江淮轉運使。

元　載　江淮發運使。

鄭敬德　江淮宣慰使。

陶　雅　江淮招討使。

韓　洞　江淮黜陟使。

李　承　淮南西道黜陟使。

范傳正

洪經綸

薛　邕

韋　温

穆　贊

許季同

范傳式

高元裕

劉　晏

裴　休

崔　衍

王　質

盧　坦

楊　收

王　沔

竇易直

陸　亘

房　式

王　遂
鄭　薰
劉　贊
杜宣猷
梓　潼
秦　彦
裴　樞
臺　濛
以上宣歙觀察使。
張鎮周　舒州都督。
劉　存　舒州團練使。
張建封　滁盧壽觀察使。
張萬福　舒廬壽都團練使。
李　貞　徐州都督。
裴　通
以上徐州總管。

崔　璵
裴　休
崔　鉉
李　璋
竇　滈
趙　鍠
田　頵
任　瓌

張建封　徐泗濠節度使。
張　愔
李　愿
崔　群
高　瑀
薛元賞
李　廓
康季榮
温　璋
張慎思
以上武寧軍節度使。
支　祥
以上感化軍節度使。
崔彦曾　徐州觀察使。
李　鄘　徐州宣慰使。
李　湇　徐海沂觀察使。

王　紹
李　愬
王智興
崔　珙
郭　銓
盧弘正
田　牟
王　式

時　溥

分轄

盧尚祖 蔣州刺史。

韋黃裳

侯令儀

馮弘鐸

秦　裴

以上昇州刺史。

張有德

李元祥

郎餘慶

李　明

李上金

張廷珪

莊　肅

張　均

顏真卿

張　雄

李祈福

李靈夔

李元嬰

李孝廉

袁　誼

胡元禮

李無言

任昭慶

李栖筠

张義方
韋元甫
李丹
韋應物
齊抗
李事舉
崔衍
王仲舒
張正甫
元錫
田敦
李涵
李諒
陸亘
狄兼謩
崔戭

韋之晋
蕭定
李復
張丹元
于頔
韋夏卿
李素
范傳正
韋覬
李應
崔倰
李乂
白居易
胡德言
李紳
劉禹錫

盧周仁　李昌
李道樞　李嶷
楊漢公　曹瓊
楊發　裴夷直
崔鈞　盧簡求
崔璞　李繪
趙傑　張元逸
張搏　楊茂實
趙載　王藴
王搏　張雄
徐約　沈粲
杜儒林　李友
成及　臺濛
李岾　韋建中
宗瑗　韓邠
宋儼　王遘

王　選　　姚弘慶
林　詳　　馮　衮
李　鼎　　段同泰
李　昭　　王　成
以上蘇州刺史。
岑　軻　　武　遷
趙居貞　　崔　巽
以上吴郡太守。
李延道　　李元道
劉德敏　　李孝逸
李行穆　　長孫濬
薛　登　　姚　崇
靈幼孫　　房　挺
褚　琇　　崔　巽
盧　瑗　　崔　璯
孫　會　　孫　徽

韋　晉
齊　澣
獨孤及
韋夏卿
盧元輔
賈　全
辛　秘
薛　戎
李　蒴
賈　餗
李從誨
盧　鈞
馬　植
王　枳
以上常州刺史。
盧　奐
韋昭理
李栖筠
蕭　復
李　巽
裴　肅
穆　贊
孟　簡
李　遜
鄭　丹
楊虞卿
楊　恂
韋　縝
朱　實
杜庭誠

李子智　竇德明
以上晉陵太守。
謝元超　薛寶積
李元義　李厚德
盧承慶　喬師望
盧　朗　盧　明
來敬業　李思文
張公休　竇孝諶
盧徽遠　王美暢
畢　構　韋　銑
李　濬　陸象先
李元乂　唐若山
王　琚　韋昭理
齊　澣　王景肅
嚴損之　林　洋
閻敬之　劉　彙

季廣琛
韋損
樊晃
馬炫
王緯
李錡
閻濟美
李翛
李德裕
杜審權
安仁義

以上潤州刺史。

宋璟
李藏用
李聽
李鎻

韋儇
韓賁
蕭定
韓滉
李若初
韓臯
薛苹
竇易直
賈餗
高駢

崔侁
薛玨
韋瓘

以上楚州刺史。

韋　岳

杜令昭

以上海州刺史。

李　憲

王衆仲

王從易

以上揚州刺史。

竇從道　揚州太守。

張買臣　吳州太守

張知謇

韋　曾

韋　佶

陸　偶

鄭　甫

裴　靖

李　邕

李行言

李尚義

柳學誠

吳　兢

崔　厦

姜　翊

韋悦然

王　侁

劉秋子

吕　渭　　李義先
獨孤及　　張萬福
胡　珦　　張次宗
李德修　　豆盧瓚
李素節　　張彦遠
孔　威　　楊漢公
鄭　咸　　倪　章
鄭　轂　　李　翺
裴瞿曇　　李　玨
高　瀗　　李祁福
元　豆　　崔　昭

以上舒州刺史。

王雄誕　　龐　濬
蘇　瓌　　盧　涣
季　廙　　李　揆
公孫綽　　蕭　復

陸　傪　　崔　淙
韋　綬　　崔元亮
馮　宿　　邢　群
李敬芳　　盧　潘
于德晦　　任　宇
盧　肇　　張　裕
李　擢　　吴　圓
陸希聲　　于　濤
呂季重　　權若訥
盧廷昌　　盧　瓊
孫　緯　　薛　抃
韋　瑜　　裴　樞
魯　郃
以上歙州刺史。
李元曉　　鄭義之
陶大舉　　張知謇

楊元琰
班景倩
裴敦復
趙　悦
裴　冑
令狐楚
沈傅師
崔龜從
于　敖
温　璋
盧　肇
王　凝
唐伯裕
姚昌閏
長孫元翼
李行穆

裴耀卿
竹承溝
李志和
陳少游
盧　復
崔　群
崔　惇
崔　鄲
裴　諗
陶世長
獨孤霖
李義本
范冬芬
楊元禕
豆盧靈昭
魏正見

以上宣州刺史。

李芃
李遜
張嚴
蕭復
齊映
韓贄
封敖
賈恒
吴都官
李方(元)〔玄〕
鐔銖
李混
趙鍠
裴樞
朱灣

鄭羨
裴度
李冉
孫愿
齊照
霍總
李倨
柳子華
盧肇
杜牧
崔行儉
竇濬
吕師造
韓守威

以上池州刺史。
畢　璟
竇　彧
韋岳子
李迴秀
薛　昇
裴　諝
羅　珦
温　璋
路應求
盧　潘
張　博
郎幼復
以上廬州刺史。
顏元孫
張　鎰

薛　縉
朱敬則
武重規
敬　湘
李　蕚
賈　深
李　翺
劉　佑
羅立言
董　璟
鄭　綮

張萬福
員半千

史　備　許孟容
劉茂復　侯　固
以上濠州刺史。
李顯達　陸子才
論惟正　柳寶積
王　勛　李　岵
鄭　誠　李　廓
以上潁州刺史。
張思莊　張文宗
姚　崇　裴　諝
李　繁　裴　清
李　彙　陳　璠
楊　凝　張　克
以上譙州刺史。
李　湑　李元軌
李元曉　李元慶

李　璩　　王　瑩
崔敏慤　　盧齊卿
薛　瑜　　姚(元)〔玄〕之
張九皋　　蘇　詵
陸　易　　曹　昇
梁　乘　　路齊暉
高承宗　　獨孤華
高明應　　盧士玟
以上徐州刺史。
李　憕　彭城太守。
韓思復　　李幼卿
韋應物　　李　紳
李德裕　　宇文守節
李景元　　裴　儔
關　播　　盧　邁
李　瀆　　高錫望

郭　廷
以上滁州刺史。
張無擇
穆　寧
劉禹錫
張惟儉
以上和州刺史。
趙　環
李文通
以上壽州刺史。
蘇　晋
杜　慆
以上泗州刺史。

張知謇
張萬福
凌　準

張公度
高智周

常知人

五代①

五代迭興，百務草創，故官制不講。凡齷齪無能者始注爲縣令，故天下之邑，率皆不治，甚者誅求刻剥，猥瑣萬狀。又縣尉之職久廢，盜賊鬭競，皆屬鎮將。

而江南之地，自徐、宿、潁、亳四州置諸使外，楊吴及南唐於金陵、江都二郡置尹，南唐改金陵尹爲江寧尹。餘郡皆置刺史。吴刺史以下有副使、司馬、參軍諸職。南唐不設副使，而增别駕、録事。其節度、制置、觀察、團練、防遏等使，楊吴多循唐制，南唐改防遏爲指揮。若諸幕僚，吴有副大使、行軍司馬、行軍副使、判官、掌書記、推官、巡官、衙推之屬。南唐增置留後及支使，餘皆踵吴之舊。

統　部　　　　　　　　　　　　　蔣　殷

梁

王敬蕘

朱友璋

① 爲使眉目清楚，此處補「五代」二字。

以上武寧節度使。

唐

李承約　　高行周

以上潁州團練使。

韓　倫　　劉　熙

以上亳州團練使。

李紹真　　李紹榮

房知溫　　李　周

李從溫

以上武寧節度使。

晋

何福進　潁州防禦使。

馮　玉　潁州團練使。

萇從簡　　侯　益

趙在禮　符彥卿

以上武寧節度使。

漢

王　周　劉　贇

以上武寧節度使。

周

王　凱　楚州防禦使。

向　拱　李重進

以上淮南節度使。

荊罕儒　揚州團練使。

王　祚　宿州團練使。

王彥超　王　晏

向　訓

以上武寧節度使。

趙匡贇　盧州節度使。

吴

徐知諫　潤州團練使。

盧文進

臺　濛　漣水制置使。

王　綰　漣水防遏使。

南　唐

趙仁澤

以上常州團練使。

馮　謐　常州觀察使。

張彦卿　楚州防禦使。

趙宣輔　宣歙常潤安撫使。

宋齊（邱）〔丘〕

以上鎮海節度使。

徐知詢　鎮海節度使。

姚　鳳

張居詠

嚴　續
以上潤州節度使。
盧　絳
以上宣潤大都督。
留從惠　揚州觀察使。
朱　元
以上舒州團練使。
馬希崇　舒州節度使。
徐　价
徐知證
以上寧國節度使。
楊　璉
以上康化軍節度使。
馬仁裕　昭順軍節度使。
李　章
以上永安節度使，鎮廬州。

殷崇義
李弘冀
司　超
周　宗
盧　絳
王彥儔
王崇文

郭全義　濠州觀察使。
劉仁贍　清淮節度使，鎮壽州。

吳越

孫承祐　平江節度使。

分　轄

梁

錢元璙　蘇州刺史。
康懷英　宿州刺史。
王重師　李彦威
以上潁州刺史。

周

韓令坤　知揚州。
邊　翊　知通州。

楊昭揮
呂濟叔　舒州刺史。
李　穀
高懷德
以上行盧州府事。
元　矩
以上雄州刺史。
張永德　和州刺史。

吴

徐　温
徐知諤
以上金陵府尹。
唐彥隨
李　遇
徐景邁

郭令圖
劉重遠
王繼儔
徐知詢
徐知誥
張　訓
張伯悰

以上常州刺史。

李德誠

林仁肇

以上潤州刺史。

陳　宣　海州刺史。

陶　雅

歐　逵

以上歙州刺史。

南　唐

李景遂　金陵府尹。

睦昭符

以上常州刺史。

李金全

以上潤州刺史。

吴廷紹

郭　載

徐知誥

骨　言

禹萬誠

尚全恭

褚仁規

方　訥

皇甫暉
以上泰州刺史。
施仁望
周廷構
以上舒州刺史。
龔慎儀　歙州刺史。
朱匡業
李從鎰
張　琄
以上宣州刺史。
何敬洙　楚州刺史。
皇甫繼勳
周　宗
以上池州刺史。
鍾　美
以上知雄遠軍。

周　祚
林仁肇
韓　權
宗文珍
嚴　續
陳德誠
李　翰

江南通志卷一百一

職官志

文職 三

宋①

宋代節度觀察之職，特爲虚名，不復預方岳之事。而監司之任，則有帥、漕、倉、憲諸官。帥則諸路安撫使，漕則諸路轉運使，憲則諸路提刑按察使，倉則提舉常平倉，謂之倉司。唐節度多兼觀察及度支、營田、招討、經略等使。宋則監司各有建臺之所，每司專有長官，專有掾佐，而號令之行於統屬

① 爲使眉目清楚，此處補「宋」字。

者，從此始煩矣。

按江南舊無安撫。自宣和三年，始詔江寧與杭、越諸州守臣，並帶安撫使。建炎元年，李綱請於沿河、沿淮、沿江各置安撫使，兼馬步軍都總管。二年，又令將兵處知州帶管内安撫，自是安撫之職始重。時諸路又有安撫大使，凡二品以上爲帥者，即以「大」名之。

轉運之職肇於唐，時諸道分置巡院。宋祖懲藩臣擅有財賦，不歸王府，自乾德以後，始置諸道轉運使，多以帥、守兼領。浸尋日久，其權漸重。凡賊盜、刑獄、邊防、金穀之任，無所不統。於是景德中，建提點刑獄一司，復以知州帶一路安撫鈐轄，自領軍事，以分其權。慶（歷）〔曆〕中，又患其過輕。三年，詔諸路轉運使並兼按察使，每歲具官吏能否。至六年，罷之。

其轉運之在江南者，自太平興國二年初置江淮發運使於京師，遥掌漕事。至道元年，始就淮南置局。其後屢省屢復，俱在淮南之地。慶（歷）〔曆〕七年，置司於真州。今揚州府儀（徵）〔真〕縣。乾道以後，率以平江府守臣兼領糴運之事云。

江左提刑之設，始於開寶九年，遣和峴採訪江南道，時係特遣，不爲專官。後置諸路提點刑獄。尋罷，復置。紹聖中，乃詔三歲一遣郎中、御史，按察諸路監司，是爲提刑按察使。

提舉之官，始於熙寧。時遣使提領常平倉，不隸漕臣。政和初，詔江淮荆浙六路共置茶鹽提舉一員。建炎元年，詔提舉常平之任，併歸提刑。至紹興九年，復置經制司，改常平官爲經制某路幹辦常平公事。未幾罷，復爲提舉常平司。東南提舉，多以茶鹽司兼領之。

時江南之地又有總領一官，叙位在轉運副使之上。淮東總領，掌鎮江諸軍錢糧。淮西總領，掌建康、池州諸軍錢糧。其屬有糧料院、審計司、榷貨務、都茶場、封樁庫、贍軍酒庫、惠民藥局等官，俱統於總領。

其他若制置使、經略使、招討使、招撫使、鎮撫使等，皆有事則設，不常置。

按江南之壤分隸七路，其中軍州郡府之遷移，防團節帥之升降，以今考之，屬江南東路者六，曰江寧府、本昇州節度使。天禧二年，升爲建康軍節度使。舊領江南東路兵馬(銓)〔鈐〕轄。建炎元年，建爲帥府。三年，復爲建康府。寧國府、本寧國軍節度使。乾道二年，升爲府。徽州、池州、建炎後，以建康路安撫使知池州。太平州、本軍事。開寶八年，改爲南平軍。太平興國二年，升爲州。廣德軍。太平興國四年置爲軍。屬兩浙路者四，曰平江府、太平興國三年，改平江軍節度使。政和三年，升爲府。鎮江府、本鎮江軍節度使。政和三年，升爲府。建炎三年，置帥。四年，加大使，兼沿江安撫使府，設西、北、南三廳通判。常州、江陰軍。屬淮南東路者十五，曰揚州、舊領淮南東路兵馬鈐轄。建炎元年，升帥府。四年，爲徽揚鎮撫使。嘉定中，淮東制置開幕府於楚州，仍兼安撫使。亳州、本防禦。大中祥符七年，建爲集慶軍節度使。宿州、建隆元年，升防禦。開寶元年，建爲保静軍節度使。楚州、紹定元年，升山陽縣爲淮安軍。端平元年，改軍爲淮安州。海州、泰州、本團練。乾德五年，降爲軍事。建炎四年，置通泰鎮撫使。泗州、滁州、本軍事。建炎間，置滁濠鎮撫使。真州、本軍事。乾德三年，升爲建安軍。通州、高郵軍、開寶四年爲軍，熙寧五年廢爲縣。元祐元年，復爲軍。建炎四年，升爲州，置鎮撫使。紹興五年，廢爲縣，以知縣兼知軍事。安東州、太平興國三年，置漣水軍。景定初，升爲安東州。招信軍、本盱眙縣，建炎三年升爲軍。淮安軍、清河軍。屬淮南西路者八，曰壽春府、本壽州。政和六年，升爲府。乾道三年，罷爲安豐軍。六安軍、政和八年，升軍。廬州、本保信軍節度使，舊領淮南西路兵馬鈐轄。建炎三年，兼本路安撫使。紹興初，寄治巢縣。乾道二年，置司於和州。五年，復舊。和州、本防禦。淳熙二年，兼管内安撫使。安慶府、本團練州。建隆元年，升爲防禦。政和五年，置舒蘄鎮撫使。紹興十七年，改安慶軍。慶元元年，升爲府。濠州、無爲軍、太平興國三年，建爲軍。懷遠軍。寶祐五年，建爲軍。屬京東路者淮陽軍，太平興國七年，建爲軍。屬京西路者徐州，武寧軍節度使。屬京西北路者順昌府。舊防禦，後爲團練。開寶六年，復爲防禦。元豐二年，升順昌軍節度使。政和六年，改爲府。其官制更易之略如此。

其守令之職，宋初分命朝臣出守列郡，號權知軍州事。其二品以上，帶中書、樞密、宣徽院職事者，則稱判太守。又設通判，以貳軍州之政，與州守均禮。而判、推、支使、書記、録曹之屬，謂之幕職。宋初縣令常用朝官出宰，以重民社之寄。其後參用京官、幕職及試銜官。天聖以後，令選猥下，爲清流所不與。靖康初，命改官者必爲縣令。紹興七年，詔寺監、丞簿等任滿已改官人未歷民事者，各與堂除知縣一次。乾道二年，詔非兩任縣令，不除監察御史，自是人無不爲令者。

縣令之屬，宋初但置簿、尉，無丞。天聖中，始置丞於赤縣。熙寧四年，縣二萬以上者乃置丞。嗣後小邑率不置丞，以簿兼之。

統　部

曹　彬　昇州行營都部署。

丁　謂　平江軍節度使。

丁德裕　常潤經略使。

陳升之

以上鎮江軍節度使。

慕容延釗

錢維濬

李公藴

以上淮南節度使。

李　參

喬維岳

李昌齡

張　燾

馬仲甫

韓　絳

越王元傑

張　雍

牛　冕

張景憲

王嗣宗

范正詞

李師中

李　沆

魯宗道　吳中甫
胡令儀　蔣　堂
吳居厚　陳　遘
以上淮南轉運使。
高安期　王宗望
趙　賀　薛　奎
李　先　沈　立
李　溥　黃　震
賈　宗　張　環
張　綸　楊允恭
張商英　蔣之奇
以上江淮發運使。
王　礹　韓　億
龔鼎臣
以上淮南安撫使。
淩　策　淮南東路安撫使。

王巡德

以上舒州團練使。

趙宗望　舒州防禦使。

張　詠

以上江東安撫使。

孫　甫　江東轉運使。

譚延美　盧壽濠巡檢使。

雷有終　保信軍節度使。

王審琦　忠正軍節度使。

韓　琦　司徒出鎮淮南。

郭從義

王全斌

曹　彬

以上武寧軍節度使。

潘　美　潁州團練使。

孔守正

楊景宗

翁彥國

高繼沖

陳洪進

夏　竦

馬知節

竇貞固　杜彥鈞

以上潁州防禦使。

趙承慶　趙守巽

劉師勇

以上和州防禦使。

趙師巖　和州觀察使。

分　轄

楊克讓　賈黃中

劉保勳　韓　遂

許　驤　源　護

雷有終　盧文正

陳欽祚　高象先

郭　巽　李　偉

宋　覃　張繼美

呂祐之　劉知信

馬　亮
丁　謂
以上昇州知州。
薛　顔
王　隨
張士遜
李允元
陳執中
盛　京
葉清臣
楊　告
張　奎
皇甫泌
向傳式
王　琪
馮　京

薛　映
王欽若
李　迪
滕　涉
李若水
張若谷
郎　簡
劉　沆
李　宥
張方平
劉　湜
包　拯
梅　摯
魏　琰

郭申錫
彭思永
龔鼎臣
孫思恭
錢公輔
傅堯俞
葉　灼
吕嘉問
孫　坦
陳　繹
王安禮
蔡　卞
熊　本
黄　履

王　贄
吕　溱
王安石
吴中復
沈　起
沈　立
元積中
孫昌齡
劉　庠
王益柔
楚建中
林　希
謝　麟
陸　佃

(魯)〔曾〕①肇　(魯)〔曾〕②布
何正臣　呂惠卿
陳軒　呂升卿
葉濤　陶節夫
鄧祐甫　陳祐甫
朱彦　王漢之
徐勣　蔣静
姚祐　范坦
曾孝藴　盧航
沈錫　曾孝序
薛昂　吴拭
蔡嶷　俞㮚
張莊　盧襄
曾孝緒　宇文粹中

①② 據《四庫》本及嘉慶《江寧府志》卷二十改。

李彌遜
趙明誠

以上江寧府知府。

閻　象
梁周翰
柴成務
宋　璫
魏　庠
陳省華
裴　莊
喬維嶽
張去華
王　贄
梅　詢
劉師道
皇甫選
曾致堯
黃　震
秦　羲
方仲荀
陳　靖
孫　冕
康孝基
李　適
葉　參
周　實
盛　度
黃宗旦
王　礮
陸　東
朱　巽

崔�

嚴君貺
程師孟
胡宗愈
韓　朴
韓　鐸
晏知止
林　希
劉　珵
黄　履
賈　易
吴居厚
賈　青
吕公雅
陳師錫
吴伯舉
黄　誥

章　岾
王　誨
滕　甫
楊景略
孫　覺
吴安持
劉　淑
王　覿
范　鍔
劉　定
蔣之翰
王子京
祝安上
張公庠
張　恕
邵　鯱

王漢之　蔡　渭
郭茂恂　許光凝
孫　傑　吴　栻
李孝壽　王　誥
馬　防　盛　章
以上知蘇州。
宋康年　應安道
賈　譓　樓　异
胡直孺　季　倫
王　靚
丁德裕　王　詵
楊大雅　李昭述
王　禔　陳　商
李餘慶　彭思永
范師道　王安石
以上知平江府。

陳　襄
李　載
李孝節
安　泳
以上知常州軍州事。
崔　立
朱昌符
葛　閎
以上知江陰軍。
劉蒙正
魏　瓘
王　隨
范仲淹
王　琪
錢公輔
孫　覺

吳遵路
朱　彥
徐　申
魏　憲
范宗古
張　其
楊士彥
柳　開
劉師道
龐　籍
劉立之
張　昇
滕　甫
王安禮

鞠真卿

王　覿

龔　原

葛　蘩

以上知潤州軍。

李圖南

蔡居厚

虞　奕

柳庭俊

梅執禮

李　皓

以上知鎮江軍府事。

沈　起

李　宣

以上知楚州。

鮑　田

許　遵

張　耒

曾　布

俞　桌

林　震

毛　友

李堯文

趙　億

蔡　翛

張　傳

魏　廉

孫　洙

王祖道　張叔夜

以上知海州。

蕭　均　米　芾

李　盛　趙　槩

以上知漣水軍。

田　晝　知淮陽軍。

石守信　李虔耘

王　贄　張延嗣

楚昭輔　邊　翊

侯　贇　段思恭

侯　陟　董　儼

張　觀　趙延進

薛居帷　王　賓

王禹偁　魏　羽

柴成務　王化基

曾致堯　淩　策

許遜
戚綸
王允明
盛京
盛度
范雍
張若谷
蘇紳
韓琦
歐陽修
楊察
張顯之
包拯
許元
錢明逸
刁約

薛顏
王隨
周起
杜衍
朱巽
陳執中
宋庠
陳商
張奎
蘇舜元
柳植
孔宗翰
唐介
韓宗武
王琪
韓縝

裴　煜
徐　綬
田　諒
馮　京
王居卿
陳升之
鮮于侁
黃好謙
呂公著
楊景略
劉　敞
鄧　綰
章　惇
蔡　京
王　存
張　璪

朱壽隆
彭思永
李　兑
錢公輔
章　岵
狄　棐
許　將
王益柔
蒲宗孟
章　濯
呂惠卿
王安禮
謝温仁
滕元發
李承之
蘇　軾

蘇　頌
程嗣恭
林　希
陳　軒
曾　肇
蔣之奇
章　綡
張　詢
范　鏜
范　坦
吴執中
石公弼
林　攄
唐　恪
周　燾
洪中孚

章　衡
蹇序辰
張　耒
龔　原
吴伯厚
王資深
管師仁
劉　拯
彭汝霖
周　種
王涣之
吕益柔
張子憲
許光凝
徐處仁
薛嗣昌

徐　鑄
王　本
許　份
李　康
以上知揚州。
王文祐
謝　濤
孔道輔
張次山
曾　肇
以上知泰州軍。
梁周翰
邵　必
楊　蟠
吳　鑄
以上知高郵軍。

毛　友
李　回
吳　敏
梁揚祖

田　錫
晏　殊
張　綸
陳　瓘

毛　滂
姚　兕
陳　敏

王　素
以上知通州。
孫　構
以上知真州。
馮　瓚
李　炳
樂　史
唐　肅
王安禮
朱公綽
游　酢
舒　雅
孫　傑
以上知舒州。
蘇簡能
李　度

胡安國
向子忞
李孝基
趙　孚
楊　澈
吕　溱
孫　鍔
楊希元
李師中
黄庭堅
林　希
蘇德祥
李　維

趙昂　方演
謝濤　曹修古
黄珀　歐陽頴
蘇壽　錢仙芝
王琪　張經
吕元規　張慎修
潘玨　王擴
徐總　黄誥
顧臨　董正封
虞賓　曾鍔
狄樞　丁湜
曾孝藴　吕灝
劉光　許頌
梅澤　蘇補衮
王舉直　江渢
郭師中　張仲珪

盧宗原
上官恢
以上知歙州。
李幹
桑塤
潘仁謙
羅延吉
楊緘
鄭驤
胡克順
宋鸞
楊舉正
朱載
盛梁
劉德基
裴光元

唐作求
賈黃中
魏咸熙
高適
許驤
李準
賈昭明
張樞
曾會
董龜正
裴莊
邊肅
曹定
馮璉

盧革
李縠
淩策
高儼
蘇維甫
晏殊
葉參
劉隨
楊蜕
葉清臣
吴遵路
趙宗道
袁抗
彭思永
吕士龍
孫錫

彭愈
李含章
蘇國華
章頻
江嗣宗
蘇爲
柳植
沈同
夏侯圭
俞獻卿
吴待問
郭輔
邵飭
馬遵
湯夏
章岷

宋任
佘良肱
沈紳
石鑑
唐淑問
蔣續
黄庭堅
蔡卞
周之純
傅燮
賈易
章衡
何正臣
朱安國
陳師錫
邵材

刁約
沈括
沈立
丁竦
陳侗
侯利建
劉安節
林希
張修
朱服
王安禮
張耒
沈銖
劉涇
劉珵
何正中

鮑朝賓
何　琬
席　旦
錢　遹
鄧祐甫
虞　漢
檀宗旦
王　磐
沈　錫
上官復
張叔夜
管思可
以上知宣州。
樊若水
梅　詢
楊　告

路昌衡
李彦卿
韓崇直
吕　宗
曾　肇
何　甫
陸　傳
翟汝文
俞　燾
錢　昂
吴長吉
魏　憲
成　昂
李虚己
王　逵

王　贇

陳　昱

雍孝聞

包　拯

王　哲

周應龍

羅彦輔

吕　溱

張存明

劉　斆

滕元發

詹延年

席　旦

章　嵩

以上知池州。

李　雅　知平南軍。

閔郎中

關　魯

沈　立

吴中復

陳　桶

葉　凱

鄭　雍

吴　蔚

胡　則

錢　緦

勾　濤

吕廣問

張士詡

宋　準
王仲華
何　蒙
張正中
楊　畋
宋敏求
章　峴
李仲卿
張　瓌
吕希哲
盛仲孫
韓忠直
王　資
徐　勣
樂昭厚
陸　藴

王　洞
陳若拙
陸若沖
施昌言
李　寬
張伯玉
王承祐
彭思永
畢仲達
梅　灝
黄庭堅
王景修
霍漢英
何昌言
唐　稑
劉會元

單　暐　　徐　禋
周　需　　范　珀
臧祐之　　沈　思
以上知太平州。
馮　瓚　　楊景明
趙安易　　劉蒙叟
刁　衎　　魏　震
趙良規　　趙　鎔
宋太初　　佘獻卿
楊日嚴　　劉　綜
陳堯佐　　馬　亮
劉　筠　　梁　頎
張子憲　　唐　詢
馮　京　　陳希亮
張　億　　林　濰
包　拯　　張　田

吳　及　　呂公孺
呂公弼　　李端愿
李東之　　鄭　興
劉　定　　傅堯俞
孫　覺　　穆　珣
呂居厚　　王　質
李良輔　　蹇周輔
朱　服　　楊　汲
陳　軒　　章　衡
龔　原　　陳師錫
蔣　猷　　林　顏
翟汝文　　馮　詢
以上知廬州。
楚建中　　茹孝標
雙　漸　　米　芾
王　蘧　　胡　伸

楊　傑
以上知無爲軍。
程端中　知六安軍。
王　郁
崔　立
游　酢
劉蒙叟
連南夫
以上知濠州。
楊　覃
楊　察
魏　琰
朱　景
以上知壽州。
彭訢　知順昌府。
楊重動

陳　瓘
韓　丕
趙　抃
梅　詢
何　蒙
曾致堯
柳　植
連　庶
吴　奎
任　布

趙秉
劉航
馬從先
李昉
富紹庭
以上知宿州。
張茂植
周起
柳植
劉筠
歐陽修
蘇軾
章衡
趙宗道
陸佃
燕肅
趙尚寬
朱壽隆
石揚休
陳希亮
石昌言
畢士安
張師德
李士衡
夏竦
陸經
薛向
徐宗況
李評
陳師錫
林攄

錢象先
王　旭
以上知潁州。
郭廷謂
宋　祁
晏　殊
宇文虛中
蒲宗孟
張知白
富　弼
曾　鞏
張商英
王德用
劉　敓
馮熙載
鄧洵武

蔡　齊
王　襄
王　洙
李　迪
楊大雅
蘇　頌
韓　億
王　統
宋　庠
歐陽修
彭思永
馮　京
晁補之
曾　悟

以上知亳州。
朱昂　知泗州。
畢再遇
以上知盱眙軍。
侯贇
梁鼎
陳文灝
吴元扆
戚綸
張宗誨
孔道輔
趙及
孫沔
吕溱
孫祖德
韓贄

吴説
馬元方
趙德彝
陳興
閻日新
薛顔
徐起
李迪
王洙
吕公綽
任顓
趙槩
傅堯俞

蘇軾
馬默
杜純
楊汲
賈易
徐處仁
以上知徐州。
牛冕
韓丕
歐陽修
蔡挺
蔡延慶
陳知新
曾肇
梅執禮
以上知滁州。

孫覺
彭汝礪
孔宗翰
曾肇
劉奉世

王禹偁
張禹珪
張方平
陳鐸
章衡
沈希顔
唐恪

劉沆
劉摯
吴居厚
吕希道
以上知和州。
成悦
錢公輔
孫覺
賈昜
陳禾
周烈
以上知廣德軍。

王欽臣
胡宗愈
范純仁
賀鑄
梅詢
朱壽昌
石公弼
孫諤
上宫均

江南通志卷一百二

職官志

文職 四

宋南渡統部

吳從龍

王拱

以上建康都統制。

范成大　金陵帥。

呂頤浩　江東安撫制置使。

趙葵　江東西宣撫使。

沈　晦
以上浙西安撫使。
楊克遜　浙西轉運使。
劉光世　浙西安撫大使。
葉　適
以上沿江制置使。
馬　擴
以上沿海制置使。
劉　錡　江淮浙西制置使。
孟　庾
張　巖
以上潤州都督。
王　德
成　閔
畢再遇
彭　輅

葉　煥
范文虎
李　寶
張　浚
王　勝
張子蓋
李奕武
王孝忠

以上鎮江都統制。
趙善湘
李顯忠
以上江淮制置使。
權邦彦　江淮制置發運使。
何　澹　江淮制置大使。
張　浚
以上江淮宣撫使。
葉義問
以上江淮都督。
陳　敏　江淮都統制。
盧知原
盧　儔
以上江淮發運使。
張　問
孫　航

劉　錡
趙　葵
(邱)〔丘〕崈
楊存中
吴中庸
湯鵬舉
孫　敏

以上淮南轉運使。
楊存中　淮北宣撫使。
孟忠厚　淮東宣撫使。
趙葵　淮東制置使。
吴潛　淮東總領。
趙立　漣水軍鎮撫使。
張威　揚州觀察使。
王晚　通泰制置使。
程叔達
以上江東轉運使。
姚希得　江東安撫使。
史彌鞏
以上江東提刑。
劉寶
以上安慶軍節度使。
張德興　舒州安撫使。

孟猷

謝枋得

張説

張　浚　　延　璽
胡舜陟　　史嵩之
杜　杲　　吳　淵
馬光祖　　王　埜
吕文福　　夏　貴
以上淮西安撫使。
楊存中　淮西制置使。　　郭　振
趙磻老
以上淮西帥。
李顯忠　　解　元
以上保信軍節度使。
李　光　壽春滁濠宣撫使。

宋南渡分轄

黃潛善　　吕頤浩
連南夫　　湯東野

胡舜陟
陳邦光
張縝
趙鼎
沈晦
葉宗諤
章誼
張守
鄭鎡
王晌
王循友
張燾
陳俊卿
張孝祥
汪澈
李稙

杜充
趙蒙
李光
歐陽懋
吕祉
張澄
孟居厚
晁謙之
俞俟
楊愿
宋貺
王綸
陳之茂
吕擢
王佐
方滋

史正志
洪　遵
葉　衡
劉　珙
錢良臣
余端禮
張　杓
葛　邲
趙彦逾
吴　琚
楊　輔
黄　度
李大東
俞　嶸
（邱）〔丘〕壽邁
李壽朋

唐　琭
梁克家
胡元質
范成大
章　森
鄭　僑
留　正
謝深甫
錢象祖
李　材
徐　誼
劉　榘
李　珏
蔡幼學
趙善湘
吴　潛

陳　韡
曾從龍
別之傑
杜　杲
董　槐
趙以夫
吴　淵
王　楚
(邱)〔丘〕岳
馬光祖
趙與篡
姚希得
吴　革
黄萬石
趙　溍

以上建康府知府事。

趙　岍
孫　覿
湯東野
李　昞
胡松年
李彌大
席　益
李　擢
向伯厚
宋伯友
孫　佑
趙子晝
李　光
張　守

章　誼
仇　悆
林安宅
趙　霈
周　葵
鄭　滋
王　晌
徐　深
湯鵬舉
孟　厚
陳正同
洪　遵
陳之茂
陳　漢
沈　度
徐　嚞

梁汝嘉
向子諲
歐陽懋
張宗元
王　�
俞　俟
周三畏
李朝正
王　會
蔣　璨
朱　翌
沈　介
張孝祥
虞允文
姚　憲
汪應辰

魏　杞

（邱）〔丘〕密

馬希言

莫　漳

單　夔

王　佐

耿　秉

何　萬

趙彦操

沈　揆

雷　濛

鄭若容

趙不艱

張　巖

張　澤

林　采

向　沟

方　滋

韓彦古

陳　峴

司馬伋

韓彦質

謝師稷

王希吕

袁説友

王尚之

王　漑

劉誠之

張　抑

李大性

沈作賓

李大異

趙希懌
沈暭
綦奎
王元春
林介
朱在
鄒應博
趙立夫
王遂
史宅之
陳塏
徐鹿卿
鄭霖
余天任
趙汝歷
洪燾

陳芾
趙彥橚
趙汝述
章良朋
李壽朋
吳淵
楊曄
張嗣古
吳潛
趙與𥲅
魏峻
呂淵
余晦
趙與訔
馬揚祖
程元鳳

王　爚
包　恢
李　鏞
饒應龍
趙順孫
常　楙
潛説友
陳謙亨
張世傑
以上知平江府。
何　充
俞　俟
王　縉
莫伯虚
徐天民
莫　濟

朱　熠
陳　均
陳夢斗
黄萬石
黄　鏞
倪　普
戴覺民
文天祥

周　杞
虞　澐
陳正同
鄭作肅
葉　顒
湯鵬舉

晁子健
錢　建
章　冲
林　祖
吴　珹
曾三復
黄　灝
李嘉言
張貴謨
趙善防
趙善湘
趙崇謨
史彌悆
趙戒惐
程有俊
何守信

沈德遠
葉　衡
張孝貢
楊萬里
陳　庸
陳　謙
湯　璹
廖正一
王聞禮
李　珏
胡　衛
王　定
趙必愿
鄭必萬
謝　達
董　槐

陳　采　　宋　慈
李　迪　　王　圭
陳　均　　孫子秀
汪立信　　陳　塤
家鉉翁　　史能之
王宗洙　　趙汝鑒
姚　峕
以上知常州軍州事。
王　棠　　徐　蒧
樓　鍔　　施　邁
戴　谿　　趙彥适
李誠之　　顏耆仲
史雋之
以上知江陰軍。
趙子崧　　錢伯言
陳邦光　　胡唐老

胡世將
沈與求
曾　開
程　邁
劉子羽
汪　藻
鄭　滋
曾　惇
張　匯
張　修
林大聲
揚　揆
趙公稱
朱夏卿
吕　擢
蔡　洸

李　謨
劉寧止
劉　岑
郭　仲
鮑　琚
蔣　璨
榮　凝
黄穆厚
王循友
蔣及祖
董　苹
鄭作肅
方　滋
李　植
陳天麟
宋　貺

黃　鈞
張　津

沈　夏[1]
吕正(已)〔己〕[2]

司馬伋
曾　逮

潘　緯
錢良臣

耿　秉
蓋　經

張　杓
張子顔

葉　翥
趙彦逾

馬大同
陳居仁

楊大法
萬　鍾

趙善俊
張叔椿

李　沐
黃　内[3]

張孝伯
沈作賓

① 「沈夏」，乾隆《鎮江府志》卷二十三作「陳复」。
② 據《四庫》本及乾隆《鎮江府志》卷二十三改。
③ 「黃内」，乾隆《鎮江府志》卷二十三作「黃由」。

辛棄疾
宇文紹節
趙師睪
傅伯成
史彌堅
葛　洪
程　覃
喬行簡
趙善湘
楊紹雲
趙　范
何處久
桂如琥
丁　曄
何壽元
徐　瑑

李大巽
錢廷玉
俞　烈
宇文紹彭
邱壽雋
李大東
豐有俊
岳　珂
倪　思
馮多福
韓大倫
吴　淵
劉卿月
（邱）〔丘〕岳
許　堪
王　埜

胡穎
李迪
徐桌
印應飛
焦焕
麋弇
郭濬
陳均
趙與可
汪立信
趙溍
洪起畏
以上知鎮江軍府事。
李天性
郭倪
趙仲

趙汝捍
徐晦
陳夢斗
趙與峕
趙日起
章炯
陳摹
趙汝梅
孟之縉
曹元發
家鉉翁

趙立
應純之

以上知楚州。

魏　勝

以上知海州。

余　介

以上知淮安軍。

趙　立

耿世安

陳　巖

以上知漣水軍。

史　欽　知清河軍。

呂頤浩

黃　願

李　安

張　縝

史康民

宋孝光

賈　涉

余　太

李　先

毛　興

呂　源

韓世忠

俞　向

郭仲威

湯東野

宋伯友

劉洪道
葉焕
俞俟
劉光遠
陳兖
滎薿
向子固
宋棐
鄧根
許世安
劉澤
周淙
王佐
晁公武
胡堅常
王之奇

李易
蔣璨
陳古老
劉綱
許中
樓璹
沈調
劉岑
魏安行
王趯
賈仲和
向汮
莫濛
吕正己
陳棟
吕企中

郭　棣　　徐子寅

薛居實　　鄭良嗣

張　杓　　高　夔

趙不流　　趙子濛

熊　飛　　鄭興裔

錢之望　　趙師睪

趙不迹　　陳茂英

張　巖　　畢再遇

郭　倪　　趙師石

崔與之　　應純之

(邱)〔丘〕壽雋　　洪　汲

鄭　損　　岳　珂

王應洪[1]　　趙　範

---

① 嘉慶《重修揚州府志》卷三十六作「應洪」。又應洪與趙範之間尚有汪統。據其記述，應洪於開禧十六年知揚州，汪統於寶慶元年知揚州，趙範於寶慶二年知揚州。

林　拱
翟朝宗
史巖之
李曾伯
趙與篙
李庭芝
以上知揚州。
陳文弼
許　堪
孫虎臣
以上知泰州軍。
汪　綱
王　霆
以上知高郵軍。
張時修
以上知通州。
楊紹雲
江　湛
趙　葵
(邱)〔丘〕岳
杜　庶
朱　渙
陳　垓
張　榮
葉秀發
喬行簡

洪興祖
吴　機
上官涣酉
豐有俊
苗再成
以上知真州軍。
李觀民
張　棟
孫鼎臣
王　藺
以上知舒州。
徐　的
李士達
以上知安慶府。
周方文
周必正

方信孺
潘友文
李道傳
袁申儒
蔡　伸
李　綱
王涣之
周必大
向士璧
黄　幹
李　觀

以上知安慶軍。

夏成
郭東
趙祥之
曾統
余棨
吳偉明
汪藻
朱異
黃積厚
章僅
施鉅
胡彥國
潘莘
沈濬
呂廣問
張芟
孫佑
王禔
唐承昈
唐煇
曾開
朱芾
張甸
何鑄
趙子游
李沆
李稙
洪适
薛良朋
徐龜年

錢　豫
郯升卿
史　俁
趙不悔
陳居仁
曹　耜
石起宗
許昌期
趙彦恂
張伯垓
王　源
任清叟
林　琰
蔡　戩
李　浹
沈有開

季南壽
朱柔嘉
趙師夔
沈崇一
陳良祐
吕大麟
謝源明
徐　誼
耿延年
趙善悉
陳昭嗣
謝　琳
韓　瑗
陳貴誼
王公邁
趙彦衛

孟植
王鉛
葉箋
詹阜民
孔元忠
趙彥适
袁甫
趙希齊
范鍾
劉炳
鄭崇
饒虎臣
韓補
王撝
魏克愚
趙與澤

趙希遠
趙師逌
趙師端
馮多福
宋濟
倪祖常
盧子章
汪立中
謝采伯
喬似孫
史賓之
戚士遜
趙與弼
謝堂
謝塈
鄭雄飛

方　略
周　坦
林　洽
曹良朋
宇文十朋
趙必槐
以上知歙州。
吕好問
傅其傳
耿延禧
張　果
張　植
崔之度
朱勝非
汪伯彦
李若虚

賈明道
魏　洪
錢應孫
王應麟
張　洪
王積翁
葉三省
李　光
劉　珏
李虔勵
沈　晦
趙不群
鄭望之
程　瑀
郄　漸

秦梓
秦棣
王晌
王鑄
樓炤
朱翌
任古
陳之淵
周橾
以上知宣州。
何俌
錢端禮
周淙
傅(日)〔自〕①得

梁汝嘉
楊愿
李椿
黃積厚
魏良臣
淩景夏
許尹
王佐

江澈
姜詵
趙愷
曾建

① 據嘉慶《寧國府志》卷二改。

蔡　洸
丁時發
楊　嶰
詹　騤
沈　揆
木待問
陳　賈
汪義端
宋之端
劉參傑
沈作賓
李　澄
王補之
俞應符

鄭伯熊
陳　騤
傅　洪
趙師垂
蔣繼周
林大中
齊慶胄
沈〔繼〕①祖
張伯垓
趙善堅
陳　證
朱欽則
葉　箋
趙善宣

① 據嘉慶《寧國府志》卷二補。

張忠恕
趙希遠
洪　伋
陳　卓
沈　燮
潘　櫄
汪　繹
王與權
吳　泳
顔頤仲
王　錀
孟之縉
湯　漢
李道傳
吳　鋼①
趙仲夫
樓　錀
孫夢觀
齊　碩
袁君儒
李性傳
杜　範
王　遂
劉震孫
趙汝梅
吳　潛②

① 「鋼」，《四庫》本作「綱」。
② 「吳潛」，嘉慶《寧國府志》卷二作「李性傳」。

文天祥

顔紹卿

以上知寧國府。

滕　祐

吕頤浩

袁　植

葉　焕

王　瓊

魏良臣

黄子游

王　明

施師點

汪義端

韓立道

胡　兆

鄭汝諧

趙與可

劉子羽

陳　規

汪叔詹

徐偉達

王　進

張　劭

李彦卿

曾三復

王　信

楊師中

魯　訔

趙彦博

趙粹中

陳良祐
袁說友
雷孝友
史彌遠
李　思
王　謙
李　駿
錢敬直
趙尚之
呂大器
馬天驥
焦煥炎
阮思聰
以上知池州。
莫　砥
郭　偉

梁君崇
蔡必勝
顔　棫
梁舜弼
史定之
王　枏
李壽朋
徐　誼
趙善臨
趙　范
王伯大
王立信
王起宗
傅崧卿
方　承

張　錞
陸友諒
陳敏識
秦　梓
朱亮工
鄭松年
徐　渥
洪　楫
王　珦
朱　彪
陳正同
湯鵬舉
虞允文
王　洰
吳　芾
洪　遵

許端夫
李倫清
徐天民
王　禔
歐陽興世
范　同
韓膺胄
李　流
章　夏
周　葵
王　傅
張　運
林　珦
朱夏卿
周　璪
胡元質

蘇嶠
李椿
木待問
張子顔
洪邁
尤袤
范成大
蔣維周
梁總
范處義
陳景參
趙公豫
林采
富琯
王補之
王居安

楊倓
劉孝韙
陳騤
余端禮
趙汝愚
孫懋
葉翥
李巘
倪思
孫逢吉
張濤
湯碩
曾喚
林祖洽
曾炎
宇文紹彭

趙希懌
滕强恕
陳貴謙
蓋　鑄
楊紹雲
王　綬
吴　潛
别之傑
吴　淵
岳　珂
王　遂
鄧　泳
陳　塏
文朝浦
胡大昌
高衡孫

徐邦憲
吴柔勝
王元春
綦　奎
葉　棠
鍾　震
李壽朋
何元壽
丁　仁
徐鹿卿
孟　點
(邱)〔丘〕岳
章　琰
馬光祖
吕好問
陸德輿

潘　凱　　陸景思
鄭　羽　　趙　溍
朱禩孫　　江萬里
陳　綺　　孟之溍
以上知太平州。
李　會　　胡舜陟
陳　規　　趙不群
劉　甲　　仇　悆
魏良臣　　趙康直
龔　濤　　趙善俊
宇文紹節　　李　爽
王希呂　　趙善湘
薛叔似　　姚　典
杜　杲　　吕好問
全子才　　龔基先
杜　庶　　夏　貴

朱　焕
以上知廬州。
趙汝談
丁　仁
以上知無爲軍。
曹　明　知六安軍。
孫　逸
王　阮
李庭芝
以上知濠州。
盛　陶　知順昌府。
許　遵
以上知宿州。
王　瓚　知安豐軍。
王　復
李虛己

趙　淮
楊次翁
王　霆
杜　杲
傅　永
王　逵
楊　繪

以上知徐州。
向子俊
魏安行
石宗昭
許巽
趙葵
金之才
以上知滁州。
趙霖
張瑱
王堅
以上知和州。
洪興祖
趙希仁

樂亮臣
辛棄疾
洪梘
林嘌①
張同之
周虎
黃幹
胡國彥
林棐

①「嘌」，《四庫》本作「嘌」。

熊彦照
薛極
趙彦誠
黃震
王汝翼
邢恕
謝方叔
常懋

以上知廣德軍。

金職官之在江南境者

宿、亳、潁、壽、徐、海等州

完顔元宜　浙西道兵馬都統制。

完顔海里①
高召和夫②
蕭仲宣
烏延蒲離黑③
大邦基
大磐

① 《四庫》本作「完顔哈里」。
② 《四庫》本作「高綽和爾」。
③ 《四庫》本作「烏延富埒赫」。

烏古論禮①
移剌撻不也③
斡勒合打④
以上武⑤寧軍節度使。
徒單兀典⑥
徒單益都⑦
完顏賽不⑨

兀顏訛出虎②
高　彪
完顏承立
抹撚兀典⑧

---

① 《四庫》本作「烏庫哩禮」。
② 《四庫》本作「烏延温綽歡」。
③ 《四庫》本作「伊喇托卜嘉」。
④ 《四庫》本作「沃呼哈達」。
⑤ 「武」，《四庫》本作「咸」。
⑥ 《四庫》本作「圖克坦烏登」。
⑦ 《四庫》本作「圖克坦伊都」。
⑧ 《四庫》本作「穆延烏登」。
⑨ 《四庫》本作「完顏薩布」。

以上徐州行省。

完顏兀論①　　移剌②長壽

以上徐州元帥。

趙廷玉　亳州節度使。

訛里也③　壽州刺史。

納合降福④　宿州行院簽樞密事。

元

自太宗始立十路宣課司，有元帥行省之號。世祖即位，命劉秉忠、許衡酌今古之宜，以定官制。按《經世大典序録》曰：凡外之郡縣，與朝廷遠者，則鎮之以行中書省；其郡縣又遠於省，或有邊徼之事者，則置宣慰司以達之。鹽鐵之類，又別置官。有軍旅之事，分布於外者，則置萬户府。有大

① 《四庫》本作「完顏烏蘭」。
② 「剌」，《四庫》本作「喇」。
③ 《四庫》本作「額哩音」。
④ 《四庫》本作「納哈塔降福」。

征，則置行樞密院，無則廢之。刺舉之任，則有行御史臺，領監察御史、肅政廉訪司以治之。蓋元官制之大略如此。

其路、府、州、郡，以蒙古人爲之長，皆稱達魯花赤，俗亦謂之監州。以漢人爲守副之，皆稱總管。《扶溝縣志》曰：元稱達魯花赤，猶言荷包上壓口襟子，蓋取總轄之義。說見陸隴其《靈壽縣志》。總管之下，有同知，多以回回人充之。自同知以下，有經歷、提控、案牘、録事、典史之職。

凡上路，達魯花赤、總管、府尹，正三品。下路，從三品。上州達魯花赤、州尹，從四品。中州，正五品。下州達魯花赤、知州，從五品。散府達魯花赤及知府，正四品。其縣亦分上、中、下三等，每縣各有達魯花赤，掌縣之印。而以知縣爲縣尹，掌判署事。上縣置丞，中、下縣但設簿、尉，無丞。

凡路、府及上州，皆置儒學教授一員。

其行樞密院之在江南者，掌調度軍馬之事。後又於揚州立行院，又立沿江行院。他若防禦，主防盜賊，尚沿宋制。宣慰主傳詔命，則倣唐官。

又鎮南王府建於揚州，府有王傅、府尉、司馬、長史各二人。

統　部

董士選　楊衍飾

曹復亨

福　壽

以上江南行臺御史。

鄧文原

傅巖起

盧　摯

李　果

杜元中

王士熙

吳　鐸

周伯琦

納　麟[1]

廉　恂

姚　燧

陳　儼

張　玠

張　毅

道　童[2]

魏中立

褚不花[3]

① 「麟」，《四庫》本作「琳」。

② 《四庫》本作「多通」。

③ 《四庫》本作「褚布哈」。

伯顏不花的斤[①]　乃顏[②]

史文炳

以上江東廉訪使。

高睿　江東提刑按察使。

趙孟頫　黄溍

以上江浙儒學提舉。

董摶霄　太倉水軍都萬户府。

趙知章　兩浙轉運使，守松江。

不蘭奚[③]　招討使，守江陰。

李世修　江陰軍安撫使。

塔剌海　脱羅帖木兒[④]

① 《四庫》本作「巴延布哈德濟」。

② 《四庫》本作「納延」。

③ 《四庫》本作「布哷齊」。

④ 《四庫》本作「托里特穆爾」。

燕只吉歹①
以上鎮守鎮江萬户府。
賈　均　淮安廉訪使。
張漢英　鎮守淮安萬户府。
楊惟中　江淮宣撫使。
董文用
以上江淮行省参政。
高　睿　淮東廉訪使。
史　弼　淮東宣慰使。
張學羅　鎮守安東萬户府。
李天禄　以元帥守通州。
張弘綱　招討使鎮通州。
昂吉兒②　淮西安撫使。

趙　璉

① 《四庫》本作「揚珠吉達」。
② 《四庫》本作「昂吉爾」。

姚天福　淮西按察使。

陳思謙

李公平

以上淮西廉訪使。

光者不花①　淮西宣慰使。

劉秉德　淮西總管。

陳宗義　淮西都統制。

余　闕　淮西路都元帥。

張君佐　安慶路安撫使。

張　柔

張洪範

以上鎮潁州萬户府。

石　榮　徐州節度使。

劉　淵　徐邳屯田總管。

① 《四庫》本作「諤勒哲布哈」。

分　轄

李仲信

札剌兒百家奴②

宋廷秀

獨吉禮③

侯　珪

王　瑛

昝子良

必實温沙班④

阿忍蘭不花①

廉希哲

陳元凱

岳天貞

劉　智

任居敬

那　懷⑤

① 《四庫》本作「爾斯蘭布哈」。

② 《四庫》本作「拉爾伯嘉奴」。

③ 《四庫》本作「都濟爾」。

④ 《四庫》本作「必實温沙班」。

⑤ 《四庫》本作「諾海」。

以上建康路總管兼府尹。

唆　住①

完者禿③

張塔海帖木兒④

以上集慶路總管。

王　蒙　江寧尹。

王邦傑

趙　全

朱　霽

蕭　畹

郭朵兒伯臺②

王虎臣

王好禮

曳剌忽都帖木兒⑤

戎　益

---

①《四庫》本作「約爾蘇」。

②《四庫》本作「郭都爾伯特」。

③《四庫》本作「諤勒哲圖」。

④《四庫》本作「張塔海特穆爾」。

⑤《四庫》本作「伊喇呼圖克特穆爾」。

李　戠
安　祐
祝秀巖
札忽歹③
八不沙④
師朵列秃⑤
郭鵬翼
杜　真
錢光弼

董　章
李朵兒赤①
申月魯帖木兒②
劉　印
曹　晋
趙鳳儀
晁　顯
拜　昂
張忙古歹⑥

① 《四庫》本作「李多爾濟」。
② 《四庫》本作「申伊埒特穆爾」。
③ 《四庫》本作「札呼岱」。
④ 《四庫》本作「必巴實」。
⑤ 《四庫》本作「師圖烈圖」。
⑥ 《四庫》本作「張蒙古岱」。

道　童①

烏古孫良臣②

蕭　義

貢師泰

以上平江路總管。

劉　宣

僕散翰文③

秦居中

周維惠

賈汝丹

和則平

吴秉彝

高　履

王光祖

張之翰

捏　只④

石從愿

季禄兒⑤

① 《四庫》本作「多通」。

② 《四庫》本作「烏克遜良臣」。

③ 《四庫》本作「布薩翰文」。

④ 《四庫》本作「鼐濟」。

⑤ 《四庫》本作「吉嚕爾」。

申　杲
汪從善
明安荅兒①
申秉禮
楊伯野召③
王至和
王　中
王　雍
以上知松江府。
呂師聖
史　壥

姚文輔
杜　祐
李也先不花②
燕　琳
賈　桓
王克敏
崔思誠
王立中
李　衎
曹　晋

① 《四庫》本作「明安岱爾」。
② 《四庫》本作「李頟森布哈」。
③ 《四庫》本作「楊巴延台」。

移剌迪①
賈　禧
以上常州路總管。
李思恭　江陰路總管。
石祖忠
安震亨
以上鎮江總管兼府尹。
夾谷忽都虎③
百家奴④
廉達石海牙⑤

丁奕祖
孫民獻
劉忙古艓②
楊孝友
史　燦

① 《四庫》本作「伊喇迪」。
② 《四庫》本作「劉蒙古岱」。
③ 《四庫》本作「瓜爾佳歡托和」。
④ 《四庫》本作「伯嘉奴」。
⑤ 《四庫》本作「廉達實哈雅」。

齊　詢

石哈刺不花①

文伯要觧②

毛　莊

郭　珪

兀都馬沙⑤

以上鎮江總管兼管内勸農使。

阿思重⑥　淮安守。

梁　曾　淮安路總管。

王　謙

段廷珪

李汝楫

牛也先③

脱　因④

---

①《四庫》本作「石哈喇布哈」。

②《四庫》本作「文巴雅爾台」。

③《四庫》本作「牛額森」。

④《四庫》本作「托音」。

⑤《四庫》本作「諤都默色」。

⑥《四庫》本作「阿思忠」。

花世輔　知揚州。

張　照

以上揚州路總管。

趙德彰

以上知高郵府。

韓　建　知安慶。

劉　儀

趙與檟

許　楫

高　祥

甘德勝

布伯廉①

獨吉禮②

張彥安

李　齊

趙　謙

康天錫

沈　嚴

侍其君佐

劉克昌

郝思義

祁文顯

① 《四庫》本作「本巴楞」。
② 《四庫》本作「都濟爾」。

蕭循正　李賢翼
孟　淳　張　楫
朱　霽　王惟一
廉　忱　胡　元
馬速忽①　月忽難②
忽　先③　鄭侍翼

以上徽州路總管。

孛羅不歹④　迭列思八⑤
薛超吾　陳思濟
馬　昂　王　琪

---

①《四庫》本作「瑪蘇庫」。
②《四庫》本作「烏呼納」。
③《四庫》本作「呼遜」。
④《四庫》本作「博囉布哈」。
⑤《四庫》本作「達喇蘇」。

王興祖

以上池州路總管。

劉　通

董　章

張　保

暢師文

胡國安

靳　義

以上太平路總管。

邸　浹

茅　蘢

平安奴①

萬　奴②

魯鐵柱③

賈　焕

高子明

賈　度

昂阿禿④

①《四庫》本作「平安努」。

②《四庫》本作「鄂諾」。

③《四庫》本作「魯托爾珠」。

④《四庫》本作「昂阿圖」。

塔　海①

鄭　鈺

三　寶

以上盧州路總管。

谷　杲　安豐路總管。

王庭玉　臨淮總管。

侯康濟

以上徐州尹。

李杲哥

以上徐州路總管。

苫徹拔都④

都思鐵木亞中②

七　十

杭州不花③

趙克明

郭　侃

鄭　佑

---

① 《四庫》本作「塔爾海」。

② 《四庫》本作「都實特穆爾」。

③ 《四庫》本作「杭州布哈」。

④ 《四庫》本作「章齊巴圖」。

麻兀[1]　孫虎

蕭郁

以上滁州路總管。

偰文質　方回

秦良　史正明

蘇政　王叔明

以上廣德路總管。

① 《四庫》本作「烏滿」。

江南通志卷一百三

職官志

文職　五

明

太祖建都金陵，江南之地，實居輦轂，時則設官之重，與漢左馮翊、右扶風等。及成祖遷都北京，遂以應天爲南京，以鳳陽爲中都。中都則置留守，南京則設部、科、寺、院諸職，不與他省同隸承宣布政使司也。

自永樂十九年，遣尚書蹇義等二十六人巡行天下，安撫軍民，巡撫之名，始肇於此。至宣德間，擢熊概、周忱出撫應天、蘇、松，巡撫之職，遂爲專官，而猶以鎮守爲名。景泰四年，以鎮守侍郎與巡按御史不相統屬，文移窒礙，乃定爲巡撫都御史云。其兼軍務者加提督，有總兵之地則加贊理，所轄地多事重者，則加總督，其以尚書、侍郎任總督軍務者，皆兼都御史以行，永爲定制。

初，成祖始命平江伯陳瑄治漕河内地以贍北京。景泰二年，特命都御史王竑與總兵、叅將時有漕運總兵及漕運叅將之職。同理其事，謂之漕運總督。尋令淮、揚、廬、鳳四府，徐、和、滁三州屬竑巡撫，兼督常盈倉，治於淮安。

成化八年，分設巡撫、總漕各一員。明年復舊。正德十三年，尋又分設。十六年復舊。嘉靖三十六年，以倭寇日逼，乃併漕務於河院，特設巡撫防海，移駐泰州。四十年，倭患平，漕、撫復合，仍駐淮安如故。國朝改鳳撫爲總漕部院，蓋始於此。

又宣德五年，設總督糧儲，兼巡撫應天等處都御史一員。嘉靖中，以海警，加提督軍務，治蘇州。國朝，江蘇巡撫兼轄總理糧儲、提督軍務，蓋始於此。

又崇〔正〕〔禎〕十年，設巡撫安廬地方贊理軍務都御史一員，割南直隸安、廬、池、太四府，廣德州一州，及河南之光、固，湖廣之蘄、黄，江西之德、湖等州縣轄焉。

十六年，又增設安太池廬巡撫。

先是，有提督操江都御史一員。成化九年，奏准專督巡江，後令兼督操江官軍，與漕運、糧儲兩都御史並行。國朝總督帶操江銜，而上江巡撫專轄安徽一帶，蓋始於此。此江南開府之大略也。

其巡按之職，始於洪武十年。遣監察御史巡察州縣，每一年任滿則更代。又有巡按廬鳳七屬御史、駐泗州。提學御史、正統元年，選御史才行兼備者提督學校。巡鹽御史、正統三年，令兩浙運司每歲敕御史一員，巡視催督鹽課。清軍刷卷御史、始於弘治十一年。巡江御史、南京巡江，自龍江關，上至九江。屯田御史、巡倉御史。以上三御史，各有印信在京，對道御史關領，差人給付，事完復命進繳。此巡方奉使之大略也。

道員之設，遷徙不常。有巡道，有守道，有兵道。

洪武初，各布政使司所屬設試僉事，糾檢官吏。已而罷之，改爲按察分司，統天下凡四十一道。此爲分巡之始。

永樂間，常令方面官，巡視民瘼。後遂定右參政、右參議，分守各屬府縣。此分守之始。

兵道之設，昉自洪、熙間。以武臣疏於文墨，遣參政副使等，往各總兵處，整理文書，商榷機密，初未嘗自領軍務。弘治中，慮武職不修，增副僉一員敕之。自此，兵備之員，隨處分設。有蘇松道、駐太倉州。常鎮道、駐江陰縣。淮揚海防道、嘉靖三十二年，以倭寇添設，駐泰州。淮海道、天啓二年設。池安道、崇(正)〔禎〕初年設。十年六月，設立餉部，駐池安道衙門。改池安道爲池太道，駐蕪湖縣。徽寧道、明初，設按察僉事分司於黟婺。嘉靖三十四年，設兵備道，轄安、徽、寧、池、太、廣六屬，治廣德。四十一年罷。隆慶六年，巡撫張佳(印)〔胤〕題請復設，改爲徽寧道，駐旌德，後治池州。萬(歷)〔曆〕三十六年，議治寧國、廣德各半載。四十二年，徽、寧分設兩兵備，一爲徽安道，駐池州；一爲寧太道，駐廣德。崇(正)〔禎〕四年，復徽安爲徽寧道。五年，移治旌德，轄徽、寧、廣德。潁壽道、弘治四年設，初駐壽州，十年移駐潁州。廬州府亦轄於此。安廬道、崇(正)〔禎〕七年設。鳳泗道、崇(正)〔禎〕十六年設。淮徐道、正德六年設，原統淮、揚、徐及鳳陽之宿州、靈壁，及徐州左衛、邳宿、淮安、大河、高郵、儀徵，山東之沂州等衛，通泰、鹽城、興化、海州、東海，山東之莒州等所。嘉靖間，設淮揚海防道，揚屬州縣衛所歸隸海防，餘統如故。天啓二年，設淮海道，駐淮安府，本道統轄如舊。至州縣考成，則海州、山陽等八州縣屬之淮海云。及漕儲道、海運道等員。

其以部郎分司境内者，在淮則有管倉户部、監青江浦常盈倉。淮關户部、管理鈔關。清江工部，督治漕船。漕、運、理、刑四員。在揚則有儀徵工部、綜理瓜儀閘壩漕艘商舶之事。高郵工部二員。高郵工部舊在徐州蕭縣，正德元年始移駐高郵，謂之南河分司。在鳳則有鳳倉户部一員。鳳陽護陵官軍糧餉皆取給於廣儲各倉。先是，鳳陽府通判一員，專主歛散。成化七年，更立分司監督之。隆慶二年，始給關防印信。在徐則有徐倉户部、永樂初始設，專督廣運糧儲，一歲一代。後兼理廣永倉事，并管鈔税，三年一代。又後鈔歸吕梁工部，本司止監管税務。吕梁洪工部、徐州洪工部、正統後，定差工部都水司主事。嘉靖二十年，兼理徐州、境山二閘。萬(歷)〔曆〕六年裁，歸併吕梁工部分司。夏鎮工部四員。成化二十一年，設沽頭工部分司。嘉靖四十四年，河决沽頭，始移駐夏鎮。此各道監司及郎署制使之大略也。

外都轉鹽運使司，明初嘗設於兩淮，後置之於兩浙。巡鹽御史，專駐揚州。又山陽縣設管堤大使，太倉州設黄浦市舶提舉。此雖微員，亦載諸《會典》者，以其官非他省所有也。

至於郡縣之職，自洪武三年定都南省，改集慶路總管爲應天府府尹，又設治中、通判、推官等以佐之。自餘諸郡，由知府而下，亦有同知、判、推諸職。其首領官，有經歷、知事、照磨、檢校。知州則有同知、判官、吏目，知縣則有縣丞、主簿、典史。其州之編户不及三十里，有屬縣者裁減同知，無屬縣者并裁減判官。縣之編户不及二十里，裁減丞、簿。

其教職，則府設教授，州設學正，縣設教諭各一員。訓導員缺無定數，以州縣之大小爲差。

其留都諸官，若侍郎、僉都之屬，皆有右無左，蓋左在北也。有宗人府、六部、嘉靖二十六年，革南京糧儲都御史，以南户部侍郎督理糧儲。六科、内户科給事中一員，管後湖黄册。五寺、内太僕寺，駐於滁州。都察院、内右僉都御史提督操江，兼管巡江，或副都、或僉都，不並設。通政司、詹事府、國子監、翰林院、尚寶司、欽天監、太醫院、錦衣衛、五城兵馬司、中都留守諸官，留守署在鳳陽府。洪武十四年初制，非勳戚不爲留守。後多以才略充之，故銜多稱署守，少實授者。以倣中朝規制，非獨江南一省之官，故其詳不復贅列焉。

統　部

郭景祥　總制。
張　經
胡宗憲
以上總督軍門。

楊　宜
劉　畿

永樂

蹇義

宣德

熊槩

正統

周忱

景泰

李敏　　鄒來學

陳泰

天順

李秉　　崔恭

劉孜

成化

宋傑

滕昭

牟俸

彭韶

王克復

弘治

侶鍾

朱瑄

朱璉

艾璞

邢宥

畢亨

王恕

李嗣

何鑑

彭禮

魏紳

羅鑒

正德

張鳳

張津

嘉靖

吳廷舉

方良永

周季鳳

毛思義

侯位

歐陽鐸

喻茂堅

歐陽必進

張烜

彭黯

王縝

李克嗣

陳鳳梧

歐陽重

陳祥

陳軾

陳克宅

夏邦謨

丁汝夔

周延

孫世佑

方仕

屠大山
陳洙
周琉
張景賢
陳錠
周如斗
林潤
朱大器
張佳(印)〔胤〕
胡執禮
郭思極
佘立
李淶

崇(正)〔禎〕

鄭瑄

楊宜
趙忻
曹邦輔
方濂
翁大立
謝登之
海瑞
陳道基
宋儀望
孫光佑
王元敬
周繼

以上巡撫應天都御史。

宣德

曹弘

正統

何文淵

景泰

王文

陳泰

王竑

徐有正

成化

滕昭
陳濂
李裕
張瓚
劉璋
李敏

弘治

秦鋐
張瑋
白昂
張敷華

〔高明〕①
張鵬
李綱
徐英
馬文升
（邱）〔丘〕鼐
李昂
李蕙
徐鏞

① 據《四庫》本補。

正德

洪鐘　王瓊

李瀚　邵寶

屈直　陶琰

張縉　叢蘭

臧鳳　許庭光

嘉靖

俞諫　胡錠

李鉞　高友璣

鄭毅　唐龍

毛思義　陳祥

劉節　馬欽

周金　王杲

張景華　周用

王　瑋
歐陽必進
胡　松
魏有本
應　檟
連　鑛
鄭　曉
蔡克廉
傅　頤
何　遷
李　遂
洪朝選
萬（歷）〔曆〕
潘季馴
喻　時

喻茂堅
韓士英
龔　輝
何　鰲
路　顒
吴　鵬
陳　儒
王　誥
章　焕
胡　植
唐順之
萬士和
李　誌
毛　愷

王廷
張瀚
趙孔昭
王宗沐
吳桂芳
淩雲翼
李世達
楊俊民
舒應龍
周寀
褚鈇
王紀

天啓

呂兆熊
陳薦

馬森
方廉
陳炌
張翀
汪一麟
傅希摯
王廷瞻
楊一魁
陳于陛
李戴
李三才
李養正

蘇茂相
劉東星

劉士中

崇(正)〔禎〕

李待問

朱大典

路振飛

以上總督漕運兼巡撫都御史。

朱　瑄

徐世蔭

張　亮

以上安盧巡撫。

嘉　靖

盛汝謙

郭尚友

史可法

史可法

鄭二陽

黃配元

王道直

以上操江都御史。

洪武

許珪

永樂

顧佐

張志

李曰良

艾廣

宣德

陳俊

張琦

閻賡

童寅

方林

劉棻

何文淵

陳懋

正統

楊春
李杲
馬昂
江玉林
劉甄
齊讓
徐郁
朱瑄

景泰

陳叔紹
汪琰

張文昌
羅琦
李確
周全
黃英
王允
江球

陳瓛
李巘

天順

李巽

許誾

吴玘

白侃

成化

胡涇

柳彰

馮貫

費臻

李敬

何淳

黄傑

何珖

劉泰

李林

樊英

司福

陳維裕

張敩

董俊

侣鍾

胡漢

翟瑄

(邱)〔丘〕山

孫弁

奚銘

胡諒

弘治

許鋭

涂疇

歐陽復

程文

連盛

(邱)〔丘〕天祐

陳世良

正德

黎鳳

劉溥

鄺約

戈瑄

朱鉉

吴裕

史瑛

方榮

邢義

劉淮

公勉仁

姜佐

洗光

張晋

施儒

張仲賢

嘉靖

胡潔

陳實

楊鏊

葉奇

傅烱

宋茂熙

游居敬

劉良卿

江濬

唐臣

周亮

孫文錫

吳鉞

陳軾

王完

鄭光琬

李儼

劉謙亨

虞守愚

詹寬

邢第

喬佑

陳與音

劉存德

張洽

閭東

趙　鏜
莫如士
黃　中
劉以節
王汝正

隆　慶

王宗舜
劉世曾
向　程

萬〈歷〉〔曆〕

朱文科
唐　鍊
耿名世
陳　薦

張雲路
董　鯤
黃　蕎
申　佐
宋　纁

馮　善
郭　莊

鮑希賢
鄭國仕
董光裕
蔡夢説

劉　維
龔一清
李廷彦
喬璧星
姚三讓
王　明
龔文選
牛應元
何熊祥
宋　燾
荆養喬
駱騄曾
田生金

張治興
柴　祥
王象蒙
林道楠
黄紀賢
綦　才
李　炳
劉曰悟
曹　楷
王國楨
徐應登
李　嵩
張文熙①

①《四庫》本張文熙在林一柱之後。

天啓

易應昌

郭增光

楊春茂

崇(正)〔禎〕

田惟嘉

龔一程

李右讜

張　煊

徐之垣

賀登選

以上巡按監察御史。

林一柱

賈毓祥

何廷樞

温國奇

遲大成

劉令譽

陳起龍

鄭昆正

正德

朱鑑　甯欽

劉欒　郭希愈

張惟恕

嘉靖

郭廷冕　賈大亨

成子學　李逢時

馬斯臧　陳志

蔡應暘　舒鰲

隆慶

邵陛　崔廷試

李時成　陳用賓

李棟

萬〔歷〕〔曆〕

李天麟

高　舉

牛應元

周　盤

李應薦

天　啓

史　埜

劉興秀

崇〔正〕〔禎〕

梁雲構

王鼎鎮

以上巡按盧鳳淮揚滁徐和監察御史。

劉應龍

曹　楷

蔣春芳

唐世濟

饒　京

宣德

彭勖　孫鼎

天順

葉鸞

成化

陳選　戴珊

婁謙

弘治

王鑑之　方誌

正德

陳琳　黃如金

張鰲山

張璿

林有孚

嘉靖

蕭鳴鳳

陳伯諒

盧煥

劉隅

章袞

（邱）〔丘〕養浩

張相

聞人詮

馮天馭

楊宜

胡植

黃洪毗

趙鏜

周如斗

吳遵

周斯盛

耿定向

萬（歷）〔曆〕

房寰

熊廷弼

楊希旦　王以寧

駱騤曾

泰昌

毛一鷺

天啓

孫之益　周邦基

陳保泰

崇(正)〔禎〕

李懋芳　甘學闊

倪元珙　元煒①

張鳳翮　金蘭

①《四庫》本作「亓煒」。

宗敦一

以上督學御史。

許宗魯

以上刷卷御史。

嘉靖

劉　錫　清軍御史。

楊　鈐

以上巡鹽御史。

張士佩　屯田御史。

高　甲　巡倉御史。

朱國昌

徐卿伯

蔚元康

王道行

萬〔歷〕〔曆〕

尹　申

崇〔正〕〔禎〕

荆本徹

以上蘇松兵備道。

萬〔歷〕〔曆〕

彭國光

蔡獻臣

陳　瑛

梁祖齡

臧爾勸

泰　昌

曾惟唯

周　頌

崇（正）〔禎〕

吳時亮

徐世蔭

商周祁

李時芜

馬鳴霆

以上常鎮兵備道。

嘉　靖

張景賢

楊弘備

吳麟瑞

曾化龍

林銘鼎

周調鼎

馬　慎

劉景詔　張師載
姜廷順

隆慶

劉　佑　傅希聲
陳耀文　程學博

萬(歷)〔曆〕

陳文煥　龔大器
舒大猷　胥　遇
周夢暘　薛夢雷
張允濟　曲遷喬
王之猷　陳　璧
楊　洵　張鳴鶚
楊　櫝　熊尚文
鄭國俊　馬從龍

天啓

郭士望

王化行

崇(正)〔禎〕

王象晋

鄭二陽

王心純

王纘爵

以上淮揚兵備道。

王公弼

湯開遠

杜繩甲

張九德

周汝璣

來　復

柴紹勳

袁繼咸

黄家瑞

史可法

張　亮

馮叔吉

以上安廬兵備道。

洪武

張允成　鄧瓊

嘉靖

鄭光溥　朱舜明

徐光啓　楊兆

丁應璧　馮叔吉

劉志業　程拱震

周標　牛惟炳

袁國臣　侯應薇

張天德　陳王庭

柳希點　饒景曜

蘇進　王龍德

林汝詔
劉　會
金　勵
張九德
王三才
張　孝
楊作楫
陳　英
傅淑訓
孫　轂
彭克濟
盧洪珪
張士第
顧元鏡
程世昌
劉開文
侯安國
余鯤翔

崇（正）〔禎〕

張文煇
唐良懿
馬鳴霆

以上徽寧池太兵備道。

弘治

閻璽

正德

王純

李天衢

曾大顯

郭震

嘉靖

袁經

周允中

張絅①

席書

孫磐

李鉞

伍希周

史道

李宗樞

① 《四庫》本作「張絅」。

陳　洙
林雲同
顧　翀
程時思
許　嶽
黃元恭
王學謨
段　錦

隆　慶

劉得寬
隨　府

萬（歷）〔曆〕

聶廷璧
唐　鍊

孔天（印）〔胤〕
蘇志臯
許天倫
朱舜民
徐惟賢
胡　湧
張嘉應

馮　豸
陳治典

朱東光
潘頤龍

賈如式
李弘道
楊　芝
王之猷
李驥千
詹在泮
楊繼光
李維楨
劉如寵
歐陽東鳳
臧爾勸
朱　錦
董元學
梁有年
趙　彥
陸夢祖
賈之鳳
饒景暐

天　啓

魏士前
吕封齊
焦源溥
劉應召

崇(正)〔禎〕

胡沾恩
吕道昌

申爲憲

袁　楷

張如蕙

以上潁州兵備道。

成化

汪舜民

毛　科

柳尚義

陳　和

蔡　需

正德

李　珏

趙　春

謝肇元

李一鰲

張　憲

馮　顯

羅　循

余　祐

吴嘉聰

秦　鉞

吴昂　查應非

嘉靖

何鰲

宋圭　張臯

屠大山　王挺

楊宜　郭廷冕

王畿　譚棨

李天寵　劉天授

于德昌　翁時器

盧鑑　錢嶧

余朝卿　徐節

陳奎

隆慶

劉經緯　馮敏功

舒應龍

萬〔歷〕〔曆〕

林　紹
張　純
陳　瑛
陳文燧
畢自嚴
郭光復
劉大文
馮盛明
袁應泰
高　捷
施天德
楊廷槐

陳文煥

游季勳
唐　鍊
莫與齊
周夢陽
徐成位
曹時聘
卜汝良
李文芳
楊　洵
岳駿聲
趙　謙

天啓

王振祚　　唐　焕

劉　泓

崇(正)〔禎〕

徐　標　　姜兆張

張若獬　　何騰蛟

范鳴珂　　鄭之俊

以上淮徐兵備道。

隆慶

潘允端

萬〔歷〕〔曆〕

宋豫卿

陳文燭

蕭　遍

劉東星

徐用儉

吴同春

沈　修

白希繡

李開藻

陳　簡

趙應選

翟師雍

楊一魁

游季勳

馮敏功

陳　瑛

陳文燧

張惟成

衛成方

王任重

董漢儒

梅守相

施爾志

天啓

岳駿聲　熊膏

朱國盛

崇〔正〕〔禎〕

周鼎

以上漕儲道。

天啓

宋統殷　曹守勳

胡爾慥　劉若金

張燦垣

以上淮海道。

崇〔正〕〔禎〕

孫　穀

虞洪珪

顧心鏡

程時昌

以上池太道。

萬〔歷〕〔曆〕

宋繼登

天　啓

錢士晉

張翼明

莊起元

王公弼

張士第

史可法

劉開文

王元雅

陳　陛

辛思齊

以上海運道。

葉　宜

陳　逵

方逢時

沈　奎

張養正

以上清江浦管倉户部分司。

王鴻儒

張　鉞

徐可久

史啓元

王良佐

以上淮關板閘户部分司。

蔣　瑄

華　察

丁希孔

麻　溶

仇夢台

吳仕典

吳國相

戴　冕

荆之琦

劉大川

魚　侃　　姜　麟
顧　棠　　姚邦才
張鳳翼　　薛近兖
樊良樞　　張國紳
以上漕運理刑刑部分司。
謝彦誠　　歐陽熙
張　鼐　　姚文灝
呂希周　　許應逵
沈孝徵　　朱啓元
龔震英　　楊所修
以上督理漕船工部分司。
鄧　玨　　王　淮
劉秉常　　朱應昌
項　喬　　淩雲翼

許孚遠
王　洙
張東暘
宋存德
以上儀徵工部分司。
方　全
談　倫
魏公濟
林繼皋
陳大章
袁志高
李三奇
以上監督鳳陽倉户部分司。
郭　安
閻　恕
彭汝成
龔養性
郭子章
董　模
李承勳
陳萬言
梁汝璧
葉夢熊
祝萬齡
孫時偉
李淑玉
康紹宗

華　金
陳　捷
趙　訥
周大謨
張　曉
盛　黄
以上徐州倉户部分司。
王　矩
王　豫
羅　循
萬文卿
以上徐州洪工部分司。
徐　儀
過　璘
蔣應奎

王維垣
李　燧
姜士昌
葉　煒
宋統殷

楊　璉
朱　衮
彭登瀛

王　溥
張文錦
陳洪範

唐　鍊
傅淑訓
余　宗
以上呂梁洪工部分司。
陳　宣
曾　鑑
詹思謙
吴昌期
以上夏鎮工部分司。
謝　表
吴日新
李之藻
林廷輝
以上高郵工部分司。

陳邦彦
王命禹
侯　寧
錢錫汝
黄元會
宫繼蘭
蔣　益
顧雲鳳
朱國盛

江南通志卷一百四

職官志

文職 六

明

分 轄

洪 武

王子謙　楊元杲

夏仲信

以上應天府知府。

藺以權

張遇林

劉　仁

徐　鐸

班用吉

寇　徽

孫　鳳

李　德

宋　翊

建　文

向　琁

鄭　沂

尚　寶

李　拳

曹廷訓

曾朝佐

高守禮

尹　寶

林　衡

永樂

姚恕

汪翔

陳福

顧佐

洪熙

紀正

宣德

黃茂

史怡

正統

陳俊

夏思忠

于潛

李秀

薛均

張璘

鄺埜

李敏

景泰

馬諒

郭士道

成化

畢亨

魯崇志

弘治

楊守隨

樊瑩

高敞

吴雄

王弼

彭信

于冕

秦崇

冀綺

韓重

正德

陸珩
黃寶
周宏
孫春
歐陽旦
黃瓚
龔弘
王震

嘉靖

聞淵
陳錫
陳鼎
邊憲

沈鋭
常麟
丁鳳
張淳
白圻
王宸
胡宗道

王爌
陳良器
江曉
柴奇

孫懋　戴金
陳卿　袁擯
戴儒　吴瀚
洪珠　歐陽塾
蔣應奎　吕顒
鄭漳　扈永通
李珊　汪宗元
葉鎧　鮑道明
吕光洵　吕時中
孟淮　魏尚純
唐寬　劉自强
劉望之　王鶴
李一瀚

隆慶

譚大初　畢鏘

周　俶
杜　拯
萬〔歷〕〔曆〕
楊　成
吴文華
陳于陛
方良曙
劉　庠
吴　善
袁三接
石應岳
陳文燭
楊廷相
張孫繩
趙欽陽

鄔　璉
陶承學
汪宗伊
程嗣功
陰武卿
劉志伊
游季勳
顧章志
孫丕揚
張　櫝
邵仲禄
程拱辰
熊惟學
徐　申

王一乾　陸長庚
汪道亨　黄承元
姚思仁　王三才

泰　昌

徐必達

天　啓

鄭　璧　畢懋良
魏　説　談日省
李逢節　祝以豳
周維京

崇〔正〕〔禎〕

黄景華　詹士龍
劉之鳳　王心一

劉餘佑
祁逢吉
王廷梅
以上應天府府尹。

洪武

何質
陳寧
金絅
吳懋
王虎
李亨
石海
李幹
祝茂

戈允禮
劉士貞

王暄
趙棠
丁士梅
魏觀
王興宗
湯德
王繹
陳彥昌
張亨

祝宗善

黃彦端

王觀

欒倫

矯順

永樂

薛瓘

王恭

李鼐

董翥

李從泰

宣德

余士賢

張冠

黃文

楊幼文

吳賢

姚善

湯宗

鄭真

李綜

劉麟

況鐘

正統

汪滸

李從智

劉華甫

朱勝

天順

楊貢

林鶚

姚堂

邢宥

成化

賈奭

劉瑀

(邱)〔丘〕霽

李廷美

弘治

賀霖

史簡

孟俊

曹鳳

林世遠

正德

鮑輦
林庭昂
劉悅
徐贊

嘉靖

戴冠
胡纘宗
陳文沛
李顯
聶豹
李珣
王儀
崔允
王鴻漸
張元孝
馬敭
王廷
范慶
金城
林懋舉
温景葵
王道行
徐節

劉　溱　　蔡國熙

隆　慶

李　鍵　　吳善言

萬(歷)〔曆〕

李充實　　朱文科

俞嘉言　　石崑玉

盧大順　　孫成泰

朱燮元　　周一梧

李右諫　　趙世禄

林紹明　　陳訏謨

沈萃徵

天　啓

寇　慎

崇（正）〔禎〕

王時和

陳鍾盛

陳師泰

以上蘇州府知府。

洪武

王立中

陳定

林慶

鄧處善

甄庸

史應選

陳洪謐

荀玉徵

盛昇

劉鑑

何賜

永樂

黃子威　夏忠

宣德

趙豫

正統

黃平

景泰

葉冕

天順

李惠　田臻

成化

白行中

王衡

劉璟

弘治

陳讓

正德

金洪

陳威

吴鉞

嘉靖

張文明

申剛

樊瑩

劉琬

翁理

喻時

孔輔

路迎

何　鰲
黄　潤
黄　華
馮　彬
方　廉
史直臣
袁汝是

隆　慶

袁正吉

萬〔歷〕〔曆〕

查志隆
賈待問
閻邦寧
喻　均

熊　宇
朱　潤
何繼之
劉存德
黎道訓
臧繼芳
朱　茹

李向陽

王以修
曾如春
胡峻德
詹思虞

李多見　柳希點

李再命　許維新

蔡增譽　張九德

劉可法　張文炫

莊毓慶　張光縉

陶鴻儒

天啓

張宗衡　仇時古

崇(正)〔禎〕

方岳貢　陳亨

姚序之

以上松江府知府。

洪武

高復　孫用

張度　商準

董子琦　王伯啓

李德善　安盛

王士良　黃弘

永樂

萬子雅　陳貴芳

洪熙

熊觀

宣德

余文　莫愚

正統	
葉蓁	
景泰	
周源	
天順	
蔣忠	王慥
卓天錫	
成化	
龍晉	劉鈺
孫仁	華仲賢

弘治

曾望宏

楊二和

正德

史俊

李嵩

嘉靖

陳實

張大綸

應櫃

張志選

郭廷冕

陳宗夔

連盛

馬騤

王教

申綸

趙兑

陳大用

符驗

余勉學

金豪

邵惟中　朱　袗

湯　賓　李幼滋

隆　慶

許　嶽　郭文輔

施觀民

萬(歷)〔曆〕

陳應薦　穆　煒

王三錫　譚　桂

馬化龍　錢守成

(曰)〔田〕①一麟　邊有猷

周一梧　歐陽東鳳

王述古　黃德貴

---

① 據《四庫》本改。

杜承式

劉廣生

泰昌

何應瑞

天啓

曾　櫻

崇〔正〕〔禎〕

石萬程

王觀光

吳兆瑩

傅天錫

郭　佳

陳幼學

洪周禄

陳　琯

張弘志

閔自寅

以上常州府知府。

洪武

楊遵

强立

蔡景初

徐誼

仝允恭

薛岩

劉景文

羅觀

永樂

鄭桓

游端

管景清

趙有慶

張子茂

劉思道

俞能净

劉辰

徐邈

楊紳

正統

郭濟　吴崖

張巖

景泰

白仲賢　林鶚

姚堂

成化

翟敬　史素

黎福　熊佑

弘治

鄭傑　王存忠

劉績　(邱)〔丘〕經

羅循

周霖

正德

謝表

劉儲秀

嘉靖

李珣

鄭琬

張琁

陳天然

郭錀

錢嶧

秦淦

林魁

滕謚

劉可

陳文譽

林華

申价

都文奎

吴一瀾

潘一桂

隆慶

胡維新　王惟善

林應雷

萬(歷)〔曆〕

張純　鍾庚陽

王事聖　吳撝謙

曹一鵬　范世美

王繼明　王應麟

許國誠　蘇兆民

霍鎮方　康應乾

賈熙績　李中行

康邦濟　翁爲樞

賀仲軾

崇〔正〕〔禎〕

陸懷玉　王秉鑑

印司奇　程峋

李原立　錢良翰

傅廷獻

以上鎮江府知府。

洪武

范中　姚斌

任光祖　潘傑

施禮

永樂

林士敏　姬珪

宣德

彭遠　　楊理

正統

程宗　　(邱)〔丘〕陵

景泰

田臻

天順

楊彔

成化

袁潔　　范洙

韓邦問

弘治

徐鏞

方榮

楊遜

正德

趙俊

劉祥

薛贇

嘉靖

于桂

朱實昌

葛木

袁淮

才寬

邊憲

華璉

羅循

張錦

田賦

路迎

王鳳靈

孫繼魯

周洪範　張守約
姚　虞　劉良卿
趙大綱　張敦仁
蔡楊金　劉崇文
范　檟　李幼滋
劉　祐　傅希摯

隆　慶

黄國華　陳文燭

萬(歷)〔曆〕

邵元哲　宋伯華
樊克宅　張允濟
倪　涑　李元齡
馬化龍　張國璽
劉大文　劉如寵

張經世　杜縻
姚鋐　詹士龍
高捷　蔡侃
宋統殷

天啓

沈振龍　宋祖舜
許令典　田所賦
董允升

崇(正)〔禎〕

汪心淵　衛(印)〔胤〕文
康萬民　周光夏
石磐

以上淮安府知府。

洪武

周福原

譚有得

何子華

龐清

關敬禄

永樂

王思

田慶

宣德

李真

盧幼學

戰慎

陳寶

鍾旭

張本

高敏

陳真

正統

韓弘

景泰

陸疇　汪庭訓

王恕

天順

王勤　何謹

成化

鄭岑　周源

高岡　楊成

吳嵩

弘治

馮忠

唐愷

許節

正德

王鐸

何顯

李師儒

彭大治

嘉靖

陶儼

王松

劉宗仁

房明

王恒

王恩

鄧文質

孫禄

蔣瑶

易瓚

侯秩

韓楷

朱懷幹

馮良知　衛尚綸
韓一石　吳桂芳
石茂華　任希祖
毛　朮　張正位
衛東楚

隆慶

陳學伊　徐　尚
賈應元

萬(歷)〔曆〕

岳維華　潘頤龍
趙慎修　虞德燁
周　標　蔣希孔
傅來鵬　王雲鷺
徐應聘　吳　秀

郭光復　楊洵
張廷相　朱錦
趙良相　朱一鶚
郭之琮　吳嘉謨
林銘鼎

天啓

劉鐸　楊嘉祚
李拭　顔庸暄
周頌

崇(正)〔禎〕

謝宸　徐伯徵
張觧化　韓文鏡
馮文偉　吳震交
馬鳴騄　任民育

以上揚州府知府。

洪武

譚啓宗

趙好德

周濟

王和

王璜

周翔

徐傑

張冕

楊茂元

王璠

趙鑑

陶煦

楊希元

邵彧

錢性

符濟

葉瓊

沈和

鍾藩

史簡

陳雲鶚

周洪

郭紝

正德

馬文

胡纘宗

羅英

嘉靖

石簡

吴麟

王崇古

李遜

潘仲驂

方攸績

周希哲

查志隆

胡心得

張文錦

陸鈳

姚正

林鐘

陳暹

底蘊

朱瑞登

曾汝檀

黄綜

王宗徐

吴孔性

唐守欽

葉夢熊
許　評
趙壽祖
徐民式
鄭國俊
喬進璠
楊堯華
陳　鑣
游雲鴻
皮應舉
邊　瑩
楊道會
李守約
韓　權
林非珂
趙世徵
連繼芳
沈中英
李士棨
田大本
楊肇泰
杜繩甲

崇（正）〔禎〕

傅夢弼

以上安慶府知府。

洪武

魏君祥　李納

胡善　權緯

張孟善　何敏中

陳彥回

永樂

黄觀　張從道

任勉

宣德

楊鈍　崔彥俊

正統

孫隆　孫遇

景泰

華能

天順

龍晋

成化

周正	王勤
王哲	張鼎

弘治

侶鍾	李延壽
龍壽	祁司員
王問	張楨
彭澤	何歆

正德

柯英

張芹

鄭玉

嘉靖

南壽

馮世雍

林山

來聘

朱有孚

周滋

何東序

熊桂

留志淑

王繼禮

鄧繼曾

佘勉學

李天寵

陶承學

胡孝

隆慶

段朝宗　崔孔昕

萬(歷)〔曆〕

蕭敏道　徐成位

王　京　高　時

古之賢　董　石

沈　文　陳所學

沈茂榮　梁應澤

楊松年　鄔元會

楊　楷　洪有助

劉可法　周士昌

天啓

陳士章　劉尚信

洪應衡

崇〔正〕〔禎〕

陸錫朋　戴自成

任　政　頡　鵬

唐良懿　秦祖襄

以上徽州府知府。

洪　武

黃榮祖　楊　觀

陳　灌　鞠騰霄

胡乾佑　涂　節

林彦常　王　煜

俞尚宇　邵　仁

吴　昭　吴元肅

永樂

禓明德　宋獻

李仲真　榮貴

武彥

宣德

鄧本道　王澍

正統

袁旭　張裴

葉錫

天順

沈性

成化

俞鐸

楊禮

鄭勤

黎福

弘治

范吉

華璉

正德

惠隆

楊鳳

鄭文炳

王勤

劉槃

凃觀

葉亨

劉廷瓚

劉寅

余志

胡東皋

嘉靖

及宦
屠應坤
黎晨
胡湘
尹字
劉起宗
方逢時
沈志言

隆慶

朱茹
戴鳳翔

區越
邵曄
曹邁
紀資
趙應祥
朱大器
羅汝芳
鍾一元
王嘉賓

萬(歷)〔曆〕

陳　俊　　鄭繼之

王之仕　　李國觀

廖恒吉　　蕭良譽

林民止　　張德明

史起欽　　金　勵

馬從龍　　余士奇

杜文煥　　關　驥

天　啓

董懋中　　王公弼

黃夢松

崇(正)〔禎〕

周光夏　　徐大儀

周維新　　　　錢敬忠

以上寧國府知府。

洪武

劉行任　　　　孫炎

王祖慎　　　　王希顏

趙安　　　　晏毅

盧耀

正統

楊俊　　　　葉恩

王應清

天順

鄧儀

成化

李宏

金溥

弘治

陳良器

祁司員

正德

白翱

何紹正

嘉靖

田賦

韓楷

常顯

郭哻

包鼎

萬英

胡汭

侯緘

陸　岡
柯實卿
陳子文
周　鎬
陳應和
鍾一元

隆　慶

馮叔吉

萬〔歷〕〔曆〕

王　頤
劉孟雷
王岳錫
張堯文
方　遂

曾仲魁
王　崇
杜秉彝
黄　顯
吕孔良
尹士龍

鍾　穀

郭四維
姚士觀
何思登
錢　櫝
章堯相

黃流芳
胡芳桂
天　啓
姚來寅
王家相
崇（正）〔禎〕
顧元鏡
石公（印）〔胤〕
莊尹辰
謝禧昌
以上池州府知府。

李思恭
潘應龍
孫　如
惠户實
潘汝嘉

洪武

李習　(邱)〔丘〕以敬

許瑗　范常

潘有慶　江河

王原真　王謙

盧彥中　劉有年

永樂

高仕耕　徐敬

宣德

楊銘

正統

姚政　楊仕敏

景泰

李郁

天順

揭稽

李巽

成化

施奇

焦恕

劉忠器

弘治

徐節

周進隆

俞端

周鳳

高輔

項經

正德

龍夔　周統

趙維藩　傅鑰

嘉靖

底蘊　熊蘭

陶儼　林鉞

張琁　祝詠

王廷梅　路珠

周祖堯　馬森

宋淳　姚汝舟

任有齡　包應麟

吳一儒　張大化

費增　黃泮

隆慶

王璽　丁懋儒

萬（歷）〔曆〕

錢立　林烴

王貽德　林一材

楊守仁　沈大忠

陳璧　顧汝學

劉應銅　王繼明

鄧思啓　何士林

胡爾慥　李若訥

天啓

劉士鰲　閻暖

崇〔正〕〔禎〕

王　莅　顏容暄

孫如蘭　劉正衡

馬呈德　杜時髦

鄭　瑜　易第昌

以上太平府知府。

洪　武

呂文燧　潘　傑

梁　誂　蘇　敏

永　樂

曾由正

宣德

揭稽

正統

衛宗孟

史濡

天順

孟玘

成化

楊彔

余鐘

李崙

甘瑛

朱鏞

邢琉

葉盛

弘治

宋鑑　馬金

正德

楊璲　徐鈺

向文璽　龍誥

嘉靖

陳桓　周瑯

王鴻漸　高汝行

王松　項喬

吳縉　王浙

黄虚中　吳嶽

張瀚　高節

雷逵　張萬紀

汪克用　屠仲律
喻南嶽　吕鳴珂

隆　慶

陳懋觀　張大忠
吴道明

萬（歷）〔曆〕

曾如春　葉如春
王　俸　徐應聘
王之士　張道明
喬學詩　范以淑
龔廷賔　卜汝梁
潘　榛　李克敏
張光縉　（邱）〔丘〕雲肇
馮聖世　賈克忠

天啓

張正學　劉應召

任大治

崇(正)〔禎〕

史啓英　嚴爾珪

吳大朴　劉　彥

朱廷煥　王虛白

鄭履祥　周有翼

邵　起　譚元方

以上廬州府知府。

洪武

嚴　達　張遇林

蔣子杰

永樂

楊浩

宣德

熊觀

正統

楊祖

景泰

仲閔

天順

何源

楊瓚

成化

張鄘

李巽

王誓

戴耀

閻琮

南鵬

弘治

章鋭

孟俊

張貞

邊憲

正德

范希淹

羅玹

故文璧

曹蘭

汪金恩

李師儒

張麒

嘉靖

底蘊
及宦
劉佐
邵元吉
葛廷章
饒天民
熊勉學
盧鎰
劉臻
潘一桂

隆慶

周汝德
趙體敬

曹嘉
李瑜
劉安
賈準
李愈
杜汝貞
靳學曾
王應璧
宿應麟
王一鶚

萬〔歷〕〔曆〕

張登雲　張　寧

李枝秀　王繼祀

張大孝

天　啓

呂封齊　晏日啓

歐陽充材

崇〔正〕〔禎〕

徐世隆　許國士

顔容暄　李應節

李可植　張以謙

以上鳳陽府知府。

洪武

文景宗　高玉琳

張景　徐恒

田濆　楊節仲

宣德

楊祕

正統

湯惟堅　章贊

知賢　薛璟

任泰

景泰

羅正　宋誠

天順

王叙

成化

陳廷璉

和鸞

劉憲

弘治

何宗理

正德

上官崇

張行甫

樊準

張琳

朱鼎

王寅

栗銘

武雷

張淮

嘉靖

盧永春
李邦
魏頌
陳克昌
王重賢
何莘
胡麟
鄭維邦

隆慶

王銑
劉順之
郭天錫
孫光
陸時望
熊林
陳淑美
李桐
王霄
鄒臣
章世徵

萬〔歷〕〔曆〕

孫養魁

唐民敏

許知新

劉　萃

張　執

夏崇謙

張崇烈

程宇鹿

汪心淵

天　啓

張國用

霍震寓

劉正寬

張士美

徐　鄰

曾士毅

關　香

劉民愛

張正綱

傅維翼

辛聯魁

崇（正）〔禎〕

米良翰　　韓雲
孫振基　　楊錫璜
楊思乾　　李宗奇
劉中衍　　冉孺能
朱統鍏　　紀天祐
瞿鳴岐　　何復
朱蘊鏉

以上徐州知州。

洪武

戴玉　　朱從善
陳祥　　周鼎
魏鑑　　杜敬

永樂

王理　陳璉

正統

唐振

景泰

彭光

天順

周正　汪昱

成化

周信

弘治

曾顯

正德

張元春

嘉靖

陳則清

鄭慶

林元倫

畢竟容

葉露新

隆慶

李文簡

陸琛

陳璧

王邦瑞

田汝成

趙大綱

沈志言

萬〔歷〕〔曆〕

丁士奇　王永寧

陳允升　盧洪夏

孫　森

天　啓

謝于教　吕新周

崇〔正〕〔禎〕

劉大鞏　李繩勳

以上滁州知州。

洪　武

張純誠　陳　善

曹文
孫時舉
永樂
戴泰一
劉亨
宣德
蕭雲舉
正統
朱沅
天順
劉隆

李相
陳琦
康慶
黃恕
侯潤

成化

程獻　張晟

弘治

林長繁　王㔻

正德

顧珀　徐子熙

孔公才　沈圻

楊天茂

嘉靖

易鸞　賈應春

孟雷　張淑宣

李渭　宋繼先

張思忠　晉朝臣

隆慶

康誥

萬〔歷〕〔曆〕

趙如昆　尤光被

曾克唯　郭繼芳

謝嵩　陸廷誥

天啓

陶榮齡　孫克明

崇〔正〕〔禎〕

薛坤　黎弘業

萬民戴　左瑛

以上和州知州。

洪武

陳寧　魯參

周遜

永樂

羅坤泰　楊翰

宣德

仲端

正統

劉銑

景泰

鄭賢

天順

陸鳳　藍洪

成化

周瑛

弘治

辛禮

正德

趙崇賢　喬岱

江暉

嘉　靖

王邦瑞

李得春

隆　慶

周聚星

萬〔歷〕〔曆〕

吳同春

陸長庚

任春元

李得中

史躬盛

歐陽乾元

何鳳起

屠　謙

段猷顯

張嗣誠

天啓

許國器

崇(正)〔禎〕

李時

程良符

以上廣德州知州。

翁日襄

趙景和